포커싱 치료의 임상적 적용

—————— 변화의 핵심

Ann Weiser Cornell 저 | 주은선 역

FOCUSING IN
CLINICAL PRACTICE
THE ESSENCE OF CHANGE

학지사

FOCUSING IN CLINICAL PRACTICE: THE ESSENCE OF CHANGE
by Ann Weiser Cornell

Copyright © 2013 by Ann Weiser Cornell

Korean translation copyright © 2023 by Hakjisa Publishers, Inc.
Korean translation rights arranged with W. W. Norton & Company
through EYA(Eric Yang Agency).

Cornell 박사의 『포커싱 치료의 임상적 적용: 변화의 핵심(Focusing in Clinical Practice: The Essence of Change)』을 번역하게 된 것은 행운이다. 역자는 포커싱 치료를 1990년대에 미국 시카고 대학교 대학원 박사과정 때 접하게 되었다. 그 당시 포커싱의 창시자 Gendlin 교수는 시카고 대학교에 재직하고 있었는데, 그의 연구방법(theory construction), 체험심리치료(experiential psychotherapy) 수업을 듣고 포커싱에 매료되었다. 그 후 몇 년 동안의 포커싱 전문가 훈련 과정을 마치고 포커싱 치료 전문가와 슈퍼바이저 자격증을 취득하게 되었다. Gendlin 교수는 시카고 대학교에서 철학을 전공하여 박사학위를 받고 같은 대학교에서 종신교수가 될 정도로 천재에 가까운 분이다. 그는 인간 중심의 Carl Rogers와 함께 심리치료 과정-성과 연구를 하였고, 심리치료 성과가 높은 내담자들은 자신에게 집중하며 천천히 몸의 기분이라고 할 수 있는 펠트센스를 발견하고 이를 다룬다는 것을 시작으로 포커싱 이론을 정립하였다.

    역자는 포커싱을 Gendlin 교수에게 직접 배우고 Iberg 박사에게 슈퍼비전을 받는 등 시카고에서 주로 훈련받고 포커싱을 접목시키는 시도를 하였다. 한국에 돌아와서도 꾸준히 포커싱의 대중화를 위해서 노력하였고, 2011년과 2017년에 『포커싱 체험심리치료: 내 마음의 지혜와 선물』(2011, 학지사), 『포커싱 체험심리치료 워크북』(2017, 학지사) 등 포커싱 관련 도서를 집필하기도 하였다. 그 과정에서 캘리포니아에서 포커싱 전문가로 왕성하게 활동하고 있는 Cornell 박사를 알게 되었다. 그녀는 시카고 대학교에서 언어학으로 박사학위를 받고 개인적으로 포커싱의 도움을 받아 Gendlin의 포커싱 워크숍을 도와주면서 자신만의 독자적인 포커싱 접근을 구축하였다. Cornell 박사는 포커싱을 현장 중심으로 가장 쉽고 설득력 있게 가르치고 적용하고 있다는 평을 받고 있다. 현장에서 활동하면서 실용적인 접근의 포커싱을 나름 정립하고 있는 Cornell 박사는 '내적 관계적 포커싱(inner relational focusing)'으로 유명하다. 특히 온라인상으로 앤의 포커싱 팁(Ann's Focusing Tip)을 주기적으로 게재하고 있다(www.focusingresources.com 참고).

전 세계적으로 임상가들에게 포커싱을 30년 이상 가르치고 있는 Cornell 박사는 『포커싱 치료의 임상적 적용: 변화의 핵심』을 통해 포커싱을 모든 종류의 임상 실습에 적용하는 방법을 단계별로 보여 주고 있다. 현장에 있는 임상가들에게 즉시 유용하도록 고안된 이 책은 내담자가 감각을 느끼도록 돕고 그들이 나타날 때 그것을 키우는 방법, 신체 감각이 어려운 내담자와 함께 일하는 방법, 감정 상태를 조절하는 장애를 경험하는 내담자를 지원하는 방법, 그리고 풍부한 사례와 예시를 통해 포커싱 프로세스가 매 순간 어떻게 작동하는지를 구체적으로 보여 주고 있다. 또한 포커싱을 트라우마, 중독, 우울증 문제에 사용하는 방법, 포커싱을 주요한 열 가지 치료 방식과 접목하는 방법, 임상가 또는 자신을 위한 포커싱 사용에 대한 풍부한 실질적인 정보가 포함되어 있다.

역자는 Cornell 박사를 캘리포니아에 찾아가서 직접 만났고, 학회 발표 등을 통해 오랜 기간 친분을 갖고 있다. 그녀는 이 책을 번역한다는 것에 큰 용기를 주고 응원해 주었다. 포커싱의 대중화를 위해 헌신하는 Cornell 박사를 보며 존경을 금치 못한다. 그러나 무엇보다도 만날 때마다 자신의 진술한 이야기, 특히 미국 중부의 열악한 가정환경에서 알코올 중독 아버지와 함께 사는 것이 얼마나 고통스러웠고 포커싱을 만나면서 자신의 삶이 얼마나 풍성해졌는지를 허심탄회하게 나누어 주는 그녀의 용기와 진솔성에 감동하며 더욱 더 존경심을 갖게 된다.

포커싱은 가장 '나'다워질 수 있도록 도움을 주는 치료 방식이다. 또한 펠트센스(몸의 기분)에 주목하여 그것(it)이 자신의 원자료에 가장 가깝기에 그것과 함께하는 방식이다. 즉, 천천히, 따뜻하게 자신에게 친절히 대하는 과정이 핵심이다. 역자는 포커싱이야말로 '나답게' 살고 싶으나 정작 그렇게 되는 것이 두려운 사람들에게 도움이 되는 방식이라고 생각한다. 자기 자신을 포커싱적으로 대하면 자신의 삶에서 주인공이 될 수 있을 것이다. 이 책을 통해 포커싱을 알아 가면서 여러분이 좀 더 자기 자신을 좋아하고, 수용하며, 기꺼이 자기 자신이 되기를 즐기기 바란다.

역자와 포커싱 심리치료를 함께 연구하고 공부하는 덕성여자대학교 상담 및 심리치료 전공 대학원 선생님들, 특히 류예진 선생님과 좀 더 나은 세상을 위해 심리학 저역서가 출간되는 것에 지원을 아끼지 않는 학지사의 김진환 사장님, 그리고 편집부 김지예 선생님께 감사드린다.

2023년 9월
역자 주은선

차례

_____ 제1장
변화의 핵심 _____ 43

서론

순간의 출입구

40여 년 전, 나는 포커싱(focusing)을 배웠고, 그것은 내 삶을 구원하였다. 나는 내 개인적인 성장을 위해 시카고의 교회에서 매주 일요일 밤에 열리는 모임에 참가해 포커싱을 배웠다. 그 당시에는 그것에 대한 책도 없었고, 아무도 포커싱이 50개국 이상에서 수백만 명의 사람이 사용하는 기술이 되리라는 사실을 알지 못했을 것이다. 포커싱은 심리치료(Amodeo, 2007; Friedman, 2007; Gendlin, 1996; Purton, 2004)와 상담(Purton, 2007), 코칭(Madison, 2011), 자조(Cornell, 1996; Gendlin, 1981) 그리고 공동체 건강(Omidian & Lawrence, 2007)에서 창의력 신장(Rappaport, 2009), 사업(Ikemi, 2007), 건강(Klagsbrun, 1999, 2001; Summerville, 1999), 트라우마 해소(Armstrong, 2010; Grindler Katonah, 출판 중), 영성(Hinterkopf, 2004), 중독(Tidmarsh, 2010), 만성 통증(Bärlocher, 1999; Frezza, 2008; Müller & Feuerstein, 1999), 아동과 함께 하는 작업(Stapert & Verliefde, 2008), 청소년의 거주치료(Parker, 2007), 부모들과 아이들(Boukydis, 2012) 그리고 이 밖에 더 다양한 분야에서 다루어지고 있다. 포커싱은 Gene Gendlin이 우리에게 무료로 가르쳐 주고 나와 친구들이 서로 연습했던 것에 지나지 않았다.

나는 포커싱에 푹 빠졌고, 많은 시간이 흐른 뒤 마침내 전문적인 포커싱 교육자이자 전문가가 되었다. 나는 포커싱 공동체에서 새로운 방법을 시도하는 것으로 유명해졌다. 1980년대 이후 19개국의 나라를 여행하면서 교육을 하고, 포커싱 치료와 관련하여 두 번째로 많이 쓰이는 책을 집필했으며, 내담자들을 만났고, 다른 전문가들을 훈련시키고 감독했다. 나는 나와 내 제자들의 내담자들에게서 강렬하고 역동적이며 삶을 변화시킬 만한 경험을 보았고, 이러한 놀랄 만한 과정들이 잘 알려지지 않았다는 것이 항상 의아하게 느껴지곤 했다. 사람들에게 내가 하는 일이 무엇인지 말했을 때, 나는 절반 이상의 멍한 시선들과 마주하게 되었다. 대체 '포커싱이란 무엇인가?'

지금은 포커싱이 훨씬 더 잘 알려져 있다. 그러나 이것이 오늘날 행해지고 있는 명상에 기반을 둔 신체 지향적인 마음챙김 같은 것들에 영감을 주었음에도 불구하고 여전히 잘 지켜진 비밀처럼 느껴지기도 한다. 2010년 10월, 미국 신체 심리치료 협회(Association for Body Psychotherapy)로부터 평생공로상(Lifetime Achievement Award)을 수여받았을 때, Peter Levine은 Gene Gendlin의 신체 경험과 관련된 학문적 업적을 언급하면서 무대에서 다음 수상자로 그를 추천하였다. 또한 포커싱은 Ron Kurtz(1997)에 의해 하코미 치료(Hakomi Therapy)에 통합되어 감각운동치료로 이어졌다(Ogden, Minton, & Pain, 2006). 그리고 포커싱은 Greenberg, Elliott와 Rice의 개인적 정서중심치료의 중요한 부분을 구성하고 있다(Elliott, Watson, Goldman, & Greenberg, 2004). 사실 오늘날 체험적 심리치료를 하는 사람들은 1950년대에 Gendlin의 연구 덕분에 변화의 본질인 내담자 과정과 그 과정을 용이하게 하는 방법인 포키싱의 덕을 보고 있다. 포커싱은 50여 년 전에 많은 다른 치료 과정이나 방법과 결합되고 통합되었다. 마음챙김(mindfulness)이나 정서의 힘(power of affect), 신체 접근(somatic orientation), 내담자의 자기통제(self-regulation), 지금-현재(the present moment)를 소중히 하는 것이 그 예이다.

그러나 포커싱은 내담자와 함께 작업하고 변화를 이해하는 다른 방법들과는 다른 점이 있는데, 포커싱을 사용하는 이론가들조차 대부분 이러한 핵심과 패러다임의 전환과 관련된 개념을 놓쳐 버렸다.

　내담자에게 포커싱을 제공하는 것은 좋은 결과를 가져올 수 있지만 왜 이 작업이 변화에 있어서 필수적인지에 대한 근본적인 이유를 알 수는 없다. 그러나 만약 우리가 포커싱을 이해하게 된다면 내담자들의 한 발짝 뒤에서 어떠한 변화를 가지고 올 수 있도록 지지해 줄 수 있을 것이다(우리 자신에게도). 그것이 바로 당신을 위한 나의 목적이다. 당신은 내담자가 필요로 하는 변화를 지원하는 방법으로서 '포커싱'이 어떤 점에서 특별히 강력한지를 파악할 수 있게 될 것이다. 이것은 당신이 당신의 내담자와 당신 자신의 변화를 위해 적절한 방법으로 작업을 수행할 수 있는 도구를 가지고 있다는 것을 의미한다.

어떻게 시작되었는가

　1950년대 어린 철학과 학생이었던 Eugene Gendlin이 시카고 대학의 유명 인사인 Carl Rogers와 함께 연구한 결과는 인간의 변화 과정을 이해하고 촉진하는 놀랍도록 새로운 방법이었다.

　Gendlin은 1927년에 오스트리아에서 태어났다. 그가 11세이었을 때, 그의 아버지가 어떤 사람은 믿고 어떤 사람은 믿지 않는 것을 직관적으로 선택하는 것을 지켜보았는데, 그 선택은 다른 많은 유태인 가족이 다른 나라로 떠나지 못하고 죽음에 이를 때 그의 가족을 나치로부터 지켜 주었다. Gendlin이 "아버지는 어떻게 믿을 수 없는 사람을 알아보세요?"라고 묻자, 아버지는 가슴을 두드리며 "난 내 직감을 따른단다."라고 말했다. 1994년, 그는 한 인터뷰에서 "그 당시 전 굉장히 놀랐죠. 그 이후 스스로에게 과연 어떤 종류의 감정이 나에게 무언가를 알게 해 줄까를 자주 물었습니다. 때때로 내 안에서 그러한 감정을 찾아내려고 애썼지만 실패했죠. 그렇지만 그것을 찾아본 것이 결국에는 효과가 있었어요."라고 말했다(Korbei, 2007).

　1952년으로 돌아가 보자. Gendlin은 시카고 대학교 철학과 대학원생이었다. 뛰어난 천재였던 Richard Mckeon과 함께 공부했던 그는 존재론적 현상학자인 Heidegger, Sartre, Merleau-Ponty의 글을 읽었다. Gendlin은 인간의 삶에 있어서 가장 중심이라고 생각되는 철학적인 문제를 해결하기 위해 애썼다. 그 문제란 바로 단어보다 앞서는 체험들이 어떻게 단어라는 틀에 박힌 생각이 되는가였다. 기존의 전통적인 철학에서 주어진 대답들은 그 어떤 것도 그를 만족시키지 못했다. 그중 무엇에도 단어가 만들어지기 이전에 의미가 있으리라는 명확한 사실은 드러나지 않았다.

Gendlin은 자기질문(self-inquiry)을 통해서 사람들이 말함으로써 생기는 경험이 있다는 점을 알고 있었다. 그러나 그는 그것을 증명할 증거가 필요했다. 그는 자신의 경험을 잘 표현하고 다른 사람들의 경험에도 관심을 가지는 사람과 함께하기를 원했다. 특히 그들이 이전에 한 번도 말해 보지 않았던 것, 새로운 것을 말하거나 표현할 때 더욱더 그러기를 원했다.

이것은 심리치료에서 일어나는 일처럼 들리기 때문에, 돌이켜 보면 그 당시 시카고 대학교 상담센터를 이끌고 심리학 전공 대학원생들의 활기찬 그룹을 감독하고 있던 Carl Rogers의 연구실 문 앞에 있는 자신(Gendlin)을 마주하게 되는 것은 너무나 당연한 일이다. 그들은 심리치료 실습을 했는데, Rogers의 생각에 따라 심리학적 배경은 필요하지 않았다. 그렇다고 해도 나이 어린 Gendlin은 철학과에서는 그 프로그램에 처음 지원한 신청자였다. 그는 Rogers가 자신에게 다가와 "그런데 자네는 사람에 대해서는 둔한 편인가?"라고 물어본 것을 기억한다.

> 나는 철학자들이 사람들을 이해하려는 데 있어서 예민하지 않다는 그의 생각을 이해했지만 나는 그렇게 생각하지 않는다고 말했다. 사람들이 내게 밤새 이야기를 했고, 나는 그 이야기를 듣곤 했기 때문이다. 나는 들어 주는 사람이기는 하지만 돕는 법은 모른다는 것을 알게 되었고, 그런 방법을 배우기를 열망하게 되었다. 그는 그것을 좋아했다. 약 2주 후, 나는 정말로 그것이 필요했기 때문에 왔다는 것을 깨달았다(개인적 커뮤니케이션, 2012).

그래서 Gendlin은 내담자이자 치료 훈련생으로서 Rogers와 함께 집단에 참여하였다. 그는 심리치료자가 되었고, 마침내 임상심리 분야에서는 최초로 올해의 명예로운 전문심리학자(Distinguished Professional Psychologist of the year)상을 받는 등 미국심리학회(American Psychological Association: APA)에서 네 번이나 수상하는 영광을 얻었다. 그는 철학자로서의 삶도 끊임없이 지속하며 그 분야에서도 인정받았다. 그의 철학은 다음과 같다. "실존주의 철학자들이 남긴 것, 즉 상징(생각, 말, 그 밖의 상징들)이 어떻게 구체적인 경험과 관련되거나, 어떻게 기초하는가에 대한 문제에서 시작된다."(Gendlin, 1973, p. 320)

느끼고 말하는 사람에게 다음으로 등장하는 것은 반드시 마지막 말에서 논리적으로 이어지는 것은 아니다. 오히려 그것은 말했던 것의 느낌으로부터 나온다. …… 자신에게 해석과 인지적인 틀(schemes)을 강요하는 것은 소용이 없다. 자신의 진정한 다음 한 걸음을 만들 수 있도록 하는 것은 용기 있는 선택과 함께 자신의 실제 가능성을 실현하고자 하는 태도이다 (Gendlin, 1973, p. 319).

Gendlin이 집단에 참여하면서 Rogers가 진행하던 연구의 방향이 바뀌게 되었고, Rogers는 『진정한 사람되기(On Becoming a Person)』라는 책에서 설명했던 인간을 변화시키는 그의 이론을 새로 정립하였다. Rogers는 다음과 같이 말하며 Gendlin과 다른 두 명에게 그 공을 돌렸다. "그들이 심리치료에 대하여 새롭게 생각하려는 능력은 매우 도움이 되었고, 나는 이를 많이 활용하였다."(1961, p. 128)

이러한 협력의 결과는 두 개의 핵심적인 상호 의존적인 요소에 의한 심리치료의 변화 과정을 보는 하나의 방법이었다. 어떻게 치료자가 내담자와 함께 있으며, 내담자는 어떻게 자신의 '체험'과 함께할 수 있는지가 바로 그 두 가지 요인이었다. 치료자는 공감의 분위기를 제공하고, 내담자에게 깊은 관심을 기울이며, 내담자를 한 명의 인간으로서 수용하고 함께 있어 주는 태도를 가졌다. 이러한 분위기를 통해 촉진된 내담자는 지금 이 순간의 감정을 즉각 느낄 수 있도록 점점 더 세심해지는 일련의 단계를 통해 변화했다. 의문점은 내담자가 치료의 과정에서 단계를 거치는 동안 정말로 점점 더 자신에게 접촉하게 되었는지의 여부였다. 연구를 위한 이 질문은 이후 포커싱을 탄생하게 하였다.

포커싱을 뒷받침하는 연구

Gendlin이 이끄는 연구 팀은 치료자–내담자 과정이 치료적 변화와 어떤 상관관계가 있는지, 특히 내담자가 치료 회기 동안 어떤 단계를 경험하며 성장해 나갔는지를 탐색하기 위해 심리치료 과정을 녹화하고, 그 결과를 성공과 실패 여부에 따라 분류하였다. 그들은 내담자가 직접 느끼고 있는 체험과 접촉하고 말할 수 있는 능력을 평가하는 데 사용하기 위해 프로세스 척도(이후 체험척도)를 개발했다(Gendlin & Zimring, 1955; Klein, Mathieu, Gendlin, & Kiesler, 1969).

> 그렇기 때문에 이 연구에는 하나의 질문과 하나의 측정치밖에 없다. 사람들의 말과 행동을 측정하거나 사람들이 체험하는 것을 즉시 표현하는 정도, 그리고 그들이 느낀 점과는 전혀 상관없는 평소에 잘 쓰지 않는 단어를 사용한다든가 하는 것을 측정한다(Gendlin, Beebe, Cassens, Klein, & Oberlander, 1968, p. 220).

이 연구는 치료 기간 동안 단순히 자신의 문제나 감정에 대해 이야기하는 내담자보다 상당히 긍정적인 치료 결과를 보이는, '자신이 경험하고 있는 것을 새롭게 표현하는' 내담자를 보여 준다.

Gendlin과 동료 연구자들을 불안하게 한 것은 치료가 성공하느냐 또는 실패하느냐가 치료의 첫 회기에 예측될 수 있다는 것이었다. 다시 말해서, 치료를 통해서는 내담자가 체험적으로 접촉하는 능력이 변화하지 않는 것처럼 보였다는 것이다. 체험적인 접촉이 변화의 핵심 요소이지만, 내담자의 상당수는 처음부터 치료로는 도움을 받을 수 없는 '비관적인' 상태였던 것이다(Gendlin et al., 1968).

이전부터 즉각적인 체험을 연결하는 능력이 있는 내담자는 치료에 성공했지만, 그렇지 않은 내담자는 성공하지 못했다. 이것이 사실이라면, 이 발견은 모든 내담자에게 효과적인 새로운 치료법이 추가적으로 필요하다는 것을 의미했다. 직접 느끼고 경험하는 것과 접촉하고 말하는 능력이 성공적인 치료와 상관관계가 있었기 때문에 Gendlin은 이 능력을 가르치는 방법을 개발하였고 그것을 포커싱이라고 불렀다. 이후의 연구에서는 포커싱 단계를 학습하거나 이해한 내담자들이 그렇지 않은 사람들에 비해 치료에 있어서 더 나은 결과를 보이는 경향이 있었다.[1]

펠트센스: 변화의 핵심

Gendlin의 연구의 핵심은 그가 '펠트센스(felt sense)'라고 칭한 새로운 형태의 체험의 발견이었다. 펠트센스는 이제 막 형성된, 인생의 경험에 대한 전반적인 신체적인 감각이다. 이는 단순한 감정이나 생각과는 다르다. 펠트센스는 Gendlin의 업적 중에서 가장 이해하기 어려운 측면이며, 가장 강력한 변화의 동력이다.

사람들은 Gendlin이 처음으로 이름 붙인 이 펠트센스를 훨씬 이전부터 경험했다. 펠트센스의 본질을 이해하는 데는 Gendlin의 일생의 작업인 경험과 상징에 대한 철학적인 질문에 대한 기본적인 이해가 필요하다. 이는 '체험'의 본질과 함께 시작한다.

---

1) Hendricks는 39개 연구에서 "교육이나 특정 치료자의 개입에 의해 집중력이나 EXP(체험) 수준이 높아질 수 있다."라는 연구 결과를 발표했다(2001, p. 226).

'체험하는 것'은 즉각적으로 느껴지는, 지금 여기에서의 과정의 의미에 대한 감각이다. 이것은 단순히 내부로부터 신체로 느끼는 '내성법'을 의미하는 것이 아니다. 왜냐하면 체험하는 것은 복잡하고 암묵적인 의미를 가지기 때문이다. 우리는 긴장하거나 고요한 것과 같은 신체에 대한 내적인 감각을 가지고 있다. 처음에는 경험하는 것이 이런 단순한 내적인 감각이라고 생각할 수 있다. 그러나 체험하는 것은 사실 느끼는 것 이상이다. 그것은 바로 우리가 의미하는 것을 발견하는 장소이다(Fisher, 2002).

> 그러나 우리는 반영을 넘어서 우리가 말하고 생각하는 것의 의미를 즉각적인 감정을 통해 알아차릴 수 있다. 우리의 '느낌'에 대한 의미를 배제하면, 단어는 단순한 소음에 지나지 않는다. 예를 들어, 어떤 사람이 당신의 얘기를 들은 후 다음과 같이 말한다고 하자. "잠시만요. 그렇지만 전 당신이 무슨 말을 하는지 이해하지 못했어요." 만약 당신이 말하고자 했던 것을 다른 단어로 다시 표현하고자 한다면, 당신이 느낀 것에 대한 의미에 주의를 기울여야 한다는 것을 깨달을 수 있을 것이다. 오직 이 방법을 통해서만 당신은 말하고자 하는 바를 다른 단어로 말할 수 있다(Gendlin, 1964, pp. 108-109).

체험은 우리가 "난 이걸 적절한 단어로 표현하지 못하겠어."라고 말할 때와 같이 나타낼 수 있다. 우리는 주로 체험하면서 깨달은 관점을 생각하고 느끼는 것 자체에 어려움을 겪는다. 특히 '이것'에 대해 우리가 깨달은 '무언가'가 있으며 그것을 알아차리는 데 성공하기 위한 방법이 없을 때, 우리는 경험의 '직접적인 지시 대상'과 접촉한다.

이것이 바로 연구에서 성공적인 내담자가 하는 행동인데, 그들은 그들의 경험에 대해 곧바로 이야기한다. 녹음테이프를 들은 사람은 어떻게 내담자가 말하는지를 알 수 있다. "음…… 전 이것을 어떻게 말해야 할지 모르겠어요. …… 지금 여기에 있긴 한데 …… 정확히 화가 나는 감정은 아닌데……."

그리고 그들은 즉각적이고 실재하고 있으며 뭐라 표현하기 어려운 무언가와 접촉한다. 게다가 마침내 설명이 꼭 들어맞았을 때 분명한 안도감을 보인다. "아, 이건 분노가 아니라 덫에 걸린 느낌이고 무력하다는 거네요. 바로 그런 거예요. 휴우!"

　펠트센스란 사람이 살아가는 것에서 실제로 다음 단계를 형성하는 유기체로서의 신선하고 즉각적이며 현재와 같은 경험을 말한다. 펠트센스는 자신의 방식으로 체험을 통해 형성되며, 이를 느낄 수 있다. 펠트센스는 우리가 그것이 형성되도록 의도적으로 초대하기 때문에 형성된다. 우리는 진정한 호기심을 가지고 '내가 지금 어떠한가?'라고 묻고는 답을 기다려야 한다. 우리는 속으로 '나를 신경 쓰이게 만드는 것은 뭐지?' 하고 궁금해하며 무엇이 오는지 느껴지기를 기다려야 한다.

　질문이 갖는 내적인 의도이기도 한 '잠시 멈추기'는 펠트센스를 형성할 수 있도록 한다. 물론 펠트센스가 일어나는 것을 위해 개념적 장치들이 필요한 것은 아니며, 그 용어를 모른다 하더라도 누구든 펠트센스를 느낄 수 있다. 펠트센스는 잠깐 멈추거나 '어떤 것'에 대해 주의를 기울일 때만 항상 형성된다. 그다음, 우리는 아마 뭔가 흐릿하고, 명확하지 않으며, 애매모호하고, 강렬하지는 않은 무언가를 찾을 수 있게 된다. 그러나 사실 이것은 우리가 이미 새롭고 신선한 방법으로 삶으로 나아가는 변화의 첫 걸음을 뗐다는 것을 의미한다. 더 자세한 것은 제1장에서 다룰 것이다.

포커싱의 여섯 단계

　내가 Gendlin을 만나고 6년 후인 1978년, 그는 『포커싱(Focusing)』이라는 책을 통해 일반 대중에게 포커싱의 과정에 대해 소개하였다. 포커싱은 밴텀 북스(Bantam Books)에서 출판되었고, 입소문을 타고 빠르게 전파되었다. 이후 지금까지 50만 부가 넘는 책이 절판되지 않고 '표지에 조약돌이 그려져 있는 소책자'로 팔려 나갔다.[2]

일반 대중에게 포커싱을 널리 알리기 위해 Gendlin은 이것을 여섯 단계로 체계화시켰다. 1972년부터 1974년까지 내가 그에게 포커싱을 배울 때만 해도 그는 포커싱을 가르치기 위해 다양하고 흥미로운 방법을 많이 사용했다. 그러나 그의 책에서는 이를 간소화하기 위해서 이 여섯 단계를 선택하였고, 주변정리(공간 비우기)를 시작으로 펠트센스 얻기, 이름 붙이기, 맞춰 보기, 물어보기, 받아들이기의 단계를 제안하였다. Gendlin은 이보다 더 다양한 방법이 있다는 것을 이미 알고 있었음에도 불구하고, 포커싱은 이 책이 대중화되면서 이 여섯 단계로 정의되기 시작했다. 단순한 형태로는 포커싱을 모두 포함시킬 수도 없을뿐더러 모두에게 도움이 되지도 않았다. 나는 현재의 포커싱을 발전시키고 알리기 위해 다른 방법들을 모색한 선구자 중 한 명이었다(Cornell, 1993).

포커싱에 대해 들어 본 심리치료자들은 자연스럽게 작업에서의 영향력과 내담자에게 즉각적으로 적용할 수 있다는 점에 흥미를 느꼈다. 그러나 소책자인 『포커싱』은 전문적인 임상적 연습을 위한 가이드북보다는 여섯 단계를 통해 스스로 도움을 얻을 수 있는 입문자용 책으로 여겨졌다. 여섯 단계를 내담자에게 곧바로 적용하려고 했던 치료자들은 내담자가 스스로 좌절하거나 치료 과정에서 명백한 한계에 부딪히는 모습을 자주 보았다. 만약에 Gendlin의 여섯 단계를 임상적 장면에서 포커싱의 매뉴얼로 적용하려고 한다면, 치료자들은 내담자의 치료 과정이나 치료 이전의 준비 상태의 정도에 따른 다양성과 복잡성을 모두 포용하지 못하고 곧바로 실패하게 되었을 것이다. 바로 그 시기에 임상가를 위한 포커싱 관련 추가적인 자료들이 없었다. 그럼에도 불구하고 여러 심리치료지는 포커싱을 하나의 치료적 방법으로 여기저기에 활용하였다. 그 선구자 중 하나는 Neil Friedman(1982, 1987, 2007)이었다. Friedman은 그의 저서에서 포커싱을 심리치료적 접근으로 두고 다른 대표적인 치료 접근과 결합하였다. 이후 Gendlin(1996)은 내가 극찬해 마지

---

2) 2차 개정판에서는 표지가 새롭게 바뀌기는 했지만…… 나는 예전의 조약돌이 그립다!

않는 임상가들을 위한 훌륭한 책 『포커싱 접근 심리치료(Focusing-Oriented Psychotherapy)』를 썼다.[3]

Gendlin은 그의 첫 저서에 썼던 여섯 단계가 포커싱을 전부 포함하지 않는다는 점을 강조했다. 당시 그는 "여섯 단계는 포커싱이라는 영토를 가로지르는 밧줄이다. 영토를 알면 밧줄에 매달릴 필요가 없다."라고 말했다. 이와 더불어 포커싱은 다른 생생한 기법들처럼 발전하고 있으며, 오늘날 포커싱 전문가들 사이에서는 여섯 단계가 원칙적으로 포커싱 기법을 가르치거나 설명하는 단 하나의 방법일 뿐이라는 것에 대해 의견이 일치한다.

1978년에 Gendlin에 의해 확립된 여섯 단계가 포커싱이라고 알고 있는 독자들은 아마도 포커싱을 내담자와 실천하기 위한 가능성의 세계가 아주 거대하다는 것을 발견하고는 매우 놀랄 것이다. 우리는 포커싱을 더 많은 내담자에게 적합하도록 보다 유연하게 적용할 수 있다.

현대 심리치료의 장에서 포커싱의 위치

최근 수년 동안 심리치료에 대한 관심이 많이 늘어나면서 마음챙김, 신체적 접근, 현재 이 순간, 관계, 수용과 공감의 중요성, 애착이론과 자기통제에 관한 통찰을 포함한 많은 발전이 나타났다. 각각의 이론은 주로 따로 발전되어 왔지만, 포커싱을 통해 몇 가지 형태를 통합하며 더 발전되었다. 이들 중 몇 가지를 소개하고, 이와 더불어 포커싱의 서로 다른 관점들도 소개하고자 한다.

---

3) 이 책이 Gendlin의 것과는 어떻게 다른지 궁금한 독자들에게 나는 그의 책이 포커싱을 사용하여 심리치료를 하는 방법에 대한 간단한 매뉴얼이라고 말할 수 있다. 반면, 나의 목표는 포커싱을 어떤 형태의 임상 실습에 포함하여 쓸 수 있는 간결한 지침을 제공하는 것이다. 포커싱과 심리치료에 관해 도움이 되는 글을 쓴 다른 이들로는 Armstrong(1998), Depestele(2004), Fleisch(2008), Geiser(2010), Grindler Katonah(출판 중), Ikemi(2010), Jaison(2004), Leijssen(2007), Madison(2001), Nickerson(2009), Preston(2005, 2008), Purton(2004, 2007), Rappaport(2009), Tidmarsh(2010)가 있다.

신체적 접근

치료에 신체적인 원인을 적용하는 것은 1970년대 이후로 인기를 얻으며 발전해 왔다. 1997년 Ron Kurtz는 '신체중심치료'라고 불리는 하코미(Hakomi) 심리치료를 새롭게 만들었다. 그의 학생 중 한 명인 Pat Ogden은 감각운동치료를 만들었다(Ogden et al., 2006). Ogden은 트라우마를 감소시키는 강력한 신체적 치료 방법으로서 현재도 널리 알려진 신체화 경험을 발명한 Peter Levine(1997, 2010)의 영향을 받았다. Levine은 "신체를 사용하지 않는 방법은 치료가 아니다."라고 말한 바 있다(Yalom & Yalom, 2010).

포커싱은 이러한 신체적 치료의 선구자들에게 중요한 영향을 주었다. Kurtz와 Levine에 의해 Gendlin은 '펠트센스'를 채택하게 되었다. 포커싱은 신체화의 과정으로 잘 알려져 있는데, 몸의 상태를 치료로 가져오는 것이다(Kurtz, 1997; Levine, 1997). 그러나 사실은 포커싱 치료에서 나타나는 것은 일반적인 '신체적' 감각 이상의 것이다. 포커싱이 전 세계적으로 알려진 신체적 접근에 기반한 치료들에 더할 수 있는 것은 신체적 감각 이상인, 펠트센스를 초대하는 가능성이고 이는 매우 중요하다. 이는 제1장과 제3장에서 깊이 다룰 것이다.

마음챙김

최근 몇 년 동안, 다양한 종류의 치유에 도움을 주는 보조역할로서 마음챙김에 대한 흥미가 급부상했다. 물론 심리치료자들은 치료 과정의 한 부분으로서 치료자와 내담자 모두를 위해 마음챙김에 흥미를 두었고, 다음 Daniel Siegel의 글에서 보듯이 마음챙김의 다양한 정의를 확인할 수 있다.

마음챙김을 설명하는 기존의 고정관념이나 기대에 의해 만들어진 판단을 배제하고 의도적으로 순간의 경험에 집중하는 것이다(Kabat-Zinn, 2005 참조). 마음챙김을 정의하는 또 다른 방법은 '범주화를 한정'시키는 가능성을 초기에 단정 짓는 것을 피하는 것이다(Cozolino, 2002). 앞의 오류는 우리가 세상에 대해 가지는 관점을 필터링하고 강요함으로써 생겨난다. 그리고 우리가 일상적으로 사용하는 단어 '마음 쓰다(mindful)'에는 생각, 고려, 깨달음과 같은 것이 함축되어 있다. 이러한 세 가지 방법 각각은 마음챙김 심리치료자들이 깨어 있는 마음을 가지고 주의를 기울이고 관심을 가지고 사물에 집중하도록 한다. 말 그대로 지금 일어나고 있는 일에 대해 인식하도록 하는 것이다(2010, p. 136).

내담자를 '마음챙김'의 상태로 자각하게끔 하기 위해서는 신체 감각을 포함해서 현재를 경험하게 해야 하는데, 이것은 많은 치료 접근에서 점점 더 중요해지고 있는 부분이다. 심리치료에서 마음챙김을 사용한 대표적인 예에는 변증법적 행동치료(Dialectical Behavioral Therapy: DBT)와 수용전념치료(Acceptance and Commitment Therapy: ACT)가 있다. 이 두 가지는 '행동치료의 제3의 물결'이라고 불린다. 마음챙김은 또한 하코미 치료(Kurtz)와 감각운동치료(Ogden)와 같은 신체적 접근 중 하나이다.

Kabat-Zinn은 마음챙김을 "현재에 대해 의도적으로, 그리고 판단하지 않는 특정한 방법으로 주의를 기울이는 것"으로 정의한다(1994, p. 4). Linehan(1993)은 마음챙김을 "관찰하는 '어떤(what)' 기술을 제공하고 설명하고 참여시키며, '어떻게(how)' 판단하지 않는 태도로 기술을 사용하고 그 시간에 한 가지에 집중시키도록 하며, 효과적으로 가져올 수 있는지가 바로 마음챙김이다."와 같이 정의하였다. 감각운동적 접근에서는 마음챙김을 바로 그 시점에 내적인 경험의 흐름에 집중하도록 하는 것으로 보았다(Ogden et al., 2006, p. 193).

이처럼 심리치료의 한 접근으로서 마음챙김 알아차리기를 사용하는 경우에 있어서, 마음챙김은 단독으로 쓰이지 않고 치료 그 자체로서 심리적인 작업의 과정에 대한 틀로써 쓰이는 것이 더 좋다. 이는 포커싱도 마찬가지이다.

초기에 포커싱은 오늘날 마음챙김이라고 알려진 태도들과 행동들의 구조를 포함하고 있다. 포커싱은 내담자가 즉각적인 경험에 대해 판단하지 않게끔 주의를 기울이도록 한다(Bundschuh-Müller, 2004). 마음챙김을 포함한 치료적 방법들과 같이 포커싱은 마음챙김을 포함하면서 더 나아가게 된다. '마음챙김'은 펠트센스를 형성하기 위한 가장 적절한 환경인 주의집중의 질(quality)을 잘 설명한 것이다. 마음챙김은 펠트센스 그 자체를 형성하고 더 집중할 수 있게 하는데, 이것이 바로 포커싱이다.

지금-현재

심리치료에서 지금-현재의 중요성을 가장 강력히 주장하는 이는 소아정신과 의사 Daniel N. Stern(2004)이다. 그는 내용이 훌륭할 뿐만 아니라 많은 이들에게 팔리고 있는 저서 『심리치료와 일상생활에서의 현재의 순간(The Present Moment in Psychotherapy and Everyday Life)』을 썼다. 물론 존재하는 순간에 대한 중요성은 심리치료의 오래된 역사에서부터 이어져 왔다. Wilfred Bion은 "심리분석학적 관찰은 무엇이 일어났는지와 무엇이 일어날 것인지는 신경 쓰지 않고 무엇이 현재 일어나고 있는지를 관찰하는 것이다."라고 썼다(1967, p. 271). 그리고 그는 내담자에게 다가갈 때 기억이나 욕구를 배제하라고 충고했다(1967).

포커싱에서는 살아 있는, 경험하는 현재 이 순간이 치료적인 변화의 중요한 열쇠이다. 심리치료자들과 내담자는 현재에 있고, 바로 지금-여기에서 어떻게 느끼는지에 대한 촉감과 질에 집중한다. 변화는 현재로부터 발생하는데, 이는 내담자가 인생에서 어떻게 과거에 기능해 왔는지에 대한 변화를 포함한다.

우리가 현재 경험하는 것은 과거에 몸에 내포되어 있던 것을 포함한다. 만약에 변화와 성장이 있다면 이 두 가지 모두 함께 변할 것이다. 과거가 현재에서 바뀐다는 것이 이상하게 들릴 수도 있지만, 과거가 지금 기능하는 한 그러하다. 현재에 내포되어 있는 과거는 한 사람의 과거 기록이나 그것에 대해 이야기하는 것과는 완전히 다르다. 그것은 자신이 현재 상황에서 어떻게 살고 있는지에 대해 내포된 풍부하고 복잡한 경험에 대한 감각을 지금 이 순간에서 발견하는 것이다(Gendlin, 1973, p. 334).

Gendlin의 '체험'에 대한 개념은 포커싱이 변화의 과정에서 어떻게 기여하는지를 이해하는 열쇠이다. 경험은 현재 이 순간에 발생한다. "경험은 즉각적으로 발생한다. 이는 한 사람의 특성이나 복잡성 혹은 기질과 같은 일반적인 속성이 아니다. 오히려 경험이란 한 사람이 여기에서 바로 지금-현재 경험하는 것을 말한다."(Gendlin, 1961, p. 234)

변화를 필요로 할 때는 아주 약간 다른 형태의 문제에 대한 끝없는 반복 속에 갇혀 버리거나 막다른 길에 있다는 느낌이 들 수 있다. 그러나 지금-현재로부터 뭔가 새로운 일이 일어나고, 열려 있는 새로운 가능성을 보고, 새로운 행동을 할 수 있는 가능성이 생겨난다. 포커싱 과정은 현재의 경험에 집중하고, 펠트센스를 새롭게 형성하고, 이러한 집중에 대한 핵심 요소로서 지금-현재 이 순간을 강력하게 사용할 수 있도록 한다.

공감

심리치료 초창기에 치료자들이 내담자가 어떤 일을 겪고 있는지에 대해 공감하는 것은 분석과 해석에 밀려 최우선 순위는 아니었다. 그러나 오늘날 심리치료의 주요한 분야에서는 공통적으로 내담자에 대한 존중과 공감적 관계가 치료의 목적 그 이상이 되었다. Heinz Kohut의 '체험에 가까운' 공감의 열성적인 지지와 Carl Rogers의 공감적 반영으로부터의 성장이 바로 그 예이다. Kohut과 Rogers는 이러한 움직임에서 가장 유명한 부모와도 같은 이들이다.

Judith Beck의 인지치료에서 "대부분의 환자는 직접적으로 공감을 전달하는 것에 대해 긍정적으로 답했다."(2011, p. 65) Russ Harris의 수용전념치료에서 "우리가 타인에 대한 모든 관심을 개방성, 연민과 호기심에 귀를 기울일 때 그 자체에 치료의 효과가 있다."(2009, p. 51)라고 하였다. Patricia DeYoung의 관계 심리치료에서 "내가 내담자였을 때나 치료자였을 때 나는 성장이나 변화를 위한 맥락에서 그것을 설명하거나 대립시키는 것보다 공감을 해 주는 것이 더 효과적이라고 확신했다."(2003, p. 40)라고 하였다.

공감은 단순히 반복하는 것이 아니다. Robert Elliott과 동료들은 다음과 같이 말했다. "치료자들은 내담자의 내적 경험을 순간순간 따라간다. 그러나 따라간다는 것은 내담자의 단어를 기계적으로 다른 말로 바꾼다는 것을 의미하지 않는다. 대신에 내담자들은 자신의 즉각적인 내적 경험을 공감적으로 조화롭게 유지하기 위해 노력해야 하고, 내담자가 그것을 이해했는지 확인해야 한다."(2004, p. 5)

Diana Fosha는 공감의 힘을 "내담자의 세계에서 그의 공간을 느끼고 그것을 알아채는 것"이라고 말했다.

> 그런 현재의 존재 앞에서 내담자의 세계가 펼쳐진다. 이것은 동등한 존재로서의 부분을 알고 결핍되어 있는 부분을 알면서 그곳에 함께 있으려한다. 그렇게 되면 사람들은 고통스럽고, 숨겨져 있고, 두렵고, 무섭고, 위험하며 체계적이지 못한 자신의 일부분에 대해 말하는 것이 가능해진다 (2000, p. 29).

포커싱에서 공감은 두 가지 차원에서 중요하다. 치료자의 친밀한 공감은 내담지가 미묘하고 새롭게 불러일으켜진 체험의 질에 적응할 수 있게끔 해 준다. 반영은 '이해의 확인'(Rogers, 1986a)을 위한 것이 아니라 내담자가 내적으로 확인할 수 있도록 도와주기 위해 제공되며, 설명되지 않은 경험의 새로운 요소가 나타날 것이라고 가정하여 이루어진다(Gendlin, 1984).

또한 공감이 결정적으로 작용하는 내적인 관계 과정이 있다. 내담자는 치료자로부터 공감적으로 그들의 경험을 이끌어 내는 것을 지지받는데, 이것은 일종의 '자기경청'으로 변화의 출현을 촉진한다. 치료자의 공감적 지지는 내담자의 내적인 공감을 지원하고 더 나아가게 한다.

관계성

치료적인 관계가 어느 정도 가까운가의 차원이 심리치료 과정의 효과에 대한 열쇠라는 것은 의심의 여지가 없다. Paul Wachtel(2008)은 사례를 제시하며 관계성이 현대의 정신분석을 이끌어 간다고 주장했다. 자기심리학자인 Stolorow와 Atwood의 '상호주관성(intersubjectivity)' 개념은 정신이 분리되어 있는 것이라는 근거 없는 믿음을 깨뜨렸다. 치료적인 관계를 문제의 중심에 놓는 다른 방법에는 수용전념치료가 있다. "만약에 당신이 내담자와 좋은 관계를 맺지 못한다면 어떤 방법도 효과적이지 않을 것이다. 수용전념치료(ACT)에서는 내담자와 온전히 함께 있다. 개방적이고, 진실하며, 마음을 챙기고, 동정하고, 존중하고 우리 자신의 핵심적인 가치와 접목시킨다."(Harris, 2009, p. 41) 그리고 실존주의 심리치료에서는 다음처럼 설명하고 있다.

치료자는 내담자에게 그들의 가장 중요한 과제가 변화를 위해 함께 관계를 맺는 것임을 분명히 알려야 한다. 무엇보다도 치료자는 내담자가 가는 곳은 어디든 함께 갈 준비가 되어 있어야 하고, 관계에서 신뢰와 안정성을 지속적으로 쌓기 위해 필요한 모든 것을 해야 한다(Yalom, 2002, pp. 34-35).

Lynn Preston은 포커싱이 내담자의 내적인 경험과 연결되어 있다고 정의되는 것 같아 보이지만, 심리치료에 포커싱을 적용시킨다는 것은 근본적으로는 관계적인 접근임을 강조했다.

나는 흔히 Gendlin이 말한 우리 스스로에게 집중하기보다 관계에 집중해야 한다는 말을 인용한다. 포커싱은 자기 응답이지만 자기가 대답하는 것은 어떤 실체가 아닌 상황의 집합체이다. 이는 내적인 과정으로 축소될 수 없다. 이는 내담자의 특성이나 관점, 경험이나 관심사, 문제들을 조직화하는 방법보다 더 크다. Gendlin은 '사람'이라는 용어를 사용함으로써 사람이 가지는 더 큰 개방적 관련성에 대해 이야기하고자 한다. 그는 사람은 "눈 뒤에서 바라볼 수 있는 존재"라고 말했다. 이것은 사람이 정지되어 있지 않고 항상 되어 가는 과정에 있다는 것을 말한다. 이는 삶의 과정을 독특하고 개인적으로 표현한 것이다. 사람은 문화나 언어, 기질로부터 분리될 수 없지만 그것들 이상을 가지고 있다(2005, p. 6).

Gendlin은 이것의 종합적인 공표로서 포커싱 중심 심리치료에 관한 책을 쓰기 시작했다. "이 책에서 심리치료와 관련된 많은 방법을 통합하였다. 모든 치료는 각각 독특한 가치를 지니고 있으며, 내담자와 치료자의 관계는 그 모든 것보다 우선시된다."(1996, p. 1)

Gendlin은 다른 책에도 이와 같이 썼다. "상호작용이 최우선이다." "우리가 생각하고 말하기 이전에 몸은 이미 상황과 상호교류를 시작했다."(2004b, p. 6) 물론 그 상황에서 치료란 주로 치료자를 포함한다. 포커싱은 내담자의 경험에 대한 방식으로 정의되지만, 경험에 대한 방식은 치료자의 경험에 대한 방식과 현재 상태에 의해 독특하게 영향을 받지 않을 수 없다.

애착과 자기조절

애착이론은 최근 몇 년간 심리치료자들이 인식하고 유용하다고 생각하여 발전해 왔다. 신구자로는 Bowlby(1988), Ainsworth(1969), Main(1999), Fonagy, Gergely, Jurist와 Target(2002)이 있는데, 이들은 우리에게 양육자와 아이 간의 안정 애착이 중요하다는 것을 알려 주고, 그것이 사람의 감정 상태를 자율적으로 조절하는 능력에 미치는 영향을 이해하는 데 도움을 주었다(Wallin, 2007). 기존에는 아동에게 행해진 연구들이 요즘에는 성인에게도 실시되고 있다. 정서중심치료(Emotionally Focused Therapy: EFT)에 대한 Sue

Johnson(2008)의 연구는 애착이 성인의 친밀한 관계에 대한 역동을 필요로 한다는 심오한 통찰에 기반한 것이다. Diana Fosha의 가속체험적 역동치료(Accelerated Experiential Dynamic Psychotherapy: AEDP)는 감정적인 과정과 애착이 깊숙이 연관되어 있다고 이해한다. "현상과 구성 둘 다에 있어서 근본적으로 인간은 가까운 감정적 유대를 형성하기 위해 애착을 필요로 한다. 이것은 우리의 심리학적 삶의 근본이다."(2000, p. 33)

애착은 감정적 상태의 자기통제와 트라우마를 극복하는 능력과 연관되어 있다. Rothschild에 따르면 "Schore(1996)가 말한 것처럼 태어난 직후에 양육자와 아이는 상호 교류적인 패턴을 형성하는데, 이것은 감정 조절의 과정을 통해서 만들어진다. 그들은 면대면 접촉을 통해 서로를 알아 가는데, 이는 갓난아이에게 점점 더 강한 자극과 각성에 점차적으로 적응하도록 만든다."(2000, p. 23) 많은 이가 치료자와 내담자의 관계에서 어린 시절 부모와 아이 사이에서 충족되지 못했던 '잃어버린' 애착 경험을 교정하고 채워 나갈 수 있는 가능성을 가지고 있다고 강조했다(Fosha, 2000; Wallin, 2007).

포커싱에서 내담자는 감정 경험과 '함께'(더 정확하게는 '존재')하도록 지지받는다. '함께'라는 것은 안정 애착의 질을 의미하는 내적인 관계이다. Carol J. Sutherland Nickerson(2009, 2012)은 포커싱의 단계가 부모와 아기 사이의 애착, 결합, 믿음의 단계와 어떻게 부합되는지에 대한 의견을 제시했다. 포커싱은 알아차림, 접촉, 주의 기울이기, 공감적 결합의 내적인 관계에 의해 지지된다. '나(I)'는 안전, 신뢰, 연민의 질을 가지는 과정에서 감각을 경험하며 '그것(it)'과 함께할 수 있다. 내담자의 내적 관계는 치료자와의 관계에 의해 유지되고 반영된다.

부분들과 작업하기

해리성 정체감장애라는 극단적인 경우뿐만이 아니라 평범한 삶의 과정에서도 인간이 '자아 상태' 혹은 '부분'을 가지고 있다는 것을 통찰하기 위한 여러 가지 방법이 생겨났다. 특히나 내담자가 내적인 갈등을 겪을 때 이러한 부분에 대한 인식을 가지고 심리치료를 하는 것은 효과적일 수 있다. 이러한 방법들 중 가장 대표적이고 효과적인 방법의 하나로 포커싱이 있다 (게슈탈트 치료의 두 의자 기법; Perls, Hefferline, & Goodman, 1951). Elliott과 Greenberg(1997)는 정서중심치료(이전에는 과정-경험 치료)에서 하나의 방법으로 게슈탈트 치료의 '두 의자 기법'을 일부 조정하여 포함했다.

> 다양한 목소리(여러 내면의 목소리)는 인간 존재에게 필수적인 부분이며 치료의 자원으로써 양성되고 가치 있게 평가되어야 한다. 치료자들은 내담자에게 존재하는 다양성과 갈등을 발견하고 사용할 수 있도록 도움으로써 그들에게 이익을 줄 수 있다(Elliott & Greenberg, 1997, p. 225).

1972년에 Hal과 Sidra Stone은 음성 대화를 개발하기 시작했다. 자아의 일부와 대화함으로써 그들이 자각된 자아라고 부르는 것을 강화하는 방법이다. "이 자각된 자아는 자기가 아니다, 그것은 어떤 자아나 자기 자신에 대해서도 지배되지 않는 것이다."(1993, p. 19) 오늘날 부분과 작업하는 심리치료의 기법 중 가장 중요한 한 가지는 Richard Schwartz(1995)에 의해 개발된 내면가족체계치료(Internal Family Systems Therapy: IFS)이다. 이는 포커싱과 어느 정도 양립이 가능하다(제9장 참조).

포커싱에서 부분과 함께 작업하는 것은 자신과 감각 경험 사이의 '나-그것(I-it)' 관계의 중요성을 강조하는 Gendlin의 입장을 내포하고 있다. "포커싱은 '나(I)'가 '그것(it)'에게 대단히 의도적으로 함께하고자 하는 것이다." (Gendlin, 1990, p. 222) "내담자와 나, 우리는 그 안에서 함께 머무를 것이다." (p. 216)

> 그녀는 '짓밟힌다'고 느끼는 그녀의 일부분을 연민하고 있었다. 그녀 '자신'은 이 '부분'도 아니었으며 다른 부분도 아니었다. 그보다 그녀는 그것을 느끼고, 그것을 대변하고, 이해하였으며, 그것에 대한 모든 이로

운 부분을 느낄 수 있는 사람이었다. '자기'는 어떤 특정한 내용이 아니다 (Gendlin, 1996, p. 35).

내담자가 감정적 경험과 '함께 있는' 능력은 처음부터 포커싱의 일부분이었다. 그리고 이것은 사실 연구자가 치료에 성공한 내담자들에게서 들은 것이었다(Hendricks, 2001; Purton, 2004). 일단 '나(I)'나 '자기(self)'나 '이것(this)'이나 '그것(it)'의 구분이 이루어지면, '나'는 '그것'이 드러내는 것을 듣는 내적 관계의 대화 가능성을 열 수 있다. 그러나 포커싱에서는 '그것'을 독립적으로 보지 않는다. 그것은 새로운 과정이며 '그것들의(its)' 독자성을 위해 싸우지 않고 사라져 버릴 수도 있다.

포커싱과 함께한 나의 여행

1972년 10월, 내가 포커싱을 소개받던 그날 밤으로 돌아가 보자. 나는 시카고의 하이드 파크에 있는 교회의 도서관에서 40명 정도의 사람이 들어갈 수 있는 공간에 거의 100여 명의 사람과 함께 있었다. 그들은 바닥과 테이블 위에 앉아 있거나 벽에 기대어 있었고, Gendlin은 방의 끄트머리에 있는 테이블 위에 앉아 편안하게 대화하는 방식으로 포커싱을 가르쳤다. 그는 호감이 가는 사람이었고, 나는 그의 다정한 태도에 끌렸다. 그러나 그가 "당신이 느끼는 감정이 있는 곳에 가세요."라고 말했을 때 나는 그가 무슨 말을 하는지 전혀 알아들을 수가 없었다. 늘 감정을 무시당했던 미국 중서부의 알코올 중독자 집안에서 자란 나는 말 그대로 그가 하는 말에 아무 대답도 하지 않았다. 다른 사람들이 내가 어리둥절해하고 있다는 것을 눈치채지는 않았을까 방 안을 이리저리 살펴보던 기억이 난다. 그들의 눈은 감겨 있었고, 누군가는 울고 있었다. 울다니! 난 그들이 괴짜처럼 느껴졌다.

내가 포커싱을 시도했을 때, 내 몸은 아무것도 없는 '텅 빈' 것처럼 느껴졌다. 돌이켜 보니 수많은 감정이 있었던 것이 기억난다. 그 감정들은 대부분

두려움, 불안, 부끄러움이었다. 내가 이것을 할 수 있을까? 괜찮아 보일까? 해낼 수 있을까? 잘 어울릴 수 있을까? 혹은 실패하고 면전에서 거절당하는 것은 아닐까? 나는 이러한 경험들이 '감정'이라는 것을 깨닫지 못했다. 그 감정들은 내 주위에 항상 있어서 알아보지 못할 내 삶의 벽지에 가까웠다.

다행히도 나는 첫날 밤에 무언가 잘 해냈고, 적어도 내가 다시 돌아가기에 충분할 정도의 환영과 수용을 받는 느낌을 받았다. 내가 필요로 하는 무언가를 발견했다는 감각에 이끌려 나는 이 이상한 기술을 배우는 데 온몸으로 뛰어들었고, 가능한 한 자주 포커싱 '파트너'와 만나서 '포커서(focuser)'와 '경청자(listener)'가 되었다(적극적인 경청의 한 형태는 포커싱을 하는 파트너에게서 배웠다. 그것이 내가 잘했던 일이었다). 처음에는 그 과정에 좌절감을 느꼈지만, 내 친구가 변화하는 과정을 보면서 거기에 머무르고 싶어졌다. 어느 날, 나의 논문 「어떻게 내가 포커싱을 만났을까(How I Met Focusing)」(2004)에도 썼던 기억에 남을 만한 동료 포커싱 회기가 있었다. 그때 나는 사회적인 상황에서 '너무 크게' 느끼는 것이 아주 고통스러운 어린 시절의 거절 경험과 관련되어 있음을 직면할 수 있었고, 사회적인 어색함에 대한 문제에서 상당한 변화를 경험하게 되었다. 이것은 격동하는 나의 20대에 자조기술로서 포커싱을 사용하면서 개인적으로 경험했던 수많은 긍정적인 것 중 하나이다.

만약에 그때에 포커싱/경청 집단에서 우리 중 누군가 포커싱이 그 작은 무리에서 밖으로 알려질 것이라고 생각했다면 그 사람이 나는 아니었을 것이다. 포커싱은 나를 찾고 나에 대해 알게 해 주는 과정이었고, 진정한 관계 내에서 진정한 감정을 느낄 수 있는 삶을 살게 해 주었다. 나는 영원히 감사할 것이다. 그리고 그때 나에게는 우리가 포커싱을 하는 것이 다른 어떤 것보다 중요하게 여겨졌다.

포커싱의 발전

시카고 대학교에서 어린 대학원생으로서 Gendlin을 만나고 포커싱을 배우는 것은 내 삶을 바꾸어 놓았다. 첫 변화는 개인적으로 일어났다. 동료들과 포커싱 회기를 함께한 것은 나에게 사회적 불안과 정체감, 자기표현, 타인과의 관계, 감정으로 인식하는 것 같은 중요한 주제들을 바꾸어 놓았다. 때때로 나는 내가 22세 때 포커싱을 발견하지 못했다면 내 삶이 어떻게 되었을지 상상하곤 한다. 그것은 그다지 좋은 그림은 아니다. 나의 직계가족이 두 명이나 알코올 중독으로 죽었기 때문에 내가 지금까지 살아 있을 것이라고 확신할 수 없다. 아마도 내가 지금 매일 가지고 있는 편안함과 즐거움은 확실히 쉽게 갖지는 못했을 것이다.

28세에 내가 첫 직장을 그만두고 다른 것을 찾고 있을 때 Gendlin을 다시 만났고, 포커싱은 나의 전문적인 길이 되었다. 운이 좋게도, 내가 다음 길을 찾고 있던 그 시기에 Gendlin의 책 『포커싱』이 대중적으로 붐을 일으켰다. 그리고 나는 그에게 몰려드는 각종 워크숍에서 그를 도울 수 있는 사람들 중 한 명이 되었다. 그렇게 그의 동료로서 협력을 시작하였고, 그것이 지금까지 지속되었다.[4]

나는 Gendlin의 포커싱 워크숍을 돕기 시작하자마자 포커싱을 어떻게 하면 효과적으로 가르칠 수 있을지에 대해 생각하기 시작했는데, 그것이 그가 권한 일이었다. 1984년 이후, 나는 나만의 포커싱 워크숍을 하며 내담자들과 작업했다. 마침내는 나만의 포커싱 교육 프로그램을 위한 책, 매뉴얼, 오디오 자료를 만들게 되었다. 학생들과 교류를 하고 그들에게 명료하고 간결하게 전달하고 싶다는 열망이 나로 하여금 내가 처음 배웠던 것과는 조금 다르

---

4) 나는 1980년대 초 Carl Rogers가 운영하던 센터의 후신인 시카고 상담센터에서 James Iberg, Margaret Warner와 함께 심리치료자로 훈련받고 일했다. 1983년 캘리포니아로 이사했을 때, 심리치료를 하기보다는 훈련과 촉진에 중점을 두기로 했다. 이제 나는 개인에게 포커싱을 가르치고, 심리치료자와 다른 치유 전문가들을 위한 포커싱 교육을 운영하고, 포커싱에서 사람들을 돕기 위한 개별 세션을 진행할 수 있는 훈련 프로그램을 만든다. 나도 이 책을 쓰면서 다년간의 치료자 양성 및 그들과의 공동훈련 그리고 포커싱을 지향하는 치료자들과 인터뷰한 내용에서 경험과 전문지식, 내담자 일화들을 아낌없이 공유했다. 비록 이 책은 주로 심리치료를 하는 임상가를 위한 것이지만, 코칭, 정신상담, 진로상담 등 많은 종류의 세션에도 포커싱을 활용할 수 있다.

지만 포커싱을 가르치는 기술을 끊임없이 발전시키고 정제시키도록 하였다. 여섯 단계보다, 다섯 단계에 네 가지 기술(Cornell, 1993)을, 그 이후에는 네 가지 무브먼트로 발전시켰다(Cornell & McGavin, 2002).

1991년에 영국을 방문한 나는 포커싱을 가르치는 Barbara McGavin을 만나서 서로에게 아주 가치 있고 도움이 되는 협력을 시작했다. Barbara와 나는 포커싱을 더 발전시켰고, 이것은 기존의 포커싱과 구분되어 내적 관계 포커싱(inner relationship focusing)이라고 명명되었다. 내적 관계 포커싱은 Gendlin이 말한 것처럼 여전히 포커싱이면서 그가 설정한 네 가지의 원칙을 그대로 따랐다. 물론 거기에 추가적인 내용과 지시가 더 포함되었다.

오늘날 포커싱과 관련한 많은 사람이 내적 관계 포커싱도 함께 사용하고 있으며, 그중 많은 사람이 이에 많은 영향을 받았다. 포커싱에는 자극적이고 생산적인 다양성이 있다. 포커싱은 사람들에게 펠트센스를 느끼게 하고 그것을 받아들이는 과정으로 정의할 수 있다.

내적 관계 포커싱

몇 년 동안 나는 Gene Gendlin의 견습생으로 있으면서 그의 워크숍과 미팅을 함께 도왔고, 새로운 학생에게 수많은 질문에 답해 주는 것을 들었다. 그 질문은 흔한 질문이었고, 그는 일관된 답을 해 주었다. 이는 이후에 내가 Barbara McGavin과 우리의 포커싱의 근원으로서 극적으로 변화시킨 것이었다.

Gendlin은 사람들에게 포커싱을 위해서는 '친절한 태도'가 필요하다고 말했다. 보통은 그 집단에서 누군가가 그에게 "그렇지만 제가 그것(it)에게 친절히 대할 수 없다면요?"라고 물어보았을 것이다. Gendlin은 미소를 띤 채 처음의 장소로 돌아가려는 듯한 몸짓을 하며 손가락으로 자기 자신을 가리키고는 말했다. "그러면 당신이 그것에게 친절해질 수 있는지 없는지 확인해 보세요."

나는 '친절해질 수 없다'면 '그것'에 주의를 기울여야 한다는 그의 생각에 감명받았다. 포커싱을 가르치고 내담자와 작업하기 시작하면서 나는 사람들이 자신의 경험에 대해 반응적인 관계에 있기 때문에 얼마나 자주 펠트센스를 허용하는 데 어려움을 겪고 있는지 알게 되었다. 그들은 그것을 두려워하고, 그것을 알아내려고 조급해하며, 그것을 느끼지 않으려고 애쓰고 있었다. 만약 내가 나의 내담자들이 이렇게 반응을 보이는 상태를 '나(I)'가 아닌 '그것(that)'으로 경험할 수 있도록 도울 수 있다면 그들이 변화가 일어날 수 있는 신호에 더 많이 접근할 수 있으리라는 것을 깨달았다.

동일시(identification)와 비동일시(disidentification) 개념이 핵심이었다. 사람들은 감정적인 경험과 동일시할 때 경험 그 자체와 그것을 감각으로 느끼는 것의 차이에 대해 잘 알지 못했다. 비동일시는 분리된 것도 아니고 거리가 있는 것도 아니다. 그것은 함께 있는 것이다.

> 나는 '세 남자'라고 부르는 너덜너덜해진 포스터를 가지고 세계를 돌아다녔다. 왼쪽에 있는 남자는 빨간색 구름으로 둘러싸여 있고 "난 화가 나 있어."라고 말한다. 오른쪽에 있는 남자는 그의 몸이 아닌 등 뒤에 빨간색 구름이 있었고 "나는 화나지 않았어."라고 말한다(나는 이것을 이를 악물고, 발로 쾅쾅 소리를 내면서, 으르렁거리는 목소리로 "나는 화나지 않았어!"라고 말하곤 한다). 중간에 있는 남자는 배 주위가 빨간색 구름으로 둘러싸여 있었고, '무언가(something)'라고 쓰여 있었으며 그 근처에 화살표로 '나(I)'라고 적힌 단어가 있었다. 그는 "내 안에 무언가가 화가 난 것을 느끼고 있다."라고 말한다. 오직 가운데 경우만이 '화남'이라는 것을 들을 수 있었고, 한 단계 앞으로 나아갈 수 있었다. 왜냐하면 무언가가 거기에 '나'와 함께 있었기 때문이다(Cornell, 2005a, pp. 44-55).

Gene Gendlin과 같은 숙련된 임상가들이 내담자들에게 대답할 때 어떤 말을 했는지 연구하면서, 나는 내담자가 여전히 그것과 접촉하고 있는 동안 느끼는 경험으로부터 비동일시하게 만드는 언어의 형태를 발견했다. 나는 이것을 '현재 언어(presence language)'라고 부르며 수련생들에게 가르치기 시작했다(제5장 참조). 이후 Barbara McGavin과 나는 모든 종류의 감정적·반응적 경험에 얽매이지 않고 참여할 수 있는 사람의 인식 상태에 이름을 붙이기 시작했다. 우리는 '더 큰 나' '더 큰 자기' '현존' 등의 이름을 지나왔는데, 오늘날 Richard Schwartz와 Cesar Millan[5]의 업적에 영향을 받아 우리는 이것을 '현존하는 자기'라고 이름 붙였다.

'내적 관계 포커싱'은 단순히 반복적인 반응 상태에 있는 것이 아니라 진정한 펠트센스를 갖기 위해 '현존하는 자기'가 될 수 있는 사람의 중요성을 강조하는 포커싱 접근법이다. 이러한 접근법은 중독, 우울 상태, 자기비난과 같은 고정된 문제를 가지고 있는 내담자들과 작업할 때 특히나 강력한 것으로 밝혀졌다. 그것이 이 책에서 배울 접근법이다.

해명: 포커싱만이 가치 있는 과정은 아니다

포커싱에 열광하는 사람들이 가끔 마치 포커싱이 사람들이 필요로 하는 단 하나의 치료 과정이고, 포커싱이 없으면 실패할 것이라고 말하는 것을 들을 수 있다. 사실 나는 어느 것도 믿지 않는다.

나는 내가 알고 있는 모든 양식의 심리치료와 학교에서 행해지는 치료에 대해 놀라움과 경외심을 가지고 있다. 인간이라는 존재는 다양한 종류의 지지와 개입을 받으며 여러 환경에서 변화하고 성장한다. 나는 결코 내 방식이 다른 어떤 것보다 낫다고 말하는 것이 아니다.

그러나 나는 다음 세 가지만은 말하고 싶다.

---

5) 나는 미소로 Cesar Millan(2007)의 업적을 제시한다. Barbara McGavin과 나는 개가 아닌 개 주인을 훈련시키는 이 도그 위스퍼러(dog whisperer)에 영감을 받았다. 개 주인이 '확실하게 진정된' 상태가 될 수 있을 때 개는 마음을 가라앉힌다. 이것은 감정 조절을 환기시키기 위해 유용한 은유가 될 수 있다(역자 주: Cesar Millan은 〈도그 위스퍼러〉라는 프로그램을 진행하는 미국의 유명한 개 조련사이다).

- 포커싱을 의식하는 각각의 유형은 많은 내담자에게 자연스럽게 다가오며, 적어도 우리가 의식하든 그렇지 않든 간에 사람들이 변화할 수 있도록 도움을 주는 부분이다. 이 과정을 의식하게 해서 그 효과가 더욱 커질 수 있도록 지지해 주자.

- 펠트센스의 과정은 변화의 본질을 활용할 수 있는 능력을 갖추고 있다. 내담자들이 잠시 멈춰 서서 펠트센스가 형성되도록 함으로써 '갇힘(stuck)'에서 '흘러감(flow)'으로 이동하는 경우가 많다. 이 과정은 다른 치료 양식에도 추가될 수 있고 어떤 것을 해치지 않으며 많은 것을 제공한다.

- 포커싱은 그 자체로 완벽하게 치료적인 형태는 아니다. 당신은 틀을 넘어서는 무언가를 해 볼 필요가 있다. 그것이 비록 많은 다른 정보를 단순히 결합하는 것일지라도 그것에 포커싱을 포함시키라. 이는 임상가들이 다른 종류의 양식에도 관심을 가져야 하며 어떻게 포커싱에 의해서 자신들의 양식이 강화되었는지를 탐색해야 할 이유이다.

포커싱 순간은 '출입구'이다. 이는 오래되고 얼어붙은 고착된 패턴을 깨고 이미 알고 있는 것보다 더 많이 경험할 수 있는 잠재적인 과정의 순간이다. 당신은 이미 일어나고 있는 포커싱의 순간을 인식하고 경험함으로써 그들을 격려하는 방법을 배울 수 있다. 또한 포커싱이 아직 일어나지 않았더라도 그것을 초대하고 촉진하는 법을 배울 수 있다. 포커싱의 순간에 대한 과정은 다른 과정이나 양식들과 잘 통합될 수 있다. 당신은 내담자와 하고 있는 작업들을 멈출 필요가 없다. 그 작업을 강화하면서 좀 더 효과적이고 지지적으로 만들 수 있을 것이다.

이 책의 과정

제1장에서 나는 포커싱의 예시들을 보여 주고, 그것을 통해서 포커싱의 특

징과 이를 설명할 수 있는 철학적이고 이론적인 기초들을 살펴볼 것이다. 나는 우리가 포커싱과 관련된 변화의 과정을 이해하기 위해서 필요한 조금 생소한 용어인 '암시(implying)' '중단된 과정(stopped process)' '앞으로 나아가기(carrying forward)'와 같은 개념들을 소개할 것이다. 제1장의 마지막 부분에서는 포커싱의 또 다른 예와 함께 포커싱에서 어떻게 펠트센스가 형성되는지를 설명할 것이다. 이는 실제로 사람들에게 이미 나타나기 시작한 변화의 다음 단계를 말한다.

제1장에서의 어려운 철학적 수준을 뛰어넘어서, 제2장에서는 다시 기본으로 돌아와서 어떻게 심리치료에서 포커싱이 시작되었고, 어떻게 첫 회기에 포커싱에 기초한 평가를 포함하여 내담자에게 포커싱을 사용할 것인지에 대한 대략적인 기초를 설명하고, 우리가 무엇을 하는지를 내담자에게 어떻게 말하는지와, 우리의 동료들에게 포커싱이 무엇이며 왜 우리가 그것을 사용하기를 원하는지에 대한 설명을 할 것이다.

제3장에서는 포커싱의 가장 중요한 핵심인 펠트센스에 대해 다룰 것이다. 펠트센스가 감정이나 다른 경험들과 어떻게 다르며, 그것이 자연적으로 생겨났을 때 어떻게 알아챌 수 있는지에 대해 다룬다. 다른 많은 경우에서처럼 나의 내담자가 갑자기 펠트센스를 얻었다면 우리는 '즉각적인 공감'이라고 부르는 정확한 반응을 통해 그 과정을 독려할 수 있다. 제4장에서는 내담자가 펠트센스를 얻지 못했을 때 우리가 어떻게 해야 하고, 내담자의 이야기나 감정들을 펠트센스로 옮길 수 있도록 돕는 법에 대해 배운다.

펠트센스를 위해서 필요한 어떤 특정 내적 환경의 상태가 있는데, 이는 우리가 현존하는 자기라고 부르는 자기시각의 형태이다. 제5장에서는 내담자가 강하게 존재하고, 압도된 상태를 진정시키고, 펠트센스를 형성하기 위해 반응을 보이는 상태를 어떻게 도울 수 있는지에 대해 보여 준다.

제6장에서는 펠트센스를 얻는 것보다는 포커싱에서 내담자가 더 나아갈 수 있도록 하는 방법을 보여 준다. 제7장에서는 내담자가 합리화, 저항, 내적 비난과 같은 다양한 도전적인 상태에서 어떻게 작업할 것인지를 알려 준다.

포커싱이 더 극단적인 유형의 내담자 문제에 어떻게 도움이 될 것인지 궁금해하는 사람들을 위해 제8장에서는 트라우마와 중독, 우울과 연관된 내담자에게 포커싱으로 작업하는 예시들을 보여 준다.

제9장에서는 현존하는 심리치료 양식들 중 열 가지와 포커싱을 결합한 예를 보여 주며, 독자들이 어떻게 포커싱을 연습할 수 있는지에 대한 도움을 줄 것이다. 마지막으로, 제10장은 포커싱에서 가장 중요한 것을 다룬다고 할 수 있다. 바로 치료자 자신이 포커싱을 하는 것이다. 치료자가 포커싱을 하는 것은 심리치료를 할 때 다방면으로 도움이 될 것이다. 내담자를 진실한 사람으로 대할 수 있고, 직관적인 순간을 알아채며, 내담자와의 상담 회기 동안 도전하기 전과 후에 스스로를 돌볼 수 있다.

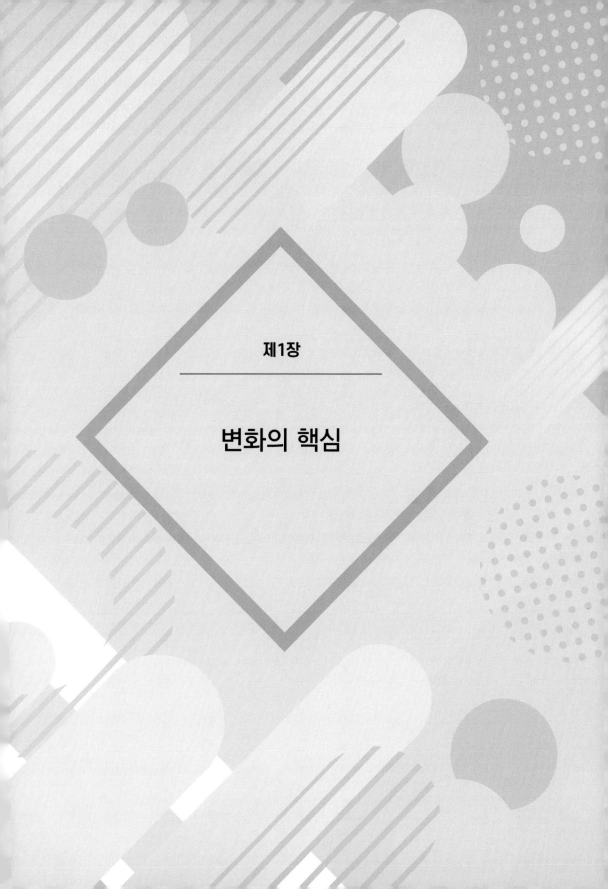

제1장

변화의 핵심

'포커싱(focusing)'은 성공적인 치료 결과를 가져오는 요인에 대한 50편 이상의 조사 결과 연구와 연결되어 온 것으로 치료적 변화를 지지하는 특별한 주의 과정(process of attention)이다(Hendricks, 2001). 내담자가 포커싱을 사용할 수 있게 하면 내담자의 몸과 마음 그리고 행동 전반의 자연스럽고 적응적인 변화를 도울 수 있다. 이 책의 나머지 부분은 당신이 실제 치료 장면에서 포커싱을 활용하는 데 필요한 실질적인 도움을 제공한다. 이 책은 당신이 어떤 이론적 접근에 근거를 두고 있든지 실제로 활용할 수 있는 실용적인 도움을 제공할 것이다. 그러나 본론에 앞서 이 장에서는 포커싱을 구성하는 요소는 무엇이고, 다른 접근과 다른 포커싱만의 독특성과 포커싱의 특별한 힘에 관하여 살펴보고자 한다. 이를 위하여 포커싱의 사례를 제시하면서 변화 과정을 이해하기 위한 몇 가지 새로운 개념을 소개하겠다.

'변화란 무엇인가?' 그리고 '무엇이 변화를 만드는가?'는 모든 치료자에게 가장 중요한 질문이다. 내담자들은 버겁고 무기력한 처지에 맞닥뜨렸을 때, 또는 스스로 통제할 수 없고 압도되어 버릴 것 같은 감정에 힘겨워하는 상태에서 치료자를 찾아온다. 내담자들은 불안과 일시정지된 것 같은 느낌을 느끼기도 하고, 트라우마 기억에 대한 플래시백을 경험하기도 한다. 또 지금까지 그들이 살아남기 위한 최선의 방법이었던 방어로 자신을 둘러싸고 있을 수도 있다. 그것이 비록 내담자의 문제를 지속시키는 중독적이거나 강박적인 행동이라 할지라도, 그들은 거기에서 약간의 안도감을 느끼고 있을 수도 있다. 내담자는 삶이 대체로 순탄하지만 때때로 한 가지 영역에서 어려움이 있을 수도 있고, 손톱 끝으로 벼랑에 매달려 있는 것 같은 심리적 붕괴의 위협을 느끼고 있을 수도 있다. 어떤 사람들은 정서적으로 압도되는 경험을 하기도 하고, 정서적 결핍으로 인한 혼란을 경험하기도 하며, 혹은 내면의 비평가들로 인해 고통을 받으면서 끊이지 않는 무가치감과 수치심을 경험하기도 한다. 어떤 사람들은 자기 알아차림의 수준이 높아서 자신의 문제와 그것을 촉발시킨 요인에 대해 말할 수 있지만, 어떤 사람들은 자신에게 문제가 있다고 알아차리는 것조차 어렵다. 후자의 경우에는 치료자에게 가서 "제 배우자가 치료를 받으라고 해서 왔는데요."라고 말할지도 모른다.

우리는 종종 내담자가 변화하는 것을 보게 된다. 누군가의 삶이 향상되는 데 기여하고 삶의 긍정적인 변화를 지켜볼 수 있는 것보다 깊은 만족감을 가져다주는 일은 없을 것이다. 우리를 매일 치료자의 자리로 이끌고 내담자에게 헌신할 수 있게 하는 자발성이라는 신비로운 힘은 때로 자신의 문제에 맞서 싸우는 용기 있는 이들을 위한 작은 차이를 만든다.

> 우리는 치료자로서 성장의 단계를 촉진하는 만족스러운 경험뿐만 아니라 어떤 고통스럽고 망가져 버린 것 같은, 트라우마 같은 어떤 문제에도 함께하는 멋진 일을 하기 위해 매일을 준비한다. 이것은 우리가 그들의 무엇이 잘못되었어도, 가는 길이 얼마나 어둡다고 하여도, 삶에서 어떤 외로운 경험을 했다고 해도 그들에게 회복하고 변화하며 성장할 수 있는 힘이 있다고 믿기 때문이 아닐까? 그리고 더욱 놀라운 것은 치료자인 우리가 이러한 회복의 과정에 유의미하게 함께할 수 있다는 점이다 (Preston, 2005, p. 22).

나는 이 책을 쓰기 위해 심리치료자들을 인터뷰하면서 "무엇이 당신을 포커싱으로 이끌었나요? 무엇이 당신의 내담자에게 포커싱을 적용하고 싶게 만들었나요?"라고 물었다. 그들은 내담자에게 그들이 원하는 것을 할 수 있는 힘을 불어넣어 주고 싶었고, 그들이 심리치료 장면에서뿐만 아니라 치료실 밖의 삶 속에서도 그것을 지속할 수 있게 하기 위해서 자기지각과 자율성을 촉진할 수 있는 방법을 알려 주어야 했기 때문이라고 말했다. 대부분의 사람은 개인적으로도 포커싱이 매우 의미 있었다고 말했다. 한 임상가는 "지난 몇 년간 포커싱과 함께한 내 삶에서 그것이 열어 준 것은 정말이지 엄청난 것이었어요. 포커싱을 통해 나는 자기에 대한 감각을 변화시키는 방법과 내가 어떤 방식으로 세상에 존재할 것인지를 알게 되는 경험을 했고, 다른 사람과 함께 할 수 있는 무언가가 내게 있다고 믿을 수 있게 되었어요."라고 말했다. 그러나 무엇보다도 사람들은 포커싱의 개념이 가진 이론적인 힘에 대하여 언급하였다. Preston은 포커싱과의 첫 만남에 대해 다음과 같이 쓰고 있다.

> 초보 치료자로서 그동안 찾아 헤맸던 어떤 잃어버린 연결고리를 찾은 것처럼 나는 즉시 집에 돌아온 것 같은 기분이었다. 나는 도움이 될 만한 다양한 심리치료 접근을 공부했지만, 이러한 모든 방법을 통합할 수 있는 심리치료가 무엇인가에 대한 근본적인 이해가 절실히 필요했다. 그리고 나는 첫 번째 워크숍에서 포커싱에 대하여 알게 되었고, 포커싱은 내가 찾아 헤매던 통합의 요소를 제공해 주었다(2005, p. 1).

그렇다면 포커싱이란 대체 무엇일까? 예시를 통하여 알아보자.

'남겨진' 감정

몇 주가 지난 뒤, Brian은 그가 치료를 시작하게 만든 중점적인 요인에 관한 감정을 알아차리게 되었다. 이는 모든 관계에서 나타나는 어떤 억압이나 내적 무관심에 관한 것이었다. 때로는 다른 사람이 억누르고 있는 것처럼 보이기도 하였고, 또 때로는 Brian이 스스로 자신을 억누른다는 것을 알아차리기도 했다. 그에게는 이것이 이해하기 어려운 일이었다. 그는 이 느낌이 어떻게 생겨났는지 알 수 없었지만, 진심으로 변화하고 싶어 했다.

치료자는 Brian에게 잠시 머물도록 요청했다. "당신의 모든 관계에서 억누르고 있는 이 전체의 것에 대하여 새롭게 느껴 보세요." Brian은 이제 자신이 이 '새로운 느낌'을 불러올 수 있음을 알게 되었다. 그것은 처음에는 말없이 단순하게 다가온다. 그는 애쓰고 있었다. 침묵이 흘렀다. 그리고 Brian의 손이 그의 가슴으로 움직였다. "내 안의 이것은 뒤에 남겨져 있는 것처럼 느껴져요." 그가 말했다.

"뒤에 남겨져 있군요." 치료자는 천천히 반복한다. 이것은 새로운 정보이다. 이전에는 관계를 유지하는 것과 남겨진 느낌 사이에 연관성이 없었다. 치료자와 Brian은 모두 이것에 대해 섣부르게 추측하고자 하는 유혹을 견디고, 단지 거기에 있는 것과 함께 머무르며 그로부터 오는 더 많은 것에 열려 있다.

그가 남겨져 있었을 때의 기억이 떠오른다. 그 기억들은 새로운 것이 아니지만, 남겨진 감정은 그들에게 생생히 다가온다. 그는 학교 행사가 끝난 후 아버지가 데리러 오기로 했지만, 몇 시간을 늦어 다른 아이들은 이미 다 집에 가고 어둠이 내릴 때까지 그곳에 혼자 서서 남겨져 있던 여러 번의 경험이 있었다. Brian은 이 이야기를 하면서 가슴이 욱신거리는 감각을 알아차린다. 그는 "그것이 얼마나 힘들었는지, 그렇게 뒤에 남겨지는 것이 느껴져요."라고 말했다.

치료자의 지지를 통해 Brian은 그것(IT)이 어떻게 느껴지는지, 남겨진 감정을 그것의 입장에서 느낀다. "그것은 그 일이 잘못되었다는 것을 알아 주기를 원해요. 그렇게 남겨지는 것 말이에요. …… 나는 그것이 내가 그것에게 귀 기울이고 있다는 걸 알았으면 해요. 나는 그것이 틀렸다고 생각했다는 것을 느끼고 있어요. …… 만약 그들이 그것을 남겨 두고 갔다면 그들을 곁에 두기 위해 필요한 무언가를 하지 않았기 때문일 거예요. 나는 그것에게 '그렇게 믿고 있다면 괴로운 것도 이상할 건 없네.'라고 말했어요."

치료자는 Brian이 이 느낌이 이곳에서 어떻게 연결되기를 원하는지 물어보았다. "무엇이 왔냐면, 오랫동안 안아 주는 거예요." Brian이 말했다. 그리고는 깊게 숨을 들이마셨다. "아! 이게 내가 바로 원했던 거구나. 만약에 아버지가 어둠 속에 몇 시간을 기다리게 한 이후에 나를 오래 껴안아 주셨다면…… 아버지는 그저 아무 일도 없었던 것처럼 차를 몰고 갔어요. 만약 아버지가 내가 겪은 걸 그가 모두 아는 것처럼 나를 껴안아 주었다면…… 미안한 마음을 담아서……." 몸이 느끼는 방식에 있어 변화가 일어난다. 통증은 사라진다. Brian은 시간을 들여 지금 자신의 몸 안에서 어떤 기분이 드는지 느낀다.

이제 또 다른 단계이다. Brian은 '그것(it)'이 더 이상 기다리기를 원하지 않는다는 것을 알아차린다. "그것은 '나는 기다릴 필요가 없어!'라고 말해요." 그는 그의 몸에서 놀라움과 새로움을 느낀다. 그것은 완전한 변화이다. 그는 그것이 과거로 거슬러 올라가 모든 것을 변화시키는 것처럼 보인다고 말했다. 이제 그는 눈을 빛내며 어깨를 뒤로 기대어 앉는다. "난 더 이상 기다릴 필요가 없어요." 머지않아 Brian은 '나는 기다릴 필요가 없다.'가 실제 그의 삶에서 어떻게 작동하는지를 발견하게 될 것이다. 그는 자신과의 관계와 삶의 선택의 차이를 경험하게 될 것이다. 그는 아직 이 모든 것을 알지는 못한다. 하지만 그는 치료실 의자에 앉아서 유기체로서 이미 변화했고, 우리 두 사람 모두 그것을 느낄 수 있었다.

당신은 Brian이 모든 치료자가 꿈꾸는 이상적인 내담자라고 여길 수도 있다. 맞다. 그는 그렇다. 그는 스스로를 자각할 수 있고, 내적으로 집중하며 새로운 의미를 향해 기꺼이 열려 있다. 그는 그의 취약한 부분에 대해 강하고 배려할 수 있다. 그는 잠시 멈추어서 어떤 느낌의 가장자리에서 머무를 수 있지만 그것을 표현하는 데에는 어려움을 느낀다.

당신은 이 시점에서 Brian보다 스스로에게 주의를 기울이는 것에 어려움을 겪거나, 이야기에 사로잡혀 분석하려 하거나, 감정에 압도된 내담자를 어떻게 도울 수 있는지 궁금해질 수 있다. 이 책의 나머지 부분은 그에 관하여 다루고 있다. 하지만 우리는 먼저 우리가 어디로 향하는지, 왜 그래야 하는지를 알아야 한다. 그래서 우리는 Brian의 회기를 일종의 이상적인 예시로만 볼 것이다. 이것은 포커싱의 일부 특성에 대해 보여 주는 하나의 예일 뿐이다.

변화는 의도적인 멈춤으로 형성되는 남겨진 감정과 함께 시작된다. 이것은 핵심적인 변화로, 펠트센스를 형성하는 것이다. 이전에 Brian은 계속해서 자신의 관계에 대한 어려움을 계속 추측하고, 궁금해지는 예들에 대해서도 이야기했을 것이다. 그는 아마도 슬픔과 그리움부터 좌절과 분노에 이르기까지 다양한 감정을 느끼고 표현했을 것이다. 하지만 그가 잠시 멈추고 펠트센스를 형성할 때, 어떤 새로운 것이 발생한다.

펠트센스란 무엇인가? 왜 그것이 변화의 핵심을 형성하는 것인가? 이것이 바로 이 책의 핵심 개념이다. 그리고 나는 그에 대해 훨씬 더 많이 이야기할 것이다. 지금 간략하게 이야기해 보자면, 펠트센스는 전체적인 상황에서 경험된 감각이다. 대개 처음에는 펠트센스가 명확하지 않다. 분명하게 설명하기 어렵고, 신선한 은유적 표현이나 이미지, 제스처를 필요로 한다. 내담자들은 아마도 "어떻게 말해야 할지 모르겠어요." 혹은 "으으으으음……." 하고 말할 것이다. 때로는 Brian의 경우처럼 표현이 거의 즉각적으로 나올 수도 있다.

Brian의 손이 그의 가슴으로 움직였다. "내 안의 이것은 뒤에 남겨져 있는 것처럼 느껴져요." 그가 말했다.

내담자의 제스처가 그의 가슴으로 향한다는 신체적 구성 요소가 있지만 펠트센스는 근육 조직에 들어가 있는 것이 아니다. 물론 그것은 과거와 관련되어 있지만 근육이 기억하고 있는 것은 아니다. 몸은 이 순간 막 만들어진 게 아니기 때문이다. 하지만 펠트센스는 새롭게 형성된다. 처음부터 그것(it)에는 내재된 의미가 일관적이다. 그것은 여기(here)에 있기 때문이다. "제스쳐는 '내 안에(in me)' 살아 있는 몸속에서 현재, 바로 지금, 느껴지는 가슴 안의 경험"을 말해 준다.

치료자의 지지를 통해 Brian은 펠트센스를 알아차림과 동시에 펠트센스가 처음으로 나타날 수 있도록 열려 있는 태도로 주의를 기울이도록 하였다. 그는 그것과 대화를 나누는 대신 '남겨졌다'의 의미를 추측하거나 예상했을 수도 있다. 이후에 우리는 내담자가 이러한 방식으로 내적 접촉으로 돌아가도록 도울 수 있는 방법에 대해 배우게 될 것이다. Brian의 사례는 내담자가 멀리 가지 않고 열려 있는 상태로 머무르고 허용하면서 무엇이 느껴지는가에 관심을 가지고 접촉할 때 어떤 일이 일어날 수 있는지를 보여 준다. 이 개방적인 맥락에서 '더 많은' 관심의 질이 나타난다.

이 사례에서 관련된 기억은 드러나는 것의 일부이다. 그 기억은 새로운 것이 아닌 전형적인 것이다. 하지만 펠트센스에 집중함으로써 나타나는 사실은 새로운 맥락을 보여 준다. "이것은 그것과 연결되어 있습니다." 이는 마치 펠트센스가 무엇과 관련되어 있는지를 보여 주는 것과 같다. 그리고 그것과의 교감은 이와 같은 영감을 받을 수 있다. "당신이 보여 주는 게 뭔지 알겠어요."

일종의 내적 관계가 발달하는데, 그 속에서 Brian은 자신의 느낌의 경험을 마치 자신과 소통하는 것처럼 '그것'이라고 표현하기 시작한다. 치료자의 촉진을 통해 Brian은 그가 '그것'에 귀 기울이고 있다는 것을 그것이 알게 하면서 그것과 공감적인 관계를 유지한다. 드러난 것은 그의 어린 시절에 어떤 것이 잘못된 것인지, 어떤 것이 옳았을지 아는 것의 일종이었다. 그것이 현재와 관련이 되었기 때문에 유년기의 경험은 자연스럽게(재촉하지 않고) 과정으로 이어졌다.

내담자와 치료자가 새롭게 주목해야 할 것은 내담자는 전에는 가능하지 않았던 새로운 가능성을 가지고 있다는 것이다. 그 남겨진 소년은 기다렸고, 그는 현재의 삶에서도 마치 소년이었을 때처럼 기다려 왔다. 그러나 지금은 더 이상 기다릴 필요가 없다. 그가 그저 바라고, 잠재된 가능성으로만 있었던 것도 이제는 일어날 수 있다. 우리는 그것이 무엇인지, 어떻게 될지 알 수 없지만 그것이 어떤 방식으로든 Brian에게 긍정적인 결과를 가져다줄 것이라고 확신할 수 있다.

심리치료에서 포커싱 과정의 특징

- 펠트센스가 형성되고, 그 형성은 이미 그 문제가 어떻게 '있는지(has)'에 대한 변화이다.
- 그곳에는 내적 관계가 존재하는데, 이는 내담자가 느끼고 있는 무언가와 '함께(with)'하는 것이다.
- 내담자는 자신의 내적 경험에 대해 연민과 호기심의 질을 가질 수 있다.

- 무엇이 잘못되었고 그 대신에 무엇이 옳은지에 대해 '알고 있는' 것이 나타나고, 과거는 다시 이해된다.
- '몸'이 관계되어 있지만, 단순한 생리적인 몸의 감각과는 다른 감각으로 보아야 한다.
- 치료자는 내담자와의 관계에서 개방성, 온정적 호기심, 직감이라는 내담자의 내적 관계를 반영하고 지지한다.
- 나타나는 변화는 특정한 유형의 방향성을 가지며, 우리가 '내담자의 변화'라고 부를 수 있는 것이다.

포커싱은 무엇인가

이 책에서 정의한 것과 같이 포커싱은 기술이나 자가치료 방법의 세트가 아니다. 정확히 말하면, 포커싱은 변화의 필요성에 직면했을 때 인류가 자연히 해 왔고 모든 사람이 할 수 있는 능력을 가지고 있는 것에 대해 이해하고 촉진시키는 방법이다.

포커싱은 발견된 것이지 발명된 것이 아니다. 그것은 내담자의 치료 회기 녹취 테이프를 듣고 성공적인 치료와 실패한 치료에서 내담자가 경험하는 태도의 미묘한 차이를 비교하는 작업을 통해 발견되었다. 많은 연구자(Gendlin et al., 1968; Hendricks, 2001)는 첫 회기나 두 번째 회기 과정에서 경험을 처리하는 내담자의 태도가 치료의 성공을 예측한다는 것을 밝혀냈다. '포커싱'은 성장을 돕기 위한 과정으로서 이러한 태도를 자연스럽게 하지 않는 내담자들에게 이러한 경험을 대하는 태도를 알려 주고자 하는 바람으로부터 시작되었다.

오늘날 많은 치료자는 내담자와 치료자의 관계가 내담자의 성공적인 변화 과정의 핵심 요소라는 것에 동의한다. Kohut이 두 번째 핵심 요소로 '가까이 경험하라'고 한 것처럼 치료자가 내담자의 경험에 친밀하고 공감적인 연결을 유지해야 하는 것은 중요하다. 하지만 Gendlin과 동료들의 연구 결과에 의

하면 상호관계에서 친밀한 공감만이 유일하게 성공적인 변화를 예측하는 것은 아니었다. 물론 이 두 가지 요인은 매우 중요하지만, 세 번째 요인 역시 중요하다. 내담자 또한 자신의 경험에 접촉하는 특정한 방법이 필요하다. 치료자가 얼마나 공감하고 진실하게 함께하는지와 상관없이 치료의 첫 번째 또는 두 번째 회기에서 접촉하고자 하는 필수적인 태도가 없는 내담자는 다음 회기에 나오지 않고 치료에 성공하지 못하는 경향이 있었다. Gendlin은 이 결과에 매우 큰 충격을 받아 이 접촉 방법의 핵심이 되는 태도를 촉진하는 방법을 찾기로 결심하였고, 마침내 '포커싱'이 탄생하게 되었다.

내담자가 내적인 접촉을 하기 위한 핵심 태도는 무엇인가? 그것이 왜 성공적인 변화와 높은 연관성이 있는가?

포커싱 과정을 발전시킨 연구에 따르면 향후 심리치료에 성공하는 내담자들은 초기 회기의 어떤 지점에서 이렇게 이야기한다. "잘 모르겠어요. 이건 마치…… 정확히 슬픔은 아닌데…… 음…… (가슴을 향해 제스처를 하며) 마치…… 마치 작은 아이가 파티에 버려진 것 같아요. …… 네, 그거예요. (깊은 숨을 쉼)"

사람들이 심리치료를 제대로 하고 있다면, 치료자의 어떤 성향과 관계없이 대개 그들은 잠시 멈추고 단어나 심상을 더듬거린다. 그들은 불확실하지만 신체가 느끼고 있는 부분에 대해서 주의를 기울인다. 그들은 그 상황에 대해서만 생각하지 않고 감정에 빠져들지 않는다. 그들은 우리가 '신체적으로 느끼는 감각(bodily felt sense of)'이라고 부르는 것으로 상황이나 문제에 주의를 기울인다. 단어나 심상은 그 감각에서 즉각적으로 떠오른다. 거기에서 나타나는 것은 때로는 놀라운 것이다. 경험의 새로운 양상이 드러나고, 신체 반응을 가지고 오는 작은 변화의 단계가 나타나며, 약간 신체적인 긴장이 풀리는 것처럼 눈물이 흐르고, 깊은 들숨을 들이쉰다.…… 이러한 과정은 심리치료에서 하나의 '변화를 위한 동력'이다 (Hendricks, 2001, p. 221).

이야기를 하다가 잠시 멈추어서 그들이 고군분투하고 있는 삶의 상황에 대해 새로운 '펠트센스'를 형성하도록 허용한 다음 계속해서 그것에 주의를 집중할 수 있는 내담자는 그렇게 하지 못하는 내담자에 비해 심리치료의 예후가 좋다. 이러한 결과는 50건 이상의 연구에서 동일하게 나타났다(Hendricks, 2001).

몸이 핵심이었다. 성공적인 내담자는 신체적인 차원에서 느낄 수 있는 것, 혼자서 생각하는 것 그 이상의 것을 접촉하고 있었다. 이 신체 감각의 경험은 단순한 감정 그 이상이었다. 그리고 비록 그것이 몸으로 경험되지만 우리는 그것을 신체적이거나 육체적인 것으로 부르지 않는다. Gendlin은 '몸(body)'을 '상호작용하는 유기체적 과정'이라고 재정의했다. 당신의 몸은 살아 있는 경험 그 자체이다. 이것은 '몸'을 단순히 생리학적으로 이해하는 것에서 근본적으로 벗어난 것이다.

> 당신과 나를 포함한 인간은 계속해서 상호작용한다. 우리는 우리의 환경과 분리되어 존재하지 않으며 그것과 상호작용한다. 우리는 신체와 환경의 상호작용이기 때문에 모든 살아 있는 생물과 마찬가지로 신체이면서 환경이다. 그리고 인간에게 환경이란 다른 사람, 언어 그리고 문화를 포함하는 것이다(Parker, 2007, p. 40).

성공적인 내담자는 잠시 멈추고 펠트센스를 형성한다. 잠시 멈추고 있을 때 일어나고 있는 일, 즉 펠트센스가 형성될 때 실제로 일어나는 일이 핵심이다. 왜냐하면 그것은 단지 감정, 심상, 기억, 생각과 '접촉하는' 것이 아니고 신체로서의 몸을 느끼는 것도 아니기 때문이다. 문제의 전체적 구조를 바꾸는 펠트센스가 형성될 때, 적응적인 유기체적 과정이 일어난다.

이것은 변화를 개념화하는 일반적인 방식이 아니다. 그것을 이해하기 위해 우리는 '암시하기(implying)' '중단된 과정(stopped process)' '앞으로 나아가기(carrying forward)'와 같은 새로운 개념을 받아들일 필요가 있다. 어떤 개념들은 처음에는 이해하기 어려울 수 있다. 하지만 함께 참고 견뎌 나가자. 왜냐하면 이 새로운 방식으로 변화를 보는 것의 이득으로서 곧 우리가 어떻게 내담자의 변화 조건을 촉진할 수 있는지에 대해 알 수 있게 될 것이기 때문이다. 자, 이제 우리가 '경험적 태도'로 부르기로 한 것 또는 내담자들이 그들의 문제에 대해 이야기하는 방식부터 시작해 보자.

내담자가 자신의 문제에 대해 이야기하는 방식

내담자가 자신의 문제와 삶에 대해 이야기하는 방식이 그들이 말하는 것보다 치료의 발전 여부에 더 큰 영향을 미친다는 것을 알고 있으리라고 생각하고, 이는 자주 관찰된다는 것에 동의할 것이다(Gendlin, 1996; Purton, 2007). 포커싱의 발전과 관련된 이 관찰은 말하는 방식이라는 것이 감정적 혹은 지적인 처리의 문제가 아니라 촉각을 곤두세우고 아직은 불분명한 경험의 느낌과 접촉하는 것, 즉 다르게 말해 펠트센스와 함께하는 것임을 의미한다.

　성공적인 내담자일수록 그들이 느끼는 감각 경험을 직접적으로 말하는 것을 표현 방법의 하나로 사용했다. 단순히 외현화하는 내담자는 한 주간의 사건에 대해 '외면적(external)' 방식으로 이야기한다. 그들은 대부분 그들의 이야기를 서술하는 데에만 주의를 기울이고 그 당시 그들이 어떻게 느끼고 있었는지 또는 그들이 이야기를 하며 느끼는 감정에 대해서는 신경을 쓰지 않는다. 마찬가지로 그들의 상황에 대해 분석하는 내담자는 그들의 느낌에 대해서 이야기할 수는 있지만, 그 느낌이 어디에서 오는 것인지는 말할 수 없다. 쉽게 감정을 드러내는 내담자는 다르지만, 그들은 보통 지금, 신선한, 오늘의 감정에 연결되지 못하고 오래된 전형적인 감정을 다시 경험한다. 이 세 가지 사례에서 모두 놓친 것처럼 보이는 것은 자신이 느끼는 즉각적인 경험, 특히 전체 경험과 접촉할 수 있는 능력이다.

이 유형의 내담자 과정을 측정하고 연구하기 위해서 Gendlin과 Zimring (1955)은 체험척도(Experience Scale)를 개발하였다. 이 척도는 후에 더 정교화되며(Klein et al., 1969), '치료 과정에 대한 내담자의 참여도를 측정하기 위해 아마도 가장 널리 사용되고 가장 잘 연구된 관찰자 평정 측정도구'라고 불렸다(Lambert & Hill, 1994; Hendricks, 2001 재인용).

Hendricks는 초기 논문에서 내담자의 다양한 경험 단계에서 발췌한 내담자 사례를 들었다.

낮은 경험 단계

어느 날, 의사는 나를 불러 말했어요. "그녀가 오래 살기 어려울 것 같아요. 그녀의 병은 들불처럼 퍼져 나가고 있습니다." 그들은 병을 치료할 수 없었어요. 이미 너무 늦어 버렸죠. 당신도 아시겠지만, 이것은 연명의 문제였어요. 그녀는 혼수상태에 빠졌고, 그 상태가 한 3~4개월 정도 지속됐죠. 그녀의 병이 시작되었을 때부터 모두 합쳐서 한 2년 정도였어요. 의사가 수술이 끝난 뒤 "그녀가 이렇게 오래 버텼다는 것이 솔직히 놀랍습니다."라고 말하더군요. 우리도 이렇게 오래 올 줄은 몰랐어요. 그에 대한 어떤 징후도 없었어요. 어떤 것도요. 그렇지만 그것은 항상 거기 있던 거예요. 상상이 되나요?

중간 경험 단계

A와 나는 이 문제에 대해 점심을 먹으면서 두 시간이 넘게 이야기를 했어요. 나는 그가 매우 지쳐 있고 과학 분야에서의 그의 미래에 대해 낙담했다고 말하기 전까지 그에 대해서 전혀 알지 못했지요. 그는 말했어요. "아버지, 내가 내 입으로 말하기 전까지 이걸 믿지 못할 거예요. 내가 시험관을 손에 든지 벌써 6개월이 넘게 지났어요." 그 이야기를 들은 후 나는 매우 혼란스러웠어요. 왜냐하면 이것은 무척 심각한 대화였고 내가 느끼기에 그의 직업과 결혼

생활의 중대한 결정에 관한 것이었기 때문입니다. 그의 직업과 결혼 생활은 위태로웠습니다. 나는 "하지만 A, 네가 지금 상황을 얼마나 절망적으로 느끼고 있는지를 J가 알게 해 준다면 J가 네가 과학에서 더 많은 것을 할 수 있도록 허락해 줄 것이라고 생각하지 않니?"라고 말했죠. 1~2초 정도의 침묵이 흐르고 그는 고개를 저었어요. 그러고는 "그녀는 전혀 변하지 않을 거예요."라고 말했습니다. 그리고 그가 그렇게 말할 때 결혼을 유지하기보다 이혼을 하기로 이미 결정을 내렸다는 것을 느낄 수 있었습니다. 그리고 나는 그것에 정말 깜짝 놀랐습니다. 왜냐하면 그들이 진심으로 서로를 사랑한다고 생각했기 때문입니다. 만약 그녀가 그 부분을 이해해 줄 수 있었다면, 그들의 좋은 관계는 오랫동안 지속될 수 있었을 겁니다.

높은 경험 단계

　　이건 거의…… 이건 마치 그런 느낌과 같아요. 여기에 앉아서 사진첩을 훑어보는 것과 같은 것. 그리고 마치 내 각각의 사진이 내가 성취한 것 중 하나같이 보여요. 그리고 제 생각에는…… 그것이 나를 위한 성취는 아니라고 생각해요. 저는 항상…… 다른 사람들을 위해 성취하고 있었으니까 그들은 제가 충분히 훌륭하다고 생각할 거예요. 이건 마치 이 느낌이 맞다고 말하는 것과 같아요. 저…… 뭐라고 말해야 할지 모르겠어요. …… 이건 마치 느껴지기는 하는데 뭐라고 말을 해야 할지 모르겠어요. 이 느낌은 내가 이 남자를 내 도전으로 선택한 것이 맞다고 말하는 것 같아요. 내가 패배할 것이라는 걸 알고 있는…… 이 사람은 나와 같은 방식으로 대답해 주지 않을 거예요. 그래서 저는 넘겨진 사진첩을 바로 구입할 수 있도록…… 저는 제가 원하는 것을 얻기 위해 필요한 것이 없었어요. …… 그것은 마치……(Hendricks, 1986, pp. 143-144).

　　우리는 내담자가 그 사건에 대해 이야기할 때 감정을 꺼내기를 기대하지만 낮은 경험 단계(low EXP level)에서는 감정에 대한 어떠한 말도 없고, 내부에서 어떤 문제에 대해 느끼거나 처리하고 있다는 느낌을 가지지 못한다. "사건은 무미건조하고 건조하게 묘사된다. 만약 감정에 대해 언급된다면, 매우 객관적이고 건조하고 있는 그대로 기술된다."(Hendricks, 1986, p. 144) 이는 무엇에 대해 이야기하는 것과 같은 객관적 사실에 관한 문제이다. 중간 경험 단계(middle EXP level)에서는 이야기에 감정이 있지만 우리는 내담자가 내적 과정을 탐색하거나 알아차리는 것을 들을 수 없다. 우리는 그의 아들이 결혼에 실패한 것이 그에게 어떤 감정을 가져다주었는지, 아들의 이혼이 그에게 어떤 영향을 주었는지에 대해 의문이 남는다. 그리고 높은 경험 단계(high EXP level)는 녹취록만 보더라도 내담자가 느낄 수 있을 뿐만 아니라 신선하고 불분명하며 표현하기 어렵지만 그것이 나타날 때 내담자의 과정을 더 나아가게 하는 무언가와 직접 접촉한다는 명백한 신호이다.

우리가 어떻게 이러한 과정을 촉진시킬 것인가에 대한 이 책의 나머지 부분으로 돌아가기 전에, 우리는 내담자가 펠트센스를 형성하는 내적인 접촉을 할 때 실제로 무슨 일이 일어나고 있는지, 그리고 그것이 내담자 자신의 방향의 지속적인 변화와 실제로 어떤 관계가 있는지에 대해 더 이야기할 필요가 있다.

내담자 자신의 변화

심리치료는 변화를 위한 장이다. 사람들은 변화를 위해 치료에 온다. 아니면 그들 중 적어도 일부는 변화를 찾는다. 하지만 변화가 무엇이냐고 물어본다면 그 대답은 간단하지 않다.

우선, 우리는 성공적인 내담자는 현실에 기반을 두고 강해질 수 있고 그들 삶을 스스로 더 관리할 수 있으며 스트레스를 주는 요인에 대해 덜 민감해진다고 말한다. 그들에게 관계는 부담스럽거나 고통스러운 것이 아니고 그들을 지지하는 기반이 된다. 이 사실은 논쟁의 여지가 없다. 하지만 우리가 더 구체적으로 들어가면 역설들이 등장하게 된다. 어떤 사람을 위한 긍정적인 변화의 방향이 다른 사람에게는 걸림돌로 작용할 수 있다.

> 누군가는 자신의 삶이 자신을 만들었고, 오직 다르게 사는 것만이 그 사람을 달라질 수 있게 한다. 그러나 변화의 방법이란 단지 한 범주에서 다른 범주로 바꾸는 것이 아니며, 혹은 어떤 사람처럼 사는 것이 다른 사람과 같이 살 수 있게 만드는 것은 아니다. 사람은 지금까지 할 수 있었던 것보다 더 멀리 갈 수 있는 자기로서 명료하게 변화하고 싶어 한다(Gendlin, 1973, p. 342).

삶에서 철회되어 있고 감정적으로 닫혀 있는 한 사람이 있었다. 그는 치료로 타인과 사회적으로 관계 맺는 기술을 찾는 능력을 가지게 되었다. 그리고 지금도 그는 다른 사람과 함께하는 그의 욕구를 존중하는 방식을 사용한다. 또 다른 사람은 주변 사람들에게 의존하곤 했다. 그녀는 치료로 '혼자만의 시간'을 참아 내고 심지어 즐길 수 있는 새로운 능력을 얻었다. 상반된 결과인 것 같아 보이지만 두 예 모두 긍정적인 방향으로의 움직임이며 어떤 일반화된 공식에서도 이만큼 어떤 사람의 특유의 과정과 일치하게 만들 수는 없을 것이다.

사람들은 어떤 것들을 놓치고 있지만, 우리는 치료가 놓친 것을 채워 준다고 말할 수 있다. Gendlin(2011)은 "심리치료는 갇혀 있는 당신의 존재 방식을 넘어서 나아가는 것이다."라고 말했다. 이 말은 치료의 과정 자체에서 이미 당신과 함께 내담자가 새로운 방식으로 발전하고 있다는 것을 말한다. 그리고 그 새로운 삶의 방식, 즉 내담자 '자신의' 변화는 그로부터 나타나며 그가 놓친 부분에 맞도록 변화한다.

변화의 방향은 우리를 놀라게 할 수 있다. 이것은 틀림없이 우리를 놀라게 할 것이다. 삶은 미리 예측하거나 정해 놓을 수 없다. 하지만 일단 일어난다면 내담자 자신의 다음 단계 방향의 변화는 그것에 대한 특징적인 '감정(feel)'을 갖게 된다. 그것은 적절함을 가지고 있다. 이것은 내담자뿐만 아니라 치료자에게도 몸의 안도감과 더 깊은 숨, 신선한 공기 같은 느낌을 준다.

이것이 치료자로서 겸손해야 하는 좋은 이유가 될 수 있다. 당신은 아마도 다른 사람을 돕는 방법에 대해 많은 것을 알고 있을지도 모른다. 하지만 그 사람이 앞으로 어떻게 될지 미리 알 수는 없다. 당신은 전형적인 패턴과 어려움들의 공통점을 알 수는 있지만 그 사람을 앞으로 나아가게 하는 것은 그 사람만의 독특하고 개인적일 가능성이 높다. 아는 사람이 되고자 노력하는 것은 실제로는 방해가 될 수도 있다. 물론 우리는 우리가 아는 것을 잊어버리지 않기를 바란다. 우리는 필요할 경우를 대비해 한편에 전문적인 지식을 두겠지만, 그 사람의 의미나 감정을 따라가고 그 자신에게 일어나는 개인의 성장의 방향을 지지해 주는 데 방해가 되지는 않게 해야 할 것이다.

그래서 단지 어떤 변화만이 아니다. 우리는 내담자가 치료를 통해 얻는 것을 '내담자 자신의 변화'라고 부를 수 있다. 이러한 변화는 한 번에 이루어지는가? 아니다. 그것은 관찰 가능하며 단계적으로 각 방향에서 성장하면서 오는 것처럼 보인다.

감각 전환: 변화를 위한 단계

우리는 내담자의 삶에서 측정 가능한 변화가 나타나는 데 시간이 필요하다는 것을 안다. 하지만 우리가 주의를 기울인다면 Gendlin(1990)이 '변화의 단계(steps of change)'라고 부르는 작은 변화를 한 회기의 일부분에서 볼 수 있다. 내담자는 무슨 일이 일어났는지 인지적으로 알아차리지 못할지도 모르겠지만, 내담자의 신체 과정은 변화를 보여 준다. 포커싱에서는 이러한 변화의 단계를 감각 전환(felt shifts)이라고 부른다. 그것이 내담자에게 다가올 때 그것은 보호받아야 하고 촉진되어야 한다. 시간이 지남에 따라 많은 감각 전환이 큰 변화들을 가져온다. 많은 단계가 전체의 여정을 만들어 낸다.

이러한 변화의 상승 단계를 관찰할 수 있는 지표가 있다. 우리는 깊은 숨(안도의 한숨을 포함한)을 내쉬고, 어깨가 아래로 떨어지고, 볼에 홍조를 띠는 것 같은 생리학적인 지표와 함께 안도와 해방감을 느끼는 순간을 볼 수 있다. 내담자는 아마도 "와우(Wow)." 또는 "이것은 새롭네요." 또는 "이럴 줄 몰랐어요."와 같이 말하여 통찰이 온 것을 알 수 있다. 하지만 변화의 단계가 일어났다고 해서 항상 통찰이 동반되는 것은 아니다. 새로운 행동, 행동의 변화, 삶의 가능성 개방은 나중에 올 수도 있다. 포커싱으로부터 배우는 중요한 교훈은 변화의 단계가 통찰을 표현하고 행동하기 이전에 느껴지고 관찰될 수 있다는 것이다. 내담자는 "저는 조금 더 안정된 것을 느껴요. 근데 이유를 모르겠어요."라고 말할 수 있다. 그리고 나중에 이 회기가 새로운 가능성을 열어 주었다는 것을 깨달을 수 있다.

신체에서 느껴지는 어려움이나 괴로움의 펠트센스는 저절로 사라질 것이다. 이것은 전환되고 이완된다. 신체의 느낌, 즉 에너지를 방출하는 방식에서 전반적인 변화가 있을 것이고 안도감이 느껴질 것이다. 에너지는 그 전과는 다르게 흐르게 된다. 동시에 "휴우우우……" 하고 종종 자기도 모르게 숨을 내뱉는다. 이러한 해방감과 동시에 거기에는 새로운 언어적 표현이나 심상, 문제의 양상이 새롭게 등장한다. 이것은 펠트센스를 느끼는 과정의 산물이다. 이제 이 문제는 다르게 보인다. 종종 문제는 그것이 무엇에 관한 것이었는지에 대한 것이 아니다. 이제 내담자는 지금 어떻게 그 문제가 있고, 그것이 어떻게 생겨났으며, 왜 그것이 그렇게 보였는지를 설명하기 위해 과거와 연결 지을 수 있게 된다. 지금 새로운 용어로 알게 된 문제는 이 단계에서 아마도 여전히 풀 수 없을 것이다. 그래서 더 악화되는 것처럼 보일지도 모른다(그러나 그것은 훨씬 더 나아진 느낌이다). 이것은 경험적 변화의 한 단계이다.

누구나 알 것 같은 느낌인데, 불편한 자세로 오래 앉아 있다가 다른 자세로 바꾸도록 허락받을 때의 그 느낌이다. 이것은 몸이 필요로 하는 일을 하는 것같이 느껴진다. 이전의 비좁고 불편한 존재 방식이 바로 그 결핍으로 인해 일어난 것같이 느껴진다(Gendlin, 1978, p. 328).

창문 밖에 나무를 보거나 마당을 가로질러 달리며 웃는 아이를 보거나 무언가 살아 있는 것을 볼 때, 우리는 삶의 과정이 진행되고 있음을 알 수 있다. 이것은 잠재적인 것에서 실현화로 나아가는 자연스러운 과정이다. 지금 일어나는 일은 조금 전 일어날 잠재력을 가지고 있는 준비되어 있는 일이었다. 어떤 일이 일어날지는 결정되지 않았지만, 우리는 가능성을 가지고 있다. 이러한 가능성은 그 사람 고유의 것이며 그 삶의 상황과 그 맥락에서, 그 특수성 안에서 거대한 잠재력을 가지고 있다.

우리는 정확히 정돈되어 있으면서도 대단히 개방적인 변화를 일으키는 방법에 대하여 이야기할 방법이 필요하다. 이것은 결정론적인 것('이러한 일이 반드시 일어나야 한다.')도 아니고 혼란스러운 것('무엇이든지 일어날 수 있다.')도 아닌 일종의 징조를 가지고 있다. 이러한 변화에 대해 생각하고 이야기할 수 있으려면 새로운 개념이 필요하다. 그것이 바로 '미래에 대한 암시'이다.

미래에 대한 암시

살아 있는 것은 언제나 과정 중에 있으며, 항상 받아들이고, 항상 반응하며, 항상 더 미래로의 삶의 방향으로 변화한다. 삶은 그저 정체되어 있는 것이 아니다. 그다음에는 항상 무엇인가가 있고, 다음은 전에 있었던 것에서 매우 특별한 방식으로 나타난다. 당신이 숨을 쉴 때마다 당신의 몸 전체에서 세포가 바뀔 준비가 된 그 방식으로 변화한다. 잠자는 동안에도 삶의 과정은 멈추지 않는다. 살아 있는 것은 의자처럼 만들어진 것 또는 온오프 스위치가 달려 있는 어떤 것들과는 근본적으로 다르다. 어떤 살아 있는 것은 그것의 조직에서부터 이미 다음 단계를 위한 준비가 되어 있다.

포커싱에서는 암시(implying)라는 용어를 사용한다. Gendlin(2007)은 "유기체 과정은 항상 앞으로 향하는 것을 암시한다(implies)."라고 하였다. 이것은 새로운 개념이기 때문에 우리는 그것에 대해 친숙하고 쉽게 이해할 수 있는 단어를 가지고 있지 않다. 논리의 영역에서 '암시하다'라는 단어를 익히 알고 있을 수도 있지만, 그것을 삶의 과정에서의 새로운 변화의 깊은 구조를 지칭하기 위해 사용하는 것은 새로운 일이다.

당신이 걷거나 뛸 때를 떠올려 보라. 걸을 때와 달릴 때 당신의 몸은 다음 걸음의 방향으로 이미 기울어져 있다. 이것은 삶 그 자체에 대한 은유이다. 우리는 항상 다음 단계를 향해 '기울이고' 있다. 우리가 숨을 들이쉴 때 우리의 신체는 내쉴 준비를 한다. 들이쉬는 과정은 내쉬기에 앞서 암시된다. 물론 내쉬는 과정은 들이쉬는 것을 미리 암시한다.

만약 우리가 이 과정을 멈추려고 한다면 무슨 일이 일어날까? 간단한 실험으로, 숨을 내쉰 다음 숨을 들이마시지 말고 참아 보자. 그 결과는 시간이 지날수록 점점 더 불쾌감이 강해지는 것이다(자, 이제 숨을 들이마셔도 된다!).

암시의 또 다른 예는 배고픔의 경험이다. 배고픔은 어떤 것이든 영양소가 있는 것을 먹는 것을 암시한다. 우리가 배가 고픈데도 먹지 않는다면 배고픔이 점점 더 심해지고 음식을 찾는 행동이 강화된다. 결국 우리가 음식물을 찾아내지 못한다면 신체 조직에 변화가 생긴다. 하지만 우리가 배고플 때 먹는다면 암시는 변화한다. 즉, 우리는 더 이상 배가 고프지 않다는 것이다. 변화는 음식물 소화를 위한 새로운 암시라고 할 수 있다(그리고 아마도 낮잠도 이와 비슷하다).

삶의 과정이 항상 미래를 암시한다는 것은 바로 우리 맞은편에 앉아 있는 내담자가 우리에게 말해 주기도 한다. 내담자 역시 미래에 대해 암시하고 있다. 지금까지 우리의 예는 생리적인 것, 즉 호흡, 배고픔 그리고 먹는 것이었다. 그러나 인간은 모든 수준에서 복합적이고 미묘한 방법으로 미래를 암시한다. 우리는 타인과의 의미 있는 연결, 사랑하고 사랑받는 것, 소중한 존재로서 존중받는 것, 우리의 삶에서 기쁨과 목적을 갖는 것을 암시한다. 아기는 태어나면서부터 양육자로부터 그리고 양육자와의 복잡한 상호작용적 관심의 순서를 암시한다(Wallin, 2007).

암시가 일어날 때, 우리는 그것을 **앞으로 나아가기**(carring forward)라고 부른다. 앞으로 나아가기는 암시된 것이 실제로 일어났을 때 발생하는 만족스러운 경험을 설명하기 위해 사용되는 포커싱 용어이다. 무언가 일어나고, 우리가 무언가 하는 것 그리고 우리가 무언가와 마주치는 것은 그 의미를 암시로부터 가지고 온다. 우리가 만약 배가 고프다면, 먹는 것은 앞으로 나아가는 것이다. 우리가 배가 고프지 않을 때 먹는 것은 다르다. 우리는 또한 앞으로의 삶의 방향을 암시하는 유기체를 가리키는 '삶이 나아가는 방향(life-forward direction)'이라는 용어를 사용할 것이다.

암시는 특히 그것이 충족되지 않을 때 느껴질 수 있다. 미완성인 채로 남아 있을 때 만약 암시가 앞으로 나아가지 못한다면, 잠시 멈추고 섬세한 방식으로 감지하려고 할 때 무엇인가 잃어버린 느낌이 있다. 무언가 빠진 느낌 속에는 무엇이 빠진 것인지, 무엇이 앞으로 나아가게 할 것인지에 대해 '알고 있는(knowing)' 것이 있다.

'문제'는 필요한 무언가를 놓친 것

포커싱의 관점에서 나쁜 느낌은 그 자체로 변화에 대한 암시라는 것을 알 수 있다.

우리가 소위 '문제'라고 부르는 것은 사실 무언가를 놓쳐 버린 것이다. 그것은 유기체의 삶의 방향에서 더 많은 과정을 가능하게 할 수 있는 어떤 것이다. 놓쳐 버린 것은 아마 전에는 존재하지 않았던 상당히 새로운 것일 수도 있지만, 재미있는 방법으로 그 유기체는 '무엇을 놓쳤는지 알고 있다'고 한다. 아직 발견되지 않은 나아갈 길이 있고 앞으로 나아가는 길을 명확하게 표현할 수는 없지만, 우리는 문제를 경험한다는 것이 무엇을 잃어버렸는지 아는 것이라고 말할 수 있다. 벽에 그림이 삐뚤어진 채로 걸려 있는 것을 보면 당신은 그 대신 맞는 것이 무엇인가를 포함해 틀린 것에 대한 불편한 감정을 가지게 된다. 그리고 심지어 해야 할 행동까지도 알고 있다. 필요한 것은 방을 가로질러 가서 그림을 바르게 거는 것이다.

Gendlin은 1981년에 "모든 나쁜 느낌은 올바른 존재 방식을 위한 잠재된 에너지이다. 만약 당신이 그것에게 올바르게 움직일 수 있는 공간을 내어 준다면 말이다."라고 썼다. 다소 문학적이고 낙관적이며 처음 접할 때는 조금 순진하게도 들리는 이 문장은 사실 인간의 변화에 대한 Gendlin의 철학적인 입장이다. '올바른 존재(right being)'와 '올바름(rightness)'에 대해 그는 유기체적인 과정이 그것의 다음 단계를 '아는(knows)' 방법을 언급하고 있다. 당신은 배고픈 상태에서 먹는 것이 옳은 것이라는 것을 '알고(knows)' 있다. 이 독특하고 포괄적인 '모든 나쁜 감정(every bad feeling)'이라는 구절은 불안하고 고통스러운 어떤 위축감이나 어려운 감정 또는 신체적 상태 같은 불쾌한 것들에 대한 사람의 내면적 경험을 가리킨다. 그리고 Gendlin이 모든 나쁜 느낌은 올바른 존재 방식을 위한 잠재된 에너지라고 했을 때 그는 자신이 주장하는 핵심을 삶은 그저 '있는(is)' 것이 아니라 항상 암시되어 있는 다음 단계의 방향으로 기울어지고, 암시되어 있는 것으로부터 매우 창의적이고 신선하고 독특한 방식으로 맞추어지거나 드러나며 앞으로 나아가는 경향이 있다고 말하고 있다.

'문제'는 잃어버린 어떤 것이다. 그리고 문제를 가리키거나 문제에서 나오는 '나쁜 감정'도 그렇다. 어떤 동료를 생각했을 때 가슴이 철렁 내려앉고 그 사람과의 오늘 약속이 취소되기를 바라게 되는 순간 거기에는 무엇인가가 있다. 당신이 잠시 멈추어서 약간의 시간을 가지고 탐색해 본다면 당신은 그 '뭔가(something)'를 형성하여 그 안에 있는 것을 알게 될 것이다. 아마도 당신은 그 동료가 그 자리에 있지 않은 사람들에 대해 비꼬는 듯한 말투로 이야기를 하는 것이 당신의 형제를 생각나게 하고, 형제와의 어려운 관계에 대해서

해야 할 내면의 작업이 있다는 것을 인식하게 될 것이다. 이 깨달음은 안도감, 명료함, 동료에 대한 느낌과 현재 상황에서 행동할 수 있는 가능성에 변화를 준다.

잠시 멈추고 느끼고 또렷해지는 데까지 시간이 조금 필요했지만, 그것은 모두 첫 번째 느낌에 잠재되어 있었다. 당신의 '나쁜 느낌', 마치 심장이 철렁 내려앉는 느낌은 심지어 어떤 방향이 옳을지에 대한 (잠재적인) 지식까지를 포함해서 '알고' 있었다고 볼 수 있다.

이것은 이미 근본적인 개념이며, 그 불편한 감정은 더 정확하게 무엇이 틀렸고 무엇이 옳을 것인가를 포함하여 '알고' 있었다. 그러나 우리는 더욱 근본적으로 말할 것이다. 이 불편한 감정이 인식의 맥락에서 형성될 때, 그 사람은 문제를 넘어서서 이미 자신에게 무엇이 옳은지를 향해 살고 있다.

중단된 과정: 삶이 앞으로 나아가지 않을 때

심리치료에서 내담자의 문제는 비꼬는 동료나 벽에 기울어진 그림보다 더 심각하다. 그러나 내담자를 심리치료에 오게 만드는 가장 심각한 문제조차도 미래에 대한 암시의 중단인 중단된 과정으로서 이해될 수 있다(Suetake, 2010). 암시가 더 이상 일어나지 않을 때, 암시(implying)는 변화하지 않는 상태로 남아 있다. 그리고 그 후에 이어지는 모든 과정은 마치 큰 트럭이 고속도로의 모든 차선을 가로막고 있고, 다른 모든 차는 그 뒤에 줄지어 있는 때처럼, 어느 하나도 일어날 수 없다.

중단된 과정은 행동이 부족하다는 것을 의미하는 것이 아니다. 거기에는 중독적이거나 기타 다른 형태의 행동화하는 많은 행동이 있어서 상황을 진전시키는 것을 실패하게 만드는 것이다. 행동화에서의 행동은 분명히 그 사람의 유기체적인 과정을 이끌어 나가는 암시된 행동이 아니다. 과정을 중단하는 것은 모든 내담자에게 나타날 수 있다. 그리고 의심할 여지 없이 우리의 삶에서도 마찬가지이다.

> 중단된 과정은 단순히 우리의 삶이 가끔 막히는 것이다. '좋은' 것도, '나쁜' 것도 아니다. 모든 중단된 과정이 치료자의 도움을 필요로 하는 것은 아니다. 하지만 우리는 다양하고 복잡한 상황 속에서 자기 자신의 경험에 접촉되지 않는 많은 순간이 있다. 그런 때에 우리는 상황에 제한적이고 경직된 반응을 하게 된다. 이런 상황이 장기화된다면 그것은 마치 우리의 경험이 특정한 형태로 얼어붙어 버린 것과 같다. 특정한 존재 방식, 생각, 감정 그리고 우리의 내면의 삶은 고정된 체계로 주변을 맴돈다(Geiser, 2010, p. 98).

Geiser가 지적한 바와 같이 과정이 중단된 상황이 계속될 때 그 사람은 새로운 경험의 복잡성과 앞으로 나아갈 수 있는 가능성에 대해 접촉하지 못하게 된다. 고정된(또는 얼어 버린) 체계는 중단된 과정이 지금 상황에서 실제적으로 나타나는 새로운 세부사항에 풍부하게 대응할 수 있는 우리의 능력을 정지시켜서 상황의 부분적인 측면에 정형화된 방식으로 대응하게 한다.

> 내가 권위에 대해 나쁘게 반응하는 것만은 아니다. 더 정확히 말하자면, 나는 내가 권위자로 인식하는 모든 사람에게 그렇게 반응한다. 그리고 더욱 중요한 것은 내가 그의 인간적인 것이 아닌 그가 권위자라는 것에만 반응한다는 것이다. 그리고 그의 현재 모습과 다른 우리의 상황에도 반응한다(Gendlin, 1964, p. 121).

당신이 얼어붙은 체계 속에 있을 때, 문제를 해결하려는 모든 시도를 포함해 당신이 하는 모든 것은 단지 모든 문제의 예일 뿐이다. 어떤 사람은 사람들이 자신을 좋아하게 만들어서 자신이 가진 외로움의 문제를 해결하려고 하는데, 호감을 가지게 만들려는 그 노력이 바로 사람들을 물러서게 만들 수 있

다. 또는 어떤 사람은 그가 느끼는 어려움에서 벗어나기 위해 자신을 정리정
돈하고 열심히 일을 처리하는데, 그 어려움의 원인이 사실은 자신의 진정한
동기가 나타나는 것을 허용하는 대신 정리하고 정돈하려는 경향에서 나타났
다는 것이 밝혀지기도 한다.

> 우리는 우리가 가진 문제의 일부만을 잘라서 용어로 생각한다. 그러나
> 문제가 해결되는 과정에 있을 때 이러한 용어와 그 부분들이 변할 것이다.
> 그래서 단순히 문제를 생각하면서 그 문제에 대해 돌아보며 많은 선을 열
> 심히 그려 보는 방법 외에는 문제를 생각할 수 있는 방법이 없는 경우가
> 많다(Gendlin, 1978, p. 323).

내담자가 알아채고 말할 수 있는 사고와 신념들은 빙산의 일각이다. 그것
들은 내담자가 있는 모든 상황에서 자신을 표현하는 뿌리 깊은 생활방식에
서 나오는 것이다. 내담자들이 마치 끝없는 원을 그리거나 빠져나올 수 없는
구덩이를 더 깊이 파고드는 것처럼 답답하고, 무력하고, 분노를 느낄 수 있는
것은 당연하다. 이것은 단지 운이 나쁜 것만은 아니며, 어떤 면에서 어떤 것
을 잘못했거나 결함이 있어서도 아니다. 그것은 제한적이고 정형화된 수준
의 처리로 인해 문제를 '내부'로 가두게 되는 필연적인 결과를 낳는다. 포커싱
과정은 수준을 전환하고, 사전에 정해진 범주의 상자에서 벗어나며, 내부로
부터 나타나는 자신의 변화를 경험하는 방법으로서, 이미 문제가 놓친 바로
정확히 그곳에서 새로운 가능성을 준비하며 존재하고 있다(주거치료에서 폭
력적인 경향이 있는 청소년들과 함께 이 선을 따라 심리치료를 시도하는 훌륭한 예
는 Parker, 2007 참조). 펠트센스의 형성은 고정된 구조를 넘어 내담자 자신의
변화의 다음 단계에 대한 경험을 가능하게 한다.

펠트센스는 얼어 버린 체계를 넘어서는 것

우리가 이야기한 모든 것을 종합해 보면, 펠트센스가 형성될 때 어떤 것들이 일어난다고 말할 수 있는가? 포커싱이 만드는 변화의 핵심은 무엇인가? 펠트센스가 형성되면 얼었던 것이 자유로워지고 다시 사용할 수 있게 된다. 펠트센스의 형성은 이미 그 사람의 다음 단계의 변화가 일어나고 있는 것이다.

삶의 상황(관계를 포함한)과 그 속에서 우리가 살아가는 방식은 우리에게 갇히고, 막혀 있고, 부담스럽고, 불가능함을 느끼게 할 수 있다. 그러나 우리가 나아갈 수 있는 방법을 찾지 못한다 해도(우리가 아무리 노력해도), 우리 인간은 또한 우리의 편협하고 얼어붙은 사고와 느낌의 상자 밖으로 나와 현실의 삶에서 자연스럽게 나타나는 것, 즉 상황에 반응하는 새로운 방식을 가지고 살아가면서 수준들을 바꾸어 나갈 수 있는 능력을 가지고 있다. 이것은 삶의 과정이 다음 단계를 형성할 수 있는 능력을 가지고 있기 때문에 가능하다. 다음에 필요한 단계는 계획하거나 생각하기 전에 펠트센스로 먼저 형성될 수 있다.

Hendricks-Gendlin(2003)은 그녀가 단순히 예상된 방식으로 도전적인 상황에 대응하지 않았을 때 발생한 수준의 변화를 묘사하고 있다. 그녀의 딸이 태어나고 몇 시간 뒤, Hendricks-Gendlin은 간호사에게 그녀의 아기에게서 피를 다시 뽑는 것을 허락해 달라는 요청을 받았다. 피를 뽑는 것이 아이에게 눈에 보이는 고통을 주는 절차였기에 그녀는 그 요구에 대해 무의식적으로 허락하는 대신에 "잠깐 시간을 주세요."라고 말했다. 왜 피를 뽑아야 하는지 고심하고 질문을 한 뒤에 그녀는 그 요청을 거절했다. 엄청난 소동이 있었지만, 그녀는 그녀의 입장을 고수했다. 후에 그녀는 그 채혈이 아이의 건강을 위해서가 아니라 단지 의사의 연구를 위해서였음을 알게 되었다.

포커싱과 함께 형성되는 펠트센스는 그저 평범한 감정은 아니다. 익숙한 신체적 반응도 아니고 계속되는 생각 또한 아니다. 펠트센스는 매우 특별한 종류의 내적 행동이나 움직임인데 우리가 잠시 멈추는 동안에 발생한다. 우리는 일상적인 생각과 감정을 잠시 멈추고, 전체적인 상황에 대한 완전한 감각을 불러들인다. 우리는 그것에게 오라고 인위적으로 명령할 수 없기 때문에 그것을 기다린다. 그것이 오면, 매우 놀랍고 예상하지 못한 것이며, 말로 표현하기 어려울 수도 있다. 우리는 이것을 묘사하기 위해 은유적인 언어와 동작이 필요할지도 모른다. 우리는 조심스럽게 이를 다루어야 한다. 왜냐하면 매우 중요하고 소중한 무엇인가가 일어나고 있기 때문이다. 중단된 과정에서 벗어나 현재 상황의 풍부한 세부사항이 새롭게 기능할 수 있게 되면 새로운 가능성이 앞으로 나아갈 수 있게 된다. 이 책에는 어떻게 포커싱이 좁고 고정된 관점에서 넓고 가능성이 풍부한 관점의 수준으로 이동하도록 할 수 있는지에 대한 예시가 있다.

이 장의 초반부에 소개한 Brian의 회기에서는 그가 뒤에 남겨진 느낌을 받은 이후에 더 많은 단계가 있다. 모든 부분이 중요하지만 가장 중요한 순간은 그가 잠시 멈추고 남겨진 것에 대하여 그의 첫 번째 펠트센스를 형성하도록 허락하는 것이었다. 그것이 그의 나머지 단계를 가능하게 만들었다.

포커싱의 과정

1. 포커싱을 위한 전제조건은 외부적(치료자와 내담자 간) 및 내부적(내담자 내적)으로 지지적인 관계이다.

치료적 관계는 새로운 알아차림이 일어나게 하기 위해 안전(버터 주고 지지힘)해야 한다. 이는 내담자의 관점이 존중된다는 의미이다. 하나의 인격체로서의 권리를 존중받으면서, 비난과 공격과 묵살과 유기로부터 안전한 것은 학교생활에서 관계부터 치료까지 모든 종류의 학습과 긍정적인 변화의 전제조건이다. 이 대인관계의 공간에 대해서는 제2장과 제10장에 더 많은 내용이 있다.

치료자는 내담자에게 공감적 태도를 갖는 것 외에도 자신의 경험적 과정에 대한 내담자의 내적인 공감도 지지해 주어야 한다. 지지적인 내적 관계는 내담자가 경험에 의해 융합되거나 장악당하는 것이 아니라 자신의 경험에 함께 있을 수 있다는 것을 의미한다. 이러한 능력과 그것을 어떻게 키워 가야 할지는 제5장에서 다루고 있다.

2. 포커싱의 첫 순간은 펠트센스가 등장하는 것이다. 펠트센스는 새롭게 나타나고, 즉각적으로 느껴지며, 언어로 표현되는 것 이상의 경험이다. 펠트센스에 대한 것은 제3장에서 더 자세하게 다룰 것이다. 펠트센스는 그것들을 ① 초대하고(invited), ② 키우고자(nurtured) 할 때 나타난다.

3. 내담자는 '생각하는 것(thinking about)', 즉 생각하고, 분석하고, 내부적으로 입증하려 하고, 평가하고, 두려움이나 조급함으로 반응하는 것 등 대신에 그것을 즉시 느끼면서 펠트센스에 머무른다. 이러한 알고 있는 것에 접촉함으로써 나타나는 질(quality)은 치료자가 촉진하고 지지할 수 있다. 우리는 제6장에서 그것을 어떻게 지지할 수 있는지를 다루고, 이것이 어렵다면 어떻게 해야 하는지는 제7장에서 다룰 것이다.

4. 펠트센스에 대해 묘사하다 보면 종종 특이한 조합의 단어나 신선한 은유를 사용할 수 있는데, 이때 해석에 대해 추가적인 접촉을 허용하고 다음 단계로 과정을 가져갈 수 있도록 한다.

5. 판단하거나 분석하려고 하지 않는 접촉으로부터 펠트센스에 대한 새로운 알아차림이 나타난다. 내담자의 즉각적인 경험('이제 내 배 속을 꽉 움켜쥐고 있던 것이 풀렸다.')의 전환이 일어나고, 새로운 종류의 행동과 함께 새로운 시선으로 바라보는 것이 가능해진다. 이것은 여러 형태를 취한다. 우리는 제6장에서 이 단계들을 어떻게 가능하게 하는지 볼 것이다.

6. 포커싱의 과정이 끝나면 지금 그곳에서 통합되고 완성된다. 그것은 오래된 혹은 비판적인 목소리로부터 새로운 깨달음을 지키는 데 도움을 줄 수 있다. 내담자가 삶에서 행동할 수 있는 새로운 단계를 위한 공간을 만들라.

이 여섯 단계의 목록은 마치 포커싱 과정이 항상 시작, 중간 그리고 끝을 가지고 있으며 또는 이런 방식으로 완료되어야 하는 것같이 느껴질 수 있다. 그러나 이와 반대로 포커싱의 다른 처리 방식에서는 순간적으로 나타나거나 안팎으로 부드럽게 이어질 수도 있다. 제9장에서는 포커싱과 다른 접근법을 조합하는 방법에 대해 알 수 있다.

펠트센스의 형성과 따라오는 변화: 사례

Daniela는 몇 달이 지난 후에 이 회기에 참석했다. 그녀는 수많은 날을 말기 질환을 앓고 있는 어머니를 돌보는 데 보냈다. 그녀의 얼굴은 해쓱하고 피곤해 보였다. 그녀는 깊은 한숨과 함께 자리에 앉았다. 그녀의 치료자는 부드러운 목소리로 걱정하면서 그녀가 지금 어떻게 느끼고 있는지 말해 보도록 했다.

"지금 전반적으로 지쳐 버린 느낌이에요. 단지 너무나 많이 지쳤어요. 저는 감당할 수가 없어요. 그 느낌이 나를 지나가고 있어요, 모든 곳에서요. 나는 어두운 생각과 무거운 감정을 가지고 있어요. 내 몸은 지쳤어요. 모두 다요."

"그리고 무척 힘들죠!" 치료자가 말했다. 치료자는 친밀하고 공감적으로 접촉했고, 치료자의 따뜻한 진심과 그녀를 돌보고자 하는 마음이 목소리를 통해 그녀에게 전해졌다. "기진맥진한 느낌이 당신 전체를 덮고 있군요. 당신 전부를요."

Daniela는 다시 한숨을 쉬며 몸을 의자에 깊숙이 파묻었다. "바로 그거예요." 그녀는 말했다. 여기에서 그녀는 경험했던 것을 인정받고 수용받았다는 것만으로도 이미 작은 변화가 일어났다. 하지만 이제 치료자는 그녀를 다른 단계로 전환하게 해 줄 펠트센스를 불러오도록 도울 것이다.

"만약 당신이 괜찮다면 그 모든 것을 인정하고, 그것에 새로운 감각을 가져 보세요. 지금 그것이 어떤지 보세요."

Daniela가 이러한 요청을 받은 것은 처음이 아니었고, 그녀는 치료자와의 관계를 신뢰하고 있었다. 그래서 그녀는 눈을 감고 시간을 가졌다. 만약 우리가 침묵 속에서 그녀가 무엇을 하고 있는지 모르고 있었다면 긴 시간처럼 보일지도 모른다. 이것은 중요한 순간이다. 내담자는 펠트센스가 나타나도록 하기 위해서 자발적으로 잠시 멈추어서 자신의 내부를 느끼고 있다. 다음에 무슨 일이 있었는지 보자.

"이건 마치 거대한 오징어 같아요."라고 그녀가 말했다. "그것은 팔로 내 온몸을 감고 있어요." 이것은 추측도 이야기도 아니다. 내부에서 느껴지는 새로운 감각이다. 거대한 오징어는 바로 그녀의 기진맥진함이지만, 그것은 또한 그것의 전체 느낌에서 두 단계 정도 더 나아간 것이었다. 잠시 순간에 멈추도록 요청받았고, 그녀는 그것이 어떤 것인지를 은유적으로 표현했다. "점점 풀려요. 내가 그것을 인정하니까 곧 느슨해지기 시작했어요. 그건 아직 거기에 있지만 그렇게 조여 오지는 않아요." 펠트센스가 다가오면 정확히 딱 들어맞는 새로운 은유적 묘사와 함께 안도감이 느껴지는 경우가 많다. 앞을 향한 움직임이 일어나고 있다.

치료자는 Daniela의 이야기를 따라가면서 나타난 것에 세심하게 반응했다. "당신은 그것을 거대한 오징어라고 느꼈고, 그것의 팔은 당신의 온몸을 휘감고 있었어요. 그리고 이제 그것은 점점 느슨해지고 있네요." "당신은 아마도 그것의 시점에서 그것이 어떤 느낌(feel)인지 느껴(sense) 보고 싶을 거예요." 이렇게 내면의 느낌으로 향하도록 또 다른 조심스러운 요청을 시도했다.

또다시 주의를 기울이며 침묵이 이어졌다. Daniela의 말은 어떤 추측이나 짐작이 아니라 내적인 감각에서 나왔다.

내담자: 이것은 지켜요. …… 소중한 무언가를요. 그것은 무언가 소중한 것을 보호하고 있는 거예요. …… 그것이 준비가 될 때까지.

치료자: 당신은 소중한 무언가를 보호하고 있다고 느끼고 있군요. …… 그것이 준비가 될 때까지…….

내담자: 네. …… (계속 느끼며) 이것은 그 소중한 무엇을 잃어버리거나 날려 보내고 싶지 않아요. …… 오랜 시간 오랜 과정을 통해서 소중한 것을 얻었어요. 그것은 모든 것을 잃어버리는 것을 원치 않아요.

치료자: 당신은 오랜 시간을 통해 얻은 소중한 이것을 잃어버리고 싶지 않다고 느끼고 있군요. 당연해요! 당신은 속으로 '그렇게 소중한 것을 잃어버리는 것을 원하지 않는 것이 당연해.'라고 말하고 싶을지도 몰라요.

내담자: 맞아요. …… 나는 그것이 답하는 것이 느껴져요. …… 훨씬 더 풀어졌어요.

치료자: 아마도 거기에 잠깐 머물러도 될 것 같아요. 그 풀어지는 느낌을 그대로 놔두세요.

내담자: 그것이 나에게 무엇을 원하는지 느끼고 있어요. 그것은 내가 에너지를 느끼기를 원해요.

치료자: 아, 당신은 그것이 에너지를 느끼고 싶어 한다는 것을 느끼고 있군요! 아마도 지금 당신의 몸 안에서 그 에너지를 느끼고 있을지도 몰라요.

내담자: 네. 지금 느끼고 있어요. 밝은 에너지가 나오고 있어요. 그것은 죽음으로부터 어떤 두려움을 느낄 필요가 없다는 것을 내가 알기를 바라는 거예요.

Daniela는 이제 아주 편안해 보였다. 그녀 앞에 닥친 일들을 받아들이면서 나머지 회기는 더 많은 것을 포함했다. "새로운 삶 이전에는 죽음이 와요. 지는 것은 암울한 것이 아니에요. 새로운 삶을 위해서는 지는 것이 필요해요. 이것은 제가 삶에서 여전히 많은 중요한 것이 더 있다고 알아 주기를 바라요. 그리고 저는 그것을 할 시간과 에너지를 가질 거예요. 그 느낌은 입 속의 달콤함…… 그리고 거대한 대양…… 같네요."

회기가 끝나갈 무렵 Daniela는 치료자에게 미소를 지었다. 두 사람은 놀라운 변화가 일어난 것과 Daniela가 다시 자신의 삶 속으로 들어갈 수 있게 된 것을 축하했다. 그녀는 전에 이 문으로 걸어 들어왔던 사람과는 전혀 다른 사람처럼 보였다.

이런 방법을 사용하는 대신, 그들은 치료 시간을 소진과 그것의 원인에 대해 이야기하며 보낼 수도 있었다. Daniela는 그녀 어머니의 임박한 죽음에 대한 감정에 접촉했을지도 모르며 치료 끝 무렵에는 안도감을 느꼈을 수 있다. 하지만 펠트센스를 위한 초대와 거기에서 나타난 놀랍고 예상하지 못한 새로운 깨달음은 다른 선택을 할 수 있게 했다. 이 사례는 삶 그 자체가 나아가 살 수 있는 공간이 주어졌을 때 무슨 일이 일어날 수 있는가를 보여 준다.

이 장의 핵심 요약

- 살아 있는 유기체는 그들 삶의 과정의 다음 단계를 암시한다. 암시된 것은 하나의 확실한 사건은 아니지만, 다양하고 새로운 가능성을 가지고 있으며 이전에는 한 번도 일어난 적이 없는 것이다.
- 암시하는 것은 어느 정도 '알고 있는' 것이다. 그것은 다음 단계에 그 사람의 변화에 대한 준비 같은 것이다.
- 암시된 것이 일어났을 때 이를 '앞으로 나아가기'라고 부르는데, 안도감과 깊은 호흡 등 즉각적인 생리학적 변화와 연관성이 있고, 영향과 행동의 변화도 나타난다.
- 암시된 것이 일어나지 않거나 일어날 수 없는 경우, 유기체는 '과정의 중단'을 경험한다. 과정의 중단이 지속되면 상황의 부분적인 측면에만 정형화된 반응을 하는 '얼어붙은(고정된) 체계(frozen structures)'가 발생한다.
- 펠트센스의 형성은 이미 문제를 '가지고 있는' 방식, 즉 펠트센스의 대상이 되는 삶의 상황 변화이다. 그동안 사용할 수 없었던(얼어 버린) 상황의 측면은 이제 처리가 가능하다.
- 연민과 호기심 어린 의식을 가지고 문제의 펠트센스를 형성하는 것은 유기체들의 삶을 앞으로 나아가게 하는 것이며 그 이상의 깨달음을 만들어 낸다.

　이 장에서의 개념은 새로운 것이기 때문에 익숙해지는 데 다소 시간이 걸릴 수 있다. 다행히도, 시작하기에 앞서 그것들을 전부 숙지해야 할 필요는 없다. 단지 그 방법들을 실행에 옮기기 위해 이론을 이해하는 것이 필요한 것일지도 모른다. 제2장에서는 내담자와의 치료 회기에서 포커싱을 사용할 수 있는 적절한 환경을 조성하기 위해서 어떤 준비가 필요한지에 대해 이야기할 것이다.

제2장

장(場)의 마련:
포커싱을 내담자의 치료 과정에
적용하기 위한 준비

포커싱은 많은 내담자에게서 볼 수 있는 자연스러운 과정이다. 포커싱은 이미 이런 것을 하고 있는 내담자는 지지하고 독려할 수 있고, 하지 않고 있는 내담자에게는 해 보도록 요청할 수 있게 한다. 이것은 강력한 개념이다. 포커싱은 어떤 내담자들은 하고 있거나 적어도 할 수 있는 것이다. 이 자연스러운 과정은 치료적 관계 안에서 촉진될 수 있다. 내가 이 책에서 보여 주고자 하는 것처럼 우리가 내담자들에게 포커싱을 가능하게 한다면, 그들은 그들의 삶에 내재된 변화를 경험하고 그들 자신을 삶에 긍정적인 영향을 주는 방향으로 이끌어 가고자 하는 변화의 모습을 보여 줄 것이다.

포커싱은 그 자체가 치료적 기법이 아니기 때문에 이미 임상가들이 사용하고 있는 다른 접근법과 같이 사용할 수도 있고 그것에 통합할 수도 있다. 포커싱 접근은 어떤 유형의 치료에도 적용할 수 있으며, 내담자의 변화 과정을 향상시키고 강화할 수 있다(자세한 내용은 제9장 참조). 심리치료 효과에 관한 연구(Hendricks, 2001)에서는 치료의 효과가 나타나는 내담자들이 포커싱에 대해 알고 있든 그렇지 않든 간에 이미 포커싱을 하고 있을지도 모른다는 의견을 제시했다. 포커싱 과정을 자각하는 것은 어떤 치료적 접근 방법도 더 효과적이고 강력하게 만들 수 있다.

이 장에서는 포커싱을 내담자의 치료 과정에 적용하기 위해서는 어떤 준비가 필요한가에 대해 이야기할 것이다. 내담자에게 포커싱에 대해 어떻게 이야기해야 하는지, 포커싱을 위한 이상적인 환경을 형성하기 위한 관계의 핵심 그리고 질적인 것들(qualities)에 주의를 기울이는 것은 무엇인지에 대해 다룰 것이다. 이런 특징들은 이미 많은 형태의 치료들에서 공통적이기 때문에 당신은 이미 포커싱과 함께 사용할 수 있는 방법으로 치료를 진행하고 있을 가능성이 높다. 좋은 소식이라고 생각하지 않는가? 나는 또한 포커싱을 하기 위한 단계를 설정하는 방법으로 첫 회기를 진행하는 것에 대해 의견을 제시하고자 한다. 각 치료 회기들 사이에 할 수 있는 포커싱과 관련된 자기돌봄(self-care)을 제안하여 내담자를 돕는 방법에 대해 말해 보고자 한다.

당신이 내담자와의 치료 과정에서 어떻게 포커싱을 적용할 것인지는 당신이 가진 개인적인 스타일, 주요 접근 이론, 개인적으로 일하는지 혹은 기관에 소속되어 일하는지 등 여러 가지 상황에 따라 달라진다. 내담자들과 함께 작업하는 몇몇 방법은 이미 포커싱 방식에 가깝다. 만약 당신이 내담자가 자신의 세계를 어떻게 경험하는지에 대해 관심을 가지고 있다면, 만약 내담자가 느낌을 경험하는 것과 공감적으로 접촉하는 것이 좋은 생각이라고 믿는다면, 포커싱은 당신과 아주 잘 맞을 것이다. 만약 그렇지 않다면, 포커싱을 활용하는 데 시간이 조금 더 걸릴 수는 있지만 할 수 있다.

내담자의 치료 과정에 포커싱을 활용하는 것은 내담자에 따라 다를 것이다. 아마도 새로운 작업 방식은 당신의 새로운 내담자에게 적용하는 것이 더 쉬울 것이다. 만약 당신이 누군가와 오랜 시간 동안 같이 작업을 해 왔다면, 그 내담자와의 작업 방식은 잘 자리 잡혀 있을 것이다. 긴 시간을 함께해 온 내담자에게 갑자기 무언가 다르게 하는 것은 이상하게 보이거나 내담자를 불편하게 만들 수 있다. 이것을 다룰 수 있는 방법도 있지만, 처음부터 특정 방법으로 작업을 하는 만큼 쉽지는 않다. 또한 당신에게는 여러 유형의 내담자가 있을 수 있다. 뭔가 새로운 것을 시도하는 것을 더 편안해하고 더 쉽게 자신의 경험을 바라보는 시간을 가질 수 있는 내담자들이 있을 수도 있다. 또는 치료가 지지부진한 상태에 빠졌다고 느끼고 다시 이를 나아가게 할 수 있을 만한 무언가를 시도하고자 하는 열망을 가진 내담자가 있을지도 모른다. 이런 모든 것이 당신이 치료 과정에 포커싱을 활용하는 방식에 영향을 미칠 수 있다.

당신은 아마 내담자에게 포커싱에 대해 어떻게 설명해야 하는지 궁금할 것이다. 대답은 간단하다. 그럴 필요가 없다. 당신의 내담자에게 포커싱에 대해 설명할 필요는 없다. 사실 포커싱에 대해 언급하는 것조차 역효과를 낳을 수 있다. 치료 과정에서 포커싱을 적용하는 기본 태도는 '포커싱'이라는 단어조차도 전혀 사용하지 않는 것이다(이후에 몇 가지 예외를 살펴볼 것이다).

내담자에게 포커싱을 설명하는 것이 어떻게 역효과를 낳을 수 있는가? 당신이 어떤 특별한 방법을 사용하고 있다는 것을 들은 내담자들은 그것이 실패할 수 있는 어떤 것인지 또는 당신을 기쁘게 해 주기 위해 그들이 더 잘해야 하는 것인지 궁금할 수도 있다. 만약 당신이 내담자와 계속해서 작업을 해오다가 새로운 방법을 도입했다면, 내담자는 왜 당신이 그것을 사용해야겠다고 느꼈는지 궁금해질 것이다. 또한 '올바른' 방법에 대한 기대치를 설정해 놓았다는 의미로 느껴질 수도 있다. Brenner(2012)는 "내담자는 우리가 원하는 것을 선택하려고 한다. 그래서 우리는 그 과정에 대한 기대와 판단에 대해 나누는 것을 피하고자 한다."라고 말했다.

한 치료자는 나에게 말했다. "제가 포커싱에 대해 처음 배웠을 때, 저는 내담자에게 포커싱에 대해 설명하려고 노력했어요. 그리고 다양하게 엇갈린 반응을 얻었죠. 사람들은 왜 제가 다른 것을 시도하려고 하는지, 그동안 우리가 해 왔던 것에 무슨 문제가 있는지에 대해 궁금해했습니다. 어떤 내담자는 실패할지도 모르는 새로운 방법이 있다는 것을 알게 되어서 꽤 불안해했습니다. 마치 포커싱이라는 개념이 저와 내담자 사이에 끼어 있는 것같이 느껴졌습니다. 제가 현재 하는 방식은 그것을 내담자에게 말하지 않는 것입니다. 저는 단지 존재하는 방식으로 포커싱을 도입했습니다. 포커싱이 제 자신에게 자연스럽게 느껴지지 않았던 초기에는 그것을 자연스럽게 치료 과정에 녹이는 것이 어려웠습니다. 느낌은 갑자기 확 달라졌습니다. 그러나 지금은 순조롭습니다. 포커싱적으로 존재하는 것은 제가 누구인지, 어떻게 사람들과 함께하는지에 대한 일부가 되었습니다. 이제는 제 치료 과정 중에서 어느 부분이 포커싱이라고 구분할 수도 없게 되었습니다."

앞으로 이 책에서 다룰 것은 당신이 이미 하고 있는 것에 포커싱의 관점을 더하는 방법들이다. 이 개입들이 매우 자연스럽게 당신의 기존 방식들과 하나가 되어서, 당신의 내담자들은 아마도 당신이 뭔가 다른 것을 시도하려고 한다는 것을 알지 못할 것이다. 나는 당신이 하는 것에 기초가 될 몇 가지 개

넘을 소개하겠지만, 당신의 내담자들에게 그 개념들을 설명해 줄 필요는 없다. 당신이 그것들을 알고 있는 것만으로도 충분하다.

포커싱을 돕는 치료적 환경

다행스럽게도 포커싱 과정을 돕는 데 필요한 환경은 대부분의 치료자가 자신의 내담자와 함께 구축하고 있는 것과 매우 유사한 환경이다. 포커싱을 지향하는 많은 치료자가 포커싱을 향상시켜 줄 수 있는 내담자와의 관계 형성에 대해 논의해 왔다(Friedma, 2007; Leijssen, 2007). Mia Leijssen은 그녀가 내담자와 맺는 작업 동맹이 어떻게 좋은 어머니와 아버지로서의 자질을 가지게 하는지에 대해 설명한다.

> 내가 처음부터 바로 내어 준 따뜻하게 맞이하는 공간은 '좋은 어머니'와 같은 특징을 가지고 있다. 즉, 따뜻하고 친근하며 애정 어린 태도로 현재에 함께하고, 내담자가 표현하고자 하는 바를 공감하며 경청하는 것이다. …… 또한 좋은 작업 동맹을 맺는 것은 '좋은 아버지'가 되는 것을 의미한다. 이것은 경험들이 이름 붙여지고, 혼란 속에서 체계가 생겨나며, 현실을 직면하고, 진정한 의사소통이 있다는 것을 의미한다(2007, pp. 25-26).

임상 현장에서 포커싱을 적용하려면 펠트센스가 더 많이 일어날 수 있는 환경을 조성해야 한다. 이것은 안전, 존중, 신뢰성 그리고 다른 사람들이 바라보는 관점에 대한 개방성을 포함한다.

내담자와 라포(rapport)를 형성하는 것은 첫 번째 치료적 과제이며, 다른 모든 작업은 이것을 기반으로 할 것이다. 그들이 경험한 것에 맞추고, 그들의 입장에서 그것이 어떠했는지를 이해하고, 그들이 어떻게 세상을 보고 있는지에 대해서 마음대로 판단하고 반박하려고 하지 않음으로써 내담자는 당신을 신뢰하기 시작할 수 있으며, 또 자신의 경험의 느낌을 믿기 시작하려는 안전한 환경이 만들어진다.

> 분석가 자신의 초점은 환자가 경험하고 있는 것에 지속적으로 머물러 있다. 이는 환자의 순간적인 경험뿐만 아니라 시간이 지남에 따라 이러한 경험의 연속적인 흐름 또한 아우른다. Kohut은 이런 순간순간(moment-to-moment)의 경험의 연속적인 흐름에 맞추는 것을 장기간의 몰입(prolonged immersion) 또는 심리학 분야에서 장기간의 공감적 몰입(long term empathic immersion)이라고 말했다(Rowe MacIsaac, 1991, pp. 17-18).

애착에 관한 연구(Fonagy et al., 2002; Wallin, 2007)에서 자신의 경험을 반영하는 능력은 주 양육자와의 관계 안에서 주기적으로 반영이 일어나는 것에 의해 발달한다는 것이 밝혀졌다. Vanaerschot(2004)는 보호자-유아 관계에서 발생하는 발달적 결함과 연관 지어 치료자가 내담자에게 하는 공감적 조율(empathic attunement)의 중요성을 논했다. DeYoung은 어떻게 유아 연구들이 보다 복잡한 성인 내담자의 상호 주관적인(intersubjective) 공감 과정에 대한 이해로 이어졌는지 설명했다.

> 유아 연구들은 누구든지 자기(self)에 대한 펠트센스("나는 내가 누구인지, 무엇을 원하는지, 어떻게 느끼는지 알고 있어.")를 가지고 있다는 주장을 지지한다. 그것은 자기 자신에 대한 발전 동기, 욕망, 감정에 대해 반응하고자 할 때에만 존재한다. 내담자들은 이런 존중되고 개방적인 호기심을 믿기 시작할 것이고, 그런 다음 '그것을 얻는(getting it)' 공유 과정에 함께할 것이다(2003, pp. 58-59).

궁극적으로 포커싱 접근 심리치료(Focusing-oriented psychotherapy)의 심층적인 과정은 내담자 자신의 내적 경험과 함께 있을 수 있는 능력에 의해 앞으로 나아갈 수 있다. 성공적인 내담자는 경험의 느낌(felt experience)에서 공감, 연민, 호기심을 가지고 관심을 보이는 것 등의 자질(qualities)을 갖고 올수 있다. 내담자는 고통스러운 경험 앞에서 흔들리지 않을 만큼의 강인함을느낄 것이고, 그렇게 하는 것에 이익이 있다고 믿게 될 것이며, 불편함과 고통의 반대편에는 뭔가 새롭고 생생한 것이 열리고 앞으로 나아간다는 것을알게 될 것이다.

내담자와 경험을 느끼는 것 사이의 내적 관계의 연결을 발전시키고 성장하게 하는 것은 공감과 연민 그리고 호기심을 가지고 관심을 보이는 것과 같은자질을 가진 치료자와 내담자 사이의 관계적 연결이다. 이런 자기공감의 첫단계는 신뢰할 수 있는 타인에게 공감을 받는 환경에서 길러질 것이다.

치료 초기에 우리는 내담자가 치료적 맥락 안에서 성장할 수 있을 만큼의자기집중(self-attending) 능력을 갖고 있다고 기대하지 않는다. 내담자의 자기인식(self-aware), 자기집중(self-attending), 자기연민(self-compassionate) 능력을 성장시키는 환경은 첫 만남의 순간부터 치료자가 내담자에게 그러한 자질들을 제공하는 것이다.

진정으로 머무르며 현존하기: 치료자 포커싱

내담자가 포커싱을 가능하게 만드는 것은 본질적으로 관계적인 과정이다. 이는 우리가 내담자의 말을 경청하고, 그러면서도 우리의 생각과 감정을 알고 있으며, 진실로 존재하는 것을 의미한다. 심리치료 관계는 두 사람 모두가변화할 수 있는 관계이며, 우리는 그 가능성에 열려 있다. 우리는 자신의 감정과 구체적인 경험에 접촉하는 것이, 그것에 대해 명시적으로 많은 것을 말하는 것이 아니더라도 치료 과정 성공의 열쇠가 될 것이라는 것을 알고 있다.

더 자세한 것은 '치료자 포커싱'에 관한 제10장에서 다룰 것이지만, 포커싱을 위한 환경의 조성에 대한 논의에서도 이것은 강력한 역점에 속한다. 처음

부터 구체적인 방식으로 진정으로 존재하는 것이 중요하기 때문이다. 내담
자는 당신의 존재가 함께하는 것을 느낄 수 있고, 그것은 그들이 안전하다고
느끼는 것에 영향을 미치며, 당신은 자신의 경험에 대한 조율로부터 중요한
정보를 받게 될 것이다.

만약 우리가 자기 자신에게 포커싱을 하고 있지 않다면, 우리 내담자들도
실제로 포커싱을 할 수 없다. 당신이 임상가로서 치료 과정 동안 자신의 암시
된 과정(implicit process), 자신의 펠트센스 그리고 당신 자신과 조용히 머무
를 수 있을 때, 당신은 내담자에게 포커싱이 자연스럽고 부드럽게 발생할 수
있는 환경을 만들 수 있다. 그리고 당신 자신은 직관과 존재의 더 넓은 장(場)
으로 접근할 수 있다. 심리치료자 Joan Lavender(개인적 커뮤니케이션, 2012)
는 이것을 '체험적 환경(experiential environment)'이라고 부른다.

자, 이제 내담자와의 첫 만남에서 포커싱 접근을 활용하는 것에 대해 알아
보자.

첫 번째 상담

20년 이상 자신의 심리치료에서 포커싱을 통합하여 실천해 온 심리학자
Helene G. Brenner(2012)는 최근 교육 세미나에서 첫 번째 회기에 자신이 내
담자와 관계를 어떻게 형성하는지에 대해 다음과 같이 설명했다.

내가 첫 상담 회기에서 노력하는 두 가지 중요한 요소가 있다. 첫째, 나
와 신뢰하는 관계를 맺는 것이다. 내담자의 느낌을 더 여유 있고 편안하게
만나고 환영할수록 내담자들이 더 편안함을 느끼고 더 많은 것을 표현할
수 있을 것이다. 둘째, 나는 정말로 그들이 그들 자신의 경험(내적 관계)과
친구가 될 수 있는 공간을 만들고 싶다. 나는 그들이 외부에서 어떻게 보
일지에 대해 겉에서 생각하는 것보다는 자신의 경험이 내부에 있고 그 경

험과 함께할 수 있다고 느끼기를 바란다.

첫 회기의 첫 번째 목표는 내담자가 치료자와 연결되어 있다고 느끼는 것이다. 이것은 가장 작은 세부 사항으로 시작되는데, 예를 들어 당신이 내담자를 맞이하기 위해 대기실로 나가는 것, 따뜻하게 악수하고 눈 맞춤을 하는 것, 내담자가 한 사람으로서 자신이 누구인가에 대해 당신이 진정한 관심을 보이는 것을 느낄 수 있는가이다. 내담자의 요구에 맞춘다는 것은 인터뷰를 시작하는 규준이 없다는 것을 의미한다.

어떤 사람들은 그들의 이야기를 쏟아 낼 준비가 되어 있기 때문에 시작하자고 요청하는 것 이상이 필요하지 않다. 반면에, 어떤 사람들은 분명히 조금 뒤에 물러서 있고 그들을 이끌어 내기 위한 어떤 체계와 구조화된 질문들을 고마워한다. Brenner가 지적했듯이, 치료 관계에서 내담자가 안전함과 편안함을 느끼는 것이 치료에서 무엇이 가능한가를 결정하기 때문에 이에 관해 우리가 내담자가 이끌어 가는 것을 따라야 할 모든 이유가 있다고 할 것이다.

Brenner는 새로운 내담자와의 첫 회기에서 Kohutian의 '경험 근접' 개념을 강조한다. 그녀는 다음의 인용문을 제시했다.

> 어떻게 우리는 다른 사람의 삶의 내면을 느낄 수 있을까? 아마 익숙한 구절인 '역지사지(to put one's self into the shoes of another)'는 이 과정을 가장 잘 설명하고, Kohut의 '경험 근접'의 의미를 가장 정확하게 보여 준다고 할 수 있을 것이다. 간단히 말해, 분석가는 환자가 경험하고 있는 것(에 가장 가까운 것)을 가능한 한 밀접히 경험하기 위해 노력하는 것이다(Rowe & MacIsaac, 1991).

Brenner는 내담자를 알기 위해 위기, 영성, 열정, 고통 그리고 무엇이 그 사람을 그녀의 상담실로 데려왔는지에 대해 귀를 기울인다. "무엇이 당신에게 전화기(수화기)를 집어 들게 했나요?" Brenner(2012)는 이런 식으로 묻는 것을 좋아했다. "왜냐하면 그렇게 이야기하고 난 후에는 목표나 잘못된 것에 대해 바로 이야기하기보다 그들이 당신을 보러 오기를 원하게 된 강력한 욕구, 충동, 현재의 경험에 닿게 되기 때문이다. 전화기를 집어 드는 행동에는 흥미진진하고 즉각적인 무엇인가가 있다."

우리는 내담자를 바로잡고 싶은 충동을 느끼게 될지도 모른다. 우리는 그들의 신념이나 태도 또는 행동이 어떻게 그들에게 도움이 되지 않는지 볼 수도 있다. 그러나 논쟁하는 곳은 안전한 장소가 될 수 없다. 신념, 태도 그리고 행동에서의 변화는 수용으로 시작하는 안전한 분위기 속에서 가장 잘 나타날 수 있다. Brenner(2012)는 "특히 처음에, 나는 항상 내담자에게 '그래요(Yes)'라고 말한다. 나는 그들이 느끼는 것이 왜 그들의 관점에서는 완벽하게 이치에 맞는지를 이해하기 위해 '그렇군요(Yes)'라고 말할 수 있는 방법을 찾는다. 그리고 그것을 다시 반영하기 위해서 그것이 그들에게 어떤 것인지 탐구한다."라고 말했다.

Brenner는 고통스러운 분노에서 벗어나겠다는 목표를 가지고 찾아온 한 내담자에 대해 묘사했다.

나는 결국에는 우리가 내담자의 분노를 느끼는 부분을 들을 수 있다는 것을 알았다. 하지만 나는 첫 회기에서 그것을 끄집어내지는 않고, 공감부터 시작할 것이다. 왜냐하면 내담자의 입장이 되어 봤을 때 그런 감정들을 없애고 싶어 하고 있고, 괴로워하고 있으며, 그것이 내담자에게 많은 고통을 주고 있기 때문이다. "물론이죠! 이건 정말 당신에게 스트레스가 많겠어요! 조금 더 말해 주세요! 정말 당신의 삶을 방해하고 있는 것처럼 들려요!" 이것은 단지 공감만 하고 있는 것이 아니다. 나는 그것이 그들의 목표라는 것을 진지하게 받아들인다. 나는 그들에게 내가 그 일을 하기 위해 그들과 협력하고 있다는 것을 알렸다. 그들은 더 이상 혼자가 아니다. 나는 그들의 동맹이다.

새로운 내담자를 위해: 포커싱 접근 평가

우리가 어떤 접근을 사용하는 것과 관계없이, 첫 회기는 공식적이든 비공식적이든 항상 일종의 평가를 포함한다. 언뜻 보기에는 포커싱 접근으로 통합된 평가는 대부분의 치료자가 이미 사용하고 있는 것과 상당히 유사할 것이다. 내담자의 상황에 맞추어 조율하는 요소들과 치료를 시작하게 된 이유는 많은 접근법에서 공통적이다. 포커싱 지향에서는 내담자의 처리 방식을 주의 깊게 본다.

Helene Brenner(2012)는 그녀가 첫 회기에서 내담자와 함께 평가하는 여덟 가지 요소 또는 측면에 대해 설명했다. 이것이 과정 지향적인 작업이기 때문에, 이런 요소들은 점검표에 기록되고 나중에 분석되어야 하는 항목들이 아니라 임상가가 내담자와 함께하는 방식과 이후의 회기에서 기록되고 기억되는 방식으로 즉각적인 것을 지향하는 요소이다. 이러한 요소들은 내담자에게 물어보기 위한 질문으로 표현되는 것이 아니라 알아야 할 영역으로 표현된다. 왜냐하면 이러한 요소들은 조사받는 것 같은 느낌보다 자연스러운 대화같이 느껴지도록 하는 것이 더 바람직하기 때문이다. 반면, Brenner가 지적한 것처럼 어떤 내담자들은 질문으로 끌어내는 것을 선호할 수 있고, 이런 경우에는 질문을 할 수 있다.

- 그들에게 영향을 미친 것은 무엇이고, 그들이 진정으로 얻고자 하는 것은 무엇인기? 무엇이 그들을 치료받게 만들었고, 무엇이 실제로 그들을 이곳으로 오게 했는가? 최초 면담 동안에도 현재 호소하는 문제는 층(layers)과 광범위한 암시(implications)를 가진 것으로 드러날 수 있다.
- 그들의 의미 있는 관계는 어떤가? 그들은 그들의 가장 중요한 관계(배우자 또는 파트너, 아이들, 부모님, 다른 중요하고 친밀한 사람들)에 만족하고 지지를 받고 있는가?

- 그들의 일(직업)은 어떠한가? 그들의 삶에서 의미 있는 것을 추구하고 있는가? 그들을 의미 있게 만드는 것은 어떤 것인가? 열정을 가지고 있는가? 비록 일이 자원봉사 또는 전업주부 같은 무보수의 업무일지라도, 매일매일의 직장 생활에 만족해하는가?
- 그들의 목표는 무엇인가? 그들은 이 일로부터 무엇을 얻고 싶어 하는가? 성공의 의미는 무엇인가?

이 네 가지 요소는 내담자의 삶의 내용과 그가 심리치료로 가져오는 주제에 대한 것들이다. 그러나 다음의 네 가지 요소는 더 과정 지향적이고, 내용보다는 내담자의 처리 방식에 대한 것이다.

- 그들은 얼마나 쉽게 그들 자신의 경험과 함께 있을 수 있는가? 방금 한 말이 옳게 느껴지는지 잠시 멈추고 내면으로 확인하는 순간이 있는가? 아니면 "나는 결코 그녀와 그 배신을 용서하지 않을 것입니다."와 같이 감정이 변하지 않는 사실인 것처럼 말하는가?
- 그들은 그들의 문제에 대해 어떻게 말하는가? 절박함이 있는가? 내적 압박감이 있는가? 그것이 그들의 경험과 매우 밀접한가? 그들의 언성이 높아지는가? 아니면 그들이 그들의 경험으로부터 다소 멀어 보이는가?
- 그들은 그들 자신에 대해 어떻게 말하는가? 그들과 그들의 삶 사이에 공간이 있는가? 자기관찰 또는 자기반성의 감각이 있는가? 그들은 유머, 즐거움, 열정을 가지고 있는가? 상담실에 있는 것에 대해 흥분하는가, 아니면 불안감이 더 심한가?
- 그들 자신에 대해 알고 있는가? 또는 그들이 잘 모른다는 느낌이 있는가, 아니면 표현할 준비가 되지 않은 것 같은가?

첫 번째 회기 동안 이러한 과정 요소들에 대하여 주목하는 것은 임상가가 치료 작업을 내담자 과정의 관점에 맞추어 준비하고 수행할 수 있도록 도울 것이다. 말하는 동안 잠시 멈추고 내적인 탐색을 하는 내담자들은 그들의 내면의 경험으로 포커싱 의식을 가져오도록 격려할 필요가 거의 없다. 당장 압도당할 위기에 있는 내담자는 포커싱이 가능하기 전에, 강한 자아를 확립하기 위해 즉각적인 지원이 필요할 것이다(제5장 참조). 자신의 경험으로부터 멀리 떨어져 있고 고정된 범주 안에 갇힌 내담자들은 포커싱 관점으로 나아가기 위해 추가적인 도움이 필요할지도 모른다(제7장 참조).

만약 당신이 일하는 기관에 정해진 분량이 있고 양식에 맞춘 정보를 수집해야 한다면, 당신은 여전히 이것을 내담자의 안전함과 편안함의 경험을 강화시키고 내담자가 자신의 경험적 과정을 개방할 수 있도록 준비하는 과정의 시작으로서 사용할 수 있다. 핵심은 당신의 맞은편에 있는 사람과 계속 연결되어 있고 당신의 책상 위에 놓여 있는 양식보다는 맞은편에 앉아 있는 사람을 더 중요하게 여기는 것이다. 그 서류는 회기가 좀 더 지난 후에 언제든지 꺼낼 수 있다. 분명히 서류는 작성해야 하지만, 서류가 작성되는 방식을 선택할 수 있기 때문에 내담자는 당신이 양식보다 자신을 더 중요하게 생각한다고 느낀다.

기관에서 필요로 하는 정보에 대해 물어볼 때, 군이 '사무적'이 될 필요는 없다. 당신은 느긋하고 편안한 속도로 진행할 수 있다. 진정성 있는 따뜻함, 관심, 공감을 표현할 수 있는 목소리 톤을 가져야 한다. 예를 들어, "지금 당신이 어떤 약을 먹고 있는지 궁금하네요. 그걸 알면 우리에게 도움이 될 겁니다."와 같이 어떤 사람들에게는 질문보다는 정보가 필요하다고 말하는 것이 도움이 된다.

당신 기관의 접수면접(intake) 이외에도 처음 방문하는 내담자를 위한 추가적인 다른 양식들이 있을 수 있다. 예를 들면, 1차 진료 의사를 위한 양식 또는 가족과 함께 작업하고 있는 다른 전문가들과 교류하기 위한 동의서 등이 있다. 양식을 가지고 작업하는 것은 대개 그 질문들에 대답하고 있는 당신의 맞은편에 있는 사람에 대한 공감으로 이루어질 수 있다. 그것은 사람들과 연결되기 위해 훈련받은 사람들과 같은 공감을 자신에게까지 확대하도록 하는

데 도움이 될 수 있지만, 그럼에도 불구하고 당신은 첫 회기에 이러한 양식들을 다루어야 한다. 이러한 첫 회기의 절차에는 진단을 내리고 치료 계획을 작성하는 것 등이 포함될 수도 있다. 이것이 힘들 수도 있고 정신없이 바쁘겠지만 현재 순간에 머무르며 관계를 유지하는 것은 여전히 중요하다.

기대와 서로에 대한 책임감

우리의 관계와 우리가 함께 작업하기 위한 기본 규칙은 무엇인가? 내담자가 기대하는 것과 그에 대해서 기대되는 것은 무엇인가? 첫 회기에서 당신은 아마도 비밀보장에 대한 내용, 위기 상황에서 해야 할 것, 두 사람 중 하나가 치료에 참여하지 못하게 되었을 때 해야 할 일 등의 사항에 대해 이미 논의했을 것이다. 또한 포커싱 접근 작업 방법에 대한 구체적인 기대와 서로에 대한 책임이 있다.

우리가 내담자들에게 바라는 것은 우리가 말하는 것을 그들이 그들 자신의 내적 감각으로 확인하고 만약 우리가 말한 것이 그들에게 맞지 않다면 우리에게 맞는 것을 말해 주는 것이다. 만약 내담자들이 우리에게 정확하게 다시 알려 줄 수 있다는 것을 안다면, 다음의 두 가지의 중요한 방법으로 치료의 작업을 향상시킬 수 있을 것이다. ① 내담자가 자신의 상담 과정 안에서 권한을 존중받아 관계를 더 안전하게 만드는 방법, ② 앞으로 살펴볼 것처럼 포커싱 과정 자체의 핵심적 부분인 내담자가 내적으로 확인하는 방법이다. 나는 제3장에서 내담자가 더 쉽게 수정할 수 있도록 '체험적 추측(experiential guesses)'을 제공하는 방법에 대해 더 다룰 것이다.

심리치료는 항상 어느 정도는 교육적인 과정이다. 사람들은 어떻게 치료가 진행되는지에 대한 생각을 가지고 도착하고, 거의 의식하지 못한 채로 감정적인 상태, 결정, 관계 등을 다루고 관리하기 위해 사용해 왔던 방법들을 가지고 온다. 심리치료의 과정은 무엇보다도 이러한 생각과 방법을 가진 내담자와 자신의 생각과 방법을 가진 치료자 사이의 관계적인 만남을 포함한다.

　예를 들어, 내담자가 치료라는 것에 대해 예상한 것은 부정적인 감정을 무시하거나 없애 버리기 위해 밀어내는 방식이었다. 포커싱 방식의 작업에서 내담자는 '부정적인' 감정을 밀어내거나 그 감정에 대해 어떤 행동을 하지 않고 오히려 그 감정들의 근간을 알기 위해 호기심 어린 관심을 가지고 더욱 그것에게 향할 것이다. 심리치료자는 첫 회기(또는 이후의 회기)에서 내담자에게 그것을 설명할 수 있다.

> **치료자:** 어려운 생각들과 감정들에 눈을 돌리고 그것들에 대해 더 잘 아는 방법을 보여 드리겠습니다. 저는 당신이 강인하고 침착하며 연민 어린 삶의 방식을 찾기 위해 도울 것이고, 당신은 그 어려운 감정들에게 지배되지 않고 그것들을 향해 나아갈 수 있을 것입니다.
>
> **내담자:** 그런 다음 어떻게 되나요? 어떻게 제가 바뀌죠?
>
> **치료자:** 음, 제 경험으로 봤을 때 변화는 당신이 부정적인 쪽으로 향할 수 있기 때문에 일어나요. 그것들은 당신을 도우려고 노력했지만 도움이 되지 않는 당신의 일부입니다. 만약 그것들을 외면해 버린다면 변화되지 않은 형태로 남아 있을 거예요. 하지만 만약 그 감정들을 마주하고 새롭게 느낀다면 성장할 수 있습니다. 그것들 스스로가 변할 수 있습니다. 이것이 우리가 함께 하려고 하는 거예요.

만약 내담자에게 포커싱에 대해 말하고 싶다면

　이 장의 시작 부분에서 언급했듯이, 당신은 내담자에게 포커싱에 대해 설명해야 할 필요는 없다. 하지만 그에 대해 말할 수 있다. 경우에 따라서는 말하는 것이 실제로 도움이 될 수 있다. 감정 경험과의 관계를 찾기 위해 고군분투하고 있는 내담자들은 자신이 배우고 있는 것에 이름을 붙일 방법이 있다는 것을 알면 도움을 받을 수 있다. 상담 회기들 사이에 학습하고 읽을 수 있는 과정을 갖는 것은 어떤 사람들에게는 심리치료에서 그들에게 일어나고 있는 일에 대한 지지와 통제감을 줄 수 있다. Brenner(2012)는 "내게는 우리가 하는 것이 무엇인지 그 이름(포커싱)을 알아야 하는 몇몇 내담자가 있다. 만약 그것을 지칭할 명칭이 있다면, 그들을 더 편안하게 느낄 수 있도록 도울 것이다. 그들은 포커싱에 대해 읽을 수 있고 어떤 사람에게는 그것이 더 안전한 경험이다."라고 말했다.

포커싱 접근 치료자 Lauren Mari-Navarro와 개인적으로 나눈 대화에서 그녀는 내담자에게 포커싱에 대해 말하는 것을 선호한다고 말했다. 다음은 그녀가 말한 내용이다.

대부분의 내담자는 그들에게 '적용된(applied)' 과정이나 기법에 대해 알고 싶어 하지 않습니다. 저 역시 좋아하지 않는다는 것을 알고 있습니다. 그래서 저는 포커싱을 말할 때 제 마음속에서 일어나고 있는 일 또는 제가 다루고 있는 인생의 큰 이슈에 대해 좀 더 내적인 것을 듣는 방식으로 경청하는 과정을 찾은 것 같은 적절한 자기개방을 사용합니다. 단지 제가 그들에게 제가 제 인생을 바뀌게 만든, 유용하다고 느꼈던 것에 대해 말하는 것만으로도 그들의 흥미를 끌지도 모릅니다. 그래서 만약 조금이라도 흥미가 있다면, 내부에 귀 기울이는 것을 시도해 보라고 요청합니다. 회기의 마지막 15~20분 정도만 이렇게 해 보아도 될 것 같습니다. 보통 이 정도가 내담자들에게 흥미를 불러일으키고 배우기 원하는 것을 맛보는 것으로 충분합니다. 그래서 저는 그들에게 이런 식으로 우리의 다음 회기를 시작할 수 있는지 물어봅니다. 어떤 치료자들은 결코 '포커싱'이라고 지칭하지 않기로 결정하기도 하지만 저는 그렇게 하지는 않습니다. 왜냐하면 저는 포커싱을 좋아하고, 제 내담자들에게 가능한 모든 책과 연구 그리고 포커싱 팁을 제공받을 수 있는 길이 열려 있기를 바라기 때문입니다. 그래서 대략 한두 회기가 지난 후에 저는 포커싱이라는 단어를 말하고 Ann의 책과 다른 자료들에 대해 그들에게 알려 줍니다. 저는 항상 내담자에게 빌려 주기 위해 『포커싱의 힘(The Power of Focus)』(Cornell, 1996) 복사본을 여러 장 가지고 다닙니다. 일단 내담자들이 우리의 치료 과정에서 포커싱을 실제로 경험하고 펠트센스라는 것이 무엇인지에 대한 느낌을 알게 되면, 그 책이 그들의 과정과 이해를 높여 주고 우리가 함께 작업하는 것이 이런 과정을 통해 꽃을 피운다는 것을 알게 될 것입니다.

만약 내담자가 관심을 가진다면, 당신에게 "우리가 지금 하는 게 뭔가요?"라고 묻는다면, 내담자에게 말하는 것이 해가 되지 않을 것이다. 어떤 내담자들은 치료자이거나 치료를 공부하는 학생일 수도 있고, 아니면 변화를 위한 방법에 관심이 있을 수도 있다. 치료자는 다음과 같이 말할지도 모른다.

우리가 오늘 했던 것을 이야기해 보면, 제가 당신을 잠시 멈추게 하고 당신의 여동생에 대한 주제에 대해 전신의 느낌을 감지하고 그곳에 머무르도록 당신을 초대했습니다. 기억하십니까? 이것을 '포커싱'이라고 합니다. 그것은 당신의 몸이 당신이 겪고 있는 일에 대해 느끼는 모든 것을 하나의 펠트센스로 '압축(sum up)'하고 있다는 생각을 바탕으로 합니다. 그 펠트센스는 실제로 그 문제와 그것을 해결하는 방법을 포함하지만, 그 자체가 드러나는 데 약간의 인내와 수용이 필요합니다. 저는 당신이 오늘 하루의 느낌과 함께 머무를 수 있었다는 것에 감사합니다. 만약 당신이 원한다면 다음에 다시 그 과정을 밟아 보기를 권하고 싶습니다.

포커싱 접근 치료자 Carol Nickerson은 포커싱의 몇 가지 원리와 그것을 일상생활에서 자기조절을 위해 어떻게 활용할 수 있을지에 대해 설명하는 유인물을 대기실에 둔다(그녀가 사용하는 유인물은 부록 참조). 그녀는 어떤 내담자들은 절대 알아차리지 못하는 반면에 어떤 내담자들은 그것을 가져와서 그녀에게 물어본다는 것을 알게 되었다. 이것은 당신이 사용하고 있는 과정에 대해 더 알고 싶어 하는 내담자와 그렇지 않은 내담자를 알아내는 자연스러운 방법이다.

다른 사람들에게 포커싱에 대해 말하는 방법

내담자에게 포커싱에 대해 말을 하건 그렇지 않건, 당신이 포커싱에 대해 말하기를 원하는 다른 사람들이 있을 수도 있다. 당신이 누구와 말을 하고 그들의 틀이 무엇인지에 따라서 포커싱에 대해 말하는 많은 방법이 있다. 다음의 몇 가지 예를 살펴보자.

- "포커싱은 내담자들이 그들 자신의 감정 상태와 보다 수용적인 관계를 맺을 수 있게 하는 신체 지향적이고 마음챙김에 기반한 실천입니다. 이는 스트레스가 심한 상황에서 더 잘 조절할 수 있는 능력을 발휘할 수 있게 합니다."
- "시카고 대학교의 50개 이상의 조사에 대한 연구에서 동일하게 나타난 바에 따르면 내담자들이 자신의 경험적 과정에 주의를 기울이는 방식이 첫 회기에서조차 치료의 성공 또는 실패를 예언함이 증명되었습니다. 포커싱은 내담자를 어느 종류의 심리치료에서든 성공적인 과정으로 이끄는 방법입니다."
- "포커싱은 내담자가 펠트센스를 가질 수 있도록 도와줌으로써 체험적으로 작업하는 방법입니다. 펠트센스는 자기 스스로 변화를 위해 앞으로 나아가려는 움직임을 포함하며, 새롭고, 몸으로 느껴집니다. 내담자가 펠트센스를 갖고 그 느낌과 함께 머무를 때, 치료는 더 빠르고 깊게 나아갈 수 있습니다."
- "포커싱은 내담자가 더 강한 선택권을 가지고 다른 사람과 더 나은 관계를 유지하고 긍정적인 대처 순환 방식을 만들 수 있는 방법입니다."

여기에 서술된 것 중 어느 것도 포커싱에 대해 완전하거나 배타적인 정의는 없지만, 맥락에 따라 어떤 것은 당신이 하는 일을 사람들에게 알리는 데 도움이 될 수 있다.

회기와 회기 사이

만약 내담자들이 회기 사이의 일상생활 동안 포커싱을 사용하여 자기조절과 강화 효과를 가져오기를 원한다면, 이를 위한 간단하고 실용적이며 효과적인 방법들을 알려 줄 수 있다.

개인적으로 나눈 대화에서 Lauren Mari-Navarro는 그녀가 내담자에게 어떻게 과제를 주는지에 대해 말했다.

> 저는 가끔 내담자들에게 그냥 '안녕'이라고 말하고 그 느낌이 거기 있다는 점을 인정하는 것이 당신이 그들에게 귀 기울이게 하고 엄청난 전환을 가져올 수 있다고 말합니다. 느낌과 자신 사이에 약간의 공간만 있으면 모든 것이 진정되고 안정감이 듭니다. 저는 그들에게 이것에 대해 과제를 주고, 이 작업이 그들에게 얼마나 효과가 있었는지 듣는 것을 좋아합니다. 사실 대단한 과제는 아니지만 이것은 무언가 전환을 만듭니다. …… 그저 우리가 놀이터에서 넘어진 아이를 당연하게 달래고 위로해 주는 것처럼 단순하게 우리의 고통스러운 부분에 대해 들어 주고 힘을 줄 수 있습니다. 우리가 호기심을 가지고 돌볼 때 상처 입은 부분에 대해 듣는 것은 어렵지 않습니다. 그 상처 입은 부분은 그저 단순히 듣는 것만을 사랑합니다.

나는 내담자들이 나에게 '숙제'를 요청하면, 종종 회기가 끝날 때 그것을 내준다. "집에서 이것을 해 올 수 있나요?"라고 물었을 때 가능하면 나는 그들에게 도움이 되는 것처럼 보이는 과정들을 알려 주고 그들이 떠난 후에도 필요할 때 그것을 계속 사용할 수 있는 방법을 알려 주겠다고 치료 회기 중에 설명할 것이다.

> 나에게 당신이 얼마나 슬펐는지에 대해 약간 압도되었다고 말했을 때, 내가 당신에게 '내 안의 무언가가 슬프다'라고 말해 보라고 요청했던 것을 기억하나요? 그런 슬픈 감정과 얼마나 쉽게 함께할 수 있는가가 도움이 된다고 말했죠. 음, 그것은 당신이 감정에 압도될지도 모른다는 고민에 빠졌을 때 언제든지 할 수 있는 일입니다. 당신은 '내 안의 무엇인가'가 그것을 느끼고 있다고 말할 수 있습니다. 지금 나는 당신이 필요할 때 그것들을 더 쉽게 다룰 수 있도록 당신을 위해 그 단어들을 적겠습니다.

사실 일부 내담자는 자조(self-help) 기술로서 포커싱을 배운다. 심리치료 이외에도 자신을 돕고, 힘을 줄 수 있는 과정을 알고 싶어 하기 때문이다. 그리고 물론 이것은 그들의 심리치료 결과가 좋아지는 데 도움이 된다. 그러나 자조 기술로서 포커싱을 배우는 것은 모두에게 적합한 단계는 아니다. 많은 심리치료 내담자는 치료 관계의 보호막이 필요하다고 느끼고, 스스로 자각하고 의도적으로 자신에게 포커싱을 하기 위해 필요한 것들을 원하지 않거나 준비가 되어 있지 않다.

내가 전체 과정을 가르치지 않고 포커싱에 있어서 가장 즉각적으로 유용한 자기관리 기술의 일부를 제공해야 한다고 느꼈을 때 '자신을 괴롭히는 것보다 더 커지라(Get Bigger Than What's Bugging You)'(Cornell, 2012)라고 부르는 5단계의 온라인 강좌를 만들었다. 이것은 많은 심리치료자가 내담자들이 치료 회기 사이에 뭔가 할 수 있는 것을 지원해 달라고 요청했을 때 그들의 내담자들에게 제공하기 시작한 무료 자료이다.

일단 당신이 이 장에서 설명한 대화와 관계 연결로 포커싱을 위한 단계를 준비했다면, 다음으로 권장하고 싶은 단계는 내담자에게 자연스럽게 일어나고 있는 펠트센스를 관찰하고 그것이 나타났을 때 그들을 도와주는 것이다.

제3장에서는 펠트센스를 알아볼 수 있는 방법과 내담자에게 그것이 왔을 때 최대한 활용할 수 있는 방법에 대해 이야기하겠다.

펠트센스를
알아차리고 돌보기

한 내담자가 당신과 함께 상담실에 앉아 있다. 아마 그녀의 최근 문제는 그녀가 학교 공부를 다 끝마치지 못했거나, 청구된 돈을 내지 못했거나, 상사에게 거리낌 없이 말하지 못하는 것과 같은 것일 것이다. 내담자는 당신과 한동안 그것에 대해 이야기를 나누면서 무슨 일이 벌어지고 있는지 탐색해 보다가 말한다.

"내가 왜 이러는지 모르겠어요. 제 생각에 저는 좀 게으른 것 같아요. 제 느낌에는…… 웃기네요. 전 이게 뭔지 모르겠어요. …… 제 가슴속에 약간 딱딱한 것이 있어요. 마치 '싫어'라고 말하는 아이처럼…… 흠." 그리고 약간의 침묵이 흐른다. 그녀는 마치 자기 안을 들여다보듯이 아래를 내려다본다. 그러고는 약간 떨면서 당신을 올려다보며 말한다. "어쨌든 전 아마 그냥 저항하고 있나 봐요."

여기에 바로 출입구가 있었다. 느낄 수 있었는가?

가능성이 스쳐 지나가듯 순간적으로 열렸다. …… 그리고 그녀는 더 나아가지 않았다. (실망스러웠는가?) 만약 그녀가 "'싫어.'라고 말하는 아이 같은 가슴속의 약간 딱딱한 것"에 더 오래 머물렀다면 어떤 일이 일어났을까? 아마 새롭고 신선하고 예측할 수 없는, 앞으로 어떻게든 나아가게 하는 것들이 거기에 나타났을 수 있다. 우리는 그것이 무엇인지 말할 수는 없지만, 이것이 그녀의 변화의 다음 단계라고는 말할 수 있을 것이다. "'싫어'라고 말하는 아이 같은 가슴속의 약간 딱딱한 것"은 바로 펠트센스이다.

포커싱을 실제 임상치료 장면에서 적용하는 것은 어떤 면에서 실로 간단하다. 당신의 펠트센스를 느낄 수 있도록(혹은 이미 그들이 가지고 있던 펠트센스를 인식하도록) 내담자를 초대한다. 그리고 그들이 그 펠트센스와 함께 머무를 수 있도록 도와줌으로써 새로운 변화의 단계가 나타나도록 한다. 펠트센스를 느낀다는 것은 자연스러운 인간의 과정이며, 많은 사람이 모든 접근법의 상담치료 과정에서 자연스럽게 펠트센스를 느끼기도 한다. 의도적으로 임상 장면에 포커싱을 가져오기 위해서 우리는 펠트센스에 귀 기울이고 그것을 알아차리고 격려해 주기를 바란다. 우리는 또한 펠트센스가 나타날 수 있도록 하는 일종의 알아차림을 방해하는 트라우마, 해리, 내적 갈등과 같은 상황에 있는 사람들을 돕기를 원한다.

이 모든 것의 중심에는 펠트센스가 있다.

펠트센스란 무엇인가

'펠트센스(felt sense)'는 우리가 제1장에서 알아본 것처럼 삶과 과정을 바라보는 새로운 방법으로부터 생긴 새로운 용어이다. 우리가 이미 그것을 가지고 있음에도 펠트센스의 개념은 새로울 것이다. 우리는 그것을 우리가 이미 알고 있는 것과 같다고 할 수 없다. 그렇게 하는 것이 아무리 유혹적일지라도 말이다. 우리는 이 괴상한 펠트센스라는 것을 마주칠 수 있는 무언가로 볼 필요가 있다. 펠트센스를 정의해 본 다음 그 의미에 대해 조금씩 살펴보자.

펠트센스는 새롭게 형성된, 상황에 대한 '말로 표현할 수 없는 것 이상의' 전체적인 느낌이다.

첫째, 펠트센스는 생생하게 형성된다. 이 말은 펠트센스가 만성적인 어깨의 통증이나 일주일 내내 지속되었던 복통과 같은 것이 아니라는 것이다. 펠트센스의 형성을 위해서는 의도적으로 잠시 멈추고 초대해야 할 필요가 있다. 비록 펠트센스가 무엇인지 모르는 사람이더라도 말이다. "어디 봅시다. …… 무슨 일이 일어났는지에 대해서 당신 자신은 어떻게 느끼고 있죠?" Gendlin이 강조하고 있는 것은 단순히 묻혀 있거나 저장되어 있던 느낌이 '발견되는' 것이 아니라 생생하게 형성되는 것이라고 말한다. 그 사람은 아마 단지 '밑에 있던 것'이 발견된 것이라고 느낄 수도 있지만, 실제로는 암시(implicit)되어 있던 어떤 것이 분명하게 나타난 것이고, 이것은 이제 새로운 방식으로 기능할 수 있다.

둘째, 펠트센스는 총체적인 감각이고, 전체적인 상황에 대한 감각이다. 우리는 우리가 상황의 일부나 측면에 대해 느끼는 반응을 가질 수 있다는 것을 안다. "나는 엄마에게 실망했어요. 그리고 John이 간섭하는 것에 화가 났어요." 우리가 전체적인 상황에 대한 감각을 가질 수 있다는 것에 대해서는 잘 알려져 있지 않다. "나는 전체를 생각해 봤을 때 메스껍고 불편함을 느껴요." 천 마디의 말보다 한 번 보는 것이 더 낫다는 말이 있듯이, 펠트센스는 상황의 모든 측면을 한 번에 압축하고, 담고 있으며, 포함하고, 포괄하는 복잡한 전체이다. 이러한 측면들은 펠트센스로부터 풀어지고 펼쳐질 수 있다. 이 과정은 단지 감정을 가지고 있거나 문제에 대해 이야기하는 방식이 아닌 변화의 단계를 가져온다.

셋째, 펠트센스는 '말이 할 수 있는 것 이상의' 질(quality)을 가지고 있다. 그것을 설명하기는 참 어렵다. 이것은 앞에서 제시한 점들과 연관이 있다. 펠트센스는 너무 많은 것을 포함하고 있고, 복잡하고, 이 느낌을 아우를 수 있는 표현들을 찾기까지는 시간이 많이 걸린다. 때로는 한 단어로 말하기에 불충분하기 때문에 대신 '조마조마한 메스꺼움' '꽉 조이는 듯한'과 같이 여러 단어가 사용된다. '울퉁불퉁한 밧줄 같은' '무거운 바위 같은'처럼 은유나 직유가 필요할 수도 있다. 심지어 묘사하고 난 후에도 보통은 말하지 않은 무언가가 더 있다는 느낌을 받을 수 있다. 이것이 바로 내가 펠트센스를 변화로 가는 출입구라고 부르는 이유이다. 익숙한 생각과 감정을 재활용하는 것과는 다르게, 펠트센스에 주의를 기울이는 것은 뭔가 새롭고 신선한 일이 일어날 수 있는 새로운 과정의 장소에 관심을 갖는 것이다.

'펠트센스'라는 개념이 새로운 것일 수 있지만, 당신에게는 그 자체가 새롭지 않을 가능성이 높다. 거의 확실히 당신은 내담자와 당신 자신에게 일어나고 있는 펠트센스를 알아챌 것이다. 하지만 어떤 것이 펠트센스인지 구별할 수 있는 개념이 없다면, 우리는 우리가 무엇을 보고 있는지, 왜 그것이 그렇게 중요한지 알 수 없다. 우리가 단지 말할 수 없었던 것으로 생각했을지도 모를 그것은 새로운 관점과 새로운 행동 가능성이 생겨날 수 있는 곳일 수 있다.

우리는 펠트센스가 나타날 때 알아차릴 수 있어야 하고 그것을 돌볼 수 있어야 한다. 왜냐하면 펠트센스는 포커싱의 나머지 부분과 변화 그 자체로 향하는 출입구이기 때문이다.

펠트센스의 신호

펠트센스는 다음과 같다.

- 지금-현재 여기에서 경험된다.
- 신체적으로 경험된다(말 그대로 '몸'의 특별한 감각).
- 묘사하기가 힘들다.
- 종종 신선하고 비유적인 언어('마치 내면의 벽과 같은' "'싫어'라고 말하고 있는 아이처럼")가 필요하다.
- 삶의 상황들에 관한 것이지만, 이전에 알고 있었던 것보다 더 많은 (내포된) 것을 내포하고 있다.

펠트센스는 우리가 잠시 멈춰 있을 때, 우리가 압도되지 않은 기분이거나 반응적인 감정 상태가 아닐 때, 우리가 익숙한 단어나 개념들을 잠시 놓았을 때, 우리가 신체 수준의 인지를 느낄 때 그리고 우리가 느끼는 것이 애매모호하고 확실치 않고 묘사하기 힘들고 실명 불가할 때 형성될 수 있다.

한 내담자는 "제 생각에는 이게 일종의 거부인 것 같아요. 제가 느끼기에는…… 설명하기는 힘들지만…… 일종의 내면의 벽 같아요. 아니, 그건 정확하지 않아요. 마치…… 마치…… 모르겠어요. 지금은 되게 모호해요. 아마도 이건 그냥 지금 저항하고 있는 것 같아요."라고 말했다. 내담자가 말하고 있는 것 중에서 어느 부분이 가장 흥미로운가? (그에 반해서 어느 부분이 오래되고 막혀 있는 개념 같은가?) 그렇다. 우리는 내담자가 표현할 말을 찾기 시작할 때, 무언가 너무 생생하고 바로 나타나고 있는 것을 느끼고 있어서 설명하기 어려워할 때 흥미를 느낀다. (그리고 우리는 그들이 "제 생각에는 이건 분명……." 혹은 "아마 이건 그냥……."과 같이 말을 시작할 때 흥미를 덜 갖게 된다.)

어떤 순간에 사람이 느끼는 것은 항상 상호작용을 통해 나타난다. 그것은 우주의 무한함 속에, 타인과의 관계적인 상황 안에, 말과 신호들, 물리적 환경, 과거-현재-미래의 사건과 함께 살아가고 있다는 뜻이다. 경험한다는 것은 '주관적'인 것이 아니라 상호작용하는 것이며, 정신내적 (intrapsychic)인 것이 아니라 상호작용하는 것이다. 이것은 안에 있는 것이 아니라 안팎에 있는 것이다(Gendlin, 1973, p. 324).

펠트센스가 아닌 것

치료에서 내담자에게는 펠트센스가 아닌 중요한 경험이 많이 일어난다. 내담자들은 어려움을 일으킬 수 있는 여러 원인에 대해 생각하면서 자기반성 (self-reflect)을 할 수도 있다. 내담자들은 또한 지난주 혹은 30년 전에 무슨 일이 일어났는지, 그것에 어느 정도 영향을 받았는지 자세히 이야기할 수도 있다. 내담자들은 한 번이 아니라 여러 번 그 감정을 가질 수 있고, 그들의 감정을 더 잘 인식하고 표현하는 방법을 배울 수도 있으며, 치료자에 의해서 감정적인 경험을 하게 될 수도 있다. 그리고 다른 가능성도 얼마든지 있다.

그래서 명확히 할 필요가 있다. 나는 오직 펠트센스만이 가치가 있다고 말하는 것이 아니다. 하지만 몇 가지를 구분하고자 한다. 내담자들이 자기분석을 하는 것, 그들의 과거 이야기를 하는 것, 감정을 표현하는 것은 모두 펠트센스와 동반되어 나타날 수 있거나 펠트센스로 연결될 수 있는 과정이다. 하지만 그것들은 펠트센스의 과정에 속하는 것은 아니다.

내담자가 그들의 문제의 원인에 대해 추측하거나 짐작할 때에는 펠트센스를 느낄 수 없다. "전 아마 실패를 두려워하고 있나 봐요." "제 생각에는 어렸을 때 실패를 한 적이 없기 때문이에요." 이렇게 자기성찰을 하는 능력은 중요하다. 만약에 사람들이 자기성찰을 하지 못한다면 이 부분부터 다시 시작해야 한다. 하지만 짐작하는 것을 넘어서는 단계가 있는데, 그것이 바로 펠트센스 그 자체와 직접 접촉하는 것이다. "저는 아마 실패를 두려워하고 있나 봐요."라고 말하는 것에서 "이건…… 음…… 이건 두려움이에요. 네, 하지만 정확히 말하면 실패를 말하는 건 아니에요. …… 음…….."이라고 말하는 것으로 옮겨 갈 수 있다.

내담자가 지난주나 더 오래전의 과거에 일어난 것에 대해 이야기를 하는 것은 펠트센스를 느끼고 있는 것이 아니다. 다시 말하지만, 무슨 일이 일어났는지 말하는 것은 치료에서 중요한 것이며, 나는 이것이 격려되지 못하거나 환영받지 못해야 한다는 이야기를 하는 것이 아니다. 하지만 이야기를 하는 것 이상의 단계가 있고, 그것은 그 이야기의 전체 상황에 대한 펠트센스를 갖는 것이다(제4장에서 내담자가 이 변화를 만들도록 돕는 방법들을 보여 줄 것이다).

내담자가 감정적으로 표현하거나 눈물을 보이거나 어쩌면 화가 나서 주장할 때, 우리는 당연히 이것을 반긴다. 다시 말하지만, 감정 표현 이상의 다음 단계인 펠트센스 단계가 있다. 내담자는 '눈물이 나오는 곳'이라는 근본적인 의미를 이해할 수 있게 된다.

단순하게 의미나 삶과 관계가 없는 신체 감각을 경험하는 것 또한 펠트센스를 경험하는 것이 아니다. 그러나 내담자가 쉽게 신체 감각을 느낄 수 없는 사람이라면 그것을 경험하기 위해 연습하도록 약간의 격려가 필요하다. 펠트센스는 몸의 내부를 느끼는 능력을 기반으로 하는데, 이것은 단순한 신체 느낌 이상의 것이다.

우리는 이러한 모든 과정에서 내담자가 펠트센스로 나아갈 수 있게 도울 수 있다. 그것들은 모두 좋은 출발 지점이다. 하지만 알아차리고, 감정을 표현하고, 스스로 추측해 보고, 이야기하고, 신체 감각을 느끼는 것은 아직 펠트센스라고 할 수 없다.

펠트센스: 본질적인 의미

오늘날 '펠트센스'라는 용어는 심리치료 분야에서 더욱 널리 사용되고 있다. 유감스럽게도 용어의 확산과 함께 경험에 대해 직접적으로 관여하는 것이 어떻게 삶의 다음 단계를 형성하는지에 대한 이해가 수반되지는 않았다. '펠트센스'가 확산되는 방식은 한 사람이 다음 사람에게 문장을 귓속말로 하고, 그것을 들은 사람은 그다음 사람에게 들은 말을 귓속말로 전하는 식이다. 순서가 다 돌고 나면 결과적으로는 메시지가 무엇인지 알아들을 수 없었던, 이른바 전화놀이라고 부르는 아이들의 놀이를 떠오르게 한다.

Peter Levine은 Gendlin의 '펠트센스'라는 개념을 그의 작업에 포함시키고 싶어 했다. 그는 이 단어만 사용하고 싶어 했던 것이 아니라 Gendlin의 개념 또한 가져오기를 바랐다. 그는 Gendlin이 '펠트센스'라는 용어를 만들어 냈다고 말하며 "펠트센스는 말로 정의하기 어려운 개념입니다. 언어는 선형 과정(linear processing)이고 펠트센스는 비선형적인(non-linear)[1] 경험이기 때문입니다."라고 썼다(Levine, 1997, p. 67).

나는 Levine이 말한 대로 '펠트센스'가 Gendlin의 용어라고 생각했다. 그리고 Allan Schore의 글을 읽으면서 그 용어의 다른 사용법을 찾은 것 같았다. 그는 "최근의 정신신경생물학적 모델에서 '펠트센스란 주어진 순간에 의식적이거나 잠재되어 있는 것을 포함한 모든 감각기관에서 느끼는 모든 감각의 총합'(Scaer, 2001)이라고 정의할 수 있다."라고 썼다(Schore, 2003, p. 81). 그래서 나는 Scaer(2001)를 찾아보았고, 그도 Gendlin을 따르고자 했던 Levine의

---

1) 역자 주: 선형 과정(linear processing)은 다음에 이어지는 단계의 예측이 가능한 과정, 비선형적인 (non-linear processing) 과정은 결과를 예측할 수 없는 과정을 말한다.

뒤를 이어가길 원했음을 발견했다.

> Levine은 증상이 발생하는 과정에서 외상기억 절차를 다루고 있지만, 외상 에너지의 저장 과정에서 절차기억 혹은 암묵기억의 역할을 강조하기도 했으며 명시적인 인지 과정을 그의 치료에 제한적으로 포함시켰다. 그는 외상 반응을 추적하고 접근하기 위해 '펠트센스'를 사용하였다. Levine은 특정한 정의보다는 주로 예를 들면서 신체의 어떤 상태에 대해 묘사하였다. 아마도 펠트센스의 실질적인 정의는 의식하거나 의식하지 못하지만 영향을 미치는 것들을 포함한 모든 감각기관에서 순간적으로 주어진 감각의 총합이라고 말할 수 있다(Scaer, 2001, p. 3877).

Levine이 Gendlin을 따르려 했던 것이라고 가정하면, 내 생각에는 Levine이 의도한 것에 대한 Scaer의 추측은 정확하지 않다. '모든 감각기관에서 느끼는 감각의 총합'이라는 용어로 칭해도 좋겠지만, '펠트센스'의 정의는 Gendlin이 규정한 것으로 알아 두자. 그렇지 않으면 우리는 이 독특한 개념을 구별해 내지 못할 것이다.

'몸'에 대한 새로운 개념

펠트센스라는 혁신적인 이 개념은 '몸'이라는 의미의 재정의를 필요로 한다. 우리가 말하는 펠드센스는 몸 안에서 만들어진다. 그런데 어떤 몸일까?
'개관'에서 소개했던 것처럼 신체를 심리치료로 가져오는 어떤 방법에서는 신체를 '직감적이고 의식적이지 않은' 것이라고 정의하고 있다. 그리고 이 처리 수준을 '상향식(bottom up)'이라고 말한다(Ogden et al., 2006, p. 5). 반대로 포커싱에서는 '몸'을 내부로부터 경험되는 살아 있는 상호작용 과정이라고 이해한다. Levine은 이 '몸'에 대한 이해를 설득력 있게 환기시킨다. "우리가 살아 있다는 것을 아는 방법은 우리의 직접적인 경험을 통해서 신체 감각 속에 내재된 살아 있는 생생한 현실을 느낄 수 있는 능력에 뿌리를 두고 있다. 간단히 말하자면, 그것은 전형 또는 형상화(embodiment)이다."(2010, pp. 286-287) 이미지, 감정, 기분, 심지어 많은 '생각'까지도 이 몸으로 경험한다. 이 '몸'이라는 것은 마음과 분리할 수 없으며, '상향식'이나 '하향식'도 아니다. 신체적인 경험을 통해서 우리는 이미 형성된 개념으로 나뉘지 않은 개념 이전의 것들을 논할 수 있다.

　경험이 개인의 행동에 대해 가지고 있는 형성된 설명보다 더 풍부하고 깊은 느낌의 의미를 가진 복잡한 체계의 암시된 차원을 가지고 있다는 것을 Gendlin은 증명했다. 포커싱의 렌즈를 통해 보면, 우리가 '몸'이라는 단어가 의미하는 바는 살아 있는 몸을 가진 사람을 삶의 상황에서 하나의 생명과 상호작용하는 과정으로 볼 때 달라진다.

　　　우리의 상황에 대한 복잡성을 가지고 있는 살아가는 몸이란 무엇인가? 몸은 환경과 상호작용하는 과정이며, 따라서 자신의 상황을 나타낸다. 몸은 그저 여기 봉인되어 있는 것이 아니고, 단지 외부의 상황만으로 해석된다. 오히려 우리가 생각하고 말하기도 전에, 살아 있는 몸은 이미 그 상황과 함께 하나의 상호작용 과정 중에 있는 것이다(Gendlin, 2004b, p. 7).

　포커싱에서 정의한 몸과 함께 작업하기 위해서는 우리가 그 분야의 통찰력에 감사할지라도 신체라는 것이 생리학이나 신경과학과 같은 것을 말하는 것은 아님을 기억해야 한다. 만약 우리가 사람이라는 존재를 개념적으로 아무 의미 없는 육체로서의 몸 그리고 감정과 약간의 관련이 있는 비육체적인 마음으로 나누었다면, 우리는 펠트센스가 무엇인지 이해할 수 없을 것이다. 이것은 Descartes의 오류(Damasio, 1994)로, 우리의 현대 문화를 괴롭혀 온 몸과 마음을 나누는 것이다. 심리치료 현장에서 그런 분리를 실행할 필요는 없다. 실체 없는 마음이 아무 정신도 없는 빈 육체 위에 얹혀 있는 것이 아니다. 전체로서의 한 인간이 우리의 맞은편에 앉아 있다. 몸은 마음 안에, 마음은 몸 안에 있다. 사람이 무얼 생각하고 느끼든지 그러한 느낌은 몸 안에서, 지금 여기에서 경험될 때 더 의미 있는 것이 된다. 그저 의미 있는 것이 될 뿐만이 아니라 새로운 변화를 향한 단계로 나아가게 한다.

펠트센스와 감정의 구별

감정의 치유력이 임상 장면에서 점점 더 전면에 떠오르고 있기 때문에 (Elliott et al., 2004; Fosha, 2000; Fosha, Siegel, & Solomon, 2009), 감정과 펠트센스가 서로 깊은 관계가 있지만 같은 방식으로 작용하고 있지 않다는 것을 설명하는 것은 특히나 중요하다.

펠트센스와 감정은 다음 세 가지 측면에서 유사하다.

- 그것들은 스스로 온다. 그것들을 우리가 통제할 수 없다.
- 그것들은 본질적으로 신체적인 경험이다.
- 그것들은 우리의 삶, 사건들과 삶의 상황과 의미 있게 연관된다.

감정은 우리를 삼킬 수도 있다. 감정은 뒤에 와서 우리의 뒤통수를 칠 수도 있다. 또는 우리는 환기할 수 있는 상황들을 기억해 내거나, 오래된 편지를 읽거나, 어떤 영화를 보면서, 혹은 단순히 "좋아. 난 느낄 준비가 됐어."라고 말함으로써 감정을 불러일으킬 수도 있다. 어느 쪽이든, 우리가 감정을 '오라고' 초대할 때 감정이 항상 오지는 않는다. 하지만 우리는 감정이 떠오르는 것을 통제할 수 없다. 우리는 단지 그것을 초대하거나 오게끔 준비를 하는 수밖에 없다. 펠트센스도 거의 같은 방식으로 작용한다. 펠트센스는 초대했을 때 나타날 수 있고, 때로는 안 나타날 수도 있다. 하지만 펠트센스는 당신의 뒤통수를 치지는 않을 것이다. 펠트센스는 초대받았거나 또는 당신이 알아차림의 수준[나는 그것을 '현존하는 자기(Self-in-Presence)'라고 부른다; 제5장 참조]에 도달하면 찾아오기 때문이다.

펠트센스나 감정들과 같은 것은 몸 안에 뿌리를 둔다. Damasio(1999)는 이를 지적하였고, Rothschild도 다음과 같이 말했다.

> 감정들은 마음으로 이름이 붙여지고 해석되었지만 없어서는 안 될 신체의 경험이다. 각각의 감정은 보는 사람에 따라 다르게 보이고 다른 신체적 표현을 가진다. 모든 감정은 얼굴과 몸의 자세에서 나타나는 골격근 수축 (somatic nervous system, 체성신경계)이 지닌 각기 다른 패턴으로 묘사될 수 있다. 각각의 감정은 신체 내부에서도 다르게 느껴진다(2000, p. 56).

Rothschild는 여섯 가지 감정(분노, 슬픔, 혐오, 행복, 두려움, 수치심)에 이름을 붙였다. 그리고 각각의 감정에 동반되는 신체적 감각과 전형적인 신체적 행동을 설명했다. 그녀는 여섯 가지의 감정만 존재한다고는 하지 않았다. 하지만 각각의 감정이 고유의 근육 수축 패턴을 가지고 있다면 그 이상의 많은 감정이 있기는 어려울 것이다. Forsha는 다음과 같이 말했다.

> 분노, 즐거움, 슬픔, 두려움, 혐오와 같은 핵심 감정들은 출생부터는 아니더라도 어린 시절부터 존재하는 보편적으로 유기체들에게 연결되어 있는 반응이기 때문에 기본적인 것이라고 할 수 있다. 핵심 감정은 감각 운동적인 신체 반응과 본능적인 연관성에 깊게 뿌리박혀 있다. 이 감정들 중 많은 것이 그들 고유의 특정한 생리적 기능과 각성 패턴을 가지고 있다 (2000, p. 20).

감정과 펠트센스는 모두 무언가에 '관련된' 것이다. 그것들은 몸으로 느껴진다. 그것들이 나타나고 경험되는 것은 변화시키는 힘이 있는 과정이다. 그러면 그것들은 서로 어떻게 다를까?

펠트센스와 감정은 적어도 다음 세 가지 측면에서 다르다.

- 감정은 이름을 붙일 수 있고 알 수 있지만, 펠트센스는 정의하기가 힘들다.
- 감정은 문화적으로 예상되는 곳에서 나타나지만, 펠트센스는 개인의 삶의 상황에 따라 고유하다.
- 감정은 우리의 인식을 좁히지만, 펠트센스는 우리의 인식을 넓힌다.

감정은 이름이 붙고, 마치 그 상황이 감정의 원인이 된 것같이 문화적으로 예상되는 상황에서 나타난다. 내가 바랐던 일이 일어나지 않으면 실망하게 된다. 나는 바보가 된 것 같고, 화가 나고, 창피하다. 당신은 안 그런가? 누구든 같지 않을까? 펠트센스는 이런 식으로 작용하지 않는다. 이름이 붙는 펠트센스는 존재하지 않는다. 각 펠트센스는 상황을 넘어서 작용하고 우리 삶의 다양한 측면에서 공명하는 복잡한 의미 체계이다. 그리고 그것은 고유하게 다가온다. 그것은 지금 이것이 어떻게 느껴지는가에 대한 것이다. 그 누구도 똑같이 느끼거나 느껴 본 적이 없을 것이다.

감정은 우리의 인식을 좁힌다. 진화론적으로, 이는 그것이 응당 해야 할 일이다. 슬플 때, 내 주의는 내가 슬픈 상황으로 좁혀지게 된다. 화가 날 때, 내 주의는 나를 화나게 만든 것으로 좁혀진다. 이렇게 좁혀 보는 것은, 만약 내가 싸우거나 탈출하기 위한 자원들을 동원해야 할 때 이 격앙된 상황과 무관한 것을 차단할 수 있게 해 주기 때문에 매우 도움이 될 것이다. 하지만 펠트센스는 그 반대이다. 펠트센스는 전제의 상황과 그것의 많은 상호 접촉에 대한 우리의 인식을 확장한다. 펠트센스는 즉각적인 위험에 반응하지 않는다. 펠트센스를 얻기 위해서는 상당한 안전감을 확보해야 한다. 우리가 펠트센스를 느낄 때에는 알고 있는 것보다 훨씬 더 넓은 지식의 영역에 접촉하고 있다.

감정과 펠트센스는 다르지만 감정을 외면하면서 펠트센스를 찾을 수는 없다. 반대로 만약 현재 어떤 한 감정이 느껴진다면, 그 감정에 주의를 기울이다 보면 펠트센스를 느낄 수 있는 길이 보일 것이다. Gendlin은 다음과 같이 설명했다.

> 펠트센스는 흠칫하거나, 무겁거나, 끈적거리거나, 조마조마하거나, 꽉 조이는 것과 같은 특정한 신체적 느낌을 가질 것이다. 그때의 신체 질감 (body quality)은 무서움, 수치심, 죄책감과 같은 감정의 이름들로 가장 잘 묘사될 것이다. 그렇다고 할지라도 그것은 같은 이름의 감정이 가지고 있는 것에 더하여 각 요소에 대해 더욱 복잡한 것들을 포함하고 있다. 펠트센스가 전환되고 개방되었을 때, 감정이 사고, 지각, 기억과 함께 나타날 수도 있다. 펠트센스는 종종 감정을 포함한다. 따라서 감정을 느끼는 것을 피하거나 시도하지 않으려고 노력한다고 해서 펠트센스를 찾을 수 없다. 오히려 이미 감정이 있다면 그 감정과 함께, 그 아래에 혹은 그 주변의 모든 것에 대해 폭넓은 펠트센스를 형성시킬 수 있다(1996, p. 59).

감정과 펠트센스 모두 신체를 통해 경험하기 때문에, 우리는 내담자가 둘 중 무엇을 가지고 있는지 모를 수 있다. "여기가 슬퍼요."라고 말하며 손을 가슴에 얹는 내담자는 펠트센스를 가지고 있을 수도 있고 감정을 가지고 있을 수도 있다. 다행히도 그 순간 그러한 펠트센스와 감정을 구분할 필요는 없다. 우리는 "당신 안의 어떤 것이 슬프다고 느끼고 있군요. 아마 당신은 그것과 함께할 수 있을 거예요."라고 말할 수 있다. 그리고 그것이 펠트센스가 아니었다면 곧 펠트센스가 될 것이다.

자연스럽게 다가오는 펠트센스 알아차리기

펠트센스를 임상 현장에 적용하는 가장 자연스러운 방법은 이미 당신의 내담자에게 오고 있는 펠트센스에 귀 기울이고 그것을 촉진하는 것이다. 만약 우리가 펠트센스에 귀를 기울이고, 펠트센스를 표현하기 위해 주의를 기울여서 언어를 사용하려 한다면, 그 결과는 놀랍게도 촉진적일 것이다. 포커싱을 임상 현장에 적용하기 위한 방법이 더 많이 있지만, 이것은 시작하기에 좋은 방법이며 이미 그 자체로 새로운 변화 단계를 가져올 수 있다.

펠트센스가 온다는 것은 내담자가 그의 경험과 접촉한다는 의미이기도 하다. 이는 자연스러운 과정이다. 시카고 대학교에서 진행된 Gendlin과 동료들의 한 연구에서는 유의미한 확률로 내담자가 첫 번째나 두 번째 회기에서조차 자연스럽게 펠트센스를 느끼고 있었다(그리고 우리가 본 것과 같이, 이들은 결과적으로 치료의 혜택을 가장 많이 보는 내담자인 경향이 있다).

당신은 당신의 많은 내담자와 함께 펠트센스가 나타나도록 아무것도 하지 않아도 된다. 자연스럽게 다가오는 펠트센스에 귀 기울이는 것이 치료 중 포커싱 과정에 당신의 의식을 맞추기 시작하는 가장 좋은 방법이다.

지표에는 어떤 것들이 있을까?

- 느리게 말하고 조용해진다.
- 아래를 내려다본다.
- 단어를 찾으려고 하고, 갑자기 말을 잇지 못하고, "말로 표현하기 힘들어요."라고 말한다.
- 몸의 중심을 향해서 제스처를 한다.
- '일종의' '어떤' '여기'와 같은 말을 사용한다.

"여기예요. (가슴을 향해서 가리키면서) 하지만 뭐라고 말해야 할지 모르겠어요. 이것은 마치…… 모르겠어요."라고 하는 것이 그 예시이다.

이렇게 제대로 말로 표현할 수 없는 것들이 한도 없이 길게 늘어질 때, 당신은 내담자가 확실하게 말한 부분에만 반응하거나 그것만을 이끌어 가고 싶을 수도 있다. 당신은 아마 그렇게 함으로써 자신이 내담자를 돕고 있다고 생각할 수도 있다. 하지만 당신이 펠트센스가 가지고 있는 잠재적인 영향을 깨닫는다면, 내담자가 그것과 함께 머무르도록 도울 것이다. 처음에 나타난 불명확한 펠트센스로부터 벗어나려는 것을 돕는 것은 도움이 되지 않는다.

우리의 '도움' 없이도, 내담자 스스로 펠트센스와 멀리할 수 있다. 우리는 그들이 한동안 머무를 수 있도록 도와줄 준비가 되어 있어야 한다.

펠트센스를 무시하고 싶은 유혹

펠트센스는 미묘하고, 우리는 그것에 주의를 기울이는 데 익숙하지 않다. 펠트센스가 아닌 많은 일이 발생하는데, 그것들만 격려하다가는 펠트센스를 잃어버리기 십상이다. 내담자들은 생각에 잠기고, 분석하고, 추측하고, 이야기를 되풀이할 수도 있다. 그리고 그런 그들과 함께하는 것은 매우 유혹적이다. 암시된 차원의 중요성에 대해서 모르는 치료자는 무심코 자연스럽게 나타난 펠트센스를 내담자에게서 멀어지게 할 수 있다.

> **내담자**: 왜 못하겠는지 모르겠어요. 제 생각에는 이건 실패에 대한 두려움 같아요. 사실은⋯⋯ 우습기는 한데, 제가 이걸 이야기할 때마다 숨이 막혀요. 마치 무언가가 제 목을 꽉 조여오는 것처럼⋯⋯ 이건 설명하기가 힘들어요. 음⋯⋯.
>
> **치료자**: 그래서 당신은 그것이 실패에 대한 두려움이라고 생각하시는군요.

맙소사. 이 치료자는 방금 모호하지만 잠재적으로 가치가 있는 무언가를 안전하고 고정된 관념의 영역으로 데려가 버렸다. 이는 아마 치료자가 이 정도만 느껴서일 수 있다. "모호하고 신체적으로 알지 못하는 것은 안전하지 않아요. 자, 다시 안전하고 분석적인 멋진 범주로 돌아갑시다." 만일 우리가 내담자가 설명하기 힘들다고 여기는 무언가와 함께 한동안 머물러 있는 불확실함을 견딜 수가 없다면, 우리는 자연스럽게 그들을 더 확실하고 명확한 무언가로 다시 끌고 가려 할 것이다.

이 치료자는 대신 무엇을 해야 했을까? "당신 목에 있는 그 무언가가……
꽉 조이는 것처럼 느껴지네요……."라고 중얼거렸으면 어땠을까? 그리고 만
약 필요하다면 "여기 좀 더 머물러 볼까요? 그걸 그냥 느껴 보세요."라고 말
했다면 어땠을까?

내담자: 왜 못하겠는지 모르겠어요. 제 생각에는 이건 실패에 대한 두려움 같아요. 사실
은…… 우습기는 한데, 제가 이걸 이야기할 때마다 숨이 막혀요. 마치 무언가가
제 목을 꽉 조여오는 것처럼…… 이건 설명하기가 힘들어요. 음…….

치료자: (부드럽게) 당신 목에 있는 그 무언가가 꽉 조이는 것처럼 느껴지시는군요. 여기
좀 더 머물러 볼까요? (멈춤) 그걸 그냥 느껴 보세요.

내담자: 맞아요. …… 이건 마치 손이 거기에 있는 것 같아요. 내 숨통을 끊는…… 아니에
요. 숨통을 완전히 끊는 건 아닌데, 그냥 조이고 있는 거예요. 웃기네요. 이건 마
치 제 목 주위를 가죽끈 같은 걸로 두르고 있는 것 같아요!

치료자: 당신이 목 주변에 목줄이 있는 것 같다고 느낄 때 놀라움이 묻어나네요.

내담자: 이건 제 일부분이 마치 "이 안에만 있어. 어디 멀리 가지 마."라고 말하는 것 같아
요. 와, 저는 이런 게 여기 있었는지 몰랐어요.

제6장에서 우리는 이런 회기를 어떻게 더 나아가게 할 것인가를 살펴볼
것이다. "제 생각에는 이건 실패에 대한 두려움 같아요."라고 말하는 것보
다 더 생생한 곳으로 내담자를 데려가는 더 나은 과정이 이미 있다는 것은
확실하다.

암시된 차원(implicit dimension)을 인식하는 것은 혁신적이다. 우리의 일반
적인 추측은 머리를 중심으로 작용한다. 느린 것은 좋은 것이다. 빠르게 이야
기할 수 없다는 것은 우리가 심오하고 잠재적으로 변화할 수 있는 무언가와
접촉하고 있다는 것을 의미한다. 역설적으로, 우리가 속도를 늦출수록 변화
의 원천을 더 빨리 얻게 된다. 느림은 새로운 빠름이다.

하지만 우리의 내담자들은 아직 이를 모른다. 종종 내담자가 무엇을 명확

하게 말할 수 없다는 것에 대해 사과를 할 것이다. 속도와 정확성을 강조하는 빠르게 진행되는 문화에서 자라면서, 우리는 모두 느리게 말하고 불분명하게 말하고 말을 더듬는 것은 안 좋은 것이며 멍청하게 보이는 것이라고 배워 왔다. '느림'은 '멍청함'을 돌려 말하는 용어로 사용되었다. 학교의 아이들은 빠르게 대답하는 것을 독려받고 먼저 손을 드는 사람이 승자라고 배워 왔다.

설명하기 힘든 일을 경험하는 것이 사실은 좋은 것이라고 내담자들을 안심시키는 것은 우리에게 달려 있다. 내담자는 마치 그게 어떤 문제가 있다는 것처럼 "죄송해요. 제가 느끼고 있는 것을 설명할 수가 없어요."라고 말할 수 있다. 이때 우리는 "괜찮습니다. 천천히 하세요. 무언가 설명할 수 없다는 것은 사실 좋은 신호입니다. 그건 새로운 통합의 가장자리에 있다는 걸 의미할 수도 있습니다. 우리는 그저 천천히, 여유를 가집시다."라고 말할 수 있다.

불확실하고 모호한 감정들로부터 가치 있는 무엇이 나올 수 있다는 당신의 자신감은 내담자가 충분히 오래 모호함과 함께 머물 수 있는 인내심을 가지도록 도울 수 있다.

치료자 자신의 펠트센스

아마 여기는 이전 장의 핵심을 반복하는 것일 수도 있다. 포커싱을 심리치료 장면에서 효과적으로 적용하기 위해서는 치료자가 스스로 포커싱을 할 필요가 있다. "포커싱을 지향하는 치료를 하기 위해서는 내담자가 아닌 치료자 스스로가 포커싱에 대해 알아야 한다."(Preston, 2005, p. 4)

나는 내담자와 앉아 있을 때 나만의 펠트센스와 함께하고 있는데, 그것은 하나의 상호작용을 공유하기 때문에 나에게 내담자에 대한 것을 말해 준다. 내가 내담자와 함께 있을 때 나만의 펠트센스를 가지고 있다는 것은 나의 반응과 개입의 근거이자 진정성의 근원이 된다. 만약 내담자가 직접적으로 나에게 묻는다면, 나는 내 자신에게 다가갈 준비가 되어 있다. Gendlin이 말한

대로 나는 "그 안으로 들어가 무언가를 볼 수 있다."(1990, p. 205) 그러나 훨씬 더 흔하게, 그 사람과 함께 있을 때 나의 펠트센스를 느끼는 것은 일차적인 주의를 기울일 필요 없이 간단히 '나는 어떠한가(how I am)'를 가질 수 있는 하나의 방법이다.

이것에 관해 제10장에서 더 많이 다루겠지만, 이 책을 보는 동안 그것을 계속 유념하는 것이 도움이 될 것이다.

주의 깊은 침묵과 억압되지 않은 접촉의 힘

만약 당신이 반투명 거울로 포커싱을 사용하는 임상 현장을 관찰하고 들을 수 있다면 어떤 것이 달라질까? 어떤 것을 보고 당신이 포커싱이 통합되어 있다는 것을 알 수 있을까? 하나의 큰 단서는 침묵의 시간이 있다는 것이다. 침묵 속에서 내담자들은 지금 그들에게 무엇이 있는지 느끼는 시간을 가질 수 있다. 아래를 내려다보거나 눈을 돌리고 있는 내담자는 말로 표현하기 쉽지 않은 무엇에 대한 감각을 모으기 위해 그렇게 하고 있을 수 있다. 포커싱에 친숙한 임상가들은 이런 침묵을 편하게 받아들인다. 물론 내담자가 치료자의 말을 필요로 할 때도 있다.

내가 인터뷰한 한 치료자는 내게 다음과 같이 말했다.

내가 초심자였을 때 내담자에게 개입하는 타이밍은 원래 생각했던 것과는 완전히 반대였습니다. 나는 내담자에게 그가 무언가의 가장자리에 있다고 말할 수 있을 때 흥분했고, 뭔가 '도움이 될 만한' 아이디어를 가지고 왔습니다. 그런데 그런 순간들이 정확히 내가 조용히 해야 했던 시간들이었어요! 이제 아무 일도 일어나지 않을 때 저는 자유롭게 이야기하고 뭔가 이끌어 낼 수 있어요. 하지만 내담자가 가장자리에 가까워지면 나도 가까이 있을 뿐, 거기에서 멀어지기 전까지는 아무 말도 하지 않습니다.

말을 더듬거나 말끝을 점점 흐리는 내담자는 아마 펠트센스를 얻기 직전일 수도 있다. 그리고 내담자는 펠트센스가 생길 수 있을 만큼 충분히 그곳에 머무르기 위한 격려로서 우리의 배려하고, 고요하며, 접촉되어 있는 존재를 필요로 할 수도 있다.

우리가 제4장에서 볼 것처럼, 펠트센스가 나타나도록 돕기 위해서는 모든 종류의 것을 할 수 있다. 하지만 내담자가 이미 펠트센스와 접촉했을 때 할 수 있는 이상적인 움직임은 거의 없다. 배려하며 침묵한다든가 단순히 펠트센스에 대해 재진술해 주는 것이다. 이 기술은 그저 충분히 하는 데 있다. 왜냐하면 이때 너무 과장하거나 지나치기가 쉬운데, 이렇게 과장하는 것이 역행으로 이끌 수 있기 때문이다.

펠트센스는 섬세하다. 초봄에 정원에 나는 초록색 새싹들을 생각해 보라. 생생하고 살아 있는 무언가가 분명 그곳에서 자라나고 있지만 그것이 무엇이 될 것인지, 가치가 있을 것인지에 대해 알기에는 너무 이르다. 내담자들은 쉽게 산만해지고 그들 자신의 생각에 끌려가 버리거나, 심지어 판단적인 반응들로 그 섬세하고 신선한 생명을 짓밟을 수도 있다. 이런 일이 일어난다면 어떻게 해야 하는지 제7장에서 다루도록 하겠다. 하지만 내가 말하는 대응들은 자기비판을 하거나 생각을 묵살하는 것을 방지할 것이다.

포커싱이 잘되기 위해서는 내담자가 자신의 경험과 내적 접촉을 하는 것이 필요하다. 이러한 내적 접촉은 치료자와 내담자 관계와 같은 대인관계에서 발생한다. 만약 치료자와 내담자의 관계가 내담자에게 안전하게 느껴지지 않는다면, 그 내담자는 내적 관계에 대한 힘을 갖지 못할 가능성이 크다.

이 모든 것이 당연해 보일 수 있으면서도 당연하지 않은 것은 우리가 내담자에게 사용하는 언어 형태들이 대인관계의 안전성을 인식하는 데에 영향을 미친다는 것이다. 우리는 내담자를 대단히 존중하고 그들이 자율성을 발휘할 수 있기를 간절히 바라지만, 우리가 너무 많은 질문을 하거나 너무 많은 제안을 한다면 내담자의 안전과 권한에 대한 인식은 그만큼 더 훼손될 것이다. 좋은 의도가 우리의 말하는 방식에 따라 의도치 않게 훼손될 수 있다는 것이다.

이어지는 장에서는 내가 '공감적 촉진(empathic prompt)'이라고 부르는 치료자의 진술의 한 종류에 대해 설명할 것이다. 이것은 진술이고(질문이나 제안이 아니다), 내담자의 경험을 바꾸려 하지 않으면서 단순히 내담자 경험을 가리키는 것이기 때문에, 이 공감적 촉진은 미미한 것이다. 이것이 우리가 할 수 있는 최소한이다.

이 최소한의 것조차 안 된다면, 우리는 다음으로 '완화된 제안(cushioned suggestion)'을 이용해 개입의 강도를 높일 수도 있다. 매우 드문 경우를 제외하고는 질문을 전혀 사용하지 않는 것이 좋다.

공감적 촉진은 초대를 암시한다. 하지만 그 초대를 드러나게 하지 않는다.

> **내담자**: 제가 그녀에 대해 이야기를 할 때 가슴 안에 쥐어짜는 우스운 어떤 게 있어요. 아마 그녀가 그리운가 봐요.
>
> **치료자**: 바로 당신 가슴 안에…… 쥐어짜는 우스운 어떤 것이요…….

이 경우, 치료자는 "어쩌면 당신은 그것과 함께 머무를 수 있을 거예요."라고 말하지 않았다. '쥐어짜는 일종의 웃긴 것'과 함께 더 오래 머무르며 인식을 계속하자는 초대가 암시된 것이다. 일반적으로 이렇게 하는 것이 더 선호된다. 내담자에게 제안하는 것은 내담자가 다른 이슈들을 떠올릴 수 있게 하기 때문이다. 우리는 모두 누가 무엇을 하라고 하는 것에 대해 민감하고, 몇몇 내담자는 더욱 그렇다.

직접적인 초대가 필요할 수도 있다. 그것을 어떻게 하는가는 다음 대화에 나와 있다. 최소한의 것으로 공감적 촉진을 먼저 제공하고, 필요할 경우에만 더 강한 방식을 사용하자. 공감적 촉진은 압박이나 기대 없이 접촉하여 부드럽게 펠트센스로 향하게 한다. 공감적 촉진의 관대함은 펠트센스를 향한 내담자 자신의 관대함으로 해석된다.

내담자: 이건 좀 애매모호한데. 목 바로 여기에서 뭔가 느껴져요. 일종의 조여지는⋯⋯ 무서운⋯⋯.

치료자: 당신은 거기에서 어떤 것을 느끼고 있군요. ⋯⋯ 일종의 조여지는⋯⋯ 무서운⋯⋯.

그렇다. 치료자는 내담자의 말을 되돌려 주고 있다. 이것은 치료 장면에서 오래되고 훌륭한 역사를 가진 공감적 반영이나 적극적 경청과 비슷하게 들리는데, 이 둘은 완전히 같지 않다. 중요한 차이점이 있기 때문이다. 공감적 촉진은 특히 펠트센스를 향하는 것을 가리키고 있고, 그 목적은 현재 느껴지는 것에 머무르도록 돕기 위해 초대하는 것이다. 공감적 촉진의 목적은 단순하게 혹은 일차적으로 우리가 이해한다는 것을 보여 주기 위한 것이 아니라 내담자가 그 펠트센스와 함께 머무르고 그것에 대한 설명이 그것에 잘 맞는지 확인하도록 그들을 돕기 위한 것이다.

공감적 촉진을 하기 위해 자주 사용되는 어떤 특정한 한 단어가 있는데, 바로 '무언가(something)'이다. 바로 내가 아는 가장 촉진적인 단어이다.

'무언가': 내가 가장 좋아하는 단어

나는 오랜 시간 연구해 온 과정 촉진적인 언어 중에서 가장 촉진적인 단어는 '무언가'라고 확신한다. 이 단어는 딱 우리가 포커싱에 필요로 한 것과 같이 내담자가 열린 의식의 수준에서 펠트센스와 계속 연결되고, 이름 붙이지 않으면서 경험을 할 수 있도록 해 준다.

"무언가가 느껴져요."

"무언가가 여기에 있어요."

다음의 사례에서 내담자는 마치 아무것도 느끼지 못하는 것처럼 고개를 젓는다. 하지만 물론 그녀는 아무것도 느끼지 않는 것이 아니다. 그녀는 무언가를 느끼고 있었다.

> 내담자: 저는 제 목 안에서 느껴지는 게 뭔지 모르겠어요.

'무언가'에 대한 대응이 어떻게 내담자의 가능성을 바꾸는지 주목해 보자.

> 치료자: 당신은 목 안에 **무언가**를 느끼고 있네요.

문자 그대로의 반영과 비교해 보자. "당신의 목 안에서 느껴지는 것이 무엇인지 모르겠군요." 만약 당신이 그 내담자라면 어떤 반응이 목구멍에 있는 느낌과 함께 머무를 수 있게 해 주었겠는가?
'무언가'라는 말은 내담자를 말로 표현하기 힘든 경험, 즉 펠트센스와 함께 머무를 수 있도록 도와준다.

> 내담자: 제 배 속에, 그건 마치…… 마치 거기는 비어 있는 것과 같아요.
> 치료자: 배 어딘가에 **무엇인가** 있군요. 당신이 느끼고 있는 무엇인가가. 마치 '비어 있는 것'과 같은.

치료자의 이 반응을 문자 그대로 반영하는 것과 비교해 보자. "당신의 배 속은 비어 있네요." 혹은 "당신은 배 속의 공허함을 느끼고 있네요." 이 둘의 차이점을 느낄 수 있는가? '무언가'라는 단어는 '비어 있음'이라는 단어가 단지 시작이며 기기에서 무언가가 더 나올 수 있다는 것을 암시하고 있다. 이것이 바로 포커싱에 대한 것이다. 우리는 설명 이상의 것인 경험과의 내적 연결을 촉진하고자 하는 것이다.

어떻게 묘사가 '그 이상의 것'과의 연결을 촉진하는가

내담자가 펠트센스와 접촉을 하고 있을 때 다음과 같이 묘사는 자연스럽게 일어난다.

- "제 가슴속에는 작고 딱딱한 곳이 있어요. 마치 '싫어'라고 말하는 아이처럼."
- "제가 느끼기에…… 이건 설명하기가 힘들어요. …… 일종의 내면의 벽 같은 거예요."
- "제 목 안에 꽉 조이고 있는 무언가가 있는 것처럼……."
- "제가 그녀에 대해서 이야기할 때, 제 가슴속에 좀 우스운 쥐어짜는 것 같은 게 있어요."
- "조이고, 무서운 것 같은 무언가예요."
- "제 배 속에, 마치, 마치 거기는 비어 있는 것 같아요."

이러한 묘사들은 매우 중요하다. 하지만 또한 중요한 것은 이러한 첫 번째 묘사들은 단지 출입구일 뿐이라는 것이다. 여기에 뭔가 더 있다. 처음 했던 묘사보다 더 많은 것이 숨어 있다고 느낄 수 있는 것이 바로 펠트센스의 속성이다. 당신은 사람들이 '일종의' '뭐랄까' '웃긴' '이상한' '무언가'와 같은 표현을 얼마나 자주 사용하는지 알고 있을 것이다. 때로는 내담자가 말로 표현하기 힘든 것을 묘사하려고 할 때 주저하는 것 같은 목소리로 말을 더듬을 수 있다.

공감적 촉진을 사용할 때, 우리는 내담자에게 말과 묘사를 다시 돌려준다. 우리는 내담자가 '무언가'라는 말을 사용하지 않았더라도 그 말을 사용한다. 이 묘사가 시작점이지만, 더 많은 것이 있을 가능성을 열어 둔다.

> **치료자:** 배 속에서 **무엇인가** 느껴지는군요. 당신이 느끼고 있는 마치 '비어 있는' 것과 같은 무언가를요.

앞에서 언급한 것처럼, 공감적 촉진이 얼마나 초대하는 특징을 가지고 있는지 주목하자. 마치 사람을 안으로 밀어 넣지 않고 문만 열어 두는 것과 같다. 그에 반해서 나는 여기서 질문하는 것을 추천하지 않는다. "그것을 묘사할 수 있는 다른 단어가 있을까요?"라고 말하는 것은 너무 강압적이고 갑작스러우며, 머리에 의존하게 해서 몸에서 멀어지게 하는 것이다. 그것은 또한 이미 나타난 묘사를 환영하지 않고, 다른 무언가를 생각해 내야 한다고 암시하는 것과 같다.

질문도 제안도 아닌 그저 단순한 진술인 공감적 촉진이 이미 나타난 묘사에 대해 얼마나 큰 지지와 수용을 제공하는지에 대해 감사하자. 이것은 앞으로 더 많은 것이 올 수 있는 가능성을 위해 잠시 문을 열어 놓은 것과 같다. 내담자가 마지막에 이야기한 것을 반복해 주는 것도 도움이 된다.

> **내담자:** 제가 그녀에 대해서 말할 때 제 가슴 안에 쥐어짜는 것 같은 좀 우스운 게 있어요.
> **치료자:** 당신이 그녀에 대해 말하고 있을 때 당신 가슴 안에 무언가가 느껴지는군요. 마치 좀 우습게 쥐어짜는 것과 같이요…….

내담자는 스스로 자신의 단어들을 마음속에서 살펴본다

내담자들이 하나의 펠트센스를 느끼고 나서, 우리는 공감적 촉진과 함께 그가 펠트센스에 머무를 수 있도록 돕고 내담자가 스스로 마음속에서 살펴보게 한 다음, 느낀 경험에 대해서 말로 표현하도록 제안하고 표현한 것이 맞는지 확인하도록 한다. 공감적 촉진의 두 번째 기능은 확인하는 것을 장려하는 것이다.

포커싱 접근법은 오가는 방식으로 작업한다는 것을 기억하라. 몸으로부터 단어나 이미지 같은 '내용'이 나타날 때, 당신은 반사적으로 이 상징을 신체가 알고 있는 것과 정확히 대응하는 것으로 받아들이지는 않는다. 오히려 치료자가 내담자를 '멈추도록' 하고, 몸으로 돌아가 그 단어들을 살피도록 해야 한다. 만약 거기에 '맞는' 단어가 없으면 치료자는 내담자에게 다른 단어나 표현, 이미지들을 시도해 보도록 초대할 수 있다. 이렇게 '맞는' 단어가 없고 내담자가 말을 계속할 때, 신체의 과정은 멈추게 된다(Grindler Katonah, 출판 중).

처음 나타나는 단어가 꼭 맞는 것은 아니다. 펠트센스는 어떤 특정한 단어들보다 더 많은 것을 담고 있기 때문이다. 그리고 펠트센스는 과정 중에 있는 것이지, 정지된 것이 아니다. 처음에는 내담자들이 마음속으로 살펴보는 과정을 이해하지 못할 수도 있다. 우리는 내담자가 자신의 말이 그렇게 딱 들어맞는 것이 아니라고 이야기할 때 우리가 잘하고 있다는 것을 알게 된다.

> **내담자**: 제가 그녀에 대한 이야기를 하면 목 안에 이 위축(constricted)되는 느낌이 들기 시작해요.
>
> **치료자**: 그녀에 대해서 말하면서 당신은 목 안에 무언가를 느끼는군요. 마치 무언가 위축되는 느낌을요.
>
> **내담자**: 아니요, 그게 정확히 위축되는 건 아니에요. …… 음…… '꽉 조이는(tight)'이라는 단어가 더 잘 맞을 것 같네요.

멋지지 않은가? 이 내담자가 "아니요, 그게 정확히 위축되는 건 아니에요."와 같은 말을 함으로써 그의 안에서 어떤 일이 일어나게 될지 상상해 보라. 분명 그 목 안에서의 내적 경험에 대한 직접적이고 계속적인 접촉이 일어날 것이다. 내담자는 그 '위축되는'이라는 단어가 어떻게 들어맞는지, 맞는지 아닌지를 살펴보며 그 목의 감각을 느껴야 한다. 그리고 '꽉 조이는'이라는 말이 더 잘 맞는다는 것을 발견한다. 여기서 치료자는 다음과 같이 말할 수 있다.

> **치료자**: 당신은 '꽉 조이는'이라는 단어를 사용했어요. '꽉 조이는'이라는 단어가 더 잘 맞는군요.

여기서 공감적 촉진의 또 다른 중요한 특징에 대해서 언급할 수 있다. 우리는 내담자의 서술적인 단어들을 반복할 때 그 표현을 바꾸지 않아야 한다. '꽉 조이는'은 '꽉 조임'이 아니라 '꽉 조이는'으로 말해야 한다. '무거운'은 '무거움'이 아니라 '무거운'으로 돼줘야 한다. 왜 명사보다 형용사가 촉진적인지에 관해서는 제4장에서 설명하도록 하겠다. 지금으로서는 그 단어를, 심지어 같은 단어의 다른 형태로 바꾸지 않는 것이 핵심이다.

> 우리가 경청 반응을 할 때 내담자가 무엇을 할 것이라고 생각하는가? 우리는 그들이 말한 것이나 생각한 것들이 아니라 어떤 내면의 존재, 장소, 정보의 응답을 살펴보기를 바라고 가정한다. 바로 '펠트센스'에 대해서. 그것에 대한 일반적인 단어는 없다. 펠트센스는 내적인 편안함과 공명을 느끼게 할 수 있다. 그곳에 있는 것 같은 것이 표현되고 들릴 수 있다. 다시 이야기할 필요가 없다. 그 순간 잠시 동안 내적으로 편안해진다. …… 곧 무언가가 더 나타난다. 그곳에 있었던 것은 그 이상의 것을 가지고 있었다는 것이 드러난다. 우리는 내담자가 우리가 이야기힌 것뿐만 아니라 그들이 말하는 것, 그 내면의 것 또한 살펴보게 되기를 바란다(Gendlin, 1984, p. 82).

우리가 제1장에서 보았던 것처럼, 펠트센스는 유기체적 삶의 과정이 오기를 준비하는 다음 단계인 암시된 차원으로 가는 출입구이다. 사람에게 삶의 다음 단계란 잠재적 가능성, '준비가 되어 있는 상태'로서 암시적으로 존재하는 것이다. 다음 삶의 단계가 다가올 때, 우리는 이것을 '앞으로 나아가기 (carrying forward)'라고 말한다.

펠트센스가 앞으로 나아가는 데 있어서 필요한 것은 지속적으로 비판단적인 의식과 접촉하는 것이다. 기본적으로 포커싱은 펠트센스를 찾아내고, 이 감각들과 압박받지 않고 접촉하는 것이다. 당신의 내담자가 포커싱을 할 수 있도록 돕는다는 것은 내담자가 이런 내적 연결을 유지할 수 있도록 돕는 것을 의미한다. "(펠트센스가) 그 단계를 만들어 내는 데 가장 필요한 것은 단지 어떤 종류의 침해받지 않는 접촉과 함께하는 것이다. 만약 당신이 인식을 가지고 그곳에 머무르거나 그곳에 돌아오게 되면 그게 필요한 전부일 수 있다. 그것은 당신을 위해 나머지 모든 것을 할 것이다."(Gendlin, 1990, p. 216)

공감적 촉진

공감적 촉진의 기능

- 펠트센스를 함께 머물 가치가 있는 것으로 여긴다.
- 내담자가 펠트센스에 머무를 수 있도록 촉진한다.
- 내담자의 과정과 가까이 머무르면서 방해 없이 연결감을 제공한다.
- 내담자에게 펠트센스에 대해 설명하여 그것이 마음속으로 맞는지 살펴볼 수 있도록 한다.

공감적 촉진의 형성

- 내담자만의 감정적 또는 신체적 감각 또는 은유적인 단어들을 사용한다. 내담자가 묘사한 단어들을 바꾸지 않고 그대로 둔다.
- '무언가(something)'라는 말을 추가하여 그 경험이 직접적으로 느껴지는 곳을 가리킨다.
- 내담자가 묘사한 단어를 마지막에 둔다.
- 노골적인 제안이나 초대는 하지 않는다.

내담자에게 펠트센스에 대해 말하지 않는 것에 대하여

나는 지난 제2장에서 내담자에게 포커싱에 대해 설명할 수도 있고 설명하지 않을 수도 있다고 말했다. 당신이 아무리 포커싱이라는 과정의 명칭을 소개한다고 해도, 펠트센스의 개념에 대해서 이야기하는 것은 좋은 생각이 아니다. 이미 앞을 향해 움직이고 있으며 새롭게 형성된 삶의 과정인 펠트센스에 대한 개념은 매우 흥미로운 것이다. 이는 내담자들에게 포커싱을 가능하게 하는 전체적인 개념의 기초가 된다. 그러나 이를 일반적으로 내담자에게 설명하려고 하는 것은 아무런 도움이 되지 않는다. 내담자의 입장에서 볼 때 '펠트센스'라는 개념은 전문적인 용어이고, 고민하게 만드는 낯섦이 있어 더 나쁜 자기질문으로 이끌어 가게 한다. "제가 펠트센스를 느끼고 있나요? 제가 잘하고 있나요? 이 느낌이 제대로 된 펠트센스를 느끼고 있는 게 맞나요?" 이런 질문들은 일반적으로 도움이 되는 것들이 아니다.

이러한 이유로 나는 내담자들에게 절대 '펠트센스'라는 단어를 사용하지 말 것을 권장한다. 대신에 '그것에 대한 전체적인 느낌' 혹은 '지금 계속 당신 안에 있는 것'들로 말하곤 한다. 우리는 제4장에서 펠트센스를 어떻게 초대하는지에 대해 더 알아볼 것이다. 이 장에서 언급한 것처럼, 우리는 펠트센스가 이미 존재할 때 단순히 내담자의 묘사만을 사용하여 그것을 나타낸다.

이 장에서 우리는 이미 나타나고 있는 펠트센스를 돌보고 촉진할 수 있는 방법을 다루었다. 하지만 모든 내담자기 지언스럽게 펠트센스를 가질 수 있는 것은 아니다. 사실 많은 내담자는 펠트센스를 느끼기 위해서 많은 도움이 필요하다. 우리는 다음 장에서 이것을 어떻게 촉진해야 하는지에 대해 다룰 것이다.

제4장

내담자가 펠트센스를
느낄 수 있도록 돕는 방법

제3장에서 우리는 자연스럽게 나타나는 펠트센스를 알아차리고 그것에 주의를 기울이고 공감적으로 촉진함으로써 그것을 키워 내고 지원하는 방법에 대해 알아보았다. 그러나 많은 내담자는 자연스럽게 펠트센스를 느끼지 못한다. 이런 경우 그들에게는 약간의 개입이 필요하다. 연구 결과에 의하면 펠트센스를 자연스럽게 느끼는 내담자들은 대체로 치료 장면에서도 그런 경우가 많다(Gendlin et al., 1968; Hendricks, 2001). 한 심리치료자는 포커싱을 하기 전 내담자의 과정에 대해 "저는 그녀가 항상 자신의 이슈(issue) 주변을 돌고 있지만 실제로는 그곳에 들어가지 않는다고 느꼈어요."라고 설명했다.

우리는 이 장에서 펠트센스를 느낄 수 있도록 초대하고, 환기시키고, 기타 도움을 주는 방법에 대하여 다룰 것이다. 이러한 방법은 속도 늦추기(slowing down), 잠시 멈추기(pausing), 내면 느끼기(sensing inwardly)를 포함한다. 이것은 일부 내담자와 특히 새로운 내담자에게는 어려운 일이 될 수 있다. 그러나 이 방법들은 내담자의 전체적인 과정의 방식과 그들이 자신의 경험과 함께하는 능력 그리고 뒤따르는 펠트센스의 형성에 대해 이전에는 단지 잠재되어 있던 앞으로 나아가고자 하는 움직임에 상당한 변화를 가지고 올 수 있다.

잠시 멈추기, 속도 늦추기

때로 당신은 당신의 내담자가 너무 빠르게 말을 쏟아 내서 감정을 느낄 만한 여유가 없다는 인상을 받는다. 나는 이러한 빠른 속도를 '잘못된' 것이라고 하지는 않을 것이다. 그것은 때로 내담자가 해야 하는 일과 정확하게 일치하기도 한다. 안전감과 라포를 유지하기 위해 치료자가 내담자에게 그렇게 해서는 안 된다는 인상을 주는 것은 좋지 않다. 그러나 깊은 과정이 일어나려면 그들은 어느 시점에는 잠시 멈춰서 속도를 늦출 필요가 있다. 이 기술은 초대와 타이밍에 있다.

내담자에게 잠시 멈추거나 속도를 늦추도록 하는 것은 적절한 순간에 이루어질 때 강력한 개입이 될 수 있다. 잠시 멈추기는 내담자를 반복적인 경로로 이끄는 문화적 고정관념의 감정적 · 지적인 가속된 움직임(momentum)에 부드럽지만 강력하게 개입한다. 속도 늦추기는 내담자가 무시했을지도 모르는 경험을 인지하게 해 주고 동시에 내담자의 안전감을 높여 주기 때문에 이전에 무시했던 경험이 다시 등장할 때 두려움을 느낄 가능성을 줄여 준다.

심리치료자 Lauren Mari-Navarro는 포커싱의 이러한 면모가 가진 가치를 발견하고 다음과 같이 말하였다.

나는 똑같이 반복되는 이야기를 말하거나, 이야기를 빠르게 묘사하거나, 걱정 또는 절망적인 목소리로 이야기를 하는 소위 '빠른' 내담자는 포커싱 과정에 초대된 이후에 전환의 시점을 맞이한다는 것을 알았다. 내담자는 사색적이며, 말하는 속도는 자연스럽게 느려졌고 성찰적이고 호기심 어린 곳을 들을 수 있게 되었다. 심지어 내담자의 몸도 완전히 달라져 보였다. 경계하고 경직되어 있던 자세보다 편안하게 주의를 기울이는 자세가 나타났다. 이 내담자가 저 문을 통해 걸어 들어왔던 그 사람이 아닌 것 같았다! 전에는 혼란스럽고 희망이 없어 보였던 순간의 문제들이 이제는 그 사람 안에서 깊이 있고 흥미로운 대화의 질을 확보하는 것이 가능해졌다. 내담자가 의미 있는 변화와 발전에 영향을 미치지 않으면서 여러 번 혼자 반복해 왔던 말 같은 '낡고 오래된 것'이 아니라 새로운 정보가 지금 나타나고 있다. 내담자가 처음으로 자신의 상황에 대한 새로운 정보를 얻는 것은 흥분되는 일일 것이다. 그리고 치료자로서 무언가 새롭고 '앞으로 나아가는 삶'이 나타나기 위한 안전한 공간을 제공할 수 있다는 것이 기쁘다. 잠시 멈추고 속도를 늦추는 것이 우리를 그곳까지 갈 수 있게 했다.

잠시 멈추어서 자신에게로 향하여 느낌을 경험하는 것은 펠트센스를 형성하기 위한 핵심이다. 반복적인 생각 또는 감정에 사로잡힌 내담자는 속도를 늦추고, 새로운 것이 나타날 수 있도록 초대하는 공간을 만들 수 있다. 그러나 나는 "속도를 늦추세요."라고 말하는 것을 추천하고 싶지는 않다. '잘못된' 일을 하고 있다고 암시하지 않고 내담자의 속도를 늦추면서 마음속으로 느껴 볼 수 있도록 하는 다음의 네 가지 섬세한 개입 방법에 대해 살펴보자. 그것은 "잠깐의 시간이 필요합니다(I need a moment).", 침묵의 순간, 최소한의 공감적 촉진, 직접적으로 펠트센스로 초대하기이다.

"잠깐의 시간이 필요합니다……."

아마도 속도 늦추기에서 가장 진실성 있고 효과적인 내담자 지지 방법은 우리 자신의 속도를 늦추는 것일 것이다. 우리가 내담자와 함께 앉아 있으면서 자신의 펠트센스를 느끼고 있을 때 자연스럽게 속도를 늦추고 말하게 된다. 그것은 기술이 아니라 그야말로 우리의 있는 그대로의 태도이다. 포커싱의 특징인 내적 알아차림으로 인해 우리는 천천히 말하게 되는데, 이렇게 말하는 방식은 자연스럽게 내담자들도 천천히 말하도록 이끈다.

예를 들어, 우리가 이러한 내적 알아차림 속에 있고 내담자가 내면의 압박에서 벗어나 빠르게 말하면, 우리는 압박감이나 긴장감이 느껴지는 경험이라고 생각할 것이다. 당장은 아니더라도 이러한 경험이 한동안 계속될 때, 어쩌면 우리는 "잠시만요…… 당신이 말한 것을 받아들일 시간이 필요해요." 또는 "잠깐만요. …… 당신이 말한 것은 중요한 것같이 들리네요. 잠시만 멈춰서 소화시킬 시간이 필요해요."라고 말할지도 모른다.

이렇게 말을 하면서 우리는 속도를 늦추고 멈추는 것을 보여 주고 모델링을 하고 있다. 게다가 우리가 필요하기 때문에 잠시 멈추어야 한다고 말하는 것은 내담자에게 자신이 무언가를 잘못했다고 말하는 것처럼 들리지 않게 한다. 물론 우리는 진실을 말해야 하기 때문에 정말 내담자가 말한 것을 받아들일 시간이 필요할 때 이러한 방식으로 말해야 한다. 진솔성(genuineness)은 관계에 도움이 된다. 상호 주관적인 장에서 만약 우리가 잠시 멈추는 것이 필요하다면, 내담자 역시 멈추는 것을 필요로 할 가능성이 있다.

제10장에서는 임상적 환경에서 치료자 자신의 내적인 감각에 대해 더 많은 것을 다루고 있다.

침묵의 순간

만약 내담자가 지나치게 빠르게 나아간다면, 우리는 그 빠름을 알아차리도록 도울 수 있다. 하지만 내담자가 스스로 그것을 알아차릴 수 있도록 하는 것이 더 좋은 생각이다.

한 내담자가 어느 날 자신의 치료 회기를 위해 그녀의 문제를 적은 노트를 들고 들어와서는 시계를 보면서 빠르게 말했다. "이 모든 것을 다 다루기에는 우리에게 시간이 많지 않다는 것을 알아요." 치료자는 그녀에게 말했다. "아마도 오늘이 침묵의 순간을 가지면서 시작하기에 좋은 날일 수 있을 것 같네요." 이러한 전환은 내담자에게 조금 어려울 수도 있지만 이전에 치료자와 그녀가 맺은 관계는 이러한 초대에서 신뢰를 허락했다. 그들은 이전 회기에서 침묵의 시간을 보냈다. 내담자는 잠시 동안 그녀의 눈을 감고 느끼는 것이라고 이해했고 특별한 다른 방법의 지시는 주어지지 않았다.

잠시 침묵이 흐른 후, 그녀가 여전히 눈을 감은 상태로 천천히 말했다. "여기에 내가 느끼고 싶지 않은 것에서 빠르게 멀어지는 것이 있어요." 치료자는 대답했다. "아, 빠르게 멀어지는 것이 느껴지는군요……." 그들은 회기의 남은 시간을 '빠르게 멀어지는' 것과 함께 보낼 수 있었다. 그리고 풍부하고 생산적인 회기 안에서 내담자가 느끼고 싶지 않았던 것에 대해 안전하게 다루어 볼 수 있었다.

아마 어떤 임상가라도 세션을 시작했을 때 내담자가 그렇게 서두르려고 하는 태도에서 회피가 일어나고 있다고 추측하거나 직감했을 수 있다. 하지만 얼마나 많은 다른 개입이 내담자가 스스로 그것을 그렇게 빨리 발견할 수 있도록 할 수 있었을까?

최소한의 공감적 촉진

가끔 내담자는 펠트센스에 근접하지만, 아직까지는 그곳에 있지 않을 수 있다. 내담자는 아직 알아차리지 못하더라도 임상가는 감지할 수 있는 제스처, 분위기, 느끼려는 자세 같은 것들이 있을 수 있다. 이러한 경우, 우리는 제3장에서 설명한 공감적 촉진을 사용하여 무엇이 형성되고 있는지 가리킬 수 있으며, 이를 통해 펠트센스의 형성을 용이하게 할 수 있다. 공감적 촉진의 최소한의 질(quality)은 내담자가 과정의 중단을 최소로 하고, 우리가 무엇을 요구하는지 궁금해하며 주의를 집중하지 못하게 될 가능성을 최소로 만든다.

　내담자: 믿어지나요? 그는 나에게 전화도 안 했어요! 그 모든 고통 후에 무슨 말을 해야하나요? 오, 이런.

　치료자: 모든 것은 거기에 있네요. 그는 당신에게 전화조차 하지 않았어요. …… '오, 이런'이란 말과 함께 머리를 흔들었어요. 지금 그 부분에서 당신이 느끼는 전체적인 느낌이 궁금하네요.

　내담자: 마치 모든 공기가 내게서 빠져 나가는 것 같아요. 저는 어떻게 느끼냐면…… 네, 구멍 난 풍선 같아요. 허. 몰랐어요!

치료자가 "지금 그 부분에서 당신이 느끼는 전체적인 느낌이 궁금하네요."라고 말한 것이 초대장의 역할을 한다. 이것은 하나의 질문이나 제안이 아닌 진술이기 때문에 내담자의 과정을 최소한으로 중단시키면서 그의 내적 참조체계로 들어갈 수 있다. 그것은 "지금 어떻게 느껴지나요?"나 "지금 어떻게 느끼는지 알려 주세요."가 아니다. 나는 가능하다면 이러한 진술의 형식을 취할 것을 추천한다. 왜냐하면 그것이 내담자에게는 당신이 치료자로서 어떤 역할을 하려고 하지 않은 것같이 느껴지기 때문이다. 당신은 내담자와 가까워지고, 그의 과정은 앞으로 나아가고 있다. 내담자는 당신이 제공하는 지지적이고 주의 깊게 관심을 기울여 주는 맥락 속에서 나타나는 자신의 내적 경험에 관심을 가지고 주의를 집중할 수 있다.

이 예시는 공감적 촉진 과정이 원활하게 작동하고 있는 것을 나타낸다. 내담자는 공감적 촉진의 초대를 받아 '지금을 전체적으로 느끼는 방식'으로 바꾸어서 그것을 느낀다. 보장할 수는 없다. 내담자가 '들어가 느끼는 것' 대신 '이야기하려는 것'이었을 수도 있다. 그러나 적어도 치료자가 내담자의 내적 접촉의 원활한 흐름을 방해하지는 않았다.

이런 경우 사용되는 "몸에서는 어떻게 느껴지나요?" 개입과 비교해 보자. 그렇다. 이 질문은 때로 어떤 사람들에게 효과가 있다. 하지만 다른 많은 사람은 어리둥절해하고, 혼란스러우며, 방해가 된다(예: "제가 무엇을 해야 하죠? 선생님이 저에게 기대하는 것은 무엇인가요?"). 최소한의 공감적 촉진이 더 바람직하다. 이것은 내담자가 새롭게 나타나는 신선한 것에 접촉할 수 있도록 초대하는 데 더 원활하게 자주 사용된다.

직접적으로 펠트센스로 초대하기

최소한의 공감적 촉진을 사용하고, 침묵의 순간을 제안하고, 잠시 멈춤의 모델링이 되어 주는 것에 더하여, 우리는 직접적으로 펠트센스로 초대할 수 있다. 그러나 포커싱을 교육받은 내담자와 작업할 때도 우리는 "이제 펠트센스를 느껴 봅시다."라고 말하지 않는다. 이린 방식은 별로 효과적이지 않다. '펠트센스'라는 말을 전혀 언급하지 않고 펠트센스를 불러오는 데에는 몇 가지 절묘하게 효과적인 방법이 있다. 여기에 몇 개의 예시가 있다.

- "아마도 지금 바로 느껴지는 것을 전체적으로 느낄 수 있을 거예요."
- "지금이 당신 안에 있는 모든 것을 느낄 수 있는 순간일 수도 있습니다."

• "지금 잠시 멈추고 전체적인 느낌을 느껴 보는 것이 어떤가요?"

물론 타이밍도 중요하다. 잘못된 시점에 제시된 완벽한 문장은 마치 잘못된 문장이 제시된 것과 같이 밋밋해진다. 내담자와 당신이 함께하는 상담실에서 내담자의 과정에는 리듬이 있고, 연습과 조율(자신의 내적인 인식을 포함하여)을 통해 내담자들이 당신의 초대에 열려 있는지를 느낄 수 있다. 이것은 내담자가 자신의 이야기 또는 자신의 감정이 충분히 경청되었다고 느낀 후에, 또는 우리가 앞서 보았던 잠시 멈추기를 요청받은 후에야 나타날 수 있다. 다음 대화에서처럼 내담자의 명확한 요청이 있을 수도 있다.

내담자: 저는 잘 모르겠어요. 저는 제가 같은 자리를 빙글빙글 맴돌고 있는 것 같아요. 제가 뭔가 다르게 할 수 있을까요?

치료자: 지금 잠시 멈추고 그 전체가 어떤 느낌인지 느껴 보는 건 어떤가요? 당신이 지금 말한 것의 전체적인 느낌이요.

내담자: 네. …… 마치 큰 절벽이 있는 것 같아요. 그리고 저는 계속 그 절벽에 오르기 위해 안간힘을 쓰고 있어요.

치료자: 아…… 큰 절벽 같은…… 그리고 당신은 그 절벽을 오르기 위해 안간힘을 쓰고 있군요.

내적 확인과 더 오래 머물게 하는 초대

내담자는 제법 자주 펠트센스가 나타난 이후에도 그것과 함께 머무르지 않는다. 이것은 이해할 수 있는 부분이 있다. 펠트센스는 이상하고 탁하며, 함께 있는 것만으로도 앞으로 대단히 좋은 일이 있어날 것 같지는 않다. 이 부분이 우리가 개입해야 할 부분이다. 펠트센스와 함께 머무를 수 있다는 우리의 확신은 내담자에게 전달된다. 우리는 그들에게 명쾌한 음성으로 부드럽게 이야기하며 초대를 제안할 수 있다.

'무언가'와 함께하는 공감적 촉진은 이미 더 오래 머물고 그 이상의 감각을 느끼라는 요청을 암시한다. 이것은 여전히 남아 있는 음성에 의해 도움을 받는데 '무언가'라는 단어와 어떤 서술하는 단어들을 길게 늘어놓는다. 우리는 알아차리고 머무르도록 다른 말들을 추가할 수 있는데, '아마도'와 같은 말로 부드럽게 전해지기 때문에 명령이나 지시와는 분명한 차이가 있다.

- "당신은 무언가를 느끼고 있네요. …… 어떤 무겁고 슬픈 것…… 아마도 그곳에 조금 더 머물러 볼 수 있을 거예요."
- "당신의 마음속 한 곳은…… '싫어'라고 말하는 아이 같네요. …… 아마도 잠시 동안 그 아이와 함께 있어 볼 수 있을까요?"

내담자가 자신의 말을 마음속으로 살펴보도록 격려하는 것은 또한 더 길게 머무르도록 초대하는 것과 같은 역할을 한다. 우리는 살펴보기 위해서 더 오래 있어야 한다. 내담자가 묘사한 것이 맞는지 살펴보는 것은 그 사람이 자신의 경험과 더 즉각적으로 접촉할 수 있게 한다.

- "당신은 그곳에서 어떤 것을 느끼고 있어요. …… 어떤 무겁고 슬픈 것…… 이 단어들이 내면에서 어떻게 느끼고 있는지에 제일 잘 맞는 것인지 확인해 보세요. …… 무겁고…… 슬픈."

만약 내담자들이 마음속으로 살펴보지 않고 단지 공감적 촉진을 듣기만 한다면, 우리는 확인하도록 촉진시킬 수 있다. 이것은 새로운 내담자에게는 상당히 자주 필요할 수 있다. 대부분의 경우, 그들은 스스로 하는 방법을 빨리 배운다.

- "저는 당신에게 이 단어들을 다시 말해 주려고 합니다. 당신은 그 느낌

이 이 단어들과 잘 맞는지, 아니면 다른 단어들과 더 잘 맞는지 느낄 수 있어요."

과거로 돌아가는 것이 아닌, 즉시 느껴지는 것으로 돌아오기

내담자가 펠트센스 또는 일종의 체험적 느낌을 외면하거나 회피하는 것같이 보일 때, 치료자는 그것을 일종의 옹호자로 지나쳐 버린 것에 대해 목소리를 낼 수 있다. 우리는 내담자가 기존에 가지고 있는 논리적 움직임의 지표를 그대로 따라가고자 하는 것이 아니라, 지금 순간적으로 느껴지거나 말한 것들에게 돌아올 수 있도록 부드럽게 초대해야 한다.

> **내담자:** 이건 일종의 어둠, 제 가슴에 있는 무거운 슬픔이에요. ……전 이걸 잘 설명할 수 없는데…… 제 남자 친구는 제게 필요한 것은 그저 삶과 함께하고 다른 방식으로 생각해 보는 거라고 말해요. 잘 모르겠어요. 그렇게 해야 할 것 같지만, 전에도 이미 그렇게 해 봤는데…… 그는 그걸 다시 저더러 해 보라고 말해요. (미심쩍은 얼굴로 치료자를 바라본다.)
>
> **치료자:** 저는 아직 당신이 말했던 어둡고 무거운 슬픔과 함께 있어요. …… 그것은 중요하고 대단히 생생하게 들렸어요. 아직도 당신의 가슴속에 그런 것이 있는지 궁금하네요…….

이 예시에서 내담자는 그것을 잘 설명하지 못하겠다고 말한 후에, 펠트센스처럼 들리는 것으로부터 멀어지는 것을 볼 수 있다. 이는 펠트센스와 머무르는 것이 얼마나 풍부한 경험이 될 수 있는지 모르는 데서 발생하는 문제이다. 치료자가 그것으로 다시 돌아와서 머무르도록 격려하는 것이 내담자가 필요한 전부일 수 있다.

그러나 이러한 감정적인 경험에서 멀어지고 싶어 하는 것을 알아차린다면, 그것은 또 다른 문제이다.

> **내담자:** 제 가슴속에 일종의 어둠, 무거운 슬픔이 있어요. …… 그 안으로 들어가고 싶지 않아요.

이런 경우, 우리는 '그 안으로 들어가고' 싶지 않다는 내담자의 부분을 무시하거나, 내담자와 반대되는 입장을 취하지 않을 것이다.

> **치료자:** 당신은 무언가 당신의 가슴속에서 슬픈 것을 느끼고 있어요. …… 그리고 그 안으로 들어가고 싶지 않다는 무언가도 느끼고 있어요. …… 자, 여기 그냥 같이 앉아서 그 안으로 들어가지 않고…… 두 감정에게 모두 '안녕'이라고 말해 봐요.

'안으로 들어가지 않고'라는 것이 펠트센스를 느끼지 못할 것이라는 의미가 아니다. 사실 펠트센스를 얻는 것은 곧바로 감정적인 내용의 중심으로 들어가지 않음으로써 촉진된다. 그래서 내담자가 '지나치게' 안으로 들어가는 것에 대해 걱정하거나 주저할 때, 우리는 전적으로 그 요구를 존중할 수 있고 여전히 필요한 핵심 작업을 할 수 있다. 이것이 포커싱 접근 작업이 심리적 외상의 회복을 돕는 강력한 방법이 되는 이유 중 하나이다.

제7장에서는 저항, 제8장에서는 정신적 외상에 대해 더 자세히 살펴볼 것이다.

'현재 체험적인 탐정' 되기

사람들은 자기가 지금 느끼는 것에 대해 말할 때 사용하는 방법이 있다. 그리고 반드시 지금 그러하다는 것은 아니지만, 그들은 습관적이거나 일상적으로 그들이 느끼는 것에 대해서도 비슷하게 말할 수 있다. 이 두 가지는 비슷한 것 같지만, 잘 들어 보면 그 차이를 알 수 있다. 나는 내담자의 말을 들으면서 '현재 체험적인 탐정'이 되려고 노력한다. 나는 내담자들이 나에게 현재 경험을 말하고 있는지 혹은 과거의 경험을 말하고 있는 것인지에 대한 감을 잡기 위해 언어 표현을 포함해서 단서로 활용한다.

때때로 사람들은 현재 느낀 경험으로부터 말하는 것처럼 보이지만, 실제로는 특정 상황에서 '평소' 또는 '항상' 느끼는 것에 대해 통상적인 방식으로 말한다. 영어에는 이런 종류의 비현재 시점의 '습관적인' 경험을 나타내는 동사 시제가 있다. 역설적으로 이런 현재 시제는 '단순 현재 시제'라고 부른다. 그러나 그것은 실제로 어떤 일이 현재에 발생했다는 것을 의미하는 것이 아니라 어떤 일이 습관적으로 행해지고 있다는 의미와 가깝다.

다음의 각 짝을 이룬 문장들에서 유일하게 두 번째 문장만 어떤 것을 현재 이 순간에 경험했다는 것을 언급한다는 것을 알 수 있다.

- "나는 저녁마다 피곤해."—"나는 피곤해."
- "나는 그가 나를 얼마나 조금 신경 썼는지 생각하면 화가 나."—"나는 화가 나."
- "나는 항상 걱정해."—"나는 걱정이 돼."

당신은 현재의 감정이 아닌 것 같다고 의심되는 어떤 사람의 말을 들었을 때 현재의 감정으로 초대할 수 있다.

내담자: 이것이 제 배 속이 타고 있는 것 같아요. 이게 제가 부모님에게 얼마나 화가 났는지에 대한 것이라는 걸 알아요.

치료자: 그리고 만약 지금 당신의 배 속이 타는 것 같다면 당신은 뭔가 느끼고 있을지도 몰라요.

내담자: (잠시 멈춤) 사실 지금은 배 속에 통증이 더 느껴져요.

치료자: 아…… 그렇다면 지금 당신의 배 속에 통증이 있는 것이 괜찮은지 한번 살펴보세요.

신체로 가져오기

전부는 아니지만 꽤 많은 내담자가 이야기 나누고 있는 이슈에 신체적 알아차림을 더했을 때 펠트센스를 얻기 쉬워진다. 일단 내담자가 중요한 것에 대해 잠시 이야기를 한 후에 내담자를 초대한다면 그 주제에 대한 펠트센스를 얻을 수 있을 것이다. 신체로 가져오는 것이 도움이 될 수 있다.

내담자: 제 아들은 너무 많은 절차를 거쳐 왔고, 그중의 일부는 고통스러웠죠. 그는 정말 용감하지만, 아들이 이 모든 것을 겪어야만 한다는 것이 저를 죽을 것같이 고통스럽게 해요. 이것이 논리적이지 않다는 것을 알아요. 하지만 저는 어쩐지 계속 제 잘못이라고 생각해요.

치료자: 그래요. 당신은 그가 모든 것을 겪는 것을 보았군요. 그리고 당신은 그게 어쩐지 자기 잘못이라고 느끼고 있네요.

내담자: (한숨) 맞아요.

치료자: 궁금하네요. …… 지금 그것이 당신 몸에서 어떻게 느껴지는지 잠시 시간을 가지고 살펴볼 수 있을까요?

내담자: (잠시 멈춤) 마치 내 심장에 무거운 것이 있는 것 같아요.

내담자가 신체 감각을 느끼는 데 어려움을 느낄 때

훈련 프로그램에서 한 여성이 그녀의 치료자가 종종 그녀에게 어떤 주제에 대해 이야기했을 때 "당신의 몸에서는 어떻게 느껴지나요?"라고 물어본다고 말했다. 그녀는 알 수 없었다. 그녀는 인지할 수 있는 어떤 신체적 느낌도 가지고 있지 않았다. 그녀가 치료자에게 더 설명해 달라고 요청했을 때, 치료자는 "저도 확신이 없어요. 제가 스스로 포커싱하는 것에 대해 더 배울 필요가 있겠네요."[1] 하고 대답했다고 했다.

포커싱 과정에 대해 조금 알고 있는 사람들은 그들이 알게 된 것을 임상 현장에서 적용하려고 시도했을지 모른다. 그러나 당신의 내담자들은 "몸에서 어떻게 느끼고 있는지 알아차리세요." 또는 "당신의 몸에서 어떻게 느껴지나요?"와 같은 질문에 내담자가 "모르겠어요." 또는 "아무것도 없어요."라고 대답하거나 더 전형적으로는 자신의 문제에 관해 곰곰이 생각하려고 하거나 이야기하려고 하는 익숙한 방법을 계속 사용한다. 그들은 다음에 무엇을 해야 할지 알지 못했다.

특히 문제가 있는 것은 질문의 방식인데, "당신의 몸에서는 어떻게 느껴지나요?"라는 질문은 몸의 느낌이 이미 그곳에 있고 그것을 얻기 위해 관심을 가지기만을 기다린다는 것을 암시하기 때문이다(질문에 관한 문제는 뒤에서 더 살펴볼 것이다). 이것은 대단히 그렇지 않을 수 있는데 펠트센스의 형태이고 '몸'이라는 단어가 내담자에게 감정적인 경험보다는 생리적인 경험을 지칭할 수 있기 때문이다(다음 절 참조).

당신은 내담자가 신체적 알아차림과 함께할 수 있도록 도움을 줄 수 있다(제7장 참조). 또한 당신은 일부 사람을 초대하기 위해 '몸'이라는 단어를 남겨 둘 수 있다(다음 절 참조). 질문보다 완화된 제안들을 사용할 수 있다. 당신은 자기 자신을 예로 들 수 있다. "예를 들면, 지금, 우리가 이곳에 앉아 있는 동안, 저는 제 목이 약간 조여드는 것을 알아차리고 있어요."

'몸'이라는 단어를 사용할 때 참고 사항

'몸'이라는 단어가 내담자의 마음을 산란하게 만들거나 혼란스럽게 할 수

---

1) 나는 그 치료자의 솔직함과 진정성에 박수를 보내고 싶다.

있는 가능성에 대해 세심하게 살펴보자. 다행히도, 펠트센스가 형성되도록
돕기 위해 우리가 반드시 '몸'이라는 단어를 사용해야만 하는 것은 아니다.

　'몸'이라는 단어의 한 가지 문제는 사람들이 생리적인 신체를 의미한다고
생각하는 경향이 있다는 것이다. 당신은 아마 다음과 같은 이야기를 들을지
도 모른다. "글쎄요. 저는 제 몸에서 어떤 것도 느껴지지 않지만 여기 공 안
에 웅크리고 있는 작은 소녀가 있어요⋯⋯." 분명히 이 사람은 펠트센스를 느
끼고 있다. 하지만 '공 안에 웅크리고 있는 소녀'는 '신체'와 연관되지 않는다.
또는 "제 몸에서는 아니지만 여기 마치 어수선하고 초조한 질감(quality)이 있
어요."라고 하는 것을 들을 수도 있다. 이런 경우라면 우리는 운이 좋다고 할
수 있다. 이 사람들은 그들이 경험하고 있는 것을 우리에게 말했다. 하지만
우리는 꽤나 자주, 신체의 느낌을 초대한 이후에, "나는 아무것도 느끼지 못
하고 있어요." 또는 "저는 이것을 어떻게 해야 하는지 모르는 것 같아요."라
고 말하는 것을 들을 것이다. 왜냐하면 이는 일반적으로 몸에 대해 느끼라는
요청이 '몸'이 즉 근육, 장기, 피, 뼈 등의 생리적 느낌을 가져온다는 가정에
반하기 때문이다. 포커싱에서 '몸'이 의미하는 것은 생리적인 것이 아니라 살
아 있는 유기체가 내부에서 느끼는 것을 의미한다. 우리는 이 모든 것을 설명
하기를 바라지 않기 때문에 어떤 내담자들에게는 '몸'이라는 단어를 사용하
지 않는 것이 더 쉬울 수도 있다.

　'신체'라는 단어의 또 다른 큰 문제는 일부 내담자에게 그 단어 자체가 신체
이미지에 대한 이슈와 연결되어 부정적인 감정을 불러올 수 있다는 것이다.
그들은 펠트센스 대신에 자기혐오적 태도나 "내 몸은 그냥 뚱뚱한 것 같아."
와 같은 신체 이미지를 평가하는 반응을 보일지도 모른다. 어떤 내담자들은
신체와 관련된 정신적 외상이 있을 수 있다. 포커싱은 부분적으로 내담자가
몸에서 얼마나 많이 느낄지에 대해 선택할 수 있고 내적 감각의 속도를 조절
할 수 있기 때문에 정신적 외상의 해결을 위한 강력한 과정이 될 수 있다(제8
장 참조). 우리는 정신적 충격을 받은 내담자에게 '몸'이라는 단어를 사용하
지 않는 것이 그들이 자기주도적인 경험을 할 수 있도록 돕는 가장 좋은 방법이

라는 것을 알 수 있다.

'몸'이라는 단어 없이 펠트센스로 이끄는 방법은 다음과 같다. "지금 당신이 어떻게 느끼는지 살펴보세요." "그것에 대해 무엇이 오는지 관심을 기울여 보세요." "지금 당신 안에 자리하고 있는 그 모든 방법을 느끼기 위한 시간을 가져 보세요." "그것 전체를 느낄 수 있는 시간을 가져 보세요."

나는 '신체'라는 단어를 버리자고 제안하는 것이 아니다. '신체/몸'이라는 단어로부터 도움을 얻지 못하는 사람이 있듯이, 어떤 내담자들은 그 단어를 들어야 할 필요가 있다. 이런 유형의 좋은 예시를 제7장의 '주지적인 내담자'에서 살펴보자. 모든 내담자에게 '신체'라는 단어의 사용이나 "당신의 몸에서 무엇이 느껴지는지 주의를 기울여 보세요."와 같은 말을 보편적으로 사용하려는 과오에 빠지지 말고 순간순간에 내담자가 무엇을 필요로 하는지, 그들의 과정을 촉진시킬 수 있는 것이 무엇이고 또 무엇이 그렇지 않은지를 세심하게 따라가는 것이 필요하다.

이야기에서 펠트센스가 나타나도록 돕기: '∼에 대한 무언가'

물론 내담자들은 우리에게 그들의 이야기를 들려준다. 그들은 무엇이 그들을 치료에 오게 했는지, 오래전에 그들에게 무슨 일이 일어났는지, 그리고 지난주에는 무슨 일이 있었는지에 대한 이야기를 들려준다. 그들은 열성적으로 말하거나 마지못해서 또는 그 안에 있는 무언가가 "내가 이걸 다시 말해야 하나?"라고 말하는 것과 같이 시선을 다른 곳으로 돌리며 말할 수도 있다. 이야기들은 내담자와 우리를 연결시켜 준다. 그리고 내담자들을 위해 그들의 이야기를 듣는 것은 치료적 관계에서 그들이 안전함을 느끼는 경험을 크게 향상시킨다.

어떤 내담자들은 마치 현재 접촉하는 모든 순간을 이야기하라고 강요당하고 있는 것처럼 보이기도 하며, 치료자는 모든 이야기가 다른 것과 연결되는 것 같은 포인트나 감정적인 의미를 찾아보려고 시도하다가 좌절할 수도 있다. 이야기하고, 당신을 바라보고, 정상적인 속도로 말하고 있는 내담자는 그 순간에 감정이 있을 수는 있지만 '펠트센스'를 얻지는 못했을 것이다(기억하라, 누군가 감정을 느끼고 있다는 것이 펠트센스를 가졌다는 뜻은 아니다).

어떤 내담자들에게는 이야기하는 것이 눈물을 흘리는 것으로 이어지고, 거기에는 너무나 많은 감정이 홍수처럼 흘러나오기 때문에 그 감정이 핵심인지, 아니면 진짜 감정의 접촉을 회피하기 위한 것인지 고려할 필요가 있다.

그 내용에 감정이 있든 없든 간에 지나간 사건에 대하여 이야기하는 내담자들은 그 이야기의 펠트센스를 얻을 수 있도록 초대될 수 있다. 그리고 이야기하고자 하는 숨겨진 욕구를 존중하고 포함시키는 방식을 가진 도움이 되는 언어가 있다. 우리는 내담자가 이야기에서 벗어나서 '그 대신에' 몸을 느끼라고 할 필요는 없다. 오히려 우리는 매우 단순하고 알기 쉬운 언어로 이야기의 '펠트센스'를 초대하여 내담자가 이야기의 펠트센스로 부드럽게 이동할 수 있도록 할 수 있다.

핵심 구절은 '~에 대한 무언가(something about……)'인데, 그 단어들은 바로 그곳에서 더 많은 것을 느낄 수 있게끔 요청한 것으로 길게 나열되어 있다.

> **내담자:** 그래서 그날 하루가 끝날 무렵까지 그녀는 제게 전화를 하지 않았고, 저는 그녀의 친구 모두에게 전화를 했어요. …… 저는 제 일을 하나도 끝내지 못했어요. 헛된 하루였죠. 완전히 허비했어요.
>
> **치료자:** 네. 하루 종일, 딩신을 위해서 허비헸군요. 모든 사람에게 전화하고 그녀가 당신에게 전화하기를 기다렸네요. 그녀가 당신에게 전화를 하지 않은 것에 대해 당신에게 모든 것을 가지고 온 무엇인가가 있어요. 잠시만 그곳에 머무를 수 있을까요. 그 느낌에…… (치료자는 '무언가에 관한 것'을 말하는 것에 더하여 잠시 멈추고 지금 여기에 무엇이 있는지 느껴 보라고 조심스럽게 초대한다.)
>
> **내담자:** (잠시 멈춤) 저는 매우 무기력하다고 느꼈어요. 내가 엄마 대신 아이가 된 것 같

이요. (내담자의 멈춤에서 새롭고 즉각적인 무언가가 그 과정에서 나타나고 있다. 내담자가 이미 형성했던 것은 아니다.)

치료자: 그리고 아마도 그것의 일부는 바로 지금 그곳에 있을지도 모릅니다. …… (내담자가 그녀의 느낌을 설명할 때 과거 시제를 사용했기 때문에, 치료자는 지금–현재의 경험으로 올 수 있도록 조심스럽게 주의를 환기시킨다.)

내담자: (가슴으로 손을 움직이고 목이 메며) 여기에요.

치료자: 네……. 당신의 손이 그곳으로 갔군요……. 잠시 그 상태로 머물러도 좋을 것 같아요…….

감정과 함께 시작하기

내담자가 감정을 느끼고 있다고 말할 때, 특히 이야기나 삶의 이슈와 연관되어 있지 않은 상태에서 감정을 느낄 때, 그곳으로부터 펠트센스를 초대하면 앞으로 나아가도록 할 수 있다. 이미 감정을 느끼고 있는 사람은 보통 '어디'에서 그것이 느껴지는가로 초대하는 것이 효과적이다.

내담자: 오늘은 끔찍하게 두렵다고 느껴져요. 심지어 왜 그런지도 모르겠어요.

치료자: 당신은 오늘 끔찍하게 두렵다고 느꼈다는 걸 알았군요. 그건 견디기 어려운 것처럼 들려요. (거의 항상, 우리는 먼저 공감적으로 접촉한다. 그리고 더 나아간 초대를 위해 개방될 수 있는지 찾기 위해 기다린다.)

내담자: 그리고 저는 이것이 무엇에 대한 것인지 모르겠어요. 여러 가지에 관한 것 같기도 하지만 잘 모르겠어요.

내담자에게 "당신은 잘 모르겠군요." 하고 반영하는 대답은 도움이 되지 않는다. 대신에 "당신은 알고 싶어 하는군요." 또는 "당신은 알기를 원하는군요."라고 말할 수 있다. 그러나 이 경우에는 치료자가 내담자가 '끔찍하고 두려운' 경험을 펠트센스로 가지고 와서 그것이 개방되고 변화하도록 느낄 수 있게끔 도움을 요청하는 것을 내포하고 있다고 느꼈다.

> **치료자**: 당신은 '끔찍하게 두려운' 느낌을 어디서 또는 어떻게 갖고 있는지 느끼기 위해 지금 바로 잠깐의 시간을 가질 수 있어요.
>
> **내담자**: (잠시 멈춤) 이건 제 어깨, 위쪽 가슴, 목구멍에서 느껴져요. 이렇게 꽉 쥐는 것처럼…… 내 안에 무언가가 꽉 움켜쥐고 있는 것 같아요.

잠깐의 머무름이 신체 알아차림을 초대한 것과 같이, 내담자는 자신의 경험적 느낌을 돌아볼 수 있었고 그것에 대한 새로운 느낌을 가질 수 있었다. "끔찍한 두려움, 이것이 무엇인지 모르겠어요."와 함께 시작하여 우리는 이제 '내 안에 무언가가 꽉 움켜쥐고 있는 것'과 함께 내적 접촉을 하고 있다. 우리는 이미 이 내담자가 어떻게 '꽉 쥐고 있는 무언가'와 함께 머물 수 있는지에 대해 느낄 수 있으며 그에 반응해서 무엇을 움켜쥐고 있는가에 대한 것도 느낄 수 있었다(제6장에서 어떻게 다음 단계를 촉진시킬 수 있는지에 대해 더 살펴볼 것이다).

때때로 '어디'를 느껴 보라는 초대는 '전부' 또는 '내 몸속 전체에서'라는 대답을 가지고 온다. 이 경우 '당신이 가장 많이 느끼고 있는 곳' 또는 '그것의 가운데를 느끼는 곳'에 대한 감각을 초대하는 것이 도움이 된다.

명사를 쓰는 것의 문제점

정서적 경험을 명사로 표현하는 내담자(예: "나는 두려움이 많이 느껴져요." "여기에 많은 분노가 있네요.")는 형용사를 사용하는 내담자보다 펠트센스를 얻기가 더 어려울 수 있다. 이것은 명사에 부과된 구상화(具象化), 즉 감정 그 자체가 하나의 과정이라기보다 조절해야 하는 어떤 것이나 대상이라는 것을 암시하기 때문인 것으로 보인다. 예를 들어, "나는 많은 두려움(분노)을 느끼고 있어."에는 "나는 내 두려움(분노)을 벗어나야 할 필요가 있어."가 매우 쉽게 따라온다. 우리는 내담자가 명사 대신에 형용사로 반응할 때 호기심을 가지고 경험적 느낌과 관계를 형성하도록 도울 수 있고, 이러한 정서적 상태가 펠트센스로 경험될 수 있도록 한다.

> 내담자: 저는 공포감(fear)이 많이 느껴져요.
>
> 치료자: 당신은 무언가 두려워하는 것(afraid)을 느끼고 있군요.
>
> 내담자: 네……. 제 안의 무언가가 두려워요(afraid). 그리고 그것은 여기에 있어요. (목을 만진다.)
>
> 치료자: 그것과 함께 있는 것이 괜찮은지 살펴보세요…….

질문을 의심하기

최근에 나는 내면의 비평가(즉, 초자아)와 함께 작업하는 나의 접근법을 연구해 온 심리치료자 그룹과 세미나를 했다. 한 여성이 "저는 제 내담자가 그것이 원하지 않는 것이 무엇인지 내면의 비평가에게 물어보도록 하게 하기 위해서 당신이 논문에서 말했던 것을 시도했어요. 그들은 그저 이성적으로 생각했어요. 아니면 그들도 모르고 있는 것 같았어요."

나는 그녀에게 물었다. "실제로 뭐라고 말했는지 모르겠네요? 당신이 뭐라고 했는지 직접적으로 말해 줄 수 있나요?"

그녀는 말했다. "나는 '당신의 비판적인 부분(critical part)이 원하지 않는 것이 무엇인가요?'라고 말했어요."

"아", 나는 말했다. "당신은 질문을 했군요. 질문은 사람들을 그들의 머리로 데리고 가죠. 다음번에는 '아마도 그것이 원치 않는 무언가가 있을 거예요.'라고 말해 보세요. 차이점이 느껴지시나요?" 그녀는 그렇다고 했다. "당신의 비판적인 부분(critical part)이 원하지 않는 것이 무엇인가요?"와 "아마도 당신의 비판적인 부분이 원치 않는 무언가가 있을 거예요."의 차이는 내담자의 과정에서 상당히 중요할 수 있다. 두 번째 문장은 질문이 아니고 공감적 촉진이다. 이런 연습을 시도하는 대부분의 사람은 질문이 일종의 좌절감을 느끼는 사고의 과정을 가져온다고 말한다. 이것은 때로는 "잘 모르겠어요."로 끝나는 반면, 공감적 촉진은 느낄 수 있는 과정으로 초대한다.

논란이 많은 언어에 대한 내 의견 중 하나는 질문하는 것이 일반적으로 다른 사람들에게 내적 감각의 과정을 촉진시키기 위해 가장 도움이 되는 방법은 아니라는 것이다. 질문은 주로 상대방을 대인관계적인 상호작용으로 끌고 오는 강력한 효과를 가지고 있다. 만약 당신이 상대방에게 원하는 것이 당신을 바라보고 이야기를 하는 것이라면 모든 수단을 동원해서 질문하라. 하지만 만약 당신이 원하는 것이 그 사람이 아직 형성되지 않은 무언가를 위해 내적으로 느끼기 위한 시간을 갖는 것이라면, 질문하는 것은 아마도 당신의 목표와 상충될 것이다.

우리는 대부분 다른 사람에게 더 말하도록 요청하기 위해 질문하는 것에 익숙하다. 그러나 질문은 반드시 이를 촉진하기 위한 가장 쉬운 방법은 아니며, 어떤 상황에서는 질문을 사용하는 것이 다른 식으로 열릴 수 있는 길을 막아 버리기도 한다. 질문하는 것이 도움이 될 수 있기 때문에, 우리가 모든 질문에 반대하려는 것은 아니다. 그러나 질문은 그것의 영향을 인지하고 의도적으로 사용해야 할 필요가 있다.

한 젊은 치료자가 나에게 말했다. "저는 궁금하기 때문에 질문을 합니다. 내담자의 이야기에 참여하고 싶고, 더 많이 알기를 원합니다." 물론 당신이 내담자에게 관심을 갖는 것은 자연스럽고 좋은 일이다. 그리고 내담자들은 그들이 해야 하는 말에 관심을 가져 주는 사람에게서 얻을 수 있는 치료적 효과도 있다. 그러나 질문이 더 많은 정보를 요청하기 위한 최선의 방법은 아니다. 지금까지의 예시에서는 질문이 대화를 열리게 했지만, 어떤 경우에는 질문이 대화를 중단시키기도 한다.

나는 화용론(progmatics)이라고 알려진 언어학의 분과를 공부하고 있을 때 질문에 관심을 갖게 되었다. 화용론이란 실제 상황에서 사람들이 어떻게 언어를 사용하는가에 대해 연구하는 학문이다. 연구에 따르면 질문은 대화에서 '강력한' 효과를 가지고 있다. 즉, 다음 사람이 무엇을 말할지 결정하는 데에 매우 큰 영향을 미친다(Schegloff, 1968). 나는 이 결과가 흥미로웠다. 대부분의 사람은 질문하는 것이 상대방에게 더 많은 선택권을 준다고 생각하지만, 실제로는 그 반대이다. 질문은 강하다. 그리고 암묵적인 미묘한 세계에서 질문은 과정을 멈추거나 과정에서 벗어나게 만들 수 있다.

나는 과정을 촉진하기 위한 방법으로 질문을 사용하는 것의 세 가지 단점을 발견했다. (대인관계를 형성하는 것과 정보를 얻는 것 같은 더 많은 기능의 경우에는 질문을 사용해도 좋다. 질문이 문제가 될 수 있는 것은 특히 과정을 촉진하려는 목표가 있을 때이다.)

1. Schegloff의 연구에서 나타난 것처럼, 질문은 상대방의 대답의 한계를 주고 틀에 갇히게 하며 통제한다. 이 때문에 질문은 때로 '질문받는 사람'의 낮은 의식 수준에서 강요받거나 대답해야 한다는 압박감으로 경험될 수 있다.

2. 질문은 질문받은 사람을 질문한 사람과의 대인관계적 접촉으로 이끌어낸다. 여기에 '나－너(I-YOU)' 과정이 있다. "당신에게 묻습니다……." 당신은 아마 내담자가 눈을 감거나 고개를 숙이고 조용히 내면을 느끼는 것을 볼지도 모른다. 하지만 질문을 하면 내담자는 눈이 번쩍 뜨이고 당신을 바라보며 대답할 것이다. 아마도 이것이 당신이 원하는 것일 수도 있다. 질문이 더 많은 대인관계 접촉을 가져다준다는 점을 알고 있는 것은 좋은 것이다. 하지만 만약 당신이 원하는 것이 내담자가 '안에' 머무르는 것이라면, 한동안 내적 접촉을 유지하는 것이 좋다. 질문하는 것은 방해가 될 수 있다. 질문을 사용할지 말지에 대한 선택은 우리가 내담자에게 어떤 일이 일어나기를 바라는지에 따라야 한다.

3. 질문은 어떤 종류의 반응을 얻는 경향이 있다. 사실은 그 사람이 이미

알고 있고 이미 가지고 있는 생각들이다. 질문은 사람들로 하여금 이미 형성된 개념의 캐비닛을 열도록 만든다. 질문은 "당신은 저에게 말할 준비가 되었어요."라는 의미를 내포하고 있다. 그렇기 때문에 질문받은 사람은 그들이 이미 알고 있는 것, 그들이 이미 생각했거나 계획했던 것에 대해 말하거나 "모르겠어요."라고 말한다.

이 시점에서 나는 많은 좋은 치료자가 질문을 사용한다고 말할 필요가 있다. 그리고 나 역시 질문을 사용하는 촉진된 과정에 대해 듣고 목격해 왔다. 질문의 어려움에 대해 어조와 의도로 균형을 유지하는 방법이 있다. 치료자의 존재는 매우 강력한 프레임이다. 나는 질문을 잘 활용하는 사람에게 경외심을 가진다. 하지만 '왜 굳이 핸디캡을 안고 시작하는가?'라고 묻고 싶다. 동일한 방식의 어조, 의도 그리고 존재가 우리가 하는 모든 것을 도울 것이다. 만약 우리가 질문을 하지 않는다면 극복해야 할 핸디캡을 가지고 시작하지 않게 된다.

질문의 형식은 내담자의 인식을 대인관계적 접촉과 생각으로 향하도록 만드는 경향이 있기 때문에 과정을 촉진시키는 방법으로서 질문을 하는 것은 역효과를 낳을 수 있다.

완화된 제안

질문을 하는 것과 같이 긍정적인 결과를 얻을 수 있지만, 과정 촉진의 측면에서 단점이 없는 개입이 있다. 나는 이것을 '완화된 제안'이라고 부른다.

완화되지 않은 단순한 제안은 "그것과 함께 하세요."와 같이 들린다.

완화된 말을 한두 개 더한다면 "아마도 당신은 그것과 함께하는 시간을 가져 볼 수도 있을 겁니다."와 같을 것이다.

질문: "당신의 몸 안에서 어떻게 느껴지나요?" 또는 "그것과 함께 머물 수 있겠어요?"

완화된 제안: "지금 그곳에서 그것과 조심스럽게 함께하는 시간을 가지세요. 그것의 곁에
계속 함께 있어 주세요."

질문과 완화된 제안 간 효과의 차이를 설명하기 위해 당신이 당신을 괴롭혔던 최근의 사건에 대해 치료자에게 말하고 있다고 상상해 보자. 당신은 그 의미를 더듬어 보며 한동안 말을 할 것이고 이해되고 있다고 느낀다. 이제 치료자가 "지금 그것에 대해 어떻게 느껴지시나요?"라고 말한다. 무슨 일이 일어나는지 주목하라. 이제 다시 돌아가서 만약 치료자가 "당신은 아마 지금 그것에 대해 어떻게 느끼고 있는지 느껴 볼 수 있을 겁니다……"라고 말했다면 어떻게 되었을지 비교해 보라.

대부분의 사람은 질문이 그들을 치료자로 향하도록 이끌어 내는 것을 발견한다(이것이 좋을 수도 있다). 하지만 그것은 또한 그들이 알고 있고 이미 생각한 것으로 데려가기도 한다. 당신은 질문받은 사람이 "내 생각에 그것은……." 또는 "그건 아마 ……일 겁니다."라고 말하는 것을 듣게 될 것이다. 사람들은 완화된 제안을 받았을 때 대개 '안에' 머무르는데, 이전에는 표현하지 않았던 어떤 것과 내부적인 접촉을 하게 된다. 그들은 대답하는 데 조금 더 시간이 걸리고 심지어는 그들이 발견한 것에 놀랄지도 모른다. "사실 그건 웃기네요. 지금은 별로 신경 쓰이지 않아요. 허! 누가 알았겠어요?"

이 장에서 모든 요청 방법을 다루었음에도 불구하고 일부 내담자는 여전히 펠트센스와 거리가 있다. 문제는 그들이 편협한, 부분으로서의 자기인 상태를 동일시하고 있다는 것이다. 그들은 펠트센스를 얻기 전에 그 상태에서 벗어나기 위한 도움이 필요하다.

만약 내담자가 분노, 두려움, 자기비난과 같이 반응하는 상태로부터 개별화되지 않았다면, 사실 암시의 정교한 차원과 접촉할 수 없다. 저항적인 상태에 휘말려 있는(융합된) 내담자는 펠트센스를 형성할 수 있는 내면의 넓은 공

간을 가지고 있지 않다.

　제5장에서는 내담자가 저항적인 감정 상태에 사로잡혀 융합되어 버리는 대신 펠트센스를 느끼도록 도울 수 있는 개입의 종류를 살펴볼 것이다.

내담자의 강한 자기 조성하기:
펠트센스를 위한 핵심적 환경

사람들은 일반적으로는 평온하고, 침착하고, 안정되어 있기 때문에 치료를 받으려고 하지 않는다. 그들은 종종 도움을 요청하게 만드는 감정들에 휩싸인다. 내면적으로 약해지고, 타인의 감정에 쉽게 타격받고 자기 자신의 감정에 휘말리는 경험은 고통스럽고 괴로울 수 있다. 내담자가 이와 같이 정서적으로 압도된 상태에 있을 때, 치료 목표를 달성하는 것은 어려울 수 있다. 그녀는 자신보다 훨씬 큰 강력한 힘에 휘둘려 삶의 변화에 쉽게 시달리고, 초라해지는 것을 느낀다. 혹은 그의 자기존중감이 약화되고, 그가 삶에서 통제력을 잃었다고 더욱 확신하게 된다.

사람들은 정서 조절을 위해 애쓴다. "나는 울고 싶지 않아."는 눈물을 펑펑 흘리는 것으로 대체될지도 모른다. "나는 나의 분노가 싫어!"라고 말하는 것은 마치 그 분노를 자신에게 돌리는 것처럼 들린다. "이 슬픔은 나에게 너무 벅차." 또는 "나는 절망감이 나를 삼킬까 봐 두려워."라고 말하는 사람은 적어도 분투하는 것에 대해 최소한의 자각을 가지고 있다. 다른 사람들은 정서 조절에 대한 내면의 전쟁이 그들이 겪고 있는 일의 핵심이라는 것을 알아차리지 못한 채 '감정의 전쟁'에서 압도되거나 차단하는 어느 한쪽의 입장과 동일시할 수 있다.

치료 작업이 진전되기 위해서 내담자는 정서 조절의 척도가 필요하다. 이를 위한 여러 가지 방법이 있다. 포커싱적 접근법이란 우리가 '현존하는 자기'라고 부르는 더 강한 느낌의 자기와 동일시하도록 내담자를 돕는 것이다. 이 장에서 나는 현존하는 자기가 무엇을 의미하는지 설명하고 그것이 일어날 수 있게 돕는 실용적인 방법을 제시한다.

우리가 내담자로 하여금 더욱 강한 자아감을 갖기를 바라는 이유는 두 가지가 있다. 첫 번째로, 더 강한 자아감을 경험하는 것이 치료의 일차적인 목표이다. 강한 자아감을 가진 내담자는 정서 상태를 스스로 조절하는 능력이 증가하고, 곤경에 처했을 때 스스로를 달래며, 충동적인 행동 대신에 현명한 행동 선택을 한다.

　　두 번째 이유는 강한 자기가 치료 작업을 할 수 있도록 해 주기 때문이다. 내담자가 자신의 정서적인 경험을 할 수 있고 그것을 반영할 수 있을 때, 이러한 감정적인 투쟁의 원인이 변화하기 시작할 수 있다. 만약 내담자가 그의 '자기'를 작고, 연약하고, 쉽게 부서질 수 있거나 부서졌거나 혹은 심지어 존재하지 않는 것으로 경험한다면, 일반적으로 치료 작업은 더 어렵다.

　　이것들과 다른 이유로, 효과적인 치료는 내담자의 강한 자기개발을 촉진하는 것을 포함한다. 많은 접근법은 이러한 상태를 찾기 위해 내담자를 돕는 것의 가치를 인정하고 있으며, 이것은 목도하는, 관찰하는, 광범위한, 연민 어린, 널찍한, 알맹이가 없는 등으로 다양하게 묘사된다.

　　Ogden 등의 연구에서는 이 상태를 '마음챙김'이라고 부르는 것과 연결했다.

　　　지금 이 순간 경험 구조의 마음챙김을 통해 내담자는 이야기에 휘말려서 그녀의 반응에 대해 화가 났던 것에서 그들에 대해 궁금증을 갖게 되는 것으로 바뀐다(Siegel, 2007). …… 그녀는 그 경험을 다시 체험하는 것보다 …… 뒤로 물러서서 관찰하고 전하는 법을 배우고 있다. 그녀는 경험을 '가지는' 것과 지금 여기에서 그 경험을 탐색하는 것 간의 차이점을 발견하게 된다(2006, p. 169).

　　Richard Schwartz가 개발한 사람의 부분 또는 측면을 다루는 매우 정교한 과정인 내면가족체계치료(Internal Family Systems Therapy: IFS)에서 핵심 개념은 '자기'로 연민, 명료성, 호기심, 평온함을 가지고 있는 마음 상태이다. Schwartz는 그의 개인적 견해로 이 자기는 소극적이거나 비판단적인 관찰자 또는 목격자가 아니라 오히려 '적극적이고 동정심 많은 지도자'라고 강조했다(1995, p. 37).

자기는 편안하고, 열려 있고, 자신과 타인에게 수용적인 것이다. 당신이 자기로 존재하고 있을 때, 당신은 현실감을 갖고 있고, 마음의 중심을 잡고 있으며, 저항적이지 않다. 당신은 다른 사람들이 하는 것에 의해서 자극받지 않는다. 당신은 어려운 상황에서도 평온하고 침착한 상태로 있을 수 있다. 자기는 우리의 다른 부분들보다 굉장히 크고 넓으며, 그것들을 놀라게 할 법한 상황에도 겁먹지 않는다. 자기는 세상에서 잘 기능하고 다른 사람들과 소통할 수 있는 힘과 명확성을 가지고 있다. 당신이 자기로 있을 때, 당신이 다른 사람뿐만 아니라 당신과 당신의 부분들을 사랑하고 돌보는 일이 가능하게 하는 것은 깊은 연민의 마음으로부터 나온다 (Earley, 2012, p. 26).

수용전념치료(Acceptance and Commitment Therapy: ACT)에서 유사한 개념은 '맥락으로서의 자기(self-as-context)'로 알려져 있다.

맥락으로서의 자기는 사고나 감정이 아니라 사고나 감정을 관찰할 수 있는 '관점'이며, 그러한 사고나 감정이 움직일 수 있는 '공간'이다. 우리는 우리가 인지하고 있거나 우리 자신을 의식하고 있다는 것을 알아차림으로써 이 '심리적 공간'에 접근한다. 그것은 우리가 경험에 얽매이지 않고 우리의 경험을 관찰할 수 있는 '장소'이다. '순수의식(pure awareness)'은 좋은 대체 용어인데, 그것이 전부이기 때문이다. 즉, 우리 자신의 의식에 대한 인식이다(Harris, 2009, p. 173).

변증법적 행동치료(Dialectical Behavioral Therapy: DBT)에는 '현명한 마음 (wise mind)'이라는 개념이 있다. "'현명한 마음'은 '감정적 마음'과 '이성적 마음'의 통합이며, 또한 그것들을 넘어선다. …… 그것은 폭풍 후에 오는 고요함이다. 그것은 문제의 핵심으로 갑자기 도달해서 직접적이고 명료하게 무언가를 보거나 알게 되는 경험이다. 때로는 부분만 파악하는 것이 아니라 전체적인 그림을 파악하게 되는 것으로 경험할 수도 있다.”(Linehan, 1993, pp.
214-215)

속성경험적역동치료(Accelerated Experiential Dynamic Psychotherapy: AEDP)
로 알려진 Diana Fosha의 작업에서 그녀는, 자기와 자기(self-to-self) 관계를 통
해서 내부적인 안정 애착을 조성하는 것이 연구의 핵심적 측면이라고 말하며,
이와 같은 상태를 '핵심 상태(the core state)'라고 부른다.

> 핵심 상태는 자기 자신의 내부 정서를 지지하는 환경이다. …… 핵심 상
> 태는 힘들이지 않는 주의집중, 편안함과 휴식, 주관적 감각의 명료함, 순
> 수성, 심지어 진실 그리고 종종 놀랄 만한 설득력이 특징이다. …… 핵심
> 상태는 깊은 개방성, 자기조율, 깊은 치료적 작업이 일어날 수 있도록 하
> 는 타인 수용 중 하나이다(2000, p. 142).

비록 이론과 방법론 모두에서 강한 자기에 대한 이러한 다양한 접근 가운
데 차이점이 있겠지만, 이것들은 모두 내담자의 더 큰 자기를 강화시키는 것
이 중요한 치료적 목표라는 확신에 뿌리를 둔다. Helene Brenner(2012)는 다
음과 같이 말했다.

> 치료에서 나의 첫 번째 목표는 더 강한 자기, 더 강한 '나', 더 강한 자기
> 효능감과 자율성을 기르는 것이다. 그래서 강한 '내'가 있도록 하는 것이
> 다. 자기라는 것은 다른 모든 사람이 그렇게 느껴야 한다고 말하는 것이
> 나, 그들이 느껴야 한다고 생각하거나 자기를 드러내야 한다고 한 것이 아
> 니라, '나'의 공간과 나 자신의 경험에서부터 나온다.

포커싱을 임상 현장에 도입함에 있어서 자신을 목도할 수 있는 강한 자기
를 조성하는 것이 중요하다. 강한 자기의 경험은 단순한 치료의 목표가 아니
라 치료적 변화가 가능하게 만드는 핵심적인 '환경'이다. 포커싱의 관점에서

펠트센스는 개인이 잠시 멈추고 '무언가'라는 새로운 현재의 느낌을 허용할 때 형성된다. 이 멈춤과 감지에 필요한 '나' 또는 '자기'의 질은 그 순간 정서적인 저항 상태와 융합되지 않는 것 중 하나이다. 내담자가 그것들에 합쳐지지 않은 상태로 머무르면서 그들의 느낌을 느낄 수 있을 때, 그들은 그들의 감정적인 상태보다 '더 큰' 것으로 이것을 경험한다. 비록 어마어마한 심리적 고통 가운데 있는 내담자라도 대부분 이렇게 '더 큰 나'의 상태를 조성하는 것은 어렵지 않고, 이것은 즉각적인 이득을 가져온다.

우리는 치료가 끝날 때까지 내담자들이 대부분의 시간을 이렇게 강한 자기의 상태로 살아가기를 바란다. 우리의 내담자들이 적어도 첫 회기부터 이런 상태에 있을 수 있다면, 치료는 가장 효과적일 것이다. 즉, 그들의 감정적 경험에 대해 겁을 먹거나 당황하지 않고 연민하는 마음을 가지고 질문을 할 수 있다. 하지만 이것은 역설적으로 보인다. 내담자들은 치료에서 좋은 성과를 보이기 위해서 치료가 필요하지 않을 수도 있음을 의미하는 상태에 있어야 한다. 어떻게 될 것 같은가?

다행히도, 내가 보여 줄 것처럼 내담자의 강하고 자신을 목도하는 자기를 조성하는 것은 첫 회기부터 가능하고 동시에 치료적 동맹과 다른 치료 목표도 계속할 수 있다.

현존하는 자기에 대하여

나의 동료 Barbara McGavin과 나는 자신의 내면과 과정을 바라보고 연민하는 자기의 상태를 지칭하기 위해 '현존하는 자기'라는 용어를 개발했다 (Cornell & McGavin, 2008). 현존하는 자기는 자신의 문제와 감정보다 더 큰 존재의 경험으로, 거기에 있는 감정과 생각을 호기심을 가지고 탐색할 수 있다. 늘 그렇듯, 언어는 중요하다. 우리는 한 사람이 이렇게 바라보는 상태로 동일시하는 것을 지지하기 위해 현존하는('가지고 있는' 혹은 '접근하고 있는' 것과는 대조적인) 자기라고(혹은 그러기를 원한다고) 말한다.

현존하는 자기가 되는 것은 저항적인 상태의 대안이다. 정의에 따르면, 현존하는 자기는 차분하고, 호기심 있고, 수용적이고, 따뜻한 관심을 가지고 있는 상태이다. 이런 종류의 관심을 가지고 정서적인 상태를 향해 주의를 돌리는 것은 그것 자체로 상당한 안도감을 주고, 동시에 펠트센스가 형성될 수 있는 상태를 열며, 사고, 느낌, 행동의 새로운 가능성을 만들어 낸다. 현존하는 자기는 펠트센스를 위한 핵심 환경이다.

우리의 관점에서 현존은 자기의 자연적인 상태이다. 평온하고, 호기심 있고, 흥미 있고, 성숙하고, 균형 잡힌 방법으로 행동할 수 있다. 우리는 내담자가 자기 자신의 경험이 아닐 때조차도 현존하는 자기가 될 수 있다고 가정한다. 치료자는 이런 가정으로부터 내담자에게 말을 하고, 또한 현존하는 자기에 대한 내담자의 경험을 강화하고 지지하는 제안을 할 수도 있다.

이와 같이 만들어진 내적 관계의 공간 안에는 내담자의 지지와 연민 그리고 현존하는 자기로부터 공감적으로 경청되는 것을 필요로 하는 느낌의 경험이 나타난다. 치료자의 역할은 내담자가 그것들을 필요로 하는 부분적 자기 경험에 질을 제공할 수 있도록 도와주는 것이다. 치료자와 내담자 간의 관계는 이러한 내적 관계를 지지한다.

배태성, 정신화, 마음챙김 — 그리고 현존하는 자기

현존하는 자기의 관계는 애착이론에서 '정신화(mentalizing)'(Fonagy et al., 2002)와 '마음챙김'으로 알려진 능력과 얼마나 유사하고 어떻게 다를까? 애착이론가이자 심리치료자인 David J. Wallin(2007)은 '경험을 향한 자기의 태도'라고 불리는 장에서 배태성, 정신화, 마음챙김의 세 가지 방식의 차이에 대해서 논의했다.

Wallin의 배태성은 마치 우리의 정서 반응 상태와 동일시되는 것처럼 들린다.

우리가 경험에 몰입할 때는 경험이 지속되는 한 마치 우리가 경험인 것
만 같다. …… 그러한 분별없는 마음의 틀 안에서 현실에 대한 정보를 제공
할 수도 있는 신체적 감각, 느낌, 정신적 표현은 대신에 현실로 느껴진다
(2007, p. 135).

그다음 상태는 정신화이다. 정신화는 우리 자신의 근본적인 정신 상태를
파악하고 반영하는 능력일 뿐만 아니라 다른 사람들은 우리와 다른 정신 상
태를 가질 수 있음을 상상하는 능력이다. 이러한 능력은 안정 애착과 상관관
계가 있는 것으로 알려져 있다(Fonagy et al., 2012).

Wallin의 견해에 따르면, 심리치료의 첫 번째 작업은 배태성[1]에서 정신화
로 이어질 수 있도록 반영적 자기를 강화시키는 것이다. "우리는 환자에게 감
정을 자극하도록 반응하는 것뿐만 아니라 우리 자신과 환자의 감정에 대해
반영할 수 있어야 한다. 그럼으로써 단순히 감정에 휩쓸리는 것이 아니라 감
정을 이해하려고 노력할 수 있다."(2007, p. 146)

Wallin은 계속해서 '마음챙김'을 세 번째의 '경험을 향한 자기의 태도'라고
설명하는데, 이는 정신화와는 다른 존재의 방식이다. "마음챙김은 우리 경험
의 내용을 이해하기보다 우리의 수용적인 인식을 경험의 매 순간의 과정으로
향하게 한다."(2007, p. 161) 그는 Germer 등(2005)의 말을 인용하여 마음챙김
명상이 비개념적이고, 현재 중심적이고, 비판단적이며, 의도적이고, 참여적
이고, 비언어적이고, 탐색적이면서 자유롭다고 했다. Wallin에게 마음챙김의
상태는 매우 바람직한 것이다. "더하여, 마음챙김의 경험은 우리가 인식하게
되는 변화하는 자기 상태(긍정적이거나 부정적인)보다는 인식 그 자체를 통해
점점 더 많은 동일시를 이끌어 낸다. 인식과 함께 더욱 강하게 동일시된다고
느낄수록 우리의 내적 자유와 안전감은 더욱 커진다."(2007, p. 161)

---

1) 역자 주: 배태성(embeddedness)은 아이나 새끼를 밸 수 있음을 일컫는 말로, 어떤 것이 일어날 수
  있는 능력이나 요인을 잠재하고 있음을 의미한다.

　　자연스럽게 떠오른 의문은 Wallin이 묘사한 마음챙김이 우리의 현존하는 자기와 비슷한가에 대한 것이었다. 나는 이것이 매우 가깝다고 말할 것이다. 마음챙김으로 들어가는 과정은 정서적인 상태로부터의 탈동일시로 현존하는 자기와 매우 유사한 방식인 것으로 이해된다. 더 나아가 정서적인 상태를 무시하거나 그것에 반응하는 것이 아니라 정서적인 상태를 처리하는 데 쓰일 수 있는 상태로서 그것을 강조하는 유사성을 가지고 있다.

　　　우리의 사고와 느낌 그리고 감각을 반복해서 기록하고 이름 붙이는 것, 그리고 명상에서 호흡과 알아차림에 주의를 돌리는 것은 문제가 되는 정서적 상태로부터 '탈동일시'하는 능력을 길러 줄 수 있다. 그러한 탈동일시는 내담자와 그들의 치료자들이 정서적 상태에 저항하거나 그것에게 지배당하지 않고 이러한 정서적 상태를 이해하는 것을 시도할 수 있는 정신적인 공간을 넓혀 준다(Wallin, 2007, p. 163).

　　포커싱의 관점에서 볼 때 Wallin의 관점에서 하나 빠져 있는 것은 일반적으로 마음챙김의 논의에서 빠진 것과 같은 것인데, 그것이 바로 펠트센스다. 문제에 대한 새로운 종류의 감각 경험은 오직 이 넓은 공간의 상태에서 형성될 수 있고, 이 새로운 종류의 경험이 문제를 넘어서서 살고 있는 유기체 그 자체라는 발상은 포커싱에서 가지고 온 것이다. 또 다른 차이점은 현존하는 자기는 중립적인 관찰이라는 느낌의 말보다는 더 따뜻하게 수용하는 좋은 부모와 같다는 것이다. 현존하는 자기인 우리는 그저 정서 상태를 관찰하는 것이 아니다. 우리는 동정심이 많고, 공간하며, 관심을 가지고 있다. 이 자체가 치유적이고 바꾸어 나가고자 하는 태도이다.

치료에서 버터 주는 환경

우리의 내담자들이 정서적으로 취약한 상태, 정서를 조절하지 못할 것 같은 조짐과 싸우며 우리에게 올 때, 우리는 그들을 위해 자신의 강한 자기로서 우리 스스로 현존하는 자기가 되어 존재할 필요가 있다. 왜냐하면 강한 정서적 상태로 버터 주는 우리의 능력이 내담자가 자신의 과정에서 버터 주는 것을 배울 수 있게 하기 때문이다. Diana Fosha는 다음과 같이 썼다. "자기와 타인 사이에서의 정서적 경험은 결국 내면의 정서를 버터 주는 환경과 유사한 형태로 개인의 정신 구조에 내면화되고 반영된다."(2000, p. 22)

임상가의 현존하는 자기는 내담자의 현존하는 자기가 시간이 지남에 따라 점점 더 강해지도록 만들어 주는 환경이다. 임상가는 내담자들을 위해 버터 주는 환경을 가지며, 내담자가 스스로 그런 환경을 가질 수 있도록 촉진한다. 내담자는 아기들이 양육자로부터 받는 것과 같은 애착 환경과 매우 유사한 방식으로 정서적인 조절을 제공해 주는 접촉과 수용의 안정되고 강하고 버터 주는 관계를 경험한다.

몇 년 전부터 포커싱을 내담자와의 회기에 적용하기 시작한 심리학자 Carol Ivan은 인터뷰에서 현존하는 자기가 되는 과정이 그녀 자신에게 얼마나 도움이 되었는지 말했다. "나의 모든 내적 반응에 대해서 개방적이 되고, 그것들에 더 중립적으로 연민 어린 호기심을 가지며, 그 모든 것을 위해 공간을 마련하고, 그중 누구라도 밀어낼 필요가 없었다. …… 그것들은 내가 내담자와 있는 그대로의 모습으로 함께하는 것을 가능하게 했고, 또한 내담자가 있는 그대로의 방식에서 달라질 필요가 없게 만들었다."

우리는 심리치료자와 내담자의 수평적 관계 속에서 내담자의 느낌을 경험하면서 내담자의 '나(I)'의 내적 관계를 상상해 볼 수 있다. Frans Depestele(2004)은 심리치료 속에서의 연속적인 '공간'에 대해서 썼는데, 여기서 내담자와 치료자는 우선 관계적 공간(relationship space)을 만들고, 그 공간 안에서 내

담자가 자신의 경험을 향해 주의를 돌릴 수 있는 **반영적 공간**(reflection space)
이 가능해진다. 그러고 나서 그 공간 내에서 내담자의 반영으로 새롭게 형성
된 경험에 개방될 때 **포커싱 공간**(focusing space)이 나타난다.

우리가 볼 수 있듯이, 현존하는 자기가 되는 것은 성자 같아 보일 만큼 분
리하는 것이 필요한 어떤 이상적인 상태가 아니다. 그것은 단순히 우리가 느
끼는 것과 감정을 인정하고 그것에 따라오는 감정과 반응에 얽매이지 않아
서 감정과 반응의 수용을 경험할 수 있는 현실에 기반을 둔 현재 상태에 불과
하다. 연습을 하면, 많은 일이 일어날지라도 이 상태에 접근하기는 어렵지 않
다. 우리는 내담자를 준비시키면서 회기 전에, 회기 진행 중에, 반응이 올라
올 때 할 수도 있다.

임상가로서 현존하는 자기가 되는 것은 내담자와 같은 감정의 롤러코스
터를 타지 않으면서 공감적인 접촉을 할 수 있도록 해 준다. 포커싱 치료자
Carol Sutherland Nickerson은 깊은 정서적 과정에 들어갔던 치료 회기가 끝
날 때 한 내담자가 물어본 것을 기억한다. "당신은 그들이 이것을 할 때 사람
들과 함께 앉아 있는 것에 지치지 않나요?" Nickerson은 전혀 피곤함을 느끼
지 않았고, 오히려 감동과 에너지를 얻었다. 그리고 그렇게 말했다. 현존하는
자기로 있는 것과 내담자가 가능한 한 현존하는 자기가 되도록 촉진하는 것
은 심리치료에서 누구나 에너지가 고갈되지 않고 깊은 정서적 작업이 나아갈
수 있는 공간을 마련할 수 있도록 한다.

나는 제10장에서 임상가가 현존하는 자기가 될 수 있는 능력에 대해 더 살
펴볼 것이다.

현존하는 자기를 촉진하기

현존하는 자기가 되는 것은 우리가 어떻게 느끼는지보다 우리가 어떻게 느
끼는 것과 함께 있는지(being with)를 의미한다. 나의 감정은 완전하게 느껴지

고 여전히 '나의 것'이지만, 나는 또한 '그것 이상의 것'으로 나 자신을 느낄 수
도 있다. 분열을 일으키는, 산만한, 억압하는, 행동화하는 것도 아닌 현존하
는 자기는 무엇이 느껴지는지와 함께 접촉하고 존재하는 상태, 즉 관심과 호
기심을 가지고 자신의 정서 상태를 탐구하는 최적의 태도다(사실 호기심은 현
존하는 자기가 되는 것의 주요 지표 중 하나이다).

　임상가들은 심지어 가장 강렬한 정서 상태, 감정을 제어하고 감정을 산만
하게 하거나 그것들을 억압할 수 없는 상태일 때조차 내담자가 현존하는 자
기로 전환하도록 도울 수 있다. 내담자는 정서 상태를 인정하고, 정서 상태와
함께하고, 정서 상태에 머무를 수 있도록 도움을 받을 수 있다. 이것은 펠트
센스가 형성될 수 있게 하며 펠트센스가 가능하게 하는 변화의 차원에 접근
할 수 있게 한다. 그것은 또한 내담자에게 그들 자신의 정서를 조절할 수 있
게 하는 자기가치 향상의 경험을 준다.

　심지어 가장 압도되었거나 저항적인 내담자조차 첫 번째 회기에서도 보통
현존하는 자기에 접근할 수 있다. 그들은 그 상태를 아주 안정적이거나 확고
하게 경험할 수 없을지도 모르지만, 적어도 대부분 아주 조금이라도 그것에
접근할 수 있다. 강한 자기에 접근하는 각각의 경험은 현존하는 자기에 많은
자원과 탄력성을 더해 준다. 약간의 현존하는 자기는 더욱 많은 그것들을 만
들어 낸다. 예를 들어, 그라운딩(grounding)[2]으로 깊게 호흡하는 능력은 땅에
발을 대고 의자에 앉아 있는 것을 더욱 가능하게 하는 자원이 되고, 그것은
다시 '내가 여기에 있음'을 더 느낄 수 있도록 만든다. 현존하는 자기는 '껐다
켰다' 하는 상태가 아니라 작은 시작으로부터 발전시킬 수 있는 능력이다.

예시: 첫 회기에서 강한 자기 조성하기

　한 내담자가 첫 번째 회기에서 '극심한 공포, 두려움, 파멸'과 같은 감정에

---

2) 역자 주: 두 발을 땅에 딛고 당당히 서 있는 듯한

대해 말하는 것에 도달했다. 정신적 외상(trauma)의 생존자들과 마찬가지로, 내담자는 정신적 외상을 겪은 어린 자신의 강렬한 감정과 그 감정을 조절하고 억눌러야 한다는 필요성 사이에서 내전에 휘말렸다. 오래전 정신적 외상이 나타났을 때 공포, 버림받음, 배신감 같은 감정은 정말 내담자가 감당할수 없을 만큼 너무나 컸고, 그 결과는 내담자의 '부분'이 그런 감정들을 가능한 한 인식할 수 없게 억누르도록 작동하게 하는 과정이었다. 이제 오랫동안 억눌려 있던 감정들이 금방이라도 쏟아져 나올 것만 같았다.

내담자: 저는 이런 감정을 갖고 싶지 않아요. 그 안에 들어가서 헤쳐 나가야 한다는 것은 알고 있지만, 만약 제가 그렇게 하면 죽을 것 같은 느낌이 들어요.

치료자: 그렇다면 제가 당신이 그 작업을 할 때 안전하고 천천히 가면서 그런 느낌들을 존중하는 방식으로 접촉하는 방법을 알려 드릴 수 있을 것 같은데, 한번 같이 알아보도록 하죠. 그래도 괜찮을까요?

Rothschild(2000)는 정신적 외상이 있는 과정에서 내담자에게 어떻게 '브레이크를 밟는지' 보여 주는 것의 중요성에 대해 말했다. Warner(2000)는 압도되지 않고 자신의 정서적 경험과 연결될 수 있는 그들의 능력을 지지하는 방식으로 내담자에게 반응하는 것이 중요하다고 말한다. 현존하는 자기의 조성을 통해 이 두 가지 모두를 수행할 수 있다.

내담자: (고개를 끄덕인다.)

치료자: 이제 시간을 조금 가지고 당신의 몸에 당신의 인지를 가져와 보세요. 그곳에서 지금 이 모든 것이 어떻게 느껴지는지 감각을 초대해 보세요.

우리가 제5장에서 본 것처럼, 이것은 펠트센스가 형성되기 위한 초대장이다. 때로는 내담자가 첫 번째 초대에 이것을 해낼 수도 있고, 또 때로는 내담자에게 더 많은 도움이 필요하기도 하다.

> **내담자**: (잠시 머무르기, 느끼기) 제 가슴 안에 긴장이 있어요. 그리고 제 배 속에 무언가
> 가 있어요.
>
> **치료자**: 그래서 당신은 그 두 부분을 인정하게 되었군요. 마치 당신이 각각에게 "그래, 나
> 는 네가 거기에 있는 것을 알아."라고 하듯이 말이에요.

인정하기는 현존하는 자기를 조성하는 것에 있어서 핵심적인 움직임이다. 내담자가 그가 느끼는 무엇인가를 인정하면, 그는 그 느낌에 동일시되지 않고 그것을 밀어내지도 않는 분명한 경험을 한다.

> **치료자**: 그리고 당신은 당신의 인식이 지금 그곳 중 한 곳에 특히 집중되어 있다는 것을
> 알 수 있을 겁니다.
>
> **내담자**: 제 배에요.
>
> **치료자**: 당신이 그곳, 배 안에 어떤 것이 있는지 묘사하는 데까지는 시간이 조금 필요할
> 지도 모릅니다.

포커싱에서 핵심 활동인 묘사하기(제3장 참조)는 또한 내담자가 현존하는 자기로 존재하는 것을 돕는다. 묘사하기 위해 필요한 주의를 기울이는 것의 특성은 감정을 움직이도록 하거나 평가하거나 변화시키려 하는 것이 아니기 때문이다.

> **내담자**: (느끼기) 이것은 무겁고, 둔하고, 검은 느낌이에요.
>
> **치료자**: 당신이 느끼기에…… 무언가 당신의 배에 있는데…… 무겁고…… 둔하고…… 검
> 은 것처럼 느껴지는군요.
>
> **내담자**: 네, 바로 그거예요!

치료자는 그녀가 지금 이 느낌을 인정하도록 초대한다.

내담자: (숨이 막히는 듯이 헉하는 소리를 내며 손을 가슴으로 움직인다.) 그렇게 할 때 이곳에 눌리는 것 같은 감각이 느껴져요.

한 장소나 측면을 인정하는 것이 다른 무언가를 가져왔다는 것은 놀라운 일이 아니다. 이것은 과정의 자연스러운 움직임이다. 치료자는 다음에 일어나는 것과 함께 그 내담자가 현존하는 자기가 될 수 있도록 계속 도울 것이다.

치료자: 당신은 가슴속에서 느끼고 있는 어떤 강한 것에 당신의 의식을 옮겨 볼 수 있습니다. 그리고 그것을 인정하게 될 수도 있습니다. 아마도 당신이 그것을 어떻게 묘사하는지 느껴 볼 수 있을 거예요.

내담자: 저는 정말 정말 두렵다고 느껴요.

내담자가 그녀의 경험을 묘사하는 것에서 그것과 동일시하는 것으로 옮겨 간 것을 주목하라. 그 단서는 그녀가 '이것의 느낌은'이라고 하는 대신에 '나는 느껴요.'라고 말했다는 것이다. 치료자는 현존하는 언어('당신은 느끼고 있어요…….')로 반영해서 그녀를 다시 현존하는 자기로 초대할 것이다.

치료자: 당신은 당신 안에 무언가를 느끼고 이것은 정말 정말 두렵게 느껴지고 있어요.

내담자: 네, 이것은 또 슬프고…… 외롭고…….

내담자는 '나(I)'에서 '이것(it)'으로 다시 전환하여 느낌의 장소를 묘사했다. 이것은 그녀가 현존하는 자기로 돌아오고 있음을 나타낸다. 치료자는 또 다른 종류의 초대를 제공함으로써 이 움직임을 돕고 강화할 것이다. 내담자와 함께하는 내적인 '무언가'를 듣거나 경청하기 위한 초대이다.

치료자: 아마도 당신이 그것에 귀를 기울이면 얼마나 두려운지 알 수 있을 거예요. …… 얼마나 슬픈지…… 얼마나 외로운지…….

내담자: 왜! 저는 그렇게 하고 있어요. 그리고 그것은 옳다고 말하고 저에게 말할 것이 훨씬 더 많다고 해요!

내담자의 얼굴은 경이로움으로 가득 차 생기가 돈다. 그녀는 일직선으로 바로 앉아 있고 그녀의 목소리는 처음으로 밝고 흥분되어 있다. 그녀는 처음 회기가 시작될 때 앉아 있던 사람과는 거의 완전히 다른 사람처럼 보인다.

이것이 얼마나 특별한 순간인지에 주목하자. 신체적으로 묘사되고 그 자체가 두려운 것으로 시작되었던 내적 경험은 그 나름대로의 관점과 그 고유한 의미와 함께 활기를 띠게 되었다("그것은 저에게 말할 것이 훨씬 더 많다고 해요!"). 그녀의 내적 경험과 관계를 맺음으로써 그 과정은 앞으로 나아간다. "나는 두렵다고 느껴요."라는 태도로부터 시작된 이것이 얼마나 더 어려웠을지 상상해 보라.

동일시와 탈동일시

내담자가 정서적 경험을 할 수 있을 때 어떤 일이 일어나는지 더 살펴보자. 현존하는 자기를 이해하기 위한 핵심 개념은 동일시와 탈동일시이다.

느낌의 상태와 동일시된다는 것은 그 느낌과 융합되어 버리거나 그 느낌에 끌려다니는 것과 같다. "나는 화가 났어."라고 말하는 사람은 분노 감정과 동일시되기 쉽다. '나=분노'이다. '분노'는 그 사람이 동일시하고 있는 것이다.

대조적으로, 만일 그 사람이 분노 감정으로부터 탈동일시된다면 분노를 느낄 수 있고 분노를 가질 수 있겠지만 분노가 되어 버리지는 않을 것이다.

탈동일시는 감정의 자각을 아예 차단해 버리는 의미인 해리와는 같지 않다. 해리의 다른 친숙한 지표로는 멍해짐(spaciness)과 정서적 둔마가 있다. 이상적으로, 우리는 융합되지 않고 아직 인식되지 못한 상태인 동일시와 해리에서 벗어나야 할 것이다.

언어만으로는 확신할 수 없기 때문에, 우리는 "나는 화가 났어."라고 말하는 사람이 분노의 느낌과 동일시되었는지에 대해서 알 수 없다. 그런 사람은 느낌을 묘사하거나 표현하고 있을 수 있지만 동시에 그것을 느낄 수 있고 함께할 수도 있다. 만약 당신이 주의를 기울여서 경청하면, 보통 "나는 화가 났어."라고 말하는 사람과 내적 측면을 전달하면서 "나는 화가 났어."라고 말하는 사람의 차이를 구분할 수 있을 것이다.

'내 안의 무언가'

임상가들과 그룹으로 일할 때, 나는 그들이 동일시되는 것과 탈동일시되는 것의 차이를 경험할 수 있도록 돕는 간단한 연습을 한다. 나는 사람들에게 지금 느끼고 있거나 최근에 느꼈던 감정들에 대해 생각해 보라고 한다. 그리고 '나는 _____.' 혹은 '나는 _____라고 느낀다.', 즉 사람들에게 '나는 화가 난다.' '나는 속상하다.' 혹은 '나는 지루하다고 느낀다.'와 같이 말해 보라고 한다(지금 당장 들어갈 필요는 없기 때문에, 나는 즐거운 감정보다 부정적인 감정을 물어본다).

그다음 나는 그들에게 '나는 _____.'를 '나에게 있는 무언가가 _____.'로 문장에서 사용하는 용어를 바꿔 달라고 요청한다. '나는 화가 난다.'는 '내 안에 무언가가 화가 난다.'가, '나는 속상하다.'는 '내 안에 무언가가 속상하다.'가 된다. 나는 그들에게 이 단어를 몸의 알아차림으로 초대하고 차이를 느껴 보도록 한다(아마 독자들은 지금 이것을 시도해 볼 수 있을 것이다).

사람들은 이 연습을 시도한 후 몇 가지를 말하곤 했다. "네가 나의 느낌에 대해서 배려하는 관찰자가 된 것 같아요." "나는 더 이상 나의 감정에 의해서 정의 내려진 것 같지 않아요." "나의 신경계가 즉시 진정되었어요." "나는 내 안의 넓은 공간처럼 감정과의 거리를 느껴요." "첫 번째 문장에서는 해결책이 없다고 느꼈는데, 두 번째 문장부터는 편안해지기 시작했어요." 이것은 지적인 움직임이 아니다. 이것은 실제로 식별할 수 있는 방식으로 감각 경험을 변화시킨다.

만약 의도적으로 용어들을 바꾸는 것이 이런 종류의 차이를 만들 수 있다면(그리고 그것은 그럴 수 있다) 우리는 내담자에게 그것을 제공해야 할 의무가 있다.

'당신 안에 있는 무언가'

우리는 우리의 감정 상태에 대해 '나는 화가 난다.'에서 '내 안에 있는 무언가가 화가 난다.'로 용어를 바꾸는 것이 어떤 차이를 만들어 내는지 보았다. 이것은 우리가 스스로에게 말하는 경우에 해당한다. 우리가 내담자에게 말할 때에는 이 구절이 '당신 안에 있는 무언가'가 된다.

> 내담자: 나는 두려움이 가득 차 있다고 느껴요.
> 치료자: 당신 안에 있는 무언가가 두려움으로 가득 차 있군요.

이런 방식으로 말하는 것이 항상 권장되거나 적절한 것은 아니다(이후 내용 참조). 우리가 그것을 할 때, 우리는 그저 내담자에게 권하는 것이라고 여겨야 한다. 우리는 그것이 어느 쪽이라도 괜찮다는 태도를 가져야 한다.

'권유를 받아들인' 내담자는 그의 용어를 '나'에서 '이것'으로 바꾸고 종종 신체 경험에 대해—초대받지 않았더라도—말하기 시작할 것이다.

> 내담자: 나는 두려움이 가득 차 있다고 느껴요.
> 치료자: 당신 안에 있는 무언가가 두려움으로 가득 차 있군요.
> 내담자: 네. 이것이 배 속에 있어요. 무거운 돌덩이 같아요.

'권유를 받아들이지 않는' 내담자는 계속 동일시된 방식으로 이야기할 것이다.

내담자: 나는 두려움이 가득 차 있다고 느껴요.

치료자: 당신 안에 있는 무언가가 두려움으로 가득 차 있군요.

내담자: 나는 산산조각 날까 봐 너무 무서워요.

이런 반응은 내담자가 받아들이지 못했거나 치료자가 '당신 안에 있는 무언가'라는 문구를 사용한 것에 대해 도움을 받는다고 느끼지 못했음을 나타내는 것처럼 보인다. 다음에 무엇을 제안할 것인가에 대해서는 많은 가능성이 있다. 그중 하나는 실험적으로, 내담자가 직접 그의 언어를 바꾸도록 초대하는 것이다. 첫 번째로, 우리는 그 실험을 시도하기 위해 내담자의 동의를 받는다.

치료자: 정말 어렵게 들리네요. 당신이 겪은 것 말이에요. 저는 당신이 그 모든 것에 대해서 더욱 강하게 느낄 수 있도록 제가 도움을 주기를 바라는지 궁금해요.

내담자: 네, 저는 정말 그 도움이 필요해요.

치료자: 그러면 잠시 동안 당신의 발이 땅을 딛고 있는 것을 느껴 보도록 하죠……. 의자에 앉아 보세요……. 좋아요. 그렇게 함으로써 당신의 호흡이 더 깊어지는 것처럼 보이네요…….

내담자: 약간 나아졌지만 여전히 저는 너무 무서워요……. (눈물)

치료자: 우리는 당신 안에 있는 겁을 먹은 그곳이 바라는 대로 함께 있을 수 있기를 바라요. "내 안에 있는 무언가가 너무 무서워요."라고 말해 보세요.

내담자: 내 안에 무언가가 너무 무서워요.

치료자: 그렇게 말하고 나서 무슨 일이 일어나는지 보세요.

내담자: 기분이 좀 나아졌어요. 무서운 곳은 바로 여기예요. (배를 만진다.)

치료자: 좋아요. 당신의 무서운 그곳과 함께해 봐요. 당신의 배 속에…….

우리는 이 회기가 어떻게 더 진행되는지에 대해 제6장에서 더 살펴볼 것이다.

'당신의 일부분'

'당신 안에 있는 무언가'와 '당신의 일부분' 간의 차이에 주목하라. 이 두 문구는 똑같지 않다. 그것은 효과와 결과가 다르다. 나는 이 두 문구 중 '당신 안에 있는 무언가'를 더 선호한다. 만약 내담자가 이미 부분들에 대해서 이야기하지 않았다면 말이다.

나는 '당신의 일부분'을 말하곤 했다. 예를 들어, "당신의 일부분이 무섭게 느끼고 있군요." 종종 내담자는 이 문구를 거부한다. "이것은 나의 일부분이 아니라 나예요!" 자연스럽게 나는 서둘러 내담자의 말에 맞춘다. "맞아요, 당신이 무서워하고 있군요." 그러나 이때 우리는 내담자가 내가 바꾸어 말한 것을 받아들였더라면 일어났을지 모르는 일(탈동일시에 도움이 되었을)을 놓치게 된다.

'당신의 일부분' 대신에 '당신 안에 있는 무언가'라는 문구를 사용하기 시작했을 때 놀라운 일이 일어났다. 나는 명백한 거절의 발생률이 거의 0에 가깝게 떨어진 것을 알아차렸다. 앞에서 말했듯이 내담자는 제안을 항상 받아들이지는 않는다. 그들은 계속해서 "내 안에 있는 무언가를 느껴요." 대신에 "나는 느껴요."라고 말할 수도 있다. 그러나 "이것은 내 안에 있는 무언가가 아니라 나예요!"라고는 거의 말하지 않는다.

'당신 안에 있는 무언가'와 '당신의 일부분'이라는 두 문구는 각기 다르게 경험된다. 나는 보통의 경우 '당신 안에 있는 무언가'라고 말하기를 추천한다. 당연히 내담자가 그것을 '부분'이라는 단어로 소개하려 하지 않는다면 말이다. 예를 들면, "나의 일부분은 아버지의 죽음을 절대 받아들이지 않으려 하는 것 같아요."와 같다.

'당신 안에 있는 무언가'라고 말하지 않아야 할 때

탈동일시를 돕는 이 강력한 문구 '당신 안에 있는 무언가'를 기계적으로 쓰거나 모든 상황에서 사용해야 한다는 것은 아니다. 그것이 매우 강력하다는 사실은 우리가 필요할 때만 분별력 있게 사용해야 한다는 것을 의미한다. 종종 내담자들이 회기에서 자신의 감정에 대해 처음 이야기할 때, 보통은 어떤 식으로든 그것을 바꾸려 하지 않고 공감적으로 소통하는 것이 도움을 준다.

> **내담자:** 저는 그저 모든 것을 다 붙들고 있는 것만으로도 힘든 시간을 보내고 있어요.
>
> **치료자:** (따뜻한 어조로) 그래요. 그래서 그게 힘들군요. 당신이 모든 것을 다 붙들고 있는 것만으로도 힘든 시간을 보내고 있군요.

만약 우리가 "당신은 힘든 시간을 보내고 있는 당신 안에 있는 무언가를 느끼는군요……"라고 바로 내담자의 용어를 바꾼다면 대부분의 경우 내담자와의 라포를 조금 잃게 된다.

나는 먼저 충분히 공감하는 시간을 가진 다음 개입을 제안하는 식의 태도를 취한다. 개입은 일단 내담자가 있는 그대로 수용받고 이해받았다고 느낄 때 받아들여질 가능성이 높다.

'당신은 ……을 느끼고 있다.'

'당신 안에 있는 무언가'라는 문구 외에도, 내담자가 정서적 상태와 함께 현존하는 자기가 되도록 돕기 위해 사용할 수 있는 두 번째로 강력하고 간단한 문구는 '당신은 ……을 느끼고 있어요.'이다.

'당신은 ……을 느끼고 있어요.'는 감각을 느끼고 있는 내담자의 '당신'에게 말을 함으로써 현존하는 자기를 환기시킨다. 우리는 또한 '당신은 ……을 알아차리고 있어요.' '당신은 ……을 인식하고 있어요.' 또는 '당신은 ……을 깨닫고 있어요.'라고 말할 수 있다. 다양한 방법의 대안을 갖는 것은 좋지만, 나는 '당신은 ……을 느끼고 있어요.'를 훨씬 더 선호하는데, 이것이 우리가 독려하고자 하는 내적 감각을 불러일으키고 초대하기 때문이다.

'당신'이라는 단어는 내담자의 현존하는 자기를 가리킨다. 이것은 전형적으로 현존하는 자기를 돕는 모든 개입에서 문장의 시작 부분에 올 것이다. 당신이 이것을 기억한다면, '당신 안에 있는 무언가가 ……을 느끼고 있어요.'와 같이 어색하고 별로 도움이 되지 않는 문장을 말하지 않게 될 것이다. 추천하는 문장은 '당신은 당신 안에 있는 ……이라고 하는 무언가를 느끼네요.'와 같다.

'당신은 느끼고 있어요.'는 우리가 보았듯이 '당신 안에 있는 무언가'와 결합될 수 있고, 그것만 사용할 수도 있다.

'당신은 느끼고 있어요.'와 같은 문장이 가진 하나의 기능은 동의하거나 동의하지 않아도 우리가 내담자의 경험을 위한 공간을 만들 수 있다는 것이다. 내담자가 사실로서 믿고 있는 것에 대해 이야기하면, 우리가 반응할 수 있는 방법은 오직 그 믿음이 타당하다는 것을 확인해 주거나 그 믿음과 싸워야 하는 것처럼 느껴질 수도 있다. 그러나 여기에서 중요한 것은 내담자가 앞으로 나아갈 곳으로서 그 경험을 가질 수 있게 하는 것이다. '당신은 느끼고 있어요.'라는 문장은 그것을 가능하게 한다.

내담자: 힘든 삶이에요.

치료자: 당신은 힘든 삶이라고 느끼고 있군요.

다른 표현으로 '와닿은 것은…….' '와닿은 말은…….'이 있다. 예를 들면, "당신에게 와닿은 말은 힘든 삶이라는 거군요."로 표현할 수 있다.

어떤 내담자가 "나는 그녀에게 너무나 좌절감을 느꼈어요."라고 했을 때 두 문장이 같이 사용된 예시는 "당신은 당신 안에 있는 그녀에게 너무나 좌절했다고 하는 무언가를 느끼고 있군요."가 될 것이다. 이 강력한 문구들 중 하나나 둘 다에 대한 우리의 용어는 '현존하는 언어(presence language)'이다. 현존하는 언어를 사용하는 것은 펠트센스, 즉 '이것(this)'으로 정서적인 상태를 경험하라고 암시하는 초대를 포함하며 더 나아간 것까지 느낄 수 있게 한다.

이 언어는 단순해 보일 수 있지만 내담자에게 놀라울 만큼 효과적이고 동기를 부여해 준다.

내적 관계에서의 '그것'

우리가 제1장에서 이야기했던 것과 같이, 포커싱을 하며 내담자가 자신의 내적 정서적 상태와 함께 있을 때 내적 관계가 자연스럽게 발달한다. 내담자가 현존하는 자기일 때, 내적 정서 상태는 '무언가(something)' 또는 '그것(it)' 또는 '이것(this)'이다. 사람들이 포커싱을 할 때 따로 유도하지 않아도 그들은 제3장에서 보았던 것처럼 자연스럽게 "그것이 여기에 있어요."라고 말한 다음 가슴을 가리키면서 "그리고 그것은 꽉 조이는 것처럼 느껴져요."라는 방식으로 말한다.

어떤 사람들에게 이것은 이상한 말투로 들릴 수 있다. 우리는 내담자가 자신의 경험을 가질 수 있도록 격려하는 것에 더 익숙할지도 모른다. 한 내담자가 "네, 장례식은 지난주였어요. 그것은 매우 슬펐어요."라고 조용히 말한다면 "사실, 나는 슬퍼요!"라고 말하고 느끼도록 격려받을지도 모른다. 만일 사람들이 자신의 감정을 전혀 가져 보지 않았거나 느껴 본 적이 없다면, 당연히 그렇게 하는 것이 긍정적이며 삶을 한 걸음 더 나아가게 만드는 일일 것이다. 장례식에 대해서 "그것은 슬펐어요."라는 문장은 감정 상태를 변화시켜서 자신의 감정을 보다 정확하게 표면화하고 밖으로 드러내 놓는 것이다. 비슷한 문구로는 "그것은 거북했어요." "그것은 압도적이었어요." "그것은 무서웠어요."가 있다.

그러나 예를 들어, 가슴을 가리키면서 "그것은 꽉 조이는 것처럼 느껴져요."에서의 '그것'은 전혀 다른 것이다. 때로는 '그것'이라는 단어뿐만 아니라 문자 그대로 손으로 그것을 직접 가리키며 그런 경험을 직접적으로 보여 주기도 한다. 이것은 대체하거나 분리할 수 없는 명확한 감각의 경험이다. 그것이 여기 있다.

'그것'이 펠트센스일까? 이것은 난감한 부분이다. 우리가 제3장에서 보았듯이 펠트센스는 형성된다. 이미 거기에 있는 것이 아니다. 따라서 몸에서 느껴지는 '그것'은 펠트센스일 수도 있고 아닐 수도 있다. 그러나 결정적으로 펠트센스가 형성되기 위한 핵심적인 환경으로서 거기에 있는 것을 수용하는 것이 필요하다. 현존하는 자기에 대한 내담자의 경험은 "이것이 펠트센스인가? 이것이 내가 느껴야 하는 건가?"와 같은 평가가 아니라 인식과 직접적인 감각으로, 그가 느끼는 것을 수용하는 방향으로 돌아서는 것을 포함할 것이다.

그 과정의 순서는 다음과 같다.

1. 내담자는 펠트센스가 아닐지도 모르는 정서적 경험과 융합되어 있다.
2. 내담자는 그 경험을 인정하고 그것을 향하여 돌아감으로써 현존하는 자기가 될 수 있다.
3. 현존하는 자기의 환경은 펠트센스의 형성을 가능하게 하며, 정서적 경험으로부터 성장하거나 발전하게 될 가능성이 매우 높다.

각 단계에서 내담자의 경험을 수용하고, 그것을 수용하는 내담자를 지지함으로써 우리는 내담자가 즉각적으로 느끼는 경험에 주의를 기울이는 자연스러운 과정과 펠트센스를 형성할 수 있는 원활한 통로를 만든다.

감각 경험을 위해서 '그것' 또는 '무언가'라는 단어를 사용하면 그것이 펠트센스인지 아닌지에 대한 우려를 불식할 수 있다. 결국 우리는 여기에서 과정에 대해 이야기하고 있기 때문에 정서 및 감각 경험이 펠트센스일 때의 미묘한 차이는 내담자가 자신의 감각 경험을 가져올 수 있는 흥미로운 환경만큼 중요하지 않다.

내적 관계에서의 '당신'

내가 내담자에게 현존하는 자기에 대해 말하기 위해 어떤 단어를 사용하는지에 대한 대답은 놀랍겠지만 생각해 보면 일리가 있는 것이다. 나는 '당신(you)'이라는 단어를 사용한다.

"아마도 당신은 당신 안에 있는 슬픈 곳에 함께할 수 있을 거예요." 나는 '당신'이라는 단어를 이런 식으로 사용할 때 내용이 있다는 것을 보여 주기 위해 약간 강조한다. 그것은 무언가 중요한 것을 알 수 있게 한다. 나는 내담자가 현존하는 자기와 동일시할 것을 권하고 싶다. 그리고 '나(혹은 타인과 이야기할 때는 '당신')'라는 단어는 우리가 동일시하는 것에 사용된다.

> 내담자: (울먹이는 목소리로) 제 안에 있는 이곳은, 그것은 정말 슬픈 느낌이에요. 상처 입은 곳이죠.
> 치료자: 아, 당신은 그것이 얼마나 슬프고 상처 입었는지를 느끼고 있군요. 아마 당신은 그것과 함께할 수 있을 거예요.

'당신'이라는 단어를 약간 강조하면 그 전체적인 사람, 즉 전체로서의 자기를 가리키려는 나의 의도가 전달된다. Germain Lietaer와의 인터뷰에서 Gendlin은 이 '새로운 나'에 대해 설명했다.

> Gendlin: 또 한 가지 말씀드리고 싶은 것은…… 포커싱을 사용하는 방식으로 마음속을 살펴볼 때 거기에 무엇이 있든지 자기와의 사이에는 항상 차이가 있다는 것입니다. 왜냐하면 몸이 문제의 전체적인 감각을 형성하면서 작은 거리가 만들어지기 때문입니다. …… 새로운 '나'가 그곳에 옵니다.
> Lietaer: 당신의 말은 그것이 어떻게든 자아(ego)를 강화하는 것이라는 건가요?
> Gendlin: 그래요, 그러나 그것은 같은 자아(ego)가 아닙니다. 그것은 모든 내용이 **거기에** 있기 때문에 내용이 없는 자기입니다. …… 이제 '나'는 훨씬 강해지고 어떤 의미에서는 이 전체의 주인이 될 수 있고, 그것은 거기에 무엇이 있든지 관계에서 강해지게 됩니다. (Gendlin & Lietaer, 1983, p. 90)

현존하는 자기의 초대

내담자가 '그것' 또는 '무언가'와 공감적으로 접촉하는 커다란 '나(현존하는 자기)'가 되는 것을 촉진시키고 도와주는 일련의 요청이 있다. 그것은 인정하기(acknowledging), 함께 머무르기(keeping company), 접촉에 주의를 두기(attending to contact) 그리고 경청/받아들이기(hearing/receiving)이다.

인정하기

현존하는 언어를 사용한 후의 다음 개입은 내담자가 '무언가'에 대해 인정하거나 인사하도록 초대하는 것이다. 예를 들어, "당신은 당신 안에 있는 무언가가 걱정을 하고 있다고 느끼는군요. …… 아마 당신은 그것에게 인사할 수 있을 거예요."라고 말할 수 있다. 내담자가 펠트센스 혹은 내적 정서 상태에 대해 인정하거나 인사할 수 있을 때, 그들은 감정과 분리되어 있지만 여전히 서로 연결되어 있는 더 강한 자기를 경험한다.

> "그래서 당신은 그 장소를 인정할 수도 있겠군요. 마치 '그래, 나는 네가 거기에 있다는 것을 알아.'라고 말하는 것과 같이 말이죠."

내담자는 보통 "나는 내가 공포를 가지고 있다고 느끼지만 내가 공포는 아니에요. 그것이 나를 가지고 있지는 않아요."라고 말한다.

함께 머무르기

공감의 내적 관계를 유지하는 것은 특히 정서 상태에 압도당하는 경향이 있는 내담자에게 동기를 부여하고 깊이 촉진시키는 움직임이 될 수 있다.

내담자: 이것은 그 안에서 정말 슬퍼요.

치료자: 아마도 당신은 그 슬픈 곳에 함께 있을 수 있을 거예요.

혹은

내담자: 이것은 너무 무서워요.

치료자: 무서운 무언가와 함께 있어도 괜찮은지 한번 보세요.

동요, 불안, 괴로움 또는 속상함과 같은 경우에 도움이 되는 움직임은 '조심스럽게 손이 그곳에 가게 하도록' 내담자를 초대하는 것이다. '당신의 손을 그곳에 올려 주세요.'와는 다르게 신중하게 선택된 말이라는 것에 주목하라.

내담자: 이것은 정말 동요되네요. 심장이 거의 가슴을 뚫고 나올 것같이 뛰어요.

치료자: 그렇다면 아마도 당신의 가슴으로 조심스럽게 손을 가져가 보는 것이 좋겠어요. 마치 당신의 손이 "그래, 나는 너와 함께 있어."라고 말하는 것 같이요.

이것은 많은 내담자가 집에서 활용하기가 좋다고 생각하는 자기위안의 한 방법이다.

접촉에 주의를 두기

우리는 내담자기 자신의 감각 경험을 가지고 있는 접촉의 질감에 직접 주의를 두도록 초대할 수 있다. 이것은 특히 내담자가 '그것'이 부끄러워하거나, 경계하거나, 의심하거나, 신뢰할 수 없다고 느끼는 것 같을 때 또는 내적 접촉이 견고하게 이루어졌는지에 대해 의문이 들 때 도움이 될 것이다.

내담자: 저는 이것이 저를 신뢰하는지 잘 모르겠어요.

치료자: 당신은 지금 이것이 어떤 접촉을 원하는지 느껴 볼 수 있을 겁니다.

내담자: 이것은 제가 한 발짝 뒤로 물러나서 약간의 공간을 주기를 원하는 것 같아요.

　다음의 예시에서 우리는 어떤 일이 일어나도록 해야 할 필요성에 약간 동화된 것 같은 내담자를 볼 수 있다. 접촉에 주의를 두도록 초대하는 것은 내담자가 현존하는 자기와 함께 동일시하도록 돌아가게 하는 한 방법이다.

내담자: 그것은 정말 찾기가 힘드네요. 그것을 가질 수 없을 것 같아요. 그것이 계속 뒤로 물러나요.

치료자: 아! 당신이 그곳에 그대로 머물러 있어도 좋을 것 같아요. 그것이 준비되면 당신에게 오게 해 주세요.

경청/받아들이기

　현존하는 자기의 핵심 특성 중 하나는 공감이다. 현존하는 자기로서, 내담자는 자신이 겪고 있는 정서적인 경험에 대해 공감적이다. 우리는 이미 치료자가 내담자에게 하는 공감의 핵심 기능을 살펴보았다. 게다가 치료자는 "당신이 그것을 듣고 있다는 것을 그것이 알게 하세요."와 같은 초대로 내담자와 그의 감각 경험의 내적인 질을 촉진할 수 있다.

내담자: 그것은 모두를 돌보는 사람이어야 할 것같이 느껴져요.

치료자: 당신이 정말 듣고 있다는 것을 그것이 알게 할 수 있어요. 그것은 모두를 돌보는 사람이어야 할 것같이 느껴지네요.

　이 초대의 약간 다른 변형은 강한 감정적 상태가 동일시되지 않고 공감을 얻도록 돕는다.

내담자: 그것은 정말 정말 무서워요!

치료자: 아마도 당신은 그것에게 얼마나 무서운지 당신이 듣고 있다는 것을 알려 줄 수 있을 거예요.

분명히 일어나고 있는 일은 내담자의 내면적 공감을 위한 초대이지만, 치료자 자신의 공감 또한 전달된다는 것에 주목하라. 치료자의 목소리에 담긴 따뜻함과 힘은 "나 또한 그것이 무섭다는 것을 이해한다."라고 말한다. 이런 종류의 환영하는 초대는 이중적 의무를 가지기 때문에 대단히 가치가 있다.

이에 덧붙여서, "당신은 그것의 느낌을 이해했는지 살펴볼 수 있을 겁니다."로 요청해 볼 수 있다.

현존하는 언어를 사용하여 정서 상태를 전환하기

내담자가 말할 때

"나는 ……을 느껴요."

"내 안에 있는 무언가는……."

"그것, 이것."

임상가가 말할 때

"당신은 ……을 느끼고 있네요."

"당신 안에 있는 무언가는……."

"당신."

"당신은 그것을 인정할지도 몰라요."

"그것과 함께해도 괜찮은지 보세요."

"당신은 지금 그것이 어떤 접촉을 원하는지 느껴 볼 수 있을 겁니다."

"당신이 듣고 있다는 것을 그것에게 알려 주세요."

현존하는 자기를 위한 자원으로서의 즐거움

내담자가 무언가 즐거움을 느끼기 시작할 때, 그것이 조그만 안도감("예전의 그것만큼 무겁지는 않아요.")이든 또는 확실히 느껴지는 질적인 변화("와, 이제 모든 것이 훨씬 더 가벼워졌어요.")이든 그 순간에 기민하고자 하는 것은 좋은 생각이다. 이러한 순간은 과정 자체에서 내담자가 스스로 변화하는 방향으로 삶이 나아가고 있다는 분명한 신호이기 때문에 우리는 이 순간을 인식할 수 있기를 원한다(제1장 참조). 우리는 또한 내담자가 이런 즐거운 느낌을 가능한 한 충분히 가지고 경험할 수 있도록 지지하고 격려하고 싶다. 그리고 앞으로 나아가고자 하는 삶이 더 크고 더 멀리 갈 수 있도록 하기를 바란다. 우리는 제6장에서 이것을 어떻게 할 수 있는지에 대해 자세하게 다룰 것이다.

또한 모든 즐거운 느낌은 현존하는 자기가 될 수 있는 내담자 능력의 자원이 된다. 이것은 확장적이고, 따뜻하고, 개방적이고, 살아 있고, 편안하고, 평화로운 등의 느낌을 포함한다. 이런 즐거운 느낌을 가지고 경험할 수 있다는 것만으로도 연민 어린, 온화하고, 강력하게 보호된 자기 자신이 될 수 있도록 좀 더 감정에 도전하고자 하는 능력이 더해진다.

즐거운 느낌을 견디기 어려워하는 자기의 어떤 측면이 있을 수도 있고, 내담자가 단순히 그의 즐거운 느낌이 치료의 한 부분이라는 것을 보지 못할 수도 있다. 우리는 내담자가 즐거운 느낌과 함께 더 오래 머물 수 있도록 그것들이 그곳에 있도록 허락하고 그것들을 몸 안에서 더 충분히 느껴 보도록 격려할 수 있다.

내담자: 배 속에서 그것이 더욱 편안하게 느껴지기 시작했어요.

치료자: 아마 당신은 그 '편안한' 느낌이 그곳에 머무르는 시간을 갖도록 허락할 수 있을 거예요.

내담자: 그것은 마치 따뜻함이 배 속부터 시작해서 퍼져 나가고 있는 것 같아요.

치료자: 아! 정말 그렇게 그런 느낌을 가지면서 따뜻함이 당신의 배 속에서 퍼져 나가고 있군요. 그것이 원하는 만큼 충분히 그곳에 머물도록 해 주세요.

현존하는 자기로서 경험하는 즐거운 느낌은 더 도전적인 느낌을 밀어내지 않고, 오히려 관심이 필요한 자신의 어떠한 측면이라도 이에 대해서 환영하는 환경을 조성한다.

내담자: 저는 아직도 제 배에 따뜻함을 가지고 있지만, 지금 제 목이 죄는 느낌도 있어요.

치료자: 아마도 당신은 여전히 배에 있는 따뜻함과 함께할 수 있을 것입니다. 그리고 그곳으로부터 당신 목의 죄는 느낌에 조심스럽게 관심을 보내 보세요.

감정에 대한 느낌

그들이 경험하는 정서에서 탈동일시(예: '나에게 있는 어떤 것이 화가 났다.') 하는 것은 보통 대부분의 내담자에게 그렇게 어렵지 않다. 더 도전적이고 잠 재적으로 훨씬 더 중요한 것은 정서에 대한 반응, 즉 우리가 '느낌에 대한 느낌'이라고 부르는 반응 상태로부터의 탈동일시이다. "나는 내 분노를 좋아하지 않아."가 그 예이다. 내담자는 분노(감정)를 가지고 있으며 그 분노를 좋아하지 않는다(감정에 대한 느낌). 우리는 이 상태로부터 내담자가 탈동일시할수 있도록 돕기를 원한다. 또 다른 예는 "연약한 상태인 것은 너무 두려워."로, 여기에는 연약한 감정과 연약한 상태에 대한 두려운 느낌이 있다.

현존하는 자기로서, 내담자는 자신의 감정 상태에 대해 수용하고 호기심을 가지며, 이러한 감정 상태가 자신의 삶이 나아가고자 하는 방향으로 변화할 수 있도록 최적의 환경을 조성한다. 그러나 종종 내담자는 현존하는 자기가 아니라, 수용하지도 호기심을 갖지도 않고 대신에 그들의 감정 상태에 대한 그들의 반응과 동일시된다. 내담자가 이런 '감정에 대한 느낌'으로 돌아서지 않는다면, 이 반응들은 현존하는 자기가 되는 것을 강하게 방해하는 경향을 갖는다.

예를 들어, 내담자는 자신의 감정 상태가 달라지기를 바란다고 말하거나, 어떤 다른 것을 느끼기를 갈망하거나, 강한 감정 상태에 압도당하는 것을 두려워할 수 있다. 또 다른 가능성은 내담자가 저항적인 상태에 너무 동일시되어 버려서 그것에 대해 말을 하지 않고 그냥 행동만 할지도 모른다는 것이다.

우리의 내담자가 당면한 문제 중 많은 부분은 어린 시절에 압도되었던 감정을 해결하기 위해 취했던 방식이 현재 내담자가 시도하는 것을 방해한다는 것이다. 예를 들어, 그것은 마치 오래전에 그들 안에 있는 무언가가 "만약 내가 두려운 느낌이 전혀 나타나지 않도록 막는다면, 나는 연약하고 위협적인 감정을 느끼지 않아도 된다."라고 결정한 것과 같다. 분명히 이것은 잘 형성되고 논리적인 생각이 아닌, 감정 회피의 방어가 동원되는 과정이다. 다른 예로는 "만약 내가 욕구가 없다면, 누구도 화나게 하지 않을 거야." 또는 "만약 내가 절대 두려워하지 않거나 슬퍼하지 않는다면, 나는 맞을 일이 없을 거야." 이러한 초기 전략은 종종 경험적인 과정에서 '감정에 대한 느낌'으로 나타난다.

만약 우리가 내담자에게 개입할 수 있는 준비가 되었다고 느낀다면, 우리는 그 감정에 대한 느낌을 인정하고 방향을 바꾸기 위해서 두 번째 '당신 안에 있는 무언가'로 그 느낌을 다룰 수 있다. 종종 이것은 다음에 주의를 필요로 한다.

내담자: (가슴에 손을 가져가고 목이 메며) 슬픔이 여기에 있어요. 이런 식으로 느끼는 것에 너무 지쳤어요!

치료자: 그래요, 당신은 그곳을 느끼네요. 당신의 가슴 안에서요. 그리고 당신은 당신 안에서 그런 식으로 느끼는 것에 너무 지친 무언가를 느끼고 있어요.

내담자: 네, 둘 다예요.

치료자: 아마도 당신을 지치게 하는 그런 식의 느낌과 함께 시간을 보낼 수 있을 것 같

아요.

내담자: 이건 이 피로의 망토가 나의 어깨 위로 퍼져 나가는 것 같아요…….

치료자: 당신은 어깨에서 그것을 느끼는군요. …… 마치 피로의 망토처럼…… 아마도 당신은 그것이 거기에 있다는 사실을 당신이 알고 있음을 그것에게 알게 해 줄 수 있을 거예요.

내담자: 이제 좀 편안해졌어요. …… 웃기네요. …… 마치 이것이 지금 슬픔과 같이 있어도 괜찮다고 말하는 것 같아요.

치료자: 좋습니다. 그러면 슬픔으로 자각을 움직여 보세요…….

어떤 회기는 이처럼 감정에 대한 느낌을 인정한 후 자연스럽게 편안해지거나 '한 걸음 물러서는 것'과 함께 진행된다. 다른 회기에서는 감정에 대한 느낌으로 시작된 것이 느낌, 즉 자각의 초점이 된다. 우리는 그 과정이 어느 방향으로 진행되더라도 열려 있을 수 있다.

내담자에게 현존하는 자기에 대해 말하기

우리가 현존하는 자기라고 부르는 자아를 바라보면서 내담자가 연민에 대한 개념을 가지는 것은 때로 큰 도움이 될 수 있다. 내가 보통 추구하려는 것은 내가 하는 일의 이론에 대한 최소한의 설명을 제공하는 것인데, 이것은 현재의 경험에서 벗어나려고 하는 것은 아니다. 여기까지 오는 데 따라야 할 섬세한 균형이 있다. 나는 내담자가 내가 제시한 개념에 대해 생각을 너무 많이 하면 경험에 관심을 가지기보다 오히려 자신의 경험에 대한 비생산적인 의문을 가지게 만들 수 있다는 것을 발견했다. 예를 들어, 나는 '펠트센스'라는 용어에 대한 논의를 멀리하려는 경향이 있다(제2장 참조). 그러나 현존하는 자기라는 개념의 익숙함은 내담자가 깊은 체험적 작업을 하는 데 도움이 될 수 있다.

나는 사실 사람들이 이미 알고 있지 않은 한 실제로 '현존하는 자기'라는 용어를 사용하지 않는다. 대신에 나는 '당신의 모든 것(all of you)' '더 큰 당신(the larger you)' 혹은 '의자에 앉아 있는 당신(you in the chair)'과 같은 문구를 사용한다. 나는 "그래서 당신은 그 슬픈 느낌과 함께 있을 수 있습니다. 당신은 의자에 앉아서 그저 슬픈 느낌과 함께할 수 있습니다."라고 말할 수 있다. [자신의 신체 사이즈에 예민한 내담자에게 우리는 '더 큰 당신'보다는 '전체로서의 당신(the whole you)' 또는 '당신의 모든 것'이라고 말한다.] 만약 내담자가 더 많은 설명을 원한다면, 나는 그렇게 해 줄 것이다.

내담자: '더 큰 나'라는 것의 의미를 모르겠어요.
치료자: 그것은 그저 전체로서의 '당신'이 여기에 있다는 발상일 뿐이에요. 단순히 오고 가는 당신의 다른 감정과 생각들만이 아니라 당신, 당신의 모든 것, 당신이 의자에 앉아 당신 전체의 몸을 어떻게 느낄 수 있는가에 대한 것이죠.

여기에 내가 내담자에게 할 법한 약간의 대화 예시가 있다.

대부분의 사람이 여기 있는 감정과 경험을 바꾸거나 판단하지 않고 정확히 느끼는 것이 얼마나 변화하게 하는 힘을 가지고 있는지 모릅니다. 우리는 우리가 감정을 느끼고 있다고 생각하지만…… 아마도 그렇지 않을 것입니다. 보통 우리는 우리의 감정에 대해 두려움을 느끼거나 감정을 느끼는 것을 거부하면서 저항하는 상태를 느끼고 있습니다. 저항적인 상태에서 우리는 우리가 느끼는 것에 대해 이미 알고 있다고 확신합니다. 만일 우리가 호기심을 갖고 흥미로워하면서 감정을 알고 싶어 한다면 도움이 될 것입니다. 이것은 추측하지 않고 직접적으로 몸에서 지금 어떻게 느껴지는가를 느껴 봄으로써 시작됩니다. 호기심을 가지고, 추측하지 않고, 지금 어떻게 느껴지는지를 느껴 보고…… 이런 것이 얼마나 빨리 변화를 가져오는지 알게 되면 놀랄 것입니다.

현존하는 자기: 무언가를 찾는 것이 아닌 존재의 방식

나는 내담자에게 "당신의 연민하는 부분을 찾아보세요." 혹은 "현존하는 자기를 찾을 수 있는지 보세요."와 같이 말하는 것은 권하고 싶지 않다. 왜냐하면 현존하는 자기에 대해 '찾고 있는(looking for)'이나 '찾아내는(finding)' 같은 비유를 사용하는 것이 좋은 생각은 아니기 때문이다. 우리는 내담자가 강한 자기가 되기를 원한다. 연민하는 부분을 '찾아보라(look for)'는 요청에는 내담자가 지금은 연민하는 것을 갖고 있지 않다는 가정이 담겨 있다(또한 우리는 현존하는 자기가 '일부분'이라는 인식을 주고 싶지 않다).

만약 내담자가 자신의 경험에 대해 연민을 느끼지 않는다면 어떻게 할 것인가? "아마 당신은 연민 어린 부분을 찾아볼 수 있을 거예요."라고 말하기보다, 나는 내담자가 지금 당장은 연민 어린 부분을 찾기 힘들겠지만 그의 안에 있는 부분을 볼 수 있도록 초대할 것이다. '방향 틀기(turning toward)'는 현존하는 자기에 의해 이루어지는 행동이다. 이러한 행동을 함으로써 내담자는 현존하는 자기가 되어 간다.

나의 내담자 중 한 명은 현존하는 자기에 대해 배웠고, 내담자가 고통스러운 감정에서 탈동일시하기 위해서는 동정심과 친절을 느껴야만 한다는 것을 의미한다고 생각했다. 그리고 포커싱을 했다. 나는 "아니에요. 그 반대예요! 일단 당신이 그 고통스러운 감정들로부터 탈동일시되고 그 감정에 휘말리지 않고 그것들과 함께할 수 있게 된다면, 당신이 연민과 친절함이 자연스럽게 생기는 것을 발견할 것이라고 생각해요. 슬픔에게 안녕이라고 말하는 것과 같은 탈동일시를 위한 일을 해 보세요."라고 말했다.

안녕이라고 하기 위해서 연민을 가질 필요는 없다. 안녕이라고 말하는 행동이 먼저 올 수도 있다. 결과적으로 탈동일시는 그 안에 있는 것을 느끼고 들을 수 있는 능력으로 이어지고, 이는 다시 자연스럽게 연민의 경험으로 이어진다.

우리는 우리가 어떻게 느끼는지를 바꿀 수는 없다. 우리는 어느 정도 우리의 감정을 알거나 표현할지에 대해 선택할 수 있지만, 확실히 우리 스스로가 연민을 느끼게 만들 수는 없다. 만일 연민을 느끼는 것이 현존하는 자기가 되기 위한 전제조건이라면, 이러한 상태는 꽤 드물 것이다. 다행히도, 연민을 느끼는 것은 전제조건이 아닌 결과이다.

현존하는 자기에 대해 흔히 하는 또 다른 오해는 그것이 더없이 행복하거나 고통스러운 감정이 없는 상태라는 것이다. 결코 그렇지 않다. 누군가는 그것과 함께 융합되거나 그것과 함께 고군분투하는 것에 의해서 많은 고통스러운 감정을 가지고 있으면서도 현존하는 자기 상태에 있을 수도 있다. 아마도 이것이 불교의 격언이 의미하는 바일 것이다. "고통은 필연이고, 그에 대한 괴로움은 선택이다."

포커싱에서 부분들과 함께 작업하기

현존하는 자기의 개념 그리고 '내 안의 무언가'라는 언어는 '부분들'이나 때로는 '자아 상태(ego states)'라고 불리는 자기의 일면을 내포하는 것 같다. 내담자들은 "내 가슴에 있는 이곳이 슬퍼요. 이것은 슬픔이에요."라고 말한다. 우리는 일반적으로 내담자들이 자연스럽게 '부분들'이라는 말을 사용하는 것을 들을 수 있다. "내 안의 한 부분이 그녀에게 털어놓고 싶어 하지만, 또 다른 부분은 그녀를 화나게 만들고 싶지 않다고 해요." 부분들이라는 말을 사용하는 것은 많은 내담자에게 있어서 그들이 현존하는 자기를 유지하면서도 그들의 감정 경험을 가질 수 있도록 돕는다.

실제로 포커싱 과정은 부분들과 작업하는 것에서 중립적이다. 당신의 치료적 접근법이 자아 상태의 모델을 갖고 있지 않더라도 심리치료에 포커싱을 가져오는 것이 가능하다. 하지만 내면의 관계 포커싱을 개발하면서, Barbara McGavin과 나는 우리가 이 부분들을 '부분적 자기들'이라고 부르는 것이 이 장애를 일으키는 과정의 역동을 더 정확히 표현하고 효과적으로 적용할 수 있는 방법이라는 것을 발견했다. 여기에 우리의 몇 가지 요점이 있다.

- 자기의 측면('부분적 자기들')은 인식에서 벗어날 수 있지만 역기능적 패턴에서는 기능하지 못할 수도 있다. 우리는 행동에 근거해서 그런 부분의 존재를 추측할 수 있다. 술 마시고 싶은 부분, 죽기를 바라는 부분, 집필하고 싶지 않은 부분이 그 예이다.
- 이 '잃어버린' 부분은 포커싱을 사용해서 의식으로 초대되고 느껴 볼 수 있다.
- 만약 의식에서 벗어난 일부분, 다른 부분, 즉 그 상대방이 있다면, 그 사람은 그것과 함께 동일시되어 있고, 그것은 의식 밖으로 다른 것을 밀어내는 것과 관련되어 있다("나는 일하러 가야 한다는 것을 알아요. 왜 그렇게 하지 않는지 모르겠어요.").
- 부분적 자기가 서로 분쟁을 일으키면서, 사람은 다툼의 한쪽 또는 다른 한쪽과 동일시할 가능성이 크다("이 단것을 먹고 싶은 욕구는 나의 발달되지 않은 면이다.").
- 현존하는 자기가 되는 것은 나의 어떤 부분적 자기와도 동일시되지 않고, 어느 한편으로 치우치지 않은 더 크고, 부분적이지 않은, 자기와 동일시하는 것이다. 이것은 포커싱 과정이 각각의 부분에서 일어나는 것을 가능하게 한다(중독적으로 마시거나 먹기를 원하는 부분의 펠트센스를 경청하는 것이 중독 치료의 보조치료 도구로서 어떻게 효과적으로 활용될 수 있는지는 제8장 참조).

우리는 특히 섭식장애나 다른 여타 중독, 해리 상태 등 넓고 다양한 범위의 심각한 문제를 가진 내담자와 치료적 목표를 달성하기 위해 개발된 Richard Schwartz(1995)의 내면가족체계치료(Internal Family Systems Therapy: IFS)에서의 부분들에 대한 작업에 감사하고 싶다. 비록 그의 것과 약간 다르기는 하지만 우리는 부분들과 함께 작업하는 방식과 어떤 부분인지를 이해하는 것에 있어서 Schwartz의 정리에 많은 도움을 받았다. IFS가 어떻게 포커싱과 연결되어 있는지는 제9장을 참조하라.

Schwartz와 우리의 주된 차이점은 우리는 그 부분들이 영구적이라고 믿지 않는다는 것이다. '부분'이라는 것은 은유적인 것이며, 과정의 중단을 언급하는 데 유용한 방법이다(제1장 참조). 암시되고 있지만 시간이 흐르면서 앞으로 나아가지 못했던 과정이 거기에서 마치 독립된 '누군가(someone)'처럼 보이고 느껴진다. 앞으로 나아가기 시작하고 멈춰진 과정이 재개되면, 부분들은 처음에는 실제로 존재한 적이 없었기 때문에 소란 없이 사라진다. 이 유동성을 촉진하기 위해서 우리는 부분들에 이름을 붙이거나 명명하지 않고 작업하는 것을 선호한다. '내면아이' '내면의 비평가' 혹은 '압박자'와 같은 말 대신에 우리는 '지금 무언가 당신에게 있는 아이 같은 느낌'이라고 말할 것이다(공정하게 말하자면, Schwartz도 부분들을 명명하지 않는 것을 추천했다. 부분들 자체는 영구적이더라도, 그것의 역기능적인 역할은 그렇지 않기 때문이다).

> 부분적 자기들은 포커서가 현존하는 자기로서 공감적으로 함께하기를 필요로 하는 반복적인 저항 상태이다. 이것은 시간이 지남에 따라 펠트센스가 만들어지게 한다. 현존하는 자기는 주의가 필요한 부분적 자기들과 관련된 섬세하고 연민 어린 과정이며, 그 공간에서 펠트센스가 형성될 수 있다(Cornell & McGavin, 2008, p. 22).

'부분들'은 펠트센스와 같지 않다. 부분의 경험에서 비롯된 과정의 중단은 수년간 계속될 수 있으며, 그 결과로 이러한 내면의 상태는 명명이 가능한 독립체가 된다. 그러나 펠트센스는 항상 이 순간에서 새로 형성되어 나타나기 때문에 독립체로서 이름 붙일 수는 없다. 그런데 부분에 대한 펠트센스를 가질 수는 있다.

치료자, 내담자 모두 '무언가'로 접촉되고 언급되는 내적 경험이 펠트센스인지 혹은 '부분'이라고 불리는 지속적인 저항 상태인지를 알지 못한다. 다행히도, 대부분의 경우 이것은 그다지 중요하지 않다. 포커싱에서 우리는 거의 모든 상황의 경험을 동등하게 취급한다. McGavin과 나는 사람이 펠트센스를 찾거나 느끼는 것이 어려울 때, 이것이 하나 또는 그 이상의 부분과 동일시되었기 때문이라고 믿는다. 현존하는 자기로서 부분을 다루는 것은 펠트센스를 얻기 위한 전제조건 단계일 수 있다. 이어서 내담자가 '내 안에 무언가'를 느낄 때, 느끼고 있는 것은 펠트센스이거나 그것이 되어 가는 것이다.

현존하는 자기 기술 과제

현존하는 자기 기술은 내담자가 회기 밖에서도 정서 상태에서 침착함을 유지하고 관계를 수용할 수 있도록 배우는 어떤 것이다.
내담자에게 다음과 같이 알려 줄 수 있다.

- 정서적 상태를 위해서 '나에게 있는 어떤 것'이라는 문구를 사용한다.
- '무언가'를 인정하거나 안녕이라고 인사를 건넨다.
- 특히 그것이 강하고 강렬하다면 조심스럽게 손을 몸에서 느껴지는 장소로 가지고 간다.
- 정서 상태에 대해 '나는 느끼고 있다.'라는 문구를 사용한다.

한 내담자가 "나는 나의 분노를 싫어해요."라고 말했다. "그것은 나를 휩쓸리게 하고, 내가 할 수 있는 게 아무것도 없다고 느껴져요." 내담자는 내담자의 분노가 언제 그리고 어떻게 가장 문제처럼 느껴지는가에 대해 말할 수 있을까?
"여동생과 함께 있을 때요. 저는 가족 모임 때문에 여동생을 봐야 해요. 하지만 제가 매번 여동생을 보는 순간 목이 조여 오는 것이 느껴지고 여동생을 목 졸라 죽이고 싶어요. 여동생이 저를 너무 무시하는 것 같고, 제가 제안하는 모든 것을 다 거부하는 것 같아요. 여동생이 저에게 '좋네(nice).'라고 얘기하는 게 저를 비웃는 것이라는 걸 알아요. 제가 다음에 여동생을 만나면 잃게 될까 봐 두려워요."

치료자는 내담자에게 여동생과의 대화에서 사용할 수 있는 몇 가지 기술을 배우고 싶은지 물었다. 내담자는 그것들이 도움이 될지 모르겠지만 기꺼이 시도해 보겠다고 대답했다.

치료자: 당신이 여동생을 보게 될 것이라고 예상할 때, 그때가 당신의 적절한 반응을 보기에 가장 좋은 순간이에요. 마치 지금과 같이요. 우리는 함께 시도할 수 있어요. 지금 이 순간 여동생에 대해 어떻게 느끼는지 주목해 보세요.

내담자: 화나요. 여동생에 대해 격분한 것을 느껴요.

치료자: 좋아요. 그러면 이제 이렇게 얘기해 보세요. "내 안에 무엇인가가 여동생에 대해 화가 나고 분노한다."

내담자: "내 안에 무엇인가가 여동생에 대해 화가 나고 분노한다."

치료자: 그리고 차이가 있는지 느껴 보세요.

내담자: 네. …… 그렇게 크지 않아요. 지금 감정보다 더 커졌어요. 그리고 단순히 화가 난다고 말하는 것이 아니에요. 슬픔이 다가와요.

치료자: 좋아요. 그리고 이렇게 말해 보세요. "내 안에 무엇인가가 슬프다."

내담자: "내 안에 무엇인가가 슬프다." 맞아요. 제 가슴속에서 느껴져요.

치료자: 당신의 손을 조심스럽게 당신 가슴에 얹어 놓고, 당신이 함께 있다는 것을 알게 해 주세요.

내담자: "나는 너와 함께 있어." 와, 정말 큰 차이가 느껴져요.

치료자: 이것을 당신 혼자서도 할 수 있을까요? 정확히 말하면 이번 주말에 여동생 근처에서요? 제가 방금 연습한 두 가지 문구를 카드에 적어 줄게요. 그것을 가져가 보세요.

내담자: 시도해 볼게요!

내담자는 다음 주에 돌아와서 "이번 주 주말에 선생님이 보여 줬던 방법을 가족과 함께 있을 때 사용해 봤어요. 정말이지 놀라웠어요. 정말 효과가 있었어요. 제가 갖고 있는 감정보다 제가 더 컸어요. 정말 멋진 시간이었어요. 저항적이기는 했지만, 저는 더 누그러뜨릴 수 있었어요."라고 말했다.

내담자가 스스로 현존하는 자기가 될 수 있는 포커싱 기술을 연마한다면, 회기 밖에서나 안에서나 자기통제가 더 필요하게 느껴지는 상황들에 그 기술들을 가져올 수 있을 것이다.

한 치료자는 복잡한 정신적 외상, 외상후 스트레스 장애(PTSD) 증상, 약간의 해리를 가지고 있는 내담자와 몇 년간 작업을 해 왔다. 이 내담자는 변화에 대한 강한 동기가 있었기 때문에 치료 외에 자신을 위한 포커싱 자조 코스를 수강했다. 최근 치료 회기에서 내담자는 두려움과 슬픔으로 묘사한 자신의 일부분과 시간을 보냈다. 내담자는 이 경험이 얼마나 눈물겹게 힘들었는지를 격하게 흐느끼며 이야기했고, 이 시점에서 시계를 힐끗 본 치료자는 내담자 스스로 이 회기를 마치도록 어떻게 도울 수 있을지에 대해 고민했다.

그런데 갑자기 내담자가 "오, 잠시만요."라고 말하더니 작은 수첩을 꺼내 포커싱 과정에서 받은 큐 카드[2]를 꺼내서 "나는 내가 그것에 귀 기울이고 있다는 것을 그것이 알게 합니다." 등이 포함된 단계를 읽었다. 그것은 딱 맞다. 그 내담자는 깊게 심호흡을 하고 치료자를 보며 미소 지었다. "이것을 하는 것을 잊고 있었어요! 이제 기분이 훨씬 나아요." 끝날 시간이 다 되자, 내담자는 침착하고 차분하게 걸어 나갔다.

현존하는 자기 되기라고도 알려진 포커싱의 정서적 자기조절 기술을 내담자가 의식적으로 배우고 연습한다면, 그것이 치료 직업을 향상시키고 치료 밖에서도 즉각적으로 그들의 삶을 개선시킬 것이다.

---

2) 이 큐 카드는 이 책의 부록에 수록되어 있으며, 내담자가 집에서도 현존하는 언어를 활용하도록 도와줄 수 있는 요약 자료도 함께 수록되어 있다.

펠트센스는 새로운 가능성으로 향하는 출입구이다. 내담자가 펠트센스를 가지고 머무를 수 있게 된 후의 포커싱에는 더 많은 것이 있다. 제6장에서는 펠트센스를 넘어선 깊은 수준의 과정에서 도움을 필요로 하는 내담자를 어떻게 촉진시킬 수 있는지에 대해 설명할 것이다.

제6장

더 깊이 들어가기:
감각 전환을 촉진하기

포커싱을 통한 변화는 세 단계에 걸쳐 나타난다. 첫 번째 단계로 펠트센스를 형성하게 된다. 우리가 앞서 살펴보았듯이 펠트센스는 새로운 경험의 가능성을 열어 주고, 많은 변화가 암시된다고 할지라도 종종 안도감을 주는 신체적인 경험을 가지고 온다. 두 번째 단계는 '감각 전환'이라고 부르는데, 이것은 흔히 통찰과 새로운 가능성의 느낌을 수반한다. 세 번째 단계는 내담자가 감각 전환에 따른 결과로 찾아낸 새로운 삶의 방식이나 상호작용 방식을 통해 나타난다.

　제1장에서는 '앞으로 나아가기'라는 개념을 소개하였다. 앞서 '변화의 단계'를 언급하였는데, 이는 내담자가 신체 수준에서 감각을 느낌과 동시에 통찰을 얻을 때 나타난다. 그리고 깊은 호흡(안도의 한숨을 포함한)이나 어깨가 아래로 떨어지는 것, 얼굴에 홍조를 띠는 것 등의 생리학적인 지표를 가지고, 어떻게 새로운 깨달음이 안도감과 해방감을 가져오는지에 대해 이야기했다. 감각 전환은 변화의 감각 경험에 대하여 이야기할 수 있는 또 다른 방법이고, 앞으로의 삶의 방향성을 제시하는 움직임이다. 감각 전환이 일어나도록 할 수는 없지만, 그것을 도와주고 촉진시킬 수 있는 방법은 있다.

　어떤 경우에는 우리가 내담자로 하여금 펠트센스와 접촉할 수 있도록 초대하는 것이 과정에서 필요한 전부이다. 여기에서 이미지들, 연상들, 기억들, 새로운 연결고리들의 형성과 같이 '펼쳐짐(unfolding)'이 자연적으로 나타나게 된다.

　하지만 만약 그런 자연스러운 '펼쳐짐'이 나타나지 않는다면 어떻게 해야 할까? 나는 제5장에서 가장 흔하게 경험할 수 있는 어려움에 대해 이야기하였다. 내담자가 자신의 정서적 반응 상태와 동일시되거나 융합되고, 현존하는 자기로서 있기 위해 도움이 필요한 경우이다. 일단 내담자가 현존하는 자기로서 있다면, 이후의 과정은 자연스럽게 나타나기 마련이다.

그러나 항상 그렇지는 않다. 내담자가 현존하는 자기로서 있고 펠트센스와 접촉한다고 할지라도, 더 진행되도록 하기 위해서는 포커싱 과정이 필요할 수 있다. 그 이상의 도움은 내담자에게 질문을 던지거나 공감을 하는 등 내적으로 무엇인가 하도록 초대하는 형태로 나타날 수 있다. 대부분 많은 것이 필요하지 않고 이후의 과정을 위해 작은 뒷받침만을 해 주면 된다. 내담자가 잘 따라올 수 있도록 초대하고, 이후 도움이 되었는지 또는 방해가 되었는지 살펴보기 위해 한 발짝 물러서는 기술이 있다.

아마도 우리가 내담자에게 도움을 주는 것보다 더 중요한 것은, 내담자가 전체 과정을 방해하는 일을 하지 않도록 도와주는 것일 것이다. 예를 들어, 내담자는 자신의 방식대로 그 감정들을 가지고 함께하는 대신에 자신의 감정을 없애 버리려고 할 수도 있다. 이 장에서 설명하고 있는 초대는 내담자가 자신의 내적 경험을 바꾸려 하거나 평가하거나 밝히거나 억압·부인하지 않고 단지 내적인 상태와 포커싱 형태로 접촉하여 머물 수 있도록 도와주기 위해 고안되었다.

나는 우선 내담자가 펠트센스를 경험한 후 감각 전환을 향해 나아갈 수 있도록 돕는 네 가지 활동에 대해 이야기하겠다.

- 내담자가 펠트센스와 함께하는 존재로서 있을 수 있도록 지원하라. 이 것을 '느낌을 가지고 함께 머무르기'라고도 부른다.
- '그 관점으로부터 감각'하게 하고 '그것에게 경청되고 있다는 것을 알게' 하는 것을 통해 내담자가 내적 공감을 할 수 있도록 돕는다.
- "원하지 않는 것이 무엇인가요?" "원하는 것이 무엇인가요?"와 같은 개 방형 질문을 통해 도움을 제공한다.
- 더 완전한 삶을 위한 방향(삶이 나아가는 방향)으로 가는 과정의 움직임을 경청하고 돕는다.

같이 존재하고, 같이 있고, 함께 머무르기

접촉은 가장 중요한 것이다. 여기서 접촉이란 어떤 것을 변화시키려 하거나 평가하거나 판단하지 않고, 가까이 다가오는 것을 환영해야 하는지 혹은 뒤로 물러나야 하는지를 민감하게 알아차리는 것을 의미한다. 말하자면 불완전하더라도 모자간의 안정 애착을 형성시켜 줄 수 있는 유형의 접촉을 의미한다. 또한 심리치료자가 자신의 내담자에게 제공하려는 형태의 접촉을 뜻한다. 또한 내담자가 그 자신의 내적 과정에 변화를 줄 수 있을 때 변화를 이끌어 낼 수 있는 형태의 접촉을 말한다고 할 수 있다.

Gendlin은 치료자와 내담자가 내적 과정에 필요한 것들을 어떻게 주고받는지 설명하면서 이런 종류의 접촉에 대해 훌륭한 글을 제시하였다.

내담자와 나는 그 안에서 (펠트센스를 가지고) 함께 머무를 것이다. 당신이 공포에 떠는 아이와 같이 있어 주듯이 말이다. 당신은 그것을 밀어붙이지도, 싸우려 들거나 알아내려고 하지도 않을 것이다. 왜냐하면 그것이 너무 상처받아 있거나 공포에 질려 있거나 긴장되어 있기 때문이다. 당신은 그저 조용히 앉아서 머물러 있을 것이다. 그러한 가장자리가 단계를 만들기 위해 필요한 것은 그저 침범하지 않는 접촉이나 공존일 것이다. 만약 당신이 인식을 가지고 그곳으로 가서 머무르거나 돌아온다면, 그것이 필요한 모든 것이다. 나머지는 그것이 알아서 할 것이다(Gendlin, 1990, p. 216).

내담자가 펠트센스를 가지게 된 후에 그것을 굳이 변화시키려고 하는 반응적 상태로 가지 않으면서 관심을 가지고, 함께 머무르고, 그것과 같이 있으면서도 앞으로 나아갈 수 있는 추가적인 과정이 있다. 내담자가 그것에게서 멀어지지도 않고 그것을 밀어내지도 않으며 자신의 느낌을 폭넓게 경험할 수 있는 것, 이것이 내담자 자신을 변화시키는 과정의 최적의 환경이다. 우리는 이러한 접촉의 질과 현존하는 자기의 존재로서 함께 머무를 수 있을 것이다 (제5장 참조).

이러한 내적 접촉을 위한 초대 중 하나는 "아마도 당신은 그것과 그저 함께 있어 줄 수 있을 거예요."이다. '당신'이라는 단어를 약간 강조하여 내담자가 더 큰 자기와 함께 동일시하는 것을 촉진하며 지지하고 있는 것에 주목하라. 여기 동일한 목적을 가진 또 다른 버전은 "괜찮다면 그냥 그 느낌과 함께 잠시 머물러 보세요."이다.

치료자는 보다 잘 느낄 수 있도록 필요한 경우 자신을 초대에 포함할 수 있다. "당신과 내가 그 슬픈 감정에 함께 있어 봅시다." "당신과 내가 함께 머물러 봅시다."

누군가의 감각 경험과 '함께' 있으라는 요청은 감정에 반응하거나("무서워요."), 평가하거나("도움이 되는 방법이 아닌 것 같아요."), 또는 다루려고 하는 ("이것을 한편으로 치워 둘 필요가 있어요.") 것과 같은 비촉진적인 행동들 대신에 내담자가 해야 하는 일이다.

그것의 관점을 위한 내적 공감의 제공

'같이 존재하고 함께 머무르기'에 뒤따르는 것은 무엇일까? 종종 내담자들은 자발적으로 자신의 내적 정서 경험의 관점에서 정서에 대해 공감적으로 이야기하기 시작한다. 예를 들어, 가슴에서 죄는 느낌이 나타난 후, 내담자는 "숨이 막히는 느낌이 들었어요. 내 안의 무언가가 자유로워지기를 원했어요."라고 보고하였다. 또 다른 내담자는 어깨의 무거운 느낌을 갖고 시간을 보낸 후, "이것은 무언가 내가 세상의 모든 것을 내 어깨에 짊어져야 한다는 느낌 같아요."라고 보고하였다. 이런 깊어짐은 의미의 정교화이며, 내면과의 접촉에서 나타난다. 이 내담자들이 "내가 생각하기에는……." 또는 "이것은 아마도……."라고 말하지 않는다는 사실에 주목하라. 이러한 정교함은 느끼는 것과 접촉함으로써 나타난다. 이것이 어떻게 들리고 느껴지는지에는 분명한 특징이 있다.

이런 식으로 의미를 정교하게 심화시키는 것이 자연스럽게 나타나지 않는다면 초대함으로써 도와줄 수 있다. 제1장에서 우리는 Daniela라는 내담자가 거대한 오징어가 다리로 자신의 몸을 휘감는 것같이 기진맥진한 느낌을 받았다는 이야기를 했다. 치료자는 "당신은 아마도 그것의 시점에서 그것이 어떤 느낌(feels)인지 느껴(sense) 보고 싶을 거예요."라고 이야기했다. 침묵하며 내면에 주의를 기울인 뒤 Daniela는 "이것은 지켜요. …… 소중한 무언가를요. 그것은 무언가 소중한 것을 보호하고 있는 거예요. …… 그것이 준비가 될 때까지."라고 이야기하였다. 만약 당신이 Daniela의 이야기를 들었다면 당신은 치료자가 그랬던 것처럼 이것이 '머리에서'가 아닌 그녀가 느끼는 것과 직접적으로 접촉하면서 등장했다는 점을 알 수 있었을 것이다.

내 경험에 의하면, 이러한 '내적 공감'의 움직임은 내담자가 자신의 감각 경험과 '함께 존재'하는 형태로 접촉할 때 더욱 효과적이다.

제5장에서 나는 이러한 부분에 대하여 설명하였고, 내담자가 어떻게 그것을 진행시켜 나가는지를 살펴볼 수 있을 것이라고 하였다.

치료자: 당신이 그렇게 하고 나서 무슨 일이 일어나는지 주목해 보세요.

내담자: 조금 나아지는 느낌이에요. 무서운 곳은 바로 여기예요. (배를 만진다.)

치료자: 좋아요. 당신의 무서운 그곳과 **함께해 봐요**. 당신의 배 속에…….

이때 내담자는 배 속에서 느껴지는 '무서운 곳'과 접촉하고 치료자는 내담자가 그것과 그저 함께 있도록 초대한다. 우리가 살펴보았듯이 이것은 밀접한 연관이 있는 두 개의 목적을 위한 것으로, 내담자가 현존하는 자기가 되도록 돕고 다음 단계의 변화를 위한 환경을 조성한다. 만약 치료자가 먼저 내적 접촉을 돕지 않고 아직 이른 시점에 내적 공감으로 초대한다면 내담자는 자신의 정서 경험과의 접촉을 잃고 치료자가 무엇을 듣기를 원하는지 추측하여 말하거나 백지 상태가 되어 버릴 공산이 크다.

> **내담자:** 조금 나아지는 느낌이에요. 무서운 곳은 바로 여기예요. (배를 만진다.)
>
> **치료자:** 그곳에게 무엇이 무서운지 물어보세요. (비추천)

내담자는 아마도 "아마 이 블록을 지나갈 수 없다는 것이 두려운 것 같아요."라고 말할 것이다. 그러나 일단 내담자가 내적 접촉을 시작하면 도움이 되는 초대가 이루어질 수 있고, 더 많은 진전은 그 과정에서 나타날 가능성이 높다.

> **내담자:** 조금 나아지는 느낌이에요. 무서운 곳은 바로 여기예요. (배를 만진다.)
>
> **치료자:** 좋아요. 당신의 무서운 그곳과 함께해 봐요. 당신의 배 속에…….
>
> **내담자:** 네, 좋아요. (침묵) 그것은 아직 거기에 있어요.
>
> **치료자:** 그리고 아마도 당신은 그것이 안에서 어떻게 하고 있는지, 어떻게 느끼고 있는지 그것 자체를 느껴 볼 수 있을 거예요.
>
> **내담자:** (느끼는 약간의 시간을 가진다.) 그것이 뒤로 물러나는 것 같아요, 그것이 지금은 안전하다고 느끼지 못하는 것 같아요.
>
> **치료자:** 아! 당신은 그것이 안전하다고 느끼지 못하는 것 같다고 느끼는군요. 당신은 이제 그것이 어떤 종류의 접촉을 당신에게서 필요로 하는지 느껴 볼 수 있을 거예요.
>
> **내담자:** (잠시 멈추고 느낀다.) 그것은 시간을 필요로 해요.

가죽끈의 예[1]

제3장에서 내담자가 자신의 펠트센스와 접촉한 어떤 회기의 한 부분을 제시했다. 그리고 그 이후의 과정이 나타나기 시작했다.

---

1) 역자 주: leash는 개나 가축을 매어 두는 가죽끈이나 사슬로 된 목줄 같은 것을 말한다.

내담자: 왜 못하겠는지 모르겠어요. 제 생각에는 이건 실패에 대한 두려움 같아요. 사실은…… 우습기는 한데, 제가 이걸 이야기할 때마다 숨이 막혀요. 마치 무언가가 제 목을 꽉 조여오는 것처럼…… 이건 설명하기가 힘들어요. 음…….

치료자: (부드럽게) 당신 목에 있는 그 무언가가 꽉 조이는 것처럼 느껴지시는군요. 여기 좀 더 머물러 볼까요. (잠시 멈춤) 그걸 그냥 느껴 보세요.

내담자: 맞아요. …… 이건 마치 손이 거기에 있는 것 같아요. 제 숨통을 끊는…… 아니에요. 숨통을 완전히 끊는 건 아닌데, 그냥 조이고 있는 거예요. 웃기네요. 이건 마치 제 목 주위를 가죽끈 같은 걸로 두르고 있는 것 같아요!

치료자: 당신이 목 주위를 두르는 가죽끈이 있는 것 같다고 느낄 때 놀라움이 묻어나네요.

내담자: 이건 제 일부분이 마치 "이 안에만 있어. 어디 멀리 가지 마."라고 말하는 것 같아요. 와. 저는 이런 게 여기 있었는지 몰랐어요.

회기의 바로 이 부분에서는 새롭게 나타난 펠트센스에 대한 은유적인 이미지와 함께 어떻게 느꼈는지에 대한 많은 실제 예시를 보여 준다. 이것은 내담자가 그동안 자신의 문제에 대해 생각하고 경험해 왔던 방식을 넘어서서 놀라운 통찰을 갖게 해 줄 수 있다. 그러나 회기의 다음에는 어디로 가야 하는가? 포커싱을 지속할 수 있는 방법은 무엇일까?

그 어떤 것도 언제나 고정되어 있지 않다는 점을 아는 것은 중요하다. 모든 것은 그 과정에 있다. 그러니까 현재 내담자 안에 "이 안에만 있어."라고 하며 목 주위에 가죽끈 같은 무언가가 둘러져 있다고 해서 그것이 언제나 그렇지는 않다는 것이다. 그것은 아마 이미 다음 단계를 암시하고 있을 것이며, 다다르기를 기다리고 있을 것이다. 공감적 주의는 바로 그 단계를 밟기 위해 필요한 것이다.

그러므로 우리는 이러한 활성화된 과정(living process)을 고정된 실체로 취급하는 것을 바라지 않는다. 예를 들어, 우리는 "목에 있는 가죽끈을 풀어 보시겠어요?"라고 말하지 않는다. 이는 '가죽끈'을 그 이후의 내용을 담고 있는 하나의 과정이 아니라 단지 하나의 대상으로만 보는 것이다(제1장 참조). 우리가 하지 않는 또 하나의 질문은 다음과 같다. "그것[2]에게 이제는 너의 도움 없이도 안전하다고 말해 보시겠어요?" 이러한 질문은 적어도 '가죽끈'을 살아 있는 것으로서 대하기는 했지만, 그것이 과정 속에서 나아가는 단계를 허용하지 않음으로써 활성화된 과정을 멈추게 한다. 대신에 이렇게 중단해 버리는 활동을 하게 되면 우리가 답을 안다고 가정하고 그것 없이 진행할 수도 있다. 만약 이렇게 하는 것이 효과가 있다면, 사실 이것에는 실질적인 문제가 없다고 할 수도 있다. 그러나 나의 경험에 의하면 그런 진행은 종종 막다른 길로 이어진다.

내가 추천하고 싶은 것은 '내적 공감'이라고 설명할 수 있는 것으로, 내담자가 ('무언가'에 대해) 주의를 두도록 이끄는 것이다. 내적 공감은 접촉에 더하여 대상을 알아 가려는 의사까지를 포함한다. 내적 공감을 이끌어 내기 위하여 나는 주로 "당신이 그것을 듣고 있다는 것을 그것에게 알려 주세요."라는 말을 즐겨 한다.

'가죽끈 회기'가 그다음에 어떻게 진행되었는지를 보도록 하자.

내담자: 이건 제 일부분이 마치 "이 안에만 있어. 어디 멀리 가지 마."라고 말하는 것 같아요. 와. 저는 이런 게 여기 있었는지 몰랐어요.

치료자: 아, 그것이 당신에게 이 안에만 있기를 바라고 멀리 가지 말아야 한다고 알려 주고 있군요. 당신이 그것을 듣고 있다는 것을 그것에게 알려 주세요.

내담자: 네. 그것은 제가 조심해야 한다고, 걱정하고 있다고 말하고 있어요.

치료자: 당신은 그것이 당신을 걱정하고 있고 조심하기를 원한다는 것을 듣고 있다는 것을 그것에게 알려 줄 수도 있어요.

우리는 이 회기를 다시 살펴볼 것이다.

---

2) 역자 주: 감각느낌. 이 경우는 가죽끈.

내담자가 스스로의 과정을 방해할 때

때로는 앞으로 나아가는 방법을 돕는 것은 내담자가 자신의 감각 경험과 무언가를 하고 있을 때―그것에 대해 논쟁하거나, 설명하거나, 다루려고 할 때―즉, 내적 공감을 갖고 그 경험과 함께하지 않을 때 우리가 부드럽게 개입함으로써 가능하다. 우리는 내담자가 한 것을 망치지 않으면서 대안적인 방법을 제시할 수 있다. 일단 처음의 조치로 변화가 나타나지 않았다는 것이 분명하다면 말이다.

전문 강사인 어떤 여성이 나와의 포커싱 회기를 위해 찾아왔는데, 그녀는 지난 몇 개월간 목에 조이는 느낌을 받아 왔다고 말했다. 그녀는 그것을 신체적으로 느껴지는 꽉 막힘으로 경험했는데, 그녀가 말할 때 그녀의 목소리에서 실제로 그것을 들을 수 있었다. 그녀는 자신의 일부분이 자기표현을 두려워한다는 것을 알고 있지만, 이미 이러한 두려움에 대하여 여러 가지 작업을 해 왔고 변화할 준비가 되었다고 말했다. 나는 그녀가 한 번도 느껴 보지 못한 것 같은 새로운 감각을 얻을 수 있도록 초대했고 그녀는 그것이 덩어리처럼 느껴진다고 말했다. 나는 그녀가 그 경험에 함께 머무르도록 요청했고 '덩어리(lump)'라는 단어가 잘 맞는지 확인했다. 맞다, 그것은 그랬다.

> **치료자**: 좀 더 잘 알 수 있도록 그것과 함께 머무르는 것이 괜찮은지 보세요. 아마도 그것의 관점에서 그것의 감정을 느껴 볼 수 있을 것입니다.
>
> **내담자**: 그것은 아주 단호하게 느껴지네요.
>
> **치료자**: 아, 당신은 그것이 단호한 것 같은 느낌이라고 느끼셨군요. 그리고 당신은 그것이 무엇에 대하여 단호한지 조심스럽게 물어볼 수 있을 거예요.
>
> **내담자**: 그것은 제가 곤경에 빠질 만한 말을 하지 않도록 막아서 저를 여러 번 구해 준 적이 있다고 말해요.

나는 그녀에게 "당신이 그것을 듣고 있다는 것을 그것에게 알려 주세요."

라고 제안했고 침묵이 뒤따랐다. 1~2분이 지난 후 나는 궁금해졌고, 어떻게
진행이 되고 있는지 약간 걱정되기 시작했다. 침묵은 나의 생각보다 길어졌
고, 나는 그녀가 내가 제안한 것이 아닌 다른 것을 하고 있는 것 같다고 느꼈
다. 물론 그것은 그녀의 특권이기는 하지만…….

　나는 말했다. "지금 어떻게 되어 가고 있는지 궁금하네요."

　그녀가 대답했다. "내가 듣고 있다고 알려 주었고, 지금은 그것이 나에게
그동안 해 준 것들에 대해 무척 고맙다고 말하고 있어요. 그러나 이제는 나
자신을 보호할 수 있는 권한을 되찾고 그것에게는 다른 일을 줄 때가 된 것
같아요."

　이 말은 내담자에게 대단히 힘을 실어 주는 움직임과 같이 들린다. 그녀는
목 안에 있는 덩어리의 조임이 그동안 그녀에게 해 주었던 일들이 고맙고, 그
러나 지금은 자신을 보호할 수 있는 권한을 되찾고 싶다고 말했다. 이것은 굉
장히 희망적으로 들린다. 그러나 문제는 여느 사람들의 대화에서와 마찬가
지로 문장 중간에 '그러나(but)'가 들어가는 것은 대부분 듣는 이에게 진심으
로 느껴지지 않는다는 것이다. "네가 해 준 말들은 고마워. 그러나 내 생각은
이래……."

　나는 그간의 혹독한 경험을 통해 내담자가 자신의 일부분에게 이러한 말을
하였을 때 아무것도 변하지 않을 가능성이 매우 높다는 것을 배웠다. 하지만
나는 또한 모든 사람은 서로 다르다는 것을 알고 있고, 끊임없이 놀라고 있
다. 시작된 내담자의 이 활동이 도움이 되었는지 확인하는 방법은 과정 자체
를 확인하는 것이다.

> 치료자: 그리고 당신이 그것에게 말을 했을 때 그곳 안에서 당신의 목이 어떻게 느껴지는
> 　　　　지 알 수 있을 거예요.
> 내담자: 여전해요. 변화가 없어요.

이것은 내담자가 도움이 되기 위해서 무엇을 해야 하는지 찾지 못했다는

분명한 신호이다. 나는 이제 다른 방법을 제안할 수 있다고 느꼈다.

> 치료자: 음, 당신도 알겠지만, 저는 당신이 그것에게 당신의 감정을 말할 수 있었다는 것이 환영할 만한 일이라고 생각해요. 그렇지만 제가 만약 그 '덩어리'였다면 지금 바로 경청되고 있다고 느끼기가 어려웠을 것 같아요. 괜찮다면 당신이 조금 다른 시도를 할 수 있을지 보고 싶네요. 단지 실험일 뿐이에요.
>
> 내담자: 물론이죠!
>
> 치료자: 당신은 그것에게 당신이 그것이 하는 말을 듣고 있다고 말해 보세요. 그리고 멈춰 보세요. '그러나' 없이요. 그것에게 나는 너를 듣고 있다고 말하고, 단지 계속 느껴 보세요.

내담자는 이러한 제안을 따랐고, 또다시 긴 침묵이 이어졌다. 그리고 이번에는 침묵이 조금 다르게 느껴졌다. 나는 그녀가 자신의 과정과 깊은 접촉을 하고 있음을 나의 감각 알아차림을 통해서 느낄 수 있었다.

거의 3분 가까이 긴 시간이 흐른 후, 내담자는 무슨 일이 있었는지 내게 말해 주었다.

> 내담자: 와아, 그것은 정말 많은 장면을 보여 줬어요! 그것은 제가 곤경에 처했을 때 제가 말하는 것을 멈추게 함으로써 저를 구해 준 모든 내용을 보여 주었어요. 그리고 당신이 알려 준 대로 했어요. 내가 듣고 있다고 계속해서 알려 주었어요. 그러고 나서 이런 세상에! 그것이 녹아 버렸어요. 목 주변으로 녹아내렸어요! 이제는 통로가 깨끗해졌어요. 제 목은 최근 몇 년 중 제일 좋은 느낌이에요! 놀라워요!
>
> 치료자: 그래요. 지금의 느낌처럼 좋은 방향으로 갈 수 있도록 시간을 두고 감정을 놔둬 보세요. (Cornell 박사의 책에서 인용한 회기 중 하나임, 2005a, pp. 98-99)

'그것'이 일어나기를 원하지 않는 것

일단 내담자가 자신 안의 '무언가'와 접촉을 하고 그것과 같이 있을 수 있으며 그것의 관점과 그것의 감정을 느낄 수 있다면, 나아가 '그것이 어떤 일이 일어나기를 원치 않는가?'에 대해 느껴 보도록 초대할 수 있다.

Barbara McGavin과 나는 인간이 자아의 취약한 점을 보호하거나 숨기려는 동기를 갖고, 고통스러운 감정 상태에서 벗어나 삶의 문제로 보이는 것을 해결하기 위한 목적으로 자기의 내적 측면들이 밀고 당기는 경향을 가지고 있다고 확신하였다. 이러한 깊은 동기들은 실제 일어나는 일에서 벗어난 믿음과 설명의 층에 의해 감춰지는 경향이 있다(McGavin & Cornell, 2008).

특히 분노, 슬픔, 두려움, 두려움의 여러 버전(예: 걱정, 불안)과 같은 감정 상태에서는 그것에 접촉했을 때 이후의 과정이 열릴 수 있도록 하는, 즉 '어떤 일이 일어나기를 바라지 않는' 깊은 층이 존재한다.

예를 들어, 가죽끈의 회기로 돌아가 보자. 내담자는 비유적인 표현으로서 가죽끈이 자신의 목을 감고 있다고 하는 생생한 경험을 말해 주었고, 그의 내면에서 "이 안에만 있어. 어디 멀리 가지 마."라고 하는 이야기를 들었다고 했다. 치료자는 이러한 부분에 대하여 "당신이 경청하고 있다는 것을 그것에게 알려 주세요."라고 하며 내적 공감을 초대하였다. 그리고 이것은 다음에 진행된 것이다.

내담자: 네. 그것은 제가 조심해야 한다고, 걱정하고 있다고 말하고 있어요.

치료자: 당신은 그것이 당신을 걱정하고 있고, 조심하기를 원한다는 것을 듣고 있다고 그것에게 알려 줄 수 있을지도 몰라요.

내담자: 맞아요. 그것이 저를 얼마나 걱정했는지, 목에 둘러진 가죽끈이 얼마나 단단히 조여 있는지 느낄 수 있어요.

우리는 그것이 어떤 것을 걱정하고 있는지보다 내담자가 그것이 일어나기를 바라지 않는 것이 무엇인지를 느끼도록 초대할 것이다. 다음과 같은 언어에서의 약간의 변화가 결과에서의 큰 차이를 가져올 수 있다.

> **치료자:** 당신은 그것이 무엇이 일어나기를 바라지 않는지 당신에게 알려 줄 수 있도록 초대할 수도 있습니다.[2]
>
> **내담자:** (침묵하며 느끼기) 그것은 제가 실수하기를 바라지 않아요. 끔찍한 실수요. 그것이 제가 모든 것을 영원히 망쳐 버릴 만한 실수를 할 수 있을 거라고 느끼고 있음을 느낄 수 있었어요.
>
> **치료자:** (먼저 공감하고 내적 공감으로 초대하기) 아, 당신은 그것이 당신이 모든 것을 영원히 망칠 만한 실수를 할 거라고 느끼고 있음을 느꼈군요. 당신은 그것이 당신이 모든 걸 망쳐 버릴 실수를 할 것 같고, 이러한 상황을 그것이 얼마나 원하지 않는지를 당신이 경청하고 있다는 걸 그것에게 알려 줄 수 있을 거예요.
>
> **내담자:** 네. …… 편안해지네요. …… 맞아요.

우리는 종종 내담자가 자신의 부분이 '원하지 않는' 것에 대해 내적 공감을 한 후 나타나는 편안해지고 해소되는 느낌을 경험하는 것을 볼 수 있다. 만약 그렇지 않다면, 편안해지는 경험을 하지 못한다면, 더 깊은 수준에서 원하지 않는 것에 대한 초대의 반복이 필요할 수 있다.

---

2) 언어에 대한 참고 사항: 이런 긴 문장인 '당신은 당신이 알게 하도록 그것을 초대할 수 있습니다.'는 더 짧은 문장인 '당신은 그것에게 물어볼 수 있습니다.'보다 우선적으로 사용된다. 문제들은 내면에 '물어보면서' 발생하기 때문이다. 때때로 '그것에게 물어보는' 것으로 초대했을 때, 내담자는 "그것은 몰라요." 혹은 "그것이 말하지 않아요."라고 말하는 경우가 있다. 마음속으로 묻는 질문들도 사람들 간에 질문하는 것과 같은 문제를 가진 것 같다(제4장 참조). 만약 당신이 "당신은 그것이 무엇이 일어나기를 바라지 않는지 당신에게 알려 주도록 초대할 수도 있습니다."가 너무 길고 복잡하다고 여긴다면, "당신은 느낄 수 있습니다……."의 경우와 같이 "당신은 그것이 일어나기를 원하지 않는 것을 느낄 수 있습니다."라고 말하는 것을 시도해 보라.

내담자: 그것에게 듣고 있다고 말했지만, 조이는 느낌이 더 심해졌어요.

치료자: 알겠습니다. 당신은 그것이 모든 것을 영원히 망쳐 버리는 끔찍한 실수를 저질렀을 때 당신에게 일어나지 않기를 바라는 것을 알려 줄 수 있도록 그것을 초대할 수 있을 거예요.

내담자: (잠시 멈춤) 그것은 제가 부서지기를 바라지 않아요. 가슴속에서 부서지는 것 같은 아픔을 느껴요.

치료자: 이것이 당신이 느끼기를 원하지 않는 것이군요. 그러니 가슴의 통증, 그 으스러지는 느낌을 진정으로 인정해 주세요.

그것이 무엇을 바라지 않는지에 대해 더 깊이 들어갈수록, 오히려 내담자는 바라지 않는 느낌 또는 신체 경험에 더욱 강하게 접촉하게 되는 경향이 있다. 우리가 천천히 나아가고 내담자가 현존하는 자기에 있을 수 있게 돕는다면(제5장 참조), 우리가 하지 않도록 경계해 왔고 이전에 형성되지 않았던 '중단된' 경험이 현재 의식에서 나타나는 것이 가능해질 수 있다. 이는 과정의 중단을 지나 다음 과정으로 넘어갈 수 있도록 해 준다. 우리는 내담자가 원하지 않는 느낌과 접촉했을 때 천천히 갈 것을 추천하며, 내담자가 스스로의 과정과 그 속도에 따르게 해야 한다.

그것이 원하는 것: 원하는 느낌

'원하지 않는다'라는 동전의 반대 면에는 '원한다'가 있다. 내담자가 내적 경험 안에서 '무언가'와 접촉하고 있을 때, 그리고 잠시 동안 그것과 함께 시간을 보낼 때, 그것이 무엇을 원하는지 느낄 수 있게 된다. 궁극적으로 자기의 모든 부분은 그 사람에게 어떤 경험을 원하게 되고, 이러한 바람은 무엇이 암시되어 있고 또한 무엇을 여전히 놓치고 있는지와 연결된다(제1장 참조).

종종 바람은 자연스럽게 자발적으로 발생한다. 우리가 그것에 귀를 기울이면 우리는 들을 수 있다. 바람은 때때로 '할 수 없는' 또는 '~하기 힘든'으로 표현할 수 있다. '할 수 없는'이라는 진술에서 바람을 찾는 것은 매우 쉽고, 이 것을 다시 돌려줄 수 있다.

> 내담자: 그녀와 있었던 일에 대해서 좀처럼 평화로움을 느낄 수 있는 방법을 찾을 수가 없어요.
>
> 치료자: 네. …… 당신은 평화로움을 느낄 방법을 찾기를 **원하고** 있군요. …… 그녀와 있었던 일에 대해서 생각할 때 말이죠.
>
> 내담자: 네, 맞아요.
>
> 치료자: 아마도 당신은 당신의 몸이 그 '바람'을, 그러니까 평화로움에 대한 바람을 느끼게 할 수 있을 거예요.
>
> 내담자: 네. …… 이것은 좋은 느낌이에요. …… 가슴속에 더 안정적인 느낌이 있어. 기분이 더 나아졌어요.

우리는 내담자가 간절히 원했던 상태가 실제로 일어났을 경우 그것이 어떠한지를 느낄 수 있도록 초대함으로써 바라고 열망하고 갈망하는 경험을 다룬다. "내담자들은…… 무엇이 필요한지 생생하게 느낄 수 있고, 나는 원하는 것이 **실제로** 일어났다고 가정하고 그것을 **그들의 몸에** 내버려 두고 느껴 보라고 제안할 수 있다. 그러면 필요한 것은 그 안에서 저절로 채워진다." (Gendlin, 1996, p. 279)

때로 내담자는 무언가가 일어날 수 있는 결과라고 느끼기 이전에 '어떻게' 될 것인가를 알아야 한다는 욕구를 떨쳐 버리기 위해 약간의 도움이 필요하다.

> 치료자: 당신이 바라는 것이 이미 여기에 있다면, 만약 당신이 바라는 그런 관계를 당신이 가졌다면, 그 느낌이 어떠한가에 대해서 시간을 조금 가지면서 그 느낌이 다가올 수 있도록 해 보세요.

내담자: 저는 사람을 만날 수 있는 방법이 없어요. 제가 만나는 이들은 모두 결혼했거나
　　　　 최소한 커플이거든요.

치료자: 그리고 그건 맥이 빠지는 것 같은 이야기로 들리네요. 그렇지만 궁금하네요.
　　　　 …… 저는 조금 다른 것을 제안한 것이었어요. 실험 삼아서 말이죠. 어쩌면 우리
　　　　 가 그곳에 어떻게 갈지 모른다고 해도, 당신이 바라는 그런 관계에 있는 것이 어
　　　　 떤 느낌인지는 알 수 있을지도 몰라요. 그런가요?

　바라는 것을 경험하는 것은 때때로 우리가 '삶이 나아가는 방향'이라고 부르는 강력한 경험으로 이어진다. 나는 포커싱의 변화 가능성에 숨겨진 철학적 관점에 대해 논했던 제1장에서 삶이 나아가는 방향에 대하여 설명하였다. 이제 이러한 관점을 심리치료의 과정에 어떻게 직접 가져올 수 있을지 살펴보도록 하자.

삶이 나아가는 방향

　내담자는 자신의 삶이 희망 없이 갇혀서 고통스러운 감정에 빠져 있다고 볼 수도 있지만, 가장 절망적인 정서 상태에 있더라도 Gendlin이 말하는 '삶이 나아가는 방향'은 있기 마련이다. 우리 중 많은 사람이 이것을 내담자들에게서 보았다. 그리고 항상 그것이 존재한다는 확신을 주는 개념을 가지고 있지는 않았다. Fosha는 '변환'이라고 부르는 이와 유사한 개념을 제시하였다. **변환**(transformance)은 최고의 생명력, 진정성, 진실된 접촉을 향해 분투하는, 성장과 치료 모두에서 작동되는 대단히 중요한 동기부여적 힘을 일컫는 말이다. 생명력과 에너지의 펠트센스는 변환에 기반한 새로운 현상의 특징을 나타낸다(2008, p. 3).
　포커싱에서 삶이 나아가는 방향에 대한 우리의 확신은 항상 그다음 단계를 암시하는 삶의 관점에 기반을 둔다. 살아 있는 유기체는 나아가는 방향을 안

다. 내담자가 겪는 그 고통은 무언가가 잘못되었음을 '알고 있는' 것으로 보일 수 있으며, 무엇이 더 옳은지를 아는 것을 포함한다.

내담자들은 단순한 문제의 꾸러미 그 이상이다. 비록 그것이 그들 스스로를 바라보는 방식이라고 해도 말이다. 내담자가 앞으로 나아갈 길 없이 완전히 갇힌 존재라고 믿는다고 해도, 그들은 살아 있고 그들의 삶의 과정은 항상 새로운 가능성을 창출한다. 치료자가 해야 하는 일 중 하나는 자세의 변화, 더 강한 목소리 톤 또는 삶의 에너지가 담긴 이미지와 같은 것들 안에서 나타날 수 있는 새로운 가능성의 실마리를 듣는 것이다.

> '더 많은 삶으로 향하는(toward more life)' 것의 요점은 무엇인가? 그것은 사람이 스스로의 감정을 갖도록 하는 것(막혀 있다면) 또는 자신이 인식한 것을 주장하기 위한 것(오랫동안 폄하당했다면)일 수 있다. 그것은 오랫동안 느꼈지만 말하지 않은 것을 말하기 위한 것일 수도 있다. 아주 작은 희망을 느끼도록 허락하는 것일지도 모른다. …… 치료자가 삶이 나아가는 과정이 시작되고 있음을 느낄 때, 첫 번째의 수줍은 약간의 바람은 응답과 확인이 필요할 수 있다(Gendlin, 1996, p. 259).

"이번 주에 나는 처음으로 내 삶이 싫지 않았어요." 또는 "원래 그랬던 것만큼 무섭지는 않아요."와 같은 말에서 우리는 삶이 나아가는 방향을 알아챌 수 있다. 그리고 우리가 거기에서 삶의 에너지를 듣고 짚어 주는 것은 중요하다. 내담자가 그것을 알아차리지 못하고 지나칠 수 있기 때문이다. 최소한 나는 이 단어들을 다시 천천히 반복해서 말할 것이고 이로써 내담자들이 그것들 안에 무엇이 들어 있는지를 더 충분히 느낄 수 있도록 초대할 것이다.

치료자: 잠시만요, 계속해 나가기 전에…… 당신이 무언가 내게 남는 말을 했어요. …… 이번 주에…… 처음으로! …… 당신은 당신의 삶이 **싫지** 않았어요!

삶이 나아가는 방향을 경청하고 지지해 주는 것은 우리가 내담자를 돕는 주요한 방법 중 하나이다. 삶이 나아가는 방향이 나타났음을 알려 주는 것은 내담자가 '바라는 것'에 대하여 이야기할 때, 특히 "나는 자신감을 느끼고 싶다."거나 "그 모든 것에서 편안해지고 싶다."와 같은 자신이 바라는 것에 대해서 이야기할 때이다. 내담자는 또한 "나에게 행복보다 더 중요한 것은 내 인생에서의 의미를 느끼는 것이다."와 같이 깊이 간직하는 가치에 대해 말할 수도 있다.

포커싱의 관점에서 중요한 것은 그들이 말하는 것 자체가 아니라 이러한 감각 경험들이 지금 내담자에게 일어나고 있다는 것이며, 이것은 이전에는 이런 방식으로는 단 한 번도 나타나지 않았던 자기이해와 구현의 새로운 단계이다. 우리가 이러한 새로운 삶의 신호를 알아차리고 내담자가 그것들을 지나치지 않고 '갖게' 하도록 초대한다면, 앞으로 나아가는 삶의 과정은 강화되고 지지받을 것이다.

내담자: 단지 아침에 일어났을 때 제 삶을 미워하지 않았으면 좋겠어요.

치료자: 거기에는 바람이 있네요. …… 당신이 어느 날 아침에 일어났을 때…… 당신의 삶을 미워하지 않기를 원하는군요.

내담자: (한숨) 네.

치료자: 그리고 당신은 많은 시간을 보냈고, 당신의 삶을 미워하는 그것이 얼마나 기분을 나쁘게 하는지 느끼는군요. 그렇지 않나요? 그리고 지금 저는 무언가, 잘 모르겠지만 아마도 조금 새로운 것이 들려요. 당신이 일어났을 때 당신의 삶을 싫어하지 않게 되기를 바란다는 것 말이에요.

내담자: (조금 더 힘 있게) 맞아요!

치료자: 어쩌면 조금 더 힘이 생긴 것 같은데요……?

내담자: (느낀다.) 네…… 어쩌면 조금…… 저는 그러길 바라요.

삶이 나아가는 힘이 자원으로 나타나다

놀라울 만큼 많은 포커싱을 사용하는 사례에서는 내담자의 과정이 내담자가 원하는 것을 보여 주고 동시에 그것을 향해 나아가기 시작한다. 이것이 행동 변화의 본질이다.

실습 수업에서 진행되었던 이 종결된 회기에서, 내담자는 자신의 몸이 남편과의 관계를 치유하기 위해서 무엇을 필요로 하는지 이미 알고 있었으며, 사실 그것이 이미 일어나고 있다는 것을 알게 되었다.

내담자: 제 일부분은 제가 남편과의 관계에 갇혀 있다고 느끼고 있어요. 그리고 이미…… 저는 과녁의 이미지를 본 적이 있어요. 화살들은 여기저기 떨어져 있지만 과녁에 맞은 화살은 없어요. 그것들은 전부 땅에 여기저기 떨어져 있어요. 그리고 그것은 저뿐만 아니라 우리 둘 모두에게서 나온 것이었어요. 그리고 제가 19~22세 무렵에 아버지와 저 사이에 많은 일이 있었다는 사실을 이제야 알게 되었어요. …… 이 나이는 바로 지금 제 딸의 나이예요. …… 저는 제 남편이 딸에게 하는 행동을 보면서 아버지가 그 나이 때 저에게 했던 행동을 봐요. 그리고 그것이 저를 계속 연결하지 못하게 하고 있어요. …… 그와 연결되기를 원했던 것조차도요.

치료자: 그래요. 그래서 이것이 당신이 가지고 있는 것이군요. 뭐랄까, 아직까지는 과녁에 맞은 것이 아무것도 없는 이미지예요. 둘 중 어느 한 사람도 그렇게 하지 못했어요. 그리고 당신과 아버지에 대해 잘못되었다고 느끼는 무언가가 있어요. 그에게도 같이요.

내담자: (눈물) 네.

치료자: 그곳에서 잠시 멈추고 무언가가 올 수 있도록 그대로 두어야 할 것 같아요. …… 아마 당신이 이것에 대해 이야기하는 동안 이미 여기에 있었을지 몰라요.

내담자: 이것은 무언가 커요. 이것은 배에도 있고 또한 가슴에도 있어요. …… 흥미로운 건, 제가 그 나이 즈음에 섭식장애가 있었다는 거예요. 저는 폭식증이 있었고, 이제 제 안에 무언가가 모든 것을 토해 버리고 싶어 한다는 것을 느낄 수 있어요.

치료자: 그렇다면 지금 이 순간에 머물러 보는 것이 어떤가요. 모든 것을 쏟아 내고 싶어 한다고 느끼는 그 **무언가**와 말입니다.

내담자: (한숨) 네.

치료자: 그것은 당신이 과거에 섭식장애가 있었다는 기억을 보여 주었는데, 지금 여기에 서도 그렇군요.

내담자: 네. 그리고 그것은 음식이 아니에요. 저는 이제 음식을 토하고 싶지는 않아요. 마치 토하는 것 같아요…… 우리 아버지를요……. 아니면 아버지가 저를 전혀 존중하지 않았다는 그 사실을요. …… 그냥 그걸 없애 버리고 싶어요.

치료자: 네. 당신은 그것이 토하고 싶은 것이 무엇인지 느끼고 있군요. 그것은 무언가 당신의 아버지 같은 것일 수도 있고 또는 당신의 아버지가 당신을 전혀 존중하지 않았다는 것이 될 수도 있겠군요.

내담자: 네. 그리고 당신이 그렇게 이야기할 때 목에도 무언가가 있어요. 그건 마치 제가 목소리가 없는 것 같아요. 아무런 힘도 없어요! (내담자는 자신이 말한 것, 즉 내담자가 말한 것을 살펴보았다. 그리고 그 내면의 확인으로 인해서 더 많은 것이 나타났다.)

치료자: 아아! 그리고 당신은 기억하고 있군요. 지금 당신의 목에서 그때 어떻게 당신의 **목소리가 없었고 힘이 없었는지**에 대해서 말이에요. (과거와 현재는 연결되어 있다. 관련된 과거는 또한 현재에도 있다. 나의 반응은 "당신은 기억하는군요. …… 지금 당신의 목에서…… 그때 어떻게 당신의 목소리가 없었는지…….."와 같은 말을 하면서 구체화된다.)

내담자: 그래서 그냥 들어 봐요. …… 저는 배로 숨을 쉬고 있어요……. (안도의 숨을 쉬는 것은 내담자 안에서 무언가가 들렸다는 의미이다.)

치료자: 그것은 숨을 쉬게 하는군요. 네.

내담자: 듣고 있어요…….

치료자: 네. 그것을 가지고 와요. '듣고 있는(being heard)' 것은 지금 여기에 있어요. 음흠. (잠시 멈추는데, 이런 멈춤으로써 더 많은 것이 올 수 있다.)

내담자: (잠시 멈춤) 눈물은 아직도 여기에 조금 있어요. 그리고 가슴 전체와 배에도 있어

요. …… 분명해요. …… 마치 불이 났던 것 같아요. 근데 이제는 좀 가라앉은 것 같아요. 그렇게 뜨겁고 불같지는 않아요.

치료자: 당신은 거기에 불이 났던 것 같다고 느끼는군요. 그리고 지금은…… 진정되고 있어요. 지금은 어떻게 느껴지는지 그것의 느낌과 함께 있어 보세요. 진정되는 그것과요.

내담자: (깊게 호흡) 네. 그리고 저는 아직 목에 이것이 신경이 쓰여요. 그것이 그냥 약간 느껴져요. …… 무언가 거기에 걸려 있는 것 같아요. (이 내담자는 포커싱에 대한 경험이 있는데 스스로 자신의 목으로 주의를 되돌린다. 만약 직접 하지 않았다면 내가 "아마도 지금 당신의 목에서 그것이 어떠한지 느껴 볼 수 있을 거예요."라고 초대했겠지만 진정되는 것의 경험이 끝나고 난 뒤에야 그렇게 할 수 있는 약간의 공간이 생겼을 것이다.)

치료자: 목에…… 무언가가 걸려 있는 것 같네요…….

내담자: 그것은 마치 음…… 그것은 오래전부터 목에 있었던, 마치 오래전에 무언가가 그 사이에 끼어 있었던…… 무언가예요. 먹는 것과 그것을 토하는 것 그 사이 거기에 무엇인가가 걸려 있는 것 같아요. (내담자의 말투로 볼 때, 새롭게 나타나는 경험과 내담자가 즉시 접촉하고 있음을 알 수 있다. 묘사들이 새롭게 나타나고 있고, 내담자는 아직은 다른 적절한 단어를 찾지 못한 채 '무언가'라는 단어를 사용하고 있다.)

치료자: 네, 당신은 그것이 오래전부터 목에 있었다고 느끼고 있군요. 먹는 과정처럼 목으로 내려가는 것을 방해받고 멈췄어요. 거기에 무언가가 걸려 있군요.

내담자: 네. 마치 어떤…… 어떤 시점에서 무언가를 처리할 수 있는 능력 같은 것 말이에요. …… 그래서 그냥, 목 뒤쪽에 걸려 있어요. 네, 그저 중단된 거예요. 무언가 멈춰 버린……. (내담자의 손이 그녀의 목으로 움직인다.)

치료자: 그래요. 당신의 손이 그곳으로 가고 있어요. 당신은 지금 그것을 그저 그대로 느껴 보세요.

내담자: (눈물) 네. 그래서 눈물이 다시 나오고 있어요. …… 무언가가…… 보이지 않는 것 같아요.

치료자: 네. ⋯⋯ 보이지 않는 무언가에 대한 거군요. "나는 볼 수 없었어요."

내담자: 그래요! 그래서 그냥 여기 뒤에 숨어 버렸어요.

치료자: 아! 지금 당신은 그것이 무언가 숨겨져 있는 것이라고 느끼시는군요.

내담자: (한숨) 그래요.

치료자: 그리고 당신이 그 말을 할 때 숨이 깊어지는 것처럼 보이는군요.

내담자: 네.

치료자: 그것은 계속 숨어 있었군요.

내담자: 마치 깊은 동굴 속처럼, 목 뒤쪽에 있는 동굴 속처럼요. 마치 그것은 자신을 위해 깎아 만든 동굴 같아요⋯⋯.

치료자: 뭔가 지금 나타나는 것은 동굴에 있던 것이었고, 스스로 동굴을 깎아 만든 것이 군요. (나는 그동안 내담자의 목 뒤에 숨어 있었던 '이것'과 내담자가 접촉하는 것이 중요하다고 느꼈다. '이것'은 내담자가 현재 느끼는 것이다. 우리 둘이 각각 말하고 행동하는 것은 모두 그러한 접촉을 유지하는 것에 초점을 맞추고 있다. 내담자는 그것을 느끼고 있고, 나는 내담자의 내적 감각을 돕고 있다.)

내담자: 네. 그것은 재치 있는 것 같아요. 그것은 침낭도 있고⋯⋯ 그곳에서 야영이나 무언가 그런 거라도 한 것처럼, 거기에 뭔가 있어요. ⋯⋯ 아. 사실은 그것이 숨어 버릴 것이라는 걸 알았어도 그러기를 원했기 때문에 약간 진정하기를 바랐던 것 같아요. (내담자가 빙긋이 웃었다. 나는 바로 여기서 삶이 나아가는 힘을 들을 수 있었다. 그리고 그것은 내가 다음에 무슨 말을 해야 할지를 알려 준다. 자기의 측면이 재치 있고 무엇이 필요한지를 알고 있는 것, 이것이 내담자가 인정하지 않았던 강력한 삶의 에너지를 가리킨다.)

치료자: 당신은 그것이 얼마나 재치 있는지 받아들이기 시작하고 있군요. 그리고 어떻게 해야 하는지⋯⋯.

내담자: (한숨) 네.

치료자: 그래요. 그것 역시 더 깊은 숨을 가지고 오네요!

내담자: 네. 그것에게 깊은 감명을 받았어요. 그럴 수 있는 능력이에요. 아마 22~23세의 저인 것이 명확해진 것 같아요.

치료자: 맞아요. 이것은 22~23세의 당신이에요. 누군가 억압하고 말을 하지 못하게 했지만 어느 정도의 자원을 가지고 있죠. (또한 고통의 다른 면을 시사한다. 그것은 단순한 희생자가 아니었고 그 안에 자원을 가지고 있었다.)

내담자: 네. 왜냐하면 그 나이였을 때 캠핑을 많이 했거든요. 그냥 밖에서 하이킹도 하고요. 그곳에서 참 행복했던 것 같아요.

치료자: 그 기억이 지금 나타나고 있군요. …… 당신은 야외에서 캠핑을 하고 하이킹을 할 때 행복을 느꼈네요. 아마 지금 당신의 몸이 당신에게 그중의 일부를 주고 있을지도 몰라요. (나는 내담자가 강하고 행복했다고 느낀 예전의 기억에 대해서 좀 더 일찍 물어볼 수도 있었고 그게 도움이 되었을지도 모른다. 그러나 그것이 오히려 '결코 그렇게 느껴지지 않았다'는 저항에 부딪치거나 고통스러운 경험과의 단절을 하는 식으로 느끼게 했을지도 모른다. 이 회기에서 나타났던 것처럼 고통스러운 경험은 자원을 가지고 있다. 그리고 즐거운 경험을 느낄 수 있게 된다. 삶의 과정은 이미 정신적 외상과 결합된 자원을 가지고 있다. 우리가 시간을 조금 주고 주의를 기울인다면 말이다.)

내담자: 네.

치료자: 멋지네요!

내담자: 네. 그래서 미소 짓고 있어요. 그저 목소리가 없는 것 같은 상태에서 자신을 돌보기 위해 무엇을 해야 하는지 아는 능력만 있으면 돼요. 그녀는 발이 있었어요! 걸을 수도 있고 밖으로 나가서 자연 속에서 있을 수도 있었죠.

치료자: 음…… 흠.

내담자: 거기에 무언가 있어요. …… 그러니까…… 이런 의지력처럼…… 이런 젠장. 만약에 아버지가 저를 보지 않거나 이해하지 않는다면 그냥 저는 밖으로 나가려고 해요. 모르겠어요. 태양이 저를 볼 것이라는 것은 알아요. 그리고 산이 저를 볼 것이라는 것도 알아요.

치료자: 당신은 태양이 당신을 볼 것이라는 것을 압니다. 그리고 산이 당신을 볼 것이라는 것도 알아요.

내담자: 거기에 그것에 대한 무언가가 있어요. 그것의 느낌은, 음. 단지 아름다운 생명력

이 거기에 있는 것 같아요.

치료자: 네. 시간을 두고 느껴 보는 것은 좋은 겁니다. 당신의 몸이 지금 그 아름다운 생명력을 느낄 수 있도록 말입니다. 당신이 얼마나 그것에 대해 고마워하고 생생하게 살아 있는지를 말입니다. 그것을 지금 초대해 보세요. (이제 이미 일어나고 있는 과정을 돕고 그것이 신체 조직에서 일어나고 있다는 것을 분명히 하기 위해 나는 "몸이 그것을 가지게 하세요."라고 초대했다.)

내담자: 네. 이것은 마치 몸 전체가…… 하이킹을 하고…… 산을 바라보고, 돌 위에 앉아 있었던 기억들로 가득 차 있는 것 같아요…….

치료자: 그렇군요!

내담자: 그것이 얼마나 치유가 되는지…….

치료자: 그것이 정말 치유가 되는 것 같군요. …… 이제 당신은 모든 것을 가지고 있군요. …… 지금 당신의 몸 안에요. 과거의 기억과 지금 모두가 여기에 있어요. (기억은 단지 과거에 지나간 것이 아니다. 절대 그렇지 않다. 기억이란 현재와 과거로부터 오며 몸 전체에서 느껴진다.)

내담자: 네. 그리고 제 남편과 제가 애팔래치아 트래킹 코스 전체를 하이킹했던 기억이 나요. 우리는 버지니아에서 시작했어요. …… 그리고…… 오, 이런 세상에! 갑자기 분명해졌어요! 그와 함께하고 있었어요. 어떤 건강한 행복을 찾으려고요! (눈물)

치료자: 네. 무언가와 접촉한 것 같네요.

내담자: 제 몸은 이미 그와 함께 무엇을 해야 하는지 알고 있었어요! (눈물)

치료자: 와아. 그것이 가져올 수 있도록 잠시 시간을 주었더니 당신의 몸은 이미 무엇이 치유와 건강한 행복을 가져오는지 알고 있었던 거군요. 와아.

내담자: 맞아요. 가슴에 있는 것 같은.무언가가…… 그것이…… 그냥 부드러워진 것을 느낄 수 있어요. …… 네, 저의 전부는…… 있잖아요…… 저는 이미 해야 할 일을 하고 있었던 거예요. 확실히 알지 못한 채로요……. (이 경험이 있는 포커서는 스스로 가슴의 이러한 변화가 주는 충격을 느꼈다. 내가 다른 사람과 함께였다면 "아마도 지금 당신의 몸 안에 있는 것을 느껴 볼 수 있을 거예요."라고 초대했을

지도 모른다.)

치료자: 네. …… 그래서 당신 가슴속의 그것이 그곳에서 부드러워진 것을 느꼈네요. 그리고 당신은 당신이 필요로 하는 것을 이미 하고 있다는 것을 알았군요. 그것은 이미 움직이고 있었네요.

내담자: 네. 왜냐하면 우리가 산책로에서 함께하며 대화를 하기 위해서 많은 시간을 보냈거든요……. (깊은 호흡)

치료자: 좋아요. 더 깊게 숨을 들이마셔요. 3분이나 그 이상의 시간 동안 지금 일어나고 있는 일을 계속할 수 있도록 초대해 봅시다. 이 내면의 깨달음, 어떤 치유를 가지고 오는 그 몸의 느낌. 이미 여기에 있어요.

내담자: 그저 그와 제가 산책로에 있는 사진을 보고 있어요. 햇빛 속에서 손을 잡고 있고…… 우리는 둘 다 가방을 메고 있고 아무 걱정이 없어요. …… 저는 그저 감사할 뿐이에요…….

삶이 나아가는 방향의 행동

치료 회기 안에서 일어나는 삶이 나아가는 방향의 두 번째 예에서 우리는 내담자의 좌절과 분노의 경험에서 나오는 '바람'이 현재의 감각 경험을 외면하지 않으면서 어떻게 자원이 되는 경험으로 접근하는 길을 제공하는지 알 수 있다.

이 내담자는 오랜 기간 구직 활동을 해 왔고, 좌절감과 분노를 느끼면서 회기에 참여하기 위해 도착했다. 내담자는 다음 날 세 번의 면접이 잡혀 있었다.

내담자: 과거 직장에 있었던 사람에게 추천서를 부탁했는데 거절당했어요. 믿을 수가 없어요. 어떻게 그럴 수가 있죠? 물론 다른 추천서들도 있어요. 그렇지만 거절당하는 것은 정말 참기 힘들어요. 내일 면접을 보러 갈 건데 이제 제가 원하는 만큼의 자신감을 가지지 못할 것 같아요.

　　내담자가 자신을 거절한 사람에 대해서 느끼는 분노와 당황스러움을 회기 내내 이야기할 것은 거의 분명해 보였다. 여기에는 감정, 특히 분노 감정의 표현이 포함될 수 있었다. 실제로 회기가 어떻게 진행됐는지 보도록 하자. 내담자는 모든 느낌을 새로운 감각으로 경험하기 위해 초대되었다.

내담자: 저는 가슴에서 이런 느낌이 드는 걸 자각했어요. …… 거기에서 욱신거려요. 저는 다쳤어요.

치료자: 당신의 가슴에 있는 그곳에서 그것을 느꼈군요. 그것은 욱신거려요. 그리고 '나는 다쳤다'라는 말이 나오네요.

내담자: 그리고 그것만 있는 것 같지는 않아요. 또 분노가 느껴지네요. 그 전화 통화 이전에는 대단히 자신감에 차 있었는데 좌절감을 느껴요. 그리고 '아뇨'라고 그 여자가 말했을 때…… 저는 정말…… 으아악! 그런 식의 일이 생겨서 저에게 달라붙는 게 너무 싫어요. 그게 저에게 달라붙어 있는 것 같아요.

치료자: 그래서 그 느낌은 마치 **그것이 당신에게 달라붙어** 있는 것 같군요. (치료자는 '분노'나 '좌절감' 같은 일반적인 감정 단어가 아닌 '나한테 달라붙어 있다'라는 생생한 은유를 선택했다.)

내담자: 그건…… 말이죠…… 그 감각은…… 제가 가졌던 그 특정 직업은…… 정말 아닌 것 같았어요. …… 저의 최선을 보여 줄 수가 없었어요. …… 그런데…… 추천서를 써 달라는 부탁에 '아뇨'라는 대답은 마치 그 특정 직업을 가졌을 때 얼마나 불행했는지에 대한 모든 느낌을 가져다주는 것 같았어요.

치료자: '아뇨'라는 말이 **그 직업**에 대한 당신의 전체 느낌들을 가져왔군요. 그리고 당신이 거기서 잃은 것들도 같이 말입니다.

내담자: 음 흠.

치료자: 그게 어떻게 옳지 않았는지에 대해서요. 거기에서는 너의 최선을 다할 수 없어. 마치 이런 느낌.

내담자: 네. …… 지금 거기에 더 깊은 숨이 나와요. …… 네, 아직도 안에 압박감 같은 것이 있는 것을 인지하고 있어요. 그리고…… 그리고 저는 그게 거기에 있지 않기

를 바라요. [내담자가 "그게 거기에 있지 않기를 바라요."라고 한 것은 감정에 대한 느낌이며(제5장 참조), 치료자는 단순히 "당신 안에 무언가…… 당신 안에 무언가…… 그리고 두 가지 모두 거기에 있군요."라고 반영하는 것으로 탈동일시를 방해하지 않는 초대를 제공할 것이다.]

치료자: 네. …… 그래서 당신은 무언가 압박감 같은 것을 느꼈군요. …… 당신 안에 무언가가 그것이 거기에 있지 않기를 바라고 있다고 느꼈네요. …… 그리고 두 가지 모두 거기에 있군요. …… 그러면 그중 하나가 먼저 당신과 함께하기를 필요로 하는지 느껴 보세요.

내담자: 네. 제 생각에는 저와 먼저 함께하기를 원하는 건 그것이 거기 있는 걸 원치 않는 부분인 것 같아요.

치료자: 그래요! 그러면 원하지 않는 다른 하나의 반대 방향으로 돌아서 보세요.

내담자: 그것은 제가 내일 자신감을 느끼고, 한 면접에서 다른 면접으로 순항하길 바라고 있어요.

치료자: 네. 그것이 당신이 무엇을 **원하는지** 보여 주고 있어요. 그것은 당신이 내일 자신감을 **느끼고** 한 면접에서 다른 면접으로 **순항해** 나가기를 바라고 있어요. 아마도 지금 당신의 몸에서 그런 것을 느끼고 있을지도 몰라요. 그것이 당신이 원하는 것을 맛볼 수 있게 하니까요. 조금 그 순항하는 느낌과 자신감을 느껴 보세요. ('이 면접에서 다른 면접으로 순항하다.'라는 표현은 생생한 은유로 이미 거의 몸의 느낌에 가깝다. 치료자는 이것을 주의 깊게 선택하여 다시 내담자에게 돌려주고 이어 내담자를 초대해서 내담자가 지금 몸속에서 그것을 느끼고 있는지에 주의를 기울이도록 했다.)

내담자: 사실 저는 보통 면접을 아주 잘 봐요.

치료자: 아하! 그래서 지금 기억들이 오는군요. 당신이 내일 되고 싶은 것처럼 자신감에 가득 찬 때죠. 그리고 그것을 당신이 몸 안에 그대로 머물게 해 주세요. 그건 당신이 면접을 잘 본 것을 기억할 때 오는 느낌이에요. (과거의 성공에 대한 기억, 특히 그런 기억과 관련된 몸의 느낌들은 내담자를 위한 자원이 될 수 있다.)

내담자: 기분이 좋네요. 그것을 기억하니까 기분이 좋아요.

치료자: 당신이 즐거움을 느낀 시간의 기억을 가지고 와요. 그 좋은 느낌이 오게끔 해 보세요.

내담자: 그리고 제 생각에는 여기에 다른 무언가가 있는 것 같아요. 그리고 그것은 제가…… 음…… 제가 이것을 얻을 수 있는지 한번 볼게요. …… 이것은 제가 무엇을 제안해야 하는지 기억하고 인정하기를 원해요.

치료자: 아!

내담자: 그리고 이것은 제가 완벽해야만 한다고 생각하는 것을 바라지 않아요. 제가 가졌던 모든 직업에서 전부 긍정적인 경험만을 했어야 한다는 것 같은 것이요.

치료자: 그러니까 당신 중 일부분은 당신이 완벽해야만 한다고 생각했을 수도 있고, 당신이 가진 모든 직업에서 좋은 경험만을 해야 한다고도 생각했을 수 있었겠네요.

내담자: 아.

치료자: 그리고 만약 그곳에 무언가 그런 것이 있다면 당신은 그것에게 '안녕'이라고 인사할 수도 있어요.

내담자: 다른 추천서들이 있어요. 이게 다른 거예요. 추천서 없이 하지 않을 거예요. 단지 그 일 전체에 커다란 지우개를 가지고 가서 거기서 일하지 않은 척, 그 일을 하지 않은 척할 수 있어요. 재미없었어요. 재미없는 일이었어요.

치료자: 네. 그러니까 당신은 당신 안에 있는 커다란 지우개를 그 모든 일에 가지고 가고 싶어 하는 무언가와 정말로 만나고 있군요. 그건 그냥 재미없었어요. 그것을 기억하는 것이 지금 어떻게 느껴지나요? 그리고 그것에게 당신이 듣고 있다는 걸 알려 줘요.

내담자: 정말 마음에 들어요. 손으로 집어 들었고, 심지어 칠판을 지워 버리는 제스처를 했어요…….

치료자: 아! 손으로 지우는 제스처를 취했군요. 그리고 당신은 그것이 마음에 들었고요.

내담자: 그래요! 그것이 마음에 들어요. 그곳의 슬레이트가 깨끗한 걸 보니까요.

치료자: 그러면 잠시 시간을 가지고 당신의 몸속에서 깨끗한 슬레이트를 보는 것과 함께 머무르며 오는 것을 느껴 보세요.

내담자: 네. 마음에 들어요. 그것도 마음에 들어요. 미소가 지어져요.

치료자: 미소 지어지는 느낌에 잠시 머무르는 것이 가치 있을 수도 있어요. 마음에 드는 느낌이요. 네.

내담자: 네. 기분이 정말 좋아요. 뭔가를 정말 놓아주는(let go) 기분이에요. 좋은 곳이에요. 그 느낌은 마치 그것…… 어…… 그것은 지워졌네요!

치료자: 오, 당신은 정말 '놓아주라'고 느끼셨군요. 이것은 지워졌어요! 당신의 몸이 그것을 놓아주는 것을 보여 주고 있네요.

내담자: 네. 보여 주고 있어요. 그리고 정말 제 몸에서도 그렇게 느껴지고요.

치료자: 음 흠! 그것을 좀 더 느껴 보세요.

내담자: 가슴 중앙에 치고 있는 번개를 스스로 느낄 수 있게 내버려 두고 있어요. 미소가 되돌아오네요.

이후 내담자는 다음 날 잡혀 있었던 세 개의 면접이 모두 잘 진행되었다고 보고하였다. 그리고 내담자는 자신이 원했던 자신감을 가졌고 면접이 순조롭게 흘러갔다고 했다.

우리가 포커싱으로 초대할 때 내담자가 잘 따라오지 못하는 경우, 이러한 어려움들을 해결할 수 있는 다른 방법들이 있다. 나는 제7장에서 포커싱의 내적 움직임에 초대될 때 내담자가 직면하게 되는 전형적인 문제와 그것의 해결에 도움이 될 수 있는 몇 가지 방법에 대해 설명할 것이다.

제7장

더 도전적인 유형의
내담자와 작업하기

이전 장들에서 제시한 개입 방식과 과정들을 시도하다 보면, 아마도 그것을 쉽게 따르지 않는 내담자를 만나게 될 것이다. 그들은 마치 당신이 아무 말도 하지 않은 것처럼 계속해서 무엇인가를 하거나, 포커싱 과정에 조금 들어섰다가 다시 표면적인 대화 방식으로 되돌아오거나, 당신이 그들에게 요청하는 것이 무엇인지 그리고 왜 그렇게 하라고 하는지에 대해 의문을 갖는다.

　잠재적으로 포커싱에 의해 가장 큰 도움을 받는 내담자가 이 치료를 쉽게 받아들이지 않는 경우가 종종 있다. 대신에 내담자는 자신을 앞으로 나아가지 못하게 만드는 반복적인 과정에 갇혀 있는 것처럼 보인다. 예를 들면, 같은 이야기를 하거나, 동일한 인지적 생각을 반복해서 하거나, 똑같은 감정을 계속해서 경험하는 것이다. 또는 그들은 내면적 인식의 정서적 수준에 접근할 수 없어서 감정이나 신체 감각에 거의 접촉하지 않는 것 같아 보인다. 또는 접촉과 정서적인 과정이 나타나는 것을 허용하지 않음으로써 '안전'을 유지하기로 결심한 것 같은 자기의 측면과 동일시된 것처럼 보인다.

　이 장에서는 주지적인 내담자, 정동이 적은 내담자, 평가하는 내담자, 자기비난적인 내담자로 분류되는 다섯 가지 유형의 도전적인 내담자 과정을 살펴볼 것이다. 정서적 경험에서 쉽게 압도되고 연약하다고 느끼는 도전적인 내담자의 여섯 번째 유형인 도전적인 과정은 제5장에서 다루었다. 자연히, 모든 유형의 과정은 서로 연관되어 있고 심지어 비슷한 이유로 발생한다고 이해할 수 있다. 그러나 내담자 과정의 유형을 처음 마주했을 때는 상당히 다른 것처럼 보일 수 있다. 그것이 여기에서 그들에 대해 따로 논의하려는 이유이다.

주지적인 내담자

한 내담자가 말했다. "내 생각에 이건 나의 자기혐오(self-hatred)예요. 나는 어머니가 자기 자신을 싫어했다는 것을 알고 있고 그걸 어머니에게 배웠죠. 나는 항상 내 자신을 일부러 방해하는(sabotage) 것 같아 보여요."

이 내담자는 상당히 자기인식이 있는 것처럼 보이고, 확실히 내면의 원인을 향하고자 하는 이러한 정도의 의지가 다른 사람들이 지난주에 무엇을 하고 무엇을 말했는지에 대해 이야기를 하는 것보다는 바람직하다(Klein et al., 1969). 하지만 포커싱 관점에서 보면 이 내담자는 펠트센스를 얻는 것과는 거리가 멀다. 내담자는 이미 정해져 있고 고정되어 있는 용어들과 개념(예: '자기혐오' '방해하는') 속에서 생각하고, 분석하고, 추측하고, 짐작하고, 행동한다.

많은 반응은 적절할 수 있다. 하지만 다음에 포커싱을 할 수 있도록 돕는다고 가정한다면 어떻게 해야 그런 내담자들이 포커싱을 시작하도록 제안할 수 있을까? 우리는 늘 그래 왔듯이 내담자를 공감적으로 대하고 내담자가 있는 곳을 수용하면서 시작할 것이다. 내담자가 말하는 것이 아니라 말하려고 하는 것, Gendlin이 말한 것처럼 내담자가 '직면하고' 있는 것을 듣는다. 우리는 "여기에 당신이 어머니가 자기 자신을 미워하는 것 같은 '자기혐오'라고 보는 무언가가 있군요. 당신은 당신을 항상 일부러 방해하는 것처럼 보이는 것을 이해하려고 노력하네요."라고 말할지도 모른다. '이해하려고 노력하는' 것은 내담자가 말했던 것은 아니지만 우리가 내담자가 하는 것에 경청한 것이다. 물론 우리가 틀렸을 수도 있다. 만약에 그렇다면 우리는 내담자가 바로잡아 주기를 바란다. 하지만 맞고 틀리는 것을 떠나서 우리는 말했던 내용 이면의 것을 감지할 수 있는 통로로 내담자를 초대하고 있다.

특히 우리가 성공적으로 공감하고 우리의 공감이 전달됐다면, 내담자는 계속 이야기하고 구체적으로 설명하겠지만 아마도 자신의 내면으로 들어가지는 못할 것이다. "네. 나는 직장에서 발표할 기회가 있었어요. 많은 것이 그

발표에 달려 있었는데, 발표하는 그날 나는 아팠어요." 우리는 계속해서 공감하면서, 내담자가 말한 것뿐 아니라 왜 그것을 말하는지에 대해서도 듣는다는 것을 보여 줄 것이다. "그 일은 그것의 예시가 되겠군요. 발표할 수 있는 기회를 얻은 그때 당신은 아프게 되었어요. 돌이켜 보면, 그것은 마치 당신이 스스로를 방해한 것처럼 보이는군요."

어느 시점에서는 펠트센스를 초대하기 위한 내담자의 과정이 준비되어 있다는 것을 알 수 있다. 보통 사람들은 경청되었다고 느낄 때 약간 편안해지고, 다른 사람들의 조언에 개방적이 된다. 만약 준비가 되기 전에 너무 빨리 조언하면 사람들은 대체로 듣지 않았다고 생각한 것을 반복해서 말한다. 이것은 실제로 그들이 자연스러운 과정을 따라갈 때 나타나는 것으로 사람들이 저항하는 하나의 방식으로 보일 수 있다.

> **내담자:** 내 생각에 이건 나의 자기혐오예요. 나는 어머니가 자기 자신을 싫어했다는 것을 알고 있고, 내가 그걸 어머니에게 배웠죠. 나는 항상 나 자신을 일부러 방해하는 것 같아 보여요.
>
> **치료자:** (공감하기 전에 개입하기) 그러면 잠시 멈추어서 자신을 방해하는 곳을 느껴 볼 수 있도록 초대해 봐요. (비추천)
>
> **내담자:** (저항처럼 들리지만 실제로는 듣지 않았다고 생각한 이야기를 계속하는 것이다.) 나는 그냥 어머니로부터 배웠다고 느껴요. 어머니는 항상 자신을 이런 식으로 주저앉혔죠.

초대하기 위한 시작 단계에서 적절한 타이밍을 알아차리는 기술이 있다. 우리의 자신의 몸에 대해 자각하고 있는 것(제10장 참조)은 큰 도움이 되는데, 우리가 앞으로 나아갈 것에 대해 생각하는 것보다 열려 있다는 신호를 느끼는 것이 더 쉽기 때문이다. 한 가지 일반적인 신호는 내담자가 모르는 무엇이 있거나 알기를 원하는 무엇이 있다고 말하는 것이다. 우리는 내담자에게 직접적인 알아차림이 오게 하는 것을 돕기 위한 방법으로 포커싱 활동을 제안할 수 있다.

> 내담자: 네. 발표는 내가 나 자신을 방해한 하나의 예에요. 그 전날 밤에 아프기 시작했을 때 "오, 좋아! 하지 않아도 돼."라고 순간적으로 생각했던 것이 기억나요.
>
> 치료자: 당신은 당신 안에 있는 그 무엇이 분명히 당신을 방해하고 있다는 것을 눈치챘군요. 그날 밤의 "오, 좋아!" 같은 느낌처럼요.
>
> 내담자: 나는 또 기회를 날려 버린 나 자신에게 미치도록 화가 났어요. 잘 모르겠어요. 난 그냥 그게 없었으면 해요.
>
> 치료자: 지금이 **그것**을 초대할 시간이 아닌지 궁금하군요. 당신이 그것을 더 잘 알 수 있 게요.
>
> 내담자: 내가 어떻게 하면 되나요?
>
> 치료자: 아마도 그저 그 의자에 앉아 있는 당신의 몸을 느껴 보는 거예요. …… 당신의 숨을 알아차려 보세요. …… 그거예요. …… 그리고 발표를 하는 것에 관한 전부를 떠올려 보세요. 당신은 아팠어요. 당신 안에 있는 무언가가 당신을 아프게 했어요. 그리고 당신은 아마도 지금 그것을 초대할 수 있을 거예요. 지금 그것을 느껴 보세요. 천천히 머무르세요.

당신이 이런 식으로 내담자에게 말을 할 때마다, 특히 그것이 내담자가 편안하다고 느끼는 범위를 조금 벗어나 더 확장되고 있다고 느낄 때, 이것이 내담자에 의해 받아들여질 수도 있고 아닐 수도 있다는 제안이라는 것을 기억하라. 설령 내담자가 제안을 수락하지 않았다 해도 기분이 상하거나 마음을 다칠 필요가 없다. 이것은 파워게임(기싸움)이 아니다. 당신과 내담자 모두 그 한 사람을 보다 온전히 살 수 있게 돕기 위한 같은 배를 탄 것이다. 내담자는 당신의 제안을 받아들이지 않았다. 그냥 그게 전부이다. 그래서 당신은 내담자가 있는 곳에서 다시 내담자를 만나면 되고, 나중에 다른 말로 다시 제안하면 된다.

> 내담자: (제안을 받아들이지 않는다.) 아마도 나는 판단당하는 것을 견디지 못해요. 나는

그런 경쟁이나 평가를 할 수 있었던 적이 없어요.

치료자: (공감적 모드로 돌아가서) 그게 그것의 일부분의 느낌이군요. 판단당한다고 느껴지는 **무언가**가 있네요. …… 그게 당신이 견딜 수 없는 부분이고요…….

생각하는 것을 환영하기

나는 내담자에게 생각을 멈추라거나, 생각을 버리라거나, 그들의 머릿속에서 비우라고 말하는 것을 추천하지 않는다. 우리는 내담자를 평가하거나 내담자가 선호하는 방식과 싸우며 나아가지는 않을 것이다. 어떤 내담자는 생각하는 영역에서 편안함을 느끼고, 그 안에서 안전감을 느낀다. 안전감의 경험은 우리가 제2장에서 보았듯이 어떤 치료적 과정이든 작업을 더 효과적으로 만들어 주며, 포커싱 또한 예외가 아니다.

게다가 선호하는 방식에서 느끼는 안전감은 생각하기가 과정의 적이 아니라는 사실을 말해 준다. 예전에 우리가 '몸'이 '정신'의 반대라고 생각했을 때, 우리는 자신의 몸 안을 알아차리게 하기 위해 사람들에게 생각을 제쳐 놓도록 요청하곤 했다. 그러나 이제 우리는 몸과 정신이 서로 맞물려 있다는 것을 이해하게 되었고, 정신을 배제해서 몸을 가질 수 있는 것이 아니며 그 반대의 경우도 마찬가지라는 것을 알게 되었다.

그러므로 이제 우리는 생각하는 사람들에게 생각을 잠시 제쳐 두라고 요구하지 않는다. 대신에 "우리와 함께 있는 이 생각을 느껴 봅시다. 또 당신이 전체를 새롭게 느껴 볼 수 있는 시간을 가져 봅시다. 아마도 당신이 금방 언어로 옮기기 어렵지만 알아차릴 수 있는 어떤 것이 있을지도 모릅니다."라고 말한다.

신체 알아차림으로 다가가기: 도입부

비록 우리가 사람들에게 자신의 생각을 버리라고 요구하지는 않지만, 사람들에게 자신의 몸을 포함해서 알아차림을 확장하라고 요청할 수는 있다. 생각으로 자신의 문제에 접근하는 사람들은 신체 알아차림을 포함시킴으로써 포커싱 방식으로 도움을 받을 수 있다.

처음에 포커싱 치료를 접했을 때, 나는 화려한 언변을 가진 시카고 대학교의 대학원생이었다. 그 당시 지적인 논쟁과 언쟁은 친구와 소통하는 방법이자 교수님들에게 나아가는 방법이었다. 감정과 신체의 영역은 위험하고 미지의 영역이었다. Gene Gendlin이 나를 '몸에 생각이 느껴지는 곳으로 가 보라'고 초대했을 때, 나는 그가 무슨 말을 하는지 전혀 알 수 없었다. 내게 용기가 있었다면, "몸이요? 뭘 느껴 보라고요? 네?"라고 말했을 것이다.

포커싱을 배우기 전에, 나는 우선 온전히 내 몸을 느끼기 위해 도움이 필요했다. 나는 속도를 늦추고 기다리도록 격려하면서 내 몸을 통한다는 것이 무엇인지 이야기해 줄 누군가가 필요했다. 발가락을 꼼지락거리면 발이 어떤 느낌인지…… 의자에 앉아 있는 나의 무게가 어떤 느낌인지…… 목이 조이고 풀어지는 건 어떤 감각인지…….

운이 좋게도 나를 이렇게 도와주는 사람들이 있었다. 그렇지 않았다면 나는 오늘날 이 책을 쓰지 못했을 것이다. 후에 포커싱을 다른 사람들에게 적용하기 시작했을 때, 포커싱을 하고 펠트센스를 느낄 수 있게 초대하는 예비 단계로서 나는 사람들이 신체 알아차림으로 들어갈 수 있도록 돕는 방법을 개발했다. 나는 이 예비 단계를 '도입부(lead-in)'라고 부른다. 방식과 영향의 측면에서 도입부는 다른 사람들이 '마음챙김 실천'이라고 부르는 것과 상당히 유사하다(Linehan, 1993; Wallin, 2007).

사고하는 방법을 선호하는 내담자는 종종 약간의 설명을 환영한다. 다음 대화에 새로운 내담자에게 도입부를 어떻게 소개하는지가 나와 있다.

치료자: (발표 이슈에 대해 이야기한 후, 내담자가 자신의 사고방식을 드러냈다.) 이러한 감정과 행동 패턴이 바로 지금의 직접적인 신체 경험으로 인해 가장 쉽게 변한다는 것이 밝혀진 바 있습니다. 우리는 우리의 이슈를 통해 길을 생각하려고 노

력할 수 있고, 이는 그것을 다루기에 나름대로 괜찮은 방법입니다. 그러나 실제로 삶의 변화를 얻기 위해서는 현재의 순간에 몸과 마음을 모두 포함시키는 것이 필요합니다. 말이 되는 것 같은가요?

내담자: 말이 되는 것 같기는 하지만 어떻게 해야 할지 모르겠어요.

치료자: 걱정 말아요. 내가 보여 줄게요. 당신이 괜찮다면, 시작할 준비가 되었다면 신체 알아차림에 대해 간단한 연습을 했으면 합니다. 괜찮으신가요? 당신이 원하는 때에 항상 중단할 수 있습니다. 그리고 이것을 할 때 당신이 눈을 감고 있기를 원할지도 모르겠네요. 물론 눈을 뜨고 있어도 괜찮습니다.

자, 천천히 시간을 가지고…… 당신의 몸에 알아차림이 오도록 해 보세요. 혹시 당신의 손이라면, 손을 알아차린다면 어떻게 만지고 어떻게 느끼는지, 그리고 당신의 다리, 발도 그렇게 느껴 볼 수 있을 겁니다. 당신이 앉아 있는 것에 몸이 닿아 있는 것을 느껴 보고 그곳을 버티고 있는 것을 알아차리고, 당신 자신을 그 지지대에 기대어 보세요.

그 후에 당신의 알아차림을 내면으로 가지고 옵니다. 느껴 보세요. 당신의 목…… 가슴…… 배 속…… 배와 그 주변들……. 그 내면의 모든 부분에 당신의 알아차림을 그냥 두도록 하세요.

그리고 당신이 그것(내담자가 반복해서 말한 단어)이라고 부른 그 문제들을 떠올려 봅시다. 여유를 가지고 당신이 그 모든 것을 느낄 때 지금 여기에서 전체적이고 신선한 감각이 올 수 있도록 초대해 보세요. …… 그리고 당신이 무언가를 알게 되면 내게 알려 줄 수 있을지도 모릅니다.

도입부는 더 길어질 수도 있고, 상당히 간단할 수도 있다. 사람들이 이런 방식의 작업을 한 적이 있을 때 그렇다. 현재 진행 중인 내담자와 함께할 때 치료자는 절차에 따른 예비 단계를 진행한 후 회기 시작쯤에 "도입부를 하시겠습니까?"라고 물어볼 수 있다. 내담자는 "네. 짧게 해 주세요."라고 대답할지도 모른다. 짧은 도입부는 다음과 같다.

치료자: 그러면 천천히 당신의 몸으로 당신의 알아차림을 가지고 오세요. 방 안에 당신을 둘러싼 것들과 당신의 전체 몸을 느껴 보세요. …… 당신이 앉아 있는 것에 몸이 닿아 있는 것을 알아차려 보고…… 호흡을 느껴 보세요. …… 그리고 당신의 의식이 안으로 들어오도록 놔두세요. 당신의 목, 가슴, 위, 배가 포함되어 있는 전체적인 내면'영역으로 들어가세요. 그리고 당신이 말한 것을 떠올려 보세요. (내담자가 표현한 말에 대한) 모든 것을요. 천천히 시간을 두고 지금 당신의 몸에 그 느낌이 오도록 초대하세요.

도입부를 제안하는 방식에 대해 중요한 두 가지 포인트가 더 있다. 첫 번째 포인트는 제안을 받아들일 시간을 주기 위해 잠시 쉬어 가며 느리게 말해야 할 필요가 있다는 것이다. 그리고 이상적으로는 치료자나 조력자는 자신의 몸을 따라가고 있어야 한다. 예를 들어, "당신이 앉아 있는 것과 닿아 있는 것을 느껴 봅시다."라고 말했을 때, 치료자는 자신이 앉아 있는 것과 몸이 닿아 있는 것을 느끼게 될 것이다. 두 번째 포인트는 첫 번째 포인트에 도움이 될 것이다. 만약에 당신이 스스로 이러한 움직임을 따른다면, 당신은 점차 느리게 말하게 될 것이고 자연스럽게 잠시 멈출 것이다.

정동이 적은 내담자

만약에 내담자에게 잠시 멈추고 어떤 상황이나 문제에 대한 '전반적인 신체 느낌'을 느껴 보라고 초대했을 때, 내담자가 당신이 외국어를 말하기 시작한 것처럼 당신을 바라본다면 어떻겠는가? 우리가 보았던 것처럼 당신은 도입부를 사용해서 몸으로 가져오는 것에 대해 안내하겠다고 제안할 수 있다. 하지만 일부 내담자는 여전히 "나는 아무것도 느껴지지 않아요." 혹은 "아무것도 없어요."라고 하는 결과가 나타날 수 있다.

실제로 어느 누구든 아무것도 느끼지 못하는 경우는 없다. 느낀 것에 대해

'아무것도'라고 보고한 사람들은 무언가(something)를 느꼈지만 그것을 느낀
것이라고 보지 않고 있는 것이다. 이런 사람들이 느꼈을지도 모르는 것은 무
감각, 공백 또는 예상했던 무언가가 없었던 것이다. 무감각(numbness)은 아
무것도가 아니다. 무감각은 출발점이다. 사실 무감각은 더 시간을 보내야 하
는 중요한 지점일지도 모른다. 낮은 정동을 겪거나 정서에 접근하기 어려운
내담자는 느낀 것을 설명하기가 미묘하고 어려운 경우가 있는데, 종종 무언
가를 느끼도록 도움을 받을 수 있다.

　한 내담자가 자신이 느끼는 감정이 무엇인지 알고 싶어서 치료에 왔다. 그
는 아내에게 감정을 더 표현하라는 '압박'을 받고 있었고, 아내가 어떻게 느꼈
는지에 대해 물었을 때 아내에게 뭐라고 대답해야 할지 몰랐다. 치료자는 내
담자에게 '당신은 모든 사람이 가지고 있는 감정을 가지고 있다'고 장담했고,
아마도 감정들을 어떻게 느끼고 설명하는지 배우는 것은 그리 어렵지는 않을
것이라고 말했다.

치료자: 당신의 지금 기분이 어떤지 느껴 보는 것으로 시작하죠.

내담자: 모르겠어요. 항상 이게 문제예요. 나는 아무 느낌도 없는 것 같아요.

치료자: 알겠습니다. 그곳이 출발 지점이에요. 자, 지금 당신의 몸은 어떤가요? 아마도 당
　　　　신은 의자에 앉아 있는 몸을 느껴 보는 시간을 잠시 가져 볼 수 있을 거예요. 단
　　　　지 의자에 편하게 기대서 닿아 있는 감각을 느껴 보면 됩니다. 어쩌면 어깨를 돌
　　　　릴 수도 있습니다. 그게 전부예요. 의자가 느껴지나요?

내담자: 의자를 느낄 수 있어요.

치료자: 좋습니다. 이제 우리 몸의 내부를 느끼는 것으로 넘어가 보도록 하겠습니다. 목
　　　　구멍 같은 것입니다. 목을 느끼는 것은 당신이 목이 아팠던 다음 날 아침에 일어
　　　　나 여전히 아픈 기운이 남아 있는지 확인하는 것보다 쉽습니다. 어떤 건지 이해
　　　　가 되실까요?

내담자: 네, 나는 목을 느끼는 것 같습니다.

치료자: 그러면 이제는 가슴…… 그리고 지금은 당신의 배 속…….

내담자: 나는 그것들을 느낄 수 있기는 하지만 그 안에서 아무것도 느껴지지 않아요. 그
　　　 저 평소와 같은 느낌입니다.

치료자: 나는 당신의 '평소'의 느낌이 당신의 목구멍과 가슴을 비교했을 때 또는 가슴과
　　　 배 속을 비교했을 때 같은 식인지 궁금합니다.

내담자: (놀란 목소리로) 내 배 속이 조이고 있어요!

　그의 배 속이 수년간 조여 오고 있었다는 것이 밝혀졌지만, 그는 그동안 그
에 익숙해져서 그것을 몸의 느낌이라고 인식하지 못했다.

　몸에서 아무것도 느끼지 못하는 내담자에게 제안할 수 있는 다른 것은 '느
긋함' 혹은 '평화로움'과 같은 즐거운 느낌이 그곳에 있는지 살펴보도록 하는
것이다. 내담자에게 "몸이 어떻게 느껴지나요?"라고 물었을 때와 자신의 배
속이 편안한지를 살펴보도록 할 때 경험하는 것은 다르다. 만약에 내담자의
배 속에 편안함을 느낀다면, 그것은 '아무것도'가 아닌 경험이다. 만약에 배
속에 편안함을 느끼지 못했다면, 이 역시 설명하고 탐구해 보아야 한다.

　이런 경험들이 아직 펠트센스가 아닌 것은 사실이지만 펠트센스를 갖기 위
해서 내담자는 몸의 느낌의 차원에 접근해야 할 필요가 있다. 확실히 내면의
감정이 어떤 것인지 경험할 수 있도록 돕는 이것과 다른 방법들은 확실히 펠
트센스와 포커싱을 위한 길을 준비한다.

　하지만 신체를 느끼는 과정에 친숙하지 않은 것 이외의 다른 이유들로 내
담자들이 펠트센스를 느끼거나 찾기 어려울 수도 있다. 다음 절에서 그 몇 가
지를 살펴볼 것이다.

'저항적인' 내담자

　나는 소위 '저항적(resistant)'이라는 단어를 좋아하지 않는다. 그러나 이 단
어는 유사한 과정을 보이는 내담자군을 가리키기에 편리하다.

- 내담자를 초대했을 때, 정서적으로 연결된 과정들이 진행되지 않는다. 우리는 앞의 '주지적인 내담자' 절에서 이것과 가능한 이유들에 대해 이야기했다. 내담자는 자신이 말한 것을 경청받지 못했다고 느꼈을 때 계속해서 이야기를 하는 경향이 있다.
- 내담자는 정서적으로 연결된 과정에서 잡담, 이야기하기, 인지적으로 말하기로 갑자기 전환된다.
- 내담자는 신체, 감정적인 내용 또는 특정 문제에 대해 "나는 그곳에 가고 싶지 않습니다."라고 말한다.
- 내담자는 과정이 '깊게' 진행되기 시작했을 때 졸음이나 멍한 상태를 경험한다.

이러한 '저항' 중 어떤 것도 포커싱을 하지 말아야 할 이유가 되지는 않는다. 이 모두를 존중할 때 그것은 장애물이 아니라 출입구인 '과정적 의사소통'으로 볼 수 있다. 이제 차례대로 하나씩 살펴보자.

감정적으로 연결된 프로세스에서 벗어나기

Alice의 첫 회기에, 치료자가 그녀에게 받은 첫인상은 화려한 언변을 가진 매우 지적인 여성이라는 것이었다. Alice는 자신이 먼저 생각해 보지 않고 벌컥 화를 내고 짜증스럽게 반응하는 문제에 대해 도움을 청하려고 오게 되었다고 말했다. 이것은 그녀의 친밀한 관계와 일하는 상황 모두에서 문제가 되었다. 이 문제에 대해서 논의하면서 치료자는 "우리는 먼저 생각해 보지 않고 벌컥 화를 내는 당신 안의 어떤 것에 대해 같이 호기심을 가져 볼 겁니다."라고 구조화했다. Alice는 이런 방식이 그것에 대해 말하기 좋은 방법이라는 점에 동의했다.

치료자는 Alice가 자신의 몸을 느끼기 위해 약간의 도움을 필요로 하는 사람이라고 가정하고, 그녀를 긴 도입부로 초대했다. 그리고 "당신은 지금 벌컥

화를 내는 당신의 일부분을 지금 당신의 의식 속으로 들어오도록 초대할 수 있을 거예요. …… 그리고 그것이 당신의 몸에서 어떻게 느껴지는지 느껴 보세요."라고 마무리했다.

하지만 이것은 마치 도입부가 전혀 주어지지 않은 것과 같다. Alice는 치료자가 도입부를 끝내자마자 눈을 뜨고 문제에 대해 다시 이야기하기 시작했다. 치료자는 이것을 통해서 도입부 이전에 Alice가 경청되었다고 느낄 만한 충분한 시간을 갖지 못했다는 것을 이해했다. 이번에 치료자는 공감적인 태도를 유지하면서, Alice가 정말 이해받기를 원하는 각각의 요점을 파악하기 위해 노력했다.

내담자: 우리 가족 모두가 그랬어요. 모두들 항상 자제력을 잃곤 했죠. 내가 이사하고 대학에 들어갔을 때 모든 사람이 그렇지는 않다는 것을 발견하고는 큰 충격을 받았어요.

치료자: 솔직한 이야기네요. …… 당신의 가족 모두가 그렇게 했군요. 자제력을 잃어버리고 화를 내곤 했어요. 모두가 그렇게 하는 것은 아니라고 알게 된 것이 충격으로 다가왔군요.

내담자: 맞아요. 하지만 그건 정말 문제가 있어요. 그게 제가 마지막 직장을 잃게 된 이유예요. 난 그저 그걸 어떻게 할 수가 없어요.

치료자: 고민이 많은 것같이 들리네요, 그것 때문에 마지막 직장을 잃었지만 그걸 어떻게 할 수가 없다고 느끼는군요.

내담자: 맞아요. 내 딸은 내가 화를 조절할 수 있게 도와주려고 노력해 왔어요. 그녀는 내가 10까지 숫자를 세고, 우선 생각하고, 사교적으로 행동할 필요가 있다고 말했어요. 나는 그렇게 하려고 노력하고 있어요.

치료자: 당신이 노력한 것은 딸이 제안한 거네요. 먼저 생각하고 사교적이 되는 것 말이죠.

내담자: 내 딸은 내 인생에서 가장 좋은 사람이에요. 그녀는 정말 올바른 생각을 가지고 있어요. 그녀는 대단해요.

치료자: 당신이 딸에 대해서 이야기할 때 목소리가 변하고 표정이 부드러워지는 것을 보

앉어요. 어쩌면 지금이 잠시 멈춰서 당신의 몸 안을 느껴 볼 수 있는 순간일지도 몰라요.

내담자: 네.

치료자: 몸의 중심, 목, 가슴, 배 속을 느껴 봅시다. 당신의 딸을 떠올렸을 때 어떻게 느껴지는지, 그런 딸을 갖는다는 것이 어떻게 느껴지나요?

내담자: (눈을 다시 감는다.) 내 몸이 정말로 따뜻하게 느껴지는데, 특히 내 심장이 그렇습니다.

치료자: 당신이 그것에 머무를 수 있는지 살펴보세요. …… 당신의 심장…… 정말로 따뜻한…….

내담자: 이 느낌은 마치 심장 안에 둥지가 하나 있는데, 그 안에서 새가 자신의 알을 따뜻하게 품고 있는 것 같아요. (이것은 풍부한 은유적 이미지를 느끼는 것으로 펠트 센스가 나타났음을 알 수 있는 흥미진진한 순간이다.)

치료자: 와아, 당신은 그것이 마치 따뜻하게 알을 품고 있는 새가 심장 안의 둥지에 있는 것처럼 느껴지는군요. 그 느낌과 머무르는 것이 괜찮은지 확인해 보세요.

내담자: (천천히 말하며) 그것이 대단하다고 느껴져요. 그건 정말 새로운 느낌이에요. 내 팔과 다리가 편안해지고 있어요. 정말로 이상한 느낌이에요.

치료자: 당신은 이 대단한 느낌을 그것이 충분히 원하는 만큼 거기에 있도록 할 수 있을 겁니다. (치료자는 즐거운 느낌이 더 강해지고 더욱 많이 느낄 수 있도록 돕는다. 이것은 우리가 제5장에서 논의한 움직임이다.) 그리고 이 따뜻하고 편안한 느낌의 장소에서 당신은 당신의 일부분인 벌컥 화를 내는 또 다른 것을 초대할 수 있을지도 모릅니다. …… 아마도 여기가 지금 그것을 알아차리기에 충분히 안전한 장소일지도 모릅니다…….

내담자: 네. 그것은 마치 가슴 속에 있는 괴상하고 딱딱한 곳 같아요. …… 마치 그곳은 바위처럼 느껴져요.

치료자: 당신은 가슴 안의 그곳에서 그것을 느낍니다. …… 마치 바위처럼 단단한…… 아마도 그곳에 머무를 수 있지도 모릅니다.

내담자: (침묵하다가 눈을 뜨면서) 내 딸은 내가 먼저 생각해 볼 필요가 있다고 말하고,

나는 그렇게 하려고 정말로 노력하지만 힘이 듭니다…….

속도를 늦추고 내면으로 알아차림을 가지고 오는 데 약간의 도움이 필요했던 내담자가 그곳에서 잠시 동안 접촉한 후에 내면의 알아차림에서 갑자기 튀어나오는 것은 놀라운 일이 아니다. 어떤 이들은 이것을 저항이라고 부를지도 모르지만 내 추측으로는 이 내담자는 내부 접촉의 느린 방식이 자신이 안전하다고 생각하는 범위를 넘어서기 때문에 상당히 이상하다고 여긴 것 같다. 이런 내담자에게는 튀어나오는 것이 자신이 안전하고 편안하다고 느끼도록 도와주는 자연스러운 움직임이다. 우리는 자연스럽게 새로운 경험에서 한 걸음 물러난다. 이는 마치 물속에 발끝을 살짝 담그고 나서 밖으로 다시 나오는 것 같은 동작과 같다. 치료자는 무엇이 일어났는지 받아들이고, 튀어나올 수 있도록 수용하고, 말했던 것에 공감하고, 또다시 안으로 알아차림을 초대할 수 있도록 기다릴 필요가 있다. 다음에는 내담자가 더 길게 내면의 접촉을 유지할 수 있을 것이다.

치료자가 하지 말아야 할 것은 즉시 "눈을 감고 다시 당신의 몸을 느끼도록 돌아가 봅시다."라고 말하는 것이다. 이러한 제안은 그 과정의 자연스러운 움직임에 반대되는 것이며 무례한 것이다.

'나는 그곳에 가고 싶지 않다.'

내담자가 '그곳에 있다.' '그것을 느낀다.' '그것에 닿는다.' 또는 이와 비슷한 것을 하고 싶지 않다고 하는 경우에 우리는 '원하지 않는다.'는 것에 완전히 따라 주어야 한다. 임상가가 '그곳에 가고 싶지 않은 것'이 필요하다고 느끼는 사람의 일부를 받아들이고 존중할 수 있으며 '원하지 않음'에 접촉할 수 있도록 초대할 때 내담자의 안전감이 증가하고 과정은 앞으로 나아갈 수 있다.

내담자: 나는 오늘 아무것도 하고 싶지 않습니다. 나는 그 모든 것에 지쳤어요.

치료자: 알겠습니다. 당신이 원하지 않는다면 우리는 아무것도 하지 않을 것입니다. 아마도 모든 것에 지쳤다는 느낌을 인정하는 것일 수도 있습니다.

Gendlin은 이러한 상호작용에 대해 다음과 같이 설명했다.

내담자: 나는 오늘 오고 싶지 않았어요. 나는 더 이상 어떤 것도 이야기할 게 없어요. (웃음) 정말로 건드리고 싶지 않은 그런 상태에 있어요. 예전에 한 번 그곳에 있었던 적이 있어요. 울기 시작했는데 거기서 빠져나올 수 없었어요. 울음을 멈출 수가 없었어요.

치료자: 당신은 다시 그런 방식으로 그곳에 빠져 버리지 않기를 원하는군요.

내담자: 맞아요. 보통 나는 감정을 믿으면서 이렇게 생각해요. 만약 당신이 그것을 느낀다면 그것은 더 나아질 것이다. 하지만 이것은 잘 모르겠어요.

치료자: 그래서 우리는 그렇게 말하지는 않을 겁니다. 그저 느껴 보세요. 당신이 그렇게 했지만 그건 더 나아지지 않았어요. 우리가 여기에서 무엇을 하든지 당신은 그것을 다른 방식으로 하고 싶을 것입니다.

내담자: 맞아요. (긴 침묵) 나는 그것을 내가 서 있는 바로 아래, 바로 그곳에서 정확하게 느낄 수 있어요.

치료자: 우리는 여기에 오래 머무르지요. 그곳으로 가지 않고 그 아래에 있는 것과 관련해서요.

내담자: (긴 침묵) 모든 것에 대해 느끼는 것은 나는 아무 소용이 없고 그것에 대해 아무것도 할 수 없다는 것입니다. 그리고 나는 그것에 거의 닿을 수 없습니다. (1990, p. 217)

이 부분에서 진행 중인 작업의 수준을 확인하자. 첫 번째로 치료자는 내담자가 일어나지 않았으면 하는 것을 파악해야 한다. "당신은 다시 그런 방식으로 그곳에 빠져 버리지 않기를 원하는군요." 치료자는 자신이 이해하고 동의한다는 것을 두 번에 걸쳐 강조한다. 단순히 그것을 느끼는 것은 오늘 우리가 여기에서 해야 할 일이 아니다. 이러한 보장의 안전성이 뒷받침되어 내담자는 시간을 들여 말을 한다. "내가 서 있는 바로 아래, 바로 그곳에서 정확하게 느낄 수 있어요." 이것은 현존하는 자기에 대한 좋은 예로, 그렇게 될 필요 없이 새로운 감각 경험을 할 수 있는 능력이다. 치료자는 '우리'라는 말을 사용함으로써 그 자신을 포함해서 현재 일어나고 있는 것을 지지하며 강조한다. "우리는 여기에 오래 머무르지요. 그곳으로 가지 않고 그 아래에 있는 것과 관련해서요." 이것은 내담자가 이미 하고 있는 것이라고 생각하지만 치료자는 이렇게 말함으로써 그 과정을 지지하고 동참한다. 그 결과, 내담자는 자신이 느낀 풍부한 경험, 즉 더 많은 감각을 과정 안에 진행 중인 곳에 가져가 접촉할 수 있게 된다. 그녀는 "나는 그것에 거의 닿을 수 없습니다."라고 말했지만 그녀는 그것에 닿아 있다.

멍해짐, 졸음, 안개 낌

내담자가 치료 회기 중에 졸려 하는 것은 따뜻한 방, 안락한 의자, 부드러운 목소리 그리고 전날 충분하게 자지 못한 것 때문일 수 있다. 하지만 잠이 다른 이유 때문에 온다는 강한 느낌이 들 때가 있는데, 그것은 그 순간에 내담자가 있는 곳과 관련이 있다.

> **내담자**: 이것은 배에 통증이 있는 것 같은 느낌이에요. 그곳에 무언가가 상처를 입었다는 느낌이에요. 그리고 그 상처는 절대 치유할 수 없어요. (머리를 끄덕이며) 와아, 저 방금 엄청 졸렸어요! 제가 방금 전에 무슨 말을 했는지 전혀 모르겠어요.

내담자가 이전에 해리된 상태들과 연결되어 있는 정서 경험과 접촉할 수 있게 되었을 때 최소한 일시적으로라도 해리 현상이 다시 발생하는 것은 자연스럽고 흔한 일이다. 이에 대해서 이야기하는 한 가지 방법은 이러한 감정과의 접촉이 내담자가 버틸 수 없을 정도로 두려워하는 '부분들'이 나타난다고 말하는 것이다. 그들은 내담자의 이러한 감정들이 과거에 처음 나타났던 때처럼 지금도 압도적인 정서 경험을 다루기에는 너무 적은 자원을 가지고 있다고 걱정한다. 이러한 부분들은 준비되어 있고 핵심적으로 그들이 자신을 보호하기 위해 의존했던 해리를 졸음, 멍함, 혼란스러움, 생각하거나 집중할 수 없는 무기력함 같은 형태로 다시 불러올 수 있다.

우리는 이러한 해리 현상이 나타나는 것을 내담자의 일부분은 현재 과정이 불안정하다고 느끼고 있음을 말해 주는 신호로 이해할 수 있으며, 그것을 더 많은 안전을 위한 요청으로 들을 수 있다. 그 과정 자체는 치료자가 현존하는 자기를 가지고 있고 내담자의 현존하는 자기를 도우면서도 적당히 가까워야 할 필요가 있다고 말한다. 여기에는 너무 빨리, 너무 깊이 들어가서 편안함을 느끼지 못할 것 같은 걱정하는 부분과 타당한 요구가 있다는 것을 인정하는 것이 포함된다.

내담자가 '고통스러운' '오래된' '상처 입은'과 같이 묘사하는 정서 상태에 더 가까워지기 시작했을 때는 가까이 머무르면서 천천히 나아갈 시간이다. 그리고 우리가 신체적인 수준에서 따라가며 우리 자신을 느낄 수 있을 때 내담자는 깊고, 오래된(즉, '신생의') 그리고 취약한 것에 접촉하기 시작한다. 우리는 내담자를 혼자 두지 않고, 내담자를 깊은 접촉에서 멀어지게 하지 않고, 더 자주 말할 것이다. 우리는 초대할 때 ('당신'보다) '우리'라는 단어를 사용해서 우리가 가까이에서 함께하고 있다고 전할 수도 있다. 우리는 '당신이 느끼고 있다.'라는 언어와 유사한 움직임(제5장 참조)을 사용하여 내담자의 현존하는 자기를 도울 것이다.

내담자: 이것은 배에 통증이 있는 것 같은 느낌이에요.

치료자: 그래요. 당신은 배에 있는 그것을 느끼고 있군요. 마치 그곳에 고통이 많이 있는 것처럼요. …… 나와 당신이 그것과 함께합시다. 우리가 여기에 함께 있다는 것을 그것에게 알려 주세요.

내담자: 그곳에 무언가 상처를 입었다는 느낌이에요.

치료자: 아, 당신은 그곳이 상처받았다고 느끼고 있군요. 그것은 당신에게 상처받은 느낌

으로 보여요. 당신은 우리가 그것과 함께 있다는 것을 알 수 있을 거예요.

내담자: 나는 그렇게 하고 있어요.

치료자: 그것이 우리가 함께하고 있다는 것을 안다면, 아마도 당신은 그것이 말할 수 있
는지 확인해 볼 수 있을 겁니다.

내담자: 그다지. 이것은 거의 의식하지 못하고 있어요. 그것은 다른 시간에 있어요.

치료자: 그렇다면 당신은 아마도 지금 그것이 어떤 종류의 접촉을 원하는지 느낄 수 있을
겁니다.

내담자: 그것이 이제 내가 여기 있다는 것을 알아차리기 시작했습니다.

나의 경험으로는 이러한 순서대로 치료자가 매우 가까이에서 머무르며 자
신의 감각 경험을 가지고 있을 수 있는 내담자의 능력을 확고하게 지지해 줄
때 안개가 낄 가능성이 줄어들었다.

만약에 졸음이나 멍해짐이 왔다면, 우리는 그것이 회기가 어디론가 진행되
는 것에 반대하여 보호적으로 반응하는 부분에서 나타난 것이라고 조심스럽
게 추측할 수 있다. 그렇다면 저항이라고 부르는 모든 현상과 마찬가지로 우
리는 아마도 내담자가 스스로 그 부분을 향하도록 하고 내담자와 내담자의
그 부분 모두 앞으로 나아가도록 할 필요가 없다는 것을 확실히 할 것이다. 우
리는 원래 경험과 같이 있고 싶지 않은 것과도 함께 생산적으로 있을 수 있다.

내담자: 나는 방금 멍해졌어요. 내가 뭐라고 말했죠?

치료자: 그 멍해짐은 당신이 겁에 질린 부분의 안에서 함께하려 했을 때 바로 나타났어
요. 어쩌면 당신 안에는 그곳에 있기를 원하지 않는 무언가가 있을지도 모릅니
다. …… 아마도 당신이 그 느낌이 맞는지 확인해 볼 수 있을 거예요.

내담자: 네. 나는 거기로 빨려 들어가고 싶지 않아요.

치료자: 좋습니다. 자, 그러면 겁에 질린 부분에서 물러나 보죠. 아마도 당신은 당신 안에
빨려 들어가고 싶지 않은 무언가와 함께 있을 수 있는지 느껴 볼 수 있을 거예요.

내담자: 내 어깨가 꽉 조여요…….

'나쁜' 느낌에 개방적이 되는 것을 배우기

때때로 내담자는 신체적으로 느껴지는 상태에 개방적으로 주의를 기울여 보라는 초대에 저항하는 것처럼 보인다. 왜냐하면 이러한 내담자는 "그런 일을 하는 것의 가치를 믿지 않는다."며 "당신이 바꿀 수 없는 것에 집착하는 것은 좋지 않다."고 말하기 때문이다. 이러한 고정관념(fixed concepts)은 감정적 상태를 허용하지 않는 문화적 패턴이 개인이 고통스러운 감정 상태에서 벗어나고 스스로를 보호하기 위한 방식을 어떻게 강화하는가를 보여 주는 예이다.

어떤 내담자가 자신의 죽음에 대해 끊임없이 고민하며 도움을 청했다. 도입부 이후에 내담자는 배 속에서 무언가를 느꼈고, '조이는' '쓰라린' '고통스러운'과 같은 단어들을 사용해서 그 느낌을 묘사했다.

치료자는 "그곳에서 그것은 함께하는 어떤 것을 필요로 하는 것처럼 들리는군요. 어쩌면 당신이 그것과 같이 있어 줄 수 있을 겁니다."라고 말했다.

잠시 침묵이 흘렀다. 그리고 나서 내담자는 단호하게 자세를 바꾸어 고쳐 앉고는 눈을 뜬 다음, "나는 내가 아무것도 할 수 없는 무언가에 대해 기분을 나빠하는 데 시간을 보내는 것을 믿지 않습니다."라고 말했다.

분명히, 이 내담자는 고통스러운 감정들로부터 자신을 보호해 왔던, 감정 상태가 변할 수 있다는 것을 몰랐던 자신의 일부분과 동일시되었다. 이것은 감정이 관리되고 통제할 수 있다고 믿는 부분, 실제로는 그것이 결코 진실이 아니라는 사실로 인해 고통받는 것으로 보였다. 일부 방법(예: IFS)에서는 치료자가 내담자에게 이 부분을 초대하여 뒤로 물러나게 할 수 있다. 다른 방법들(예: ACT)은 은유적인 이야기를 사용해서 내담자가 정서들을 통제하려고 노력하는 것이 성과가 없다는 것을 경험하도록 도울 수 있다. 이 중 어떤 접근법이라도 포커싱과 함께 사용할 수 있다(제9장 참조). 다만 우리가 무엇을 시도하였든지 내담자의 펠트센스로 돌아가야 한다.

다음은 이 치료자가 실제로 한 것이다.

치료자: 와아. 당신이 그것에 대해 얼마나 명확하고 단호한지 알겠어요! 당신은 변할 수 없는 어떤 것에 에너지나 시간을 쓰고 싶지 않군요.

내담자: 맞아요.

치료자: 거기에는 일종의 강인함이 있죠. 그렇지 않나요? 나는 당신이 똑바로 앉아 있는 모습을 봤어요. …… 나쁜 기분을 느끼는 데 시간을 보내는 것을 거절할 때, 당신은 당신의 몸에서 그것이 어떻게 느껴지는지 느껴 볼 수 있을지도 모릅니다.

내담자: 맞아요. 그것은 강인함인 것 같아요. 나는 더 강해져요. 그곳에 약하다고 느껴지는 것은 없습니다.

치료자: 아마도 지금 당신의 몸에서 그것을 느끼고 있을지 몰라요. "나는 더 강해진다."

내담자: 그것은 마치 내 척추가 강철이나 참나무와 같은 강한 것으로 만들어진 것 같아요…….

치료자: 그건 정말 강한 것처럼 들리네요…….

　　내담자가 몸으로 강인함의 느낌을 가지고 와서 머무를 수 있도록 도운 뒤, 그것을 자원으로서 받아들인다(제6장 참조). 그리고 치료자는 죽음에 대한 느낌으로 돌아가도록 초대했다.

치료자: 그리고 당신이 조금 전 당신 안에서 느껴지는 **무언가**가 있다고 했습니다. 배 속에서 조이고 쓰라리고 고통스러운 느낌이 있는 곳…… 당신의 죽음에 대한 생각에 반응하는 무언가가…… 아마도 지금 당신 몸에서 느껴지는 바로 그 강인함이 당신의 안에 있는 더 민감한 곳으로 갈 수 있도록 해 줄지도 모릅니다. 아직도 거기에 있나요?

내담자: 네. 그것을 느낄 수 있어요. …… 그곳에 무언가 매우 슬픈…….

치료자: 아! 그리고 당신의 **조심스러운 강인함**은 그곳에 있는 슬픈 것을 보호해 줄 수 있습니다. …… 그것이 당신에게 보여 주기를 원하는 것이 무엇이든 조심스럽게 들어 주세요…….

내담자: 내가 아빠를 잃었던 것처럼 내 아이들이 나를 잃어버릴까 봐 슬퍼요.

치료자: 당신은 아마도 그것에게 듣고 있다고 알려 줄 수 있을 거예요…….

회기의 나머지 부분에서 내담자는 15세에 아버지를 잃었던 경험을 탐색했고, 점차 나타나는 감정 상태에 함께할 수 있었다. 하지만 회기가 끝나자 그는 다시 치료자에게 "나는 변화할 수 없는 것에 대한 감정을 다루어야 하는 의미를 모르겠어요."라고 말했다.

치료자는 이렇게 대답했다. "인생에는 변화할 수 없는 것이 많이 있지요. 우리 모두가 죽는다는 사실은 그중에 하나입니다. 하지만 이 회기에서 당신이 실제로 경험한 것처럼 감정은 변합니다. 이 작업에서 가장 좋은 것 중 하나는 변화할 수 있는 것, 즉 삶이 우리에게 주는 것들에 대한 우리의 감정 반응과 시간을 보내고 있다는 겁니다. 이해할 수 있나요?"

평가하는 내담자

내적 경험과 접촉할 때 내담자가 그 경험을 좋아하는지 아닌지, 즉 그것이 좋은 경험, 가치 있는 경험인지를 즉시 결정하고, 만약 그렇지 않다면 그것을 추방하거나 하찮은 존재로 만드는 과정을 시작하는 것은 매우 흔한 일이다. "이것은 좋은 느낌이 아니에요. 나는 그것을 극복할 필요가 있어요. 단지 그것을 내버려 두기로 결정하면 돼요…….."

가끔씩 내담자가 실제로 "나는 그것을 좋아하지 않아요."라고 말을 하는 경우도 있지만, 더 자주 내담자는 그것에 이름을 붙인다. 그리고 이 이름을 붙이는 것은 이미 그것들을 밀어내는 작업을 시작한다. "이것은 무서워." "이것은 추해." "이것은 흠이 있어/결함이 있어." "이것은 쓸모없어." 등이 그 예이다.

이런 상황에서 치료자가 처음 빠지게 되는 명료한 함정은 평가에 참여하는 것이다. 내면 경험이 무섭고, 추하고, 결함이 있고, 쓸모없다고 생각하는 내담자에게 암묵적으로나 드러나게 동의하는 것이다. 또 다른 더욱 미묘한 함정은 동의하지 않고 내담자를 평가에서 빠져나오도록 설득하려는 것으로 "그것에 대해 두려워할 필요는 없습니다." 혹은 "나는 그것이 모든 면에서 쓸 모없는 것은 아니라고 생각해요."와 같은 식으로 이야기하는 것이다.

포커싱 관점에서 이런 상황의 내담자는 자기의 또 다른 측면을 싫어하는 자신의 측면과 동일시된 것이다. 앞 절에서 논의했던 것처럼 이것은 그 사람을 고통스러운 감정으로부터 보호하려고 하는 자기 자신의 일면으로서, 경계선을 넘어가고 그것이 가져오는 무력감 같은 것들이 동반되는 조절장애의 경험으로부터 보호하려고 하는 것 같다. 이것은 또한 그의 권위와 사회적 규범을 지키는 일을 하면서 사회적으로 용인되지 않는 감정 상태(분노 등)가 경계선 안에 있도록 하는 자기의 한 측면일 수 있다.

내담자에게 말할 수 있는 것은 다음과 같다. "나는 정말로 당신이 (내담자가 말한 단어) 느낌을 좋아하지 않는다는 것을 이해할 수 있어요. 당연합니다! 그 감정은 정말로 불쾌하게 느껴지고, 당신이 가려는 길을 막는 것처럼 들려요. 그리고 나는 당신이 바라는 것처럼 우리의 작업이 변화를 가능하게 할 것이라고 확신합니다. 우선 내가 제안하고 싶은 것은 당신이 그 감정을 좋다거나 나쁘다거나 평가하지 않고 중립적으로 접근하는 것을 고려하는 겁니다. 그저 단순히 거기에 있으면 됩니다. 알겠죠? 나는 당신이 그것을 있는 그대로 설명하면서 주의를 기울일 수 있게 도울 겁니다. 나는 당신이 이미 기분이 나아졌다는 것을 알게 될 것이기 때문에 그것을 시도해 보라고 권하고 싶어요. 그리고 그것이 변화할 수 있는 그 느낌으로 가는 길의 첫 단계가 될 것입니다."

자기비난적인 내담자

아마도 부분적인 자기 과정에서 가장 고통스럽고 약해지게 만드는 경우는 내담자가 내면에서 비난하는 목소리를 경험하는 경우일 것이다. 자기비난

과정의 혹독함 정도는 "넌 일을 잘 수행할 필요가 있어."라는 온화한 정도부터 그 사람의 가치를 가혹하게 공격하고 개인의 존재 권리를 훼손시키는 악랄한 목소리까지 이른다.

어떤 접근법들은 내담자가 비판적 목소리를 무시하도록 격려하면서 '내면의 비평가'의 경험에 접근한다. 내담자가 "나는 네가 그런 말투로 나에게 말하는 한 너의 말을 듣지 않을 거야."라고 말하게 하는 것이 그 예이다. 비록 이러한 개입—내담자가 이를 수행할 수 있는 능력이 있다면—은 내담자가 적어도 잠시 동안은 내적으로 더 강하게 느낄 수 있도록 하기 위한 것이지만, 거기에는 심각한 단점이 있다. 자기의 한 측면을 밀어내는 것은 현존하는 자기로부터 나오는 행동이 아니다. 내담자가 내면의 비평가를 무시하거나 밀어내도록 조장하는 것은 실제로 또 다른 부분의 자기(비판받고 있는)와의 동일시를 강화시킨다. 우리의 관점에서 이것은 진정한 진보가 아니며 지속적인 변화를 가져오지도 않는다.

수년간의 경험은 내면의 비평가가 부정적인 경험의 반복을 막기 위해 노력하고 있는, 초기적인 단계의 보호 기능을 가진 자기 자신의 한 측면이라는 우리의 관점을 견지할 수 있게 했다(Cornell, 2005a; McGavin & Cornell, 2002). 이것을 무시하거나 거부하려는 것은 그것의 고통스러운 빈도를 줄이는 데 아무런 도움이 되지 않는다. "나는 긴장을 느낍니다. 내가 스스로를 너무 비판하지 않으려고 노력하고 있기 때문이에요."라는 말처럼 또 한 층의 자기비난이 간단히 덧붙여지는 것을 볼 수 있다.

포커싱 접근에서 제안하는 것은 내담자가 자기비난과의 관계에서 '현존하는 자기'가 되도록 도와주는 것이다. 하지만 이것은 단순한 작업은 아니다. 왜냐하면 내면의 비판을 받는 경험은 내담자가 내부의 비판적인 면과 동일시하도록 만드는 경향이 있기 때문이다. 이 전체적인 경험과 함께 현존하는 자기가 된다는 것은 비판하는 쪽과 비판받는 쪽 중 어느 것과도 동일시되지 않는다는 것을 의미할 것이다. 현존하는 자기를 촉진하는 일반적인 방법(제5장 참조)에 더하여 비판적인 과정과 함께 독특하게 사용할 수 있는 몇 가지 도움이 될 만한 초대가 있다.

내면의 비평가는 걱정하고 있다

우리는 처음에는 그렇게 보이지 않아도 어떤 비판적 목소리가 두려워하거나 걱정하는 부분으로부터 나타난다고 가정한다. 많은 경우에 우리는 내면의 비평가가 무엇을 걱정하는지 추측할 필요가 없다. 그것은 때로 그것의 걱정이 이미 사실인 것처럼 꽤 명확하게 말한다. "넌 바보처럼 보일 거야."는 당신이 바보처럼 보일까 봐 걱정되어서 하는 말이다. "넌 멍청한 바보야."는 당신이 정말로 바보 멍청이는 아닌지 걱정하고 있을 때 나오는 말이다.

걱정스러울 때 이렇게 부정적으로 예측하는 것은 인간에게 전형적으로 나타나는 과정이다. 길이 막히면 당신의 배우자는 "우리 늦겠어요."라고 말한다. 엄마가 상점에서 걸음마를 배운 아이를 쫓아가며 "너 넘어지겠다."라고 말한다. 우리는 때로 걱정하는 것이 사실인 것처럼 말한다. "나는 ……이 걱정됩니다."라고 말하는 것은 강력하지는 않겠지만 더 정확하고 친절하다. 그래서 우리는 종종 이 예비 문구를 빼고 이야기한다(이는 자기비난적인 부분에서도 그러하다). 말 뒤에 '걱정된다' 또는 '염려스럽다'와 같은 술어를 추가하는 것은 말하고자 하는 것의 정확성이 높아지고, 우리의 다른 부분들의 반응을 완화시킬 수 있다. 마찬가지로 비판적인 부분이 어떤 행동을 강력하게 요구할 때, 예를 들어 "체육관에 가기 시작해야 해."와 같은 경우, 그 행동을 하지 않는다면 어떤 일이 일어날지 걱정하고 있다는 것을 가정할 수 있다.

우리는 내담자가 공격, 심술궂음, 분노, 악랄함 등으로 경험하는 자기 자신에 대한 비판적인 측면과 탈동일시할 수 있도록 돕기를 원한다. 걱정하는 것이라고 가정한 내면의 비판적 과정으로 향하도록 내담자를 돕는 것은 '걱정스럽다'라는 비판적인 부분을 인간의 크기로 줄여 줄 수 있다. 그리고 그 걱정하는 부분은 연민과 공감을 받을 자격이 있으며, 그 사람을 대신해서 한 일에 대해 감사받아야 한다.

이 부분을 걱정한다는 생각은 공감적 반영으로 부드럽게 대할 수 있다.

내담자: 이건 아무 소용없다고 말하는 목소리가 들려요. 그곳에는 아무 의미도 없어요.

치료자: 당신은 당신 안에서 아무 소용이 없고 의미가 없을 거라고 걱정하는 무언가를 듣고 있군요. 당신은 그것에게 걱정을 들었다는 것을 알려 줄 수 있을까요?

치료자는 비판적인 부분이 걱정하고 있다는 생각을 반영하는 것이 아니라 직접 불러올 수 있다.

내담자: 이제 나에게도 실패할 거라고 말하는 익숙한 목소리가 들려요. 굳이 왜 그러는 걸까요?

치료자: 그건 당신의 일부가 무언가에 대해 걱정하고 있다는 것처럼 들리네요.

내담자: 네. …… 그것은 내가 실패할까 봐 걱정하고 있어요. …… 그것은 내가 실패하지 않기를 바라요.

치료자: 아마 당신은 그것에게 당신이 실패하지 않기를 바란다는 것을 경청하고 있다고 알려 줄 수 있을 겁니다.

내담자: 재미있네요! 나는 그것이 내가 실패하기를 바란다고 생각했어요. 사실은 내 편이 네요…….

내적 비평은 '마음'이나 '자아'가 아니다

일부 방법과 또 어떤 내담자들은 이러한 비판적 목소리를 일종의 '생각'이 나 '마음'이라고 부른다(Harris, 2009). 이것은 이해할 수 있는데, 어린아이의 생각처럼 다소 초기적인 유형의 생각이기는 하지만 그것이 정말로 일어나고 있기 때문이다. 하지만 이러한 자기의 측면을 '마음'이라고 부르는 것은 더 크고 통합적인 기능을 위해 '마음'이라는 단어를 사용할 수 있는 가능성을 없애는 것이다. 내담자가 이 과정을 '마음(the mind)'이라고 부를 때, 나는 드러나지 않게 그 말을 '당신 안에 있는 무언가'라고 바꾸어 말한다. 이것은 '마음'과 같은 이름이 붙여진 것은 관계를 맺을 가능성이 낮은, 걱정되는 '무언가'와 조금 더 연민 어린 관계를 맺을 수 있는 가능성을 열어 준다.

> **내담자**: 지금 내 마음이 안으로 들어와서 이것은 모두 대단히 바보 같은 짓이라고 말합니다.
>
> **치료자**: 당신 안에 있는 무언가가 이것을 '대단히 바보 같은 짓'이라고 말하고 있군요. 그것이 무언가 걱정하고 있는 것처럼 들리네요.
>
> **내담자**: 네. …… 그것은 내가 시간을 낭비할까 봐 걱정하고 있어요…….

'자아(ego)'라는 용어도 정확하게 같다. 어떤 이유로든 일부 시스템과 내담자는 비판하는 목소리를 '자아'라고 부를 것이다. 우리는 이러한 시스템을 존중하면서 동시에 그러한 문구를 다시 바꾸어 '무언가'가 '자아'를 대신하도록 할 수 있다. 모든 고정된 관념 체계는 현재의 생생한 순간에 빠뜨리지 않고 사용할 경우 변화의 즉각적인 경험에 방해가 된다(Cornell, 2009).

> **내담자**: 내 자아가 지금 나에게 말해요. 나를 다른 사람과 비교하면서 내가 그렇게 잘하지 못한다고 말하고 있어요.
>
> **치료자**: 아, 당신 안에 있는 무언가가 당신을 다른 사람들과 비교하고 있군요. 아마 그것은 당신이 어떻게 비교될까 걱정하고 있는지도 몰라요.

'마음'과 '자아'와 같은 단어들을 '당신 안에 있는 무언가'라고 바꾸어 사용하는 것은 이러한 용어들이 도움이 되는지가 크게 문제되지 않고 토론할 여지가 없음을 주목하길 바란다. 그것은 단순히 내담자에게 더 많은 도움을 줄 수 있는 대체 문구를 제공하기 위한 것이다. 그래서 내담자는 현재의 경험에서 언어와 용어의 개념에 대한 토론으로 이탈하여 비껴가지 않고 순조롭게 앞으로 나아갈 수 있게 된다.

내적 비평은 정서 상태에 반응한다

비판적 목소리는 대부분 내담자가 처음 경험하는 것이 아니다. 내면의 비평가가 내담자를 걱정스러워하는 것은 일반적으로 내담자가 어떤 감정적인 경험과 접촉한 후(그리고 그로 인해서) 나타난다.

내담자: 그곳에 또한 올라오는 짜증이 느껴져요.

치료자: 당신 안에 있는 무언가가 짜증을 느끼고 있음을 느끼는군요.

내담자: 어쩌면 화가 난 것 같아요.

치료자: 아, 당신은 그것이 화일지도 모른다고 느끼고 있군요. 아마 당신은 지금 그 느낌에 머무를 수 있을 거예요.

내담자: 그것은 무언가 그것이 불공평하다고 느끼고 있는 것 같아요. …… 억! 지금은 또 다른 부분들이 들어오는데, 마치 "네가 가지고 있는 것에 감사해야만 해."라고 말하면서 목을 조르는 것 같아요.

치료자: 아, 다른 부분이 지금 들어와서, 우선은 "네가 가지고 있는 것에 감사해야만 해." 라고 말하고 있군요.

내담자: 그것은 저의 부모님, 그분들의 메시지를 생각나게 해요. 마치 모든 것이 제 잘못이라고 느껴야 하는 것처럼요. 아프리카에서 아이들이 굶주리는 것까지도 말이죠. 그때도 나는 그게 이상하다고 생각했어요. 지금 부모님에 대해 생각하고 있는데, 어떻게 그렇게 생각했을까요?

치료자: 그래서 당신은 사실 모든 것에 책임을 져야 한다고 믿지 않았네요. 당신은 부모님이 그렇게 생각하는 것이 이상하다고 생각했군요.

내담자: 그것이 안도감을 주죠. …… 그리고 무언가 두렵기도 해요. 제가 더 강하게 느껴지는 것을 원치 않아요. 그것은 무언가에 대해 걱정하고 있어요…….

치료자: 아마도 당신은 그것과 함께 머무를 수 있을 거예요. 그것이 걱정하는 것을 느끼면서.

내담자: (잠시 멈추고 느낀다.) 오! 그것은 제가 뿌리를 잃고 제 정체성을 잃어버릴까 봐

걱정하고 있어요. …… 와, 그곳에 그런 것이 있는지 몰랐어요.

내면의 비평가는 부모처럼 들릴 수 있지만 부모가 아니다

내면의 비판적 목소리는 비슷한 가치를 요구하고 비슷한 표현을 사용하기 때문에 그 사람의 부모처럼 들릴 수 있다. 이것은 내담자가 안에 살고 있는 부모라고 가정하는 것과 같은 것을 의미하지 않는다. 연민을 가지고 주의를 기울인다면, 이 부분은 그것이 보호하려는 것의 후견인 역할을 하려는 자신만의 이유를 드러내는데, 이는 부모의 비판적인 이유와는 차이가 있을 수 있다. 내면의 비평가는 우리 안에 있는 부모가 아니다. 하지만 부모들이 비판했던 방법에서 어휘와 스타일을 배우고 부모의 처벌로부터 그 사람을 보호하는 기능을 하는 우리의 일부분이다.

이 장에서 우리는 더 도전적인 유형의 내담자 과정, 즉 내담자가 포커싱 방식의 알아차림으로 전환하고 펠트센스를 느끼기 어려운 경우에 대해 살펴보았다. 이 모든 경우에 기본적인 제안은 순간에 어떤 것을 필요로 하는 내담자가 과정을 존중하고 그것이 비록 기대한 것이 아닐지라도 현재의 감각 경험에 관심을 가질 수 있는 방법을 찾는 것이다.

몸의 알아차림과 펠트센스를 연결하는 것의 어려움은 정신적 외상과 유기체가 정신적 외상을 중심으로 만들어 낸 보호 체계와 연관될 수 있다. 제8장에서는 정신적 외상, 중독, 우울을 가지고 있는 내담자에게 포커싱 접근을 사용하는 몇 가지 방법을 살펴보겠다.

제8장

포커싱과 정신적 외상,
중독, 우울증

이 책에서 설명된 과정들은 비교적 많은 내용을 담고 있지는 않다. 우리는 임상 회기의 예를 들었지만, 진단이나 내담자의 이력을 쓰지 않았고, 내담자가 직면한 문제의 유형을 분류하지 않았다. 이것은 포커싱-접근 작업에서 내용은 체험하는 방식보다 덜 중요하다는 사실에 따른 자연스러운 결과이다. 그러나 독자들은 내담자를 치료에 오게 만드는 더 심각한 난제들과 함께 포커싱 과정을 사용하는 임상적 사례에 관심이 있을 수 있다. 나는 이 장에서 정신적 외상, 중독 그리고 우울증으로 정의되는 문제들을 선택했다. 그것들이 심리치료의 도움이 필요해서 찾아오는 내담자에게서 너무나 흔하게 발견되기 때문이다. 만약 내담자가 일상생활과 관계를 관리하는 내담자의 능력에 심각한 장애를 겪으며 고통받고 있다면, 우리는 과거의 정신적 외상이 그 상황의 밑바탕이 된다고 확신할 수 있다. 중독과 우울증—때로는 두 가지 모두—은 정신적 외상과 관련된 심각한 상태이며 살아남기 위한 시도이다.

　포커싱 과정은 정신적 외상과 그에 관련된 내담자의 주요 문제인 중독 그리고 우울증에 관한 임상적 작업을 효과적으로 지원한다(Fleisch, 2008; Ikemi, 2010; McGavin & Cornell, 2008; Tidmarsh, 2010). Mary K. Armstrong은 그녀의 감동적이고 영감을 불어넣어 주는 책『정신적 외상 치료자의 고백(Confessions of a Trauma Therapist)』에서 "정신적 외상을 치료하기 위한 내가 아는 최고의 접근법은 포커싱이다."라고 딱 잘라 말했다. 그리고 그녀는 계속해서 다음과 같이 말했다.

　　포커싱은 내담자에게 연민을 가지고 이전에 숨겨져 있던 인식의 수준에서 솟아오른 어떤 정보라도 수용하도록 가르친다. 이 작업은 저항을 **중심**으로 작용하는데, 이것은 그 사람의 삶에서 한때는 보호하기 위해 필요했던 것이라고 이해할 수 있다. …… 그 내담자는 회기 사이에 그리고 치료가 끝난 후에 내담자 스스로가 이해심 있는 치료자가 되는 것을 배운다(2010, p. 205).

정신적 외상, 중독 그리고 우울증은 대단히 큰 주제이고, 나는 이것들을 철저히 다루려는 목적을 가지고 있지는 않다. 여기에서의 목적은 단순히 포커싱 알아차림으로 이러한 도전적인 유형의 내담자에게 효과적인 치료적 지원을 제공하기 위해 다른 방식들과 결합시킬 수 있는 몇 가지 방법을 설명하는 것이다.

정신적 외상이란 무엇인가

정신적 외상에 대해 설명해야 할 핵심 포인트는 (일어난 일이 그 사람에게 정신적 외상이든 혹은 그렇지 않든) 그것을 체험적으로 이해해야 한다는 것이다. Van der Kolk, Van der Hart와 Marmar는 "정신적 외상을 구성하는 것은 매우 개인적인 것이고 기존의 정신적 도식에 달려 있다."라고 하였다(1996, p. 304). 그것은 또한 사용 가능한 자원에 달려 있음이 분명하며, 또는 외상적 사건이나 사건이 발생한 시점과 그 이후의 환경에 달려 있지 않다.

포커싱 관점에서 정신적 외상은 제1장에서 정의되고 논의되었던 것과 같이 유기체의 암시된 삶을 앞으로 나아가게 하는 움직임(implied life-forward movement)이 심각하게 부족하거나 그 반대에 있는 것으로 이해할 수 있다. 체험적인 신체 과정은 정신적 외상을 그 순간 삶을 앞으로 나아가게 했던 것이 부재하거나 정반대라고 '인정(recognizes)'한다.

필요한 상호작용이 부족하거나 없고 암시된 순서들이 나타날 수 없을 때, 신체(체험적인 과정)는 앞으로 나아가기 위해 필요한 것을 계속해서 암시한다(나타낸다/드러낸다/앞으로 향한다). 내담자가 이렇게 신체적으로 체험하는 것을 따라가거나 연결시키지 못할 때, 치료자의 상호작용은 막혀 버린 과정을 재개하게 할 수 있다. 많은 방법이 (반영적인 경청을 포함하여) 내담자의 삶에서 중단된 측면을 이후의 과정으로 흘러갈 수 있도록 하는 기회를 만들 수 있다. 이러한 흐름의 감각, 즉 몸의 에너지가 살아나고 밖으로 열리는 것은 신체 과정이 스트레스를 줄이고 정신적 외상에 기반한 차단을 풀 수 있도록 하는 중요한 요소이다(Fleisch, 2009, 개인적 커뮤니케이션).

정신적 외상은 과정을 중단시키고(제1장 참조), 해리와 중독 같은 행동들을 일으키는데, 이것은 유기체가 중단된 과정이 제시하는 문제를 해결하려고 시도하지만, 실제로는 그 중단된 지점을 지나서 삶이 앞으로 나아가는 데 실패한 것이다.

신체 지향적인 방식으로 정신적 외상 작업하기

정신적 외상은 신체를 포함하는 치료 방식으로 다루어야 한다는 것에 대해 동의하는 경우가 점점 늘어나고 있다. Bessel van der Kolk는 Ogden 등에 대한 추천사에서 다음과 같이 썼다.

서양에서는 감각과 움직임을 다루는 접근법들이 여기저기 흩어져 있어서 의학과 심리학 교육의 주류에서 벗어나 있다. 그럼에도 불구하고 감각과 움직임을 가지고 작업하는 것은 **포커싱**, 감각 알아차림, 펠덴크라이스(Feldenkrais),[1] 롤핑(Rolfing)[2]과 같은 방법으로 광범위하게 탐구되었다.

---

1) 역자 주: 펠덴크라이스(Feldenkrais)는 움직임을 통해서 알아차림과 기능을 통합하고자 하는 자기 인식의 한 방법이다.
2) 역자 주: 롤핑(Rolfing)은 근막을 인체의 구조를 지탱하는 하나의 장기라고 보고 이것을 통해 서로 연결되어 있는 전체의 조직을 재구성하고자 하는 접근 방법이다.

정신적 외상이 있는 사람들은 무엇보다도 감정과 감각을 가지는 것이 안
전하다는 것을 배울 필요가 있다(2006, p. xxiii).

신체는 더 이상 마음과 의미로부터 분리할 수 없는 것으로 여겨진다.
Babette Rothschild는 "정신적 외상을 치료할 때는 신체와 마음 모두에 주의
를 기울이는 것이 중요하다. 당신은 다른 하나 없이 하나만 가질 수 없다"라
고 썼다(2000, p. xiv). Daniel Stern은 다음과 같이 썼다.

> 역사적으로 현대적이고 과학적인 것을 지향하는 서양에서 우리는 마음
> 을 신체와 자연으로부터 그리고 다른 마음들로부터 분리했다. …… 이제
> 우리는 혁명을 겪고 있다. …… 이 새로운 견해는 마음이 항상 사람의 감
> 각 운동 활동에 의해 구현되고 가능해지며, 지금 그것을 둘러싸고 있는 물
> 리적인 환경에 의해 서로 얽히고 함께 만들어지고, 다른 마음과의 상호작
> 용에 의해 구성된다고 여긴다(2004, pp. 94-95).

오늘날 일반적으로 신체에 대한 관점이 마음과 엮여 있는 것이라고 이해하
게 된 것은 큰 진전이라고 할 수 있다. 신체적으로 작업하는 것은 말로 하는
작업 대신 이루어지는 것이 아니다. 오히려 심리치료는 그곳에 앉아 있는 사
람 전체—몸, 감정 그리고 마음(만약 이 세 가지를 굳이 분리한다면)—를 마주하
는 것과 관련이 있다.

포커싱 접근 치료자 Lauren Mari-Navarro는 내게 말했다. "저는 지금까지
'내적 관계 포커싱(Inner Relationship Focusing: IRF)'이 적합하지 않은 삶의 문
제를 찾지 못했어요. 여전히 다른 심리치료 접근법도 적절히 사용하지만, 신
경과학과 정신적 외상에 대한 최신의 많은 연구에 대한 이해를 바탕으로 지
속적인 변화를 위해 가장 효과가 있다고 결론 내린 것은 신체 기반의 방식들
이에요."

Rothschild(2000)는 내담자에게 현재의 순간에 닻을 내리는 것과 제동을

거는 방법을 알려 줌으로써 신체 인식이 어떻게 정신적 외상의 치료를 위한 자원을 제공하는지 설명했다. 정신적 외상을 다루는 것은 특히 우리가 어느 정도 신체를 포함할 것을 요구한다. 왜냐하면 정신적 외상과 불완전한 경험들은 신체적인 방식으로 유기체 안에 전달된다는 것을 암시하기 때문이다. Levine(2010)은 정신적 외상의 발생 시점에 그들이 나아가고자 했던 방향이 저지된 상태로 멈추어 있기 때문에 내담자들의 작은 움직임들은 일어날 필요가 있는 더 큰 움직임의 단서가 될 수 있다고 지적했다. 그의 방법인 신체적 체험(somatic experiencing)은 정신적 외상을 다루는 강력한 방법이며, 포커싱과 결합될 수 있다(제9장 참조).

> 이러한 (정신적 외상이 있는) 아이들은 한때는 의미와 목적이 있었던 행동의 과정을 따라가다 어느 순간 '갇혀' 버렸고, 습관적으로 비효율적이고 때로는 강박적인 행동의 패턴을 취하게 되었다. …… 이러한 기억들은 우선 신피질에 부호화되지는 않았지만, 대신에 변연계와 뇌간에 부호화된다. 이러한 이유로 행동과 기억은 단순히 생각을 바꾼다고 하여 변화될 수 없다. 그들은 또한 감각 그리고 체험의 전체에 대한 진정한 느낌과 함께 작업해야만 한다(Levine, 2010, p. 138).

포커싱 작업 방식은 내담자에게 안전한 환경에서 암시적이고 불완전한 경험을 할 수 있는 장소로서의 현존하는 자기에 대한 보다 확실한 감각을 제공함으로써 정신적 외상과 그 결과에 대처하는 내담자에게 힘을 실어 줄 수 있다. 포커싱 유형의 인식을 사용함으로써 내담자는 자신이 더 천천히 가고 더 쉽게 느낄 수 있다는 것을 알게 된다. 즉, 좀 더 천천히 가야 하거나 휴식을 취해야 한다는 내면의 신호들을 존중하게 된다.

Grindler Katonah는 내담자의 펠트센스와의 신선한 접촉이 어떻게 통합된 성장을 가능하게 하는지에 대해 설명했다.

특히 정신적 외상과 함께 작업할 때 내담자들이 단순히 정신적 외상의 측면을 재경험하는 것이 아니라 '펠트센스와 함께'할 수 있으면, 신선한 의미 있는 표현들이 자유롭게 나타나서 그들의 현재 삶의 목적과 통합될 수 있다. …… 이러한 전후의 과정은 신체와 지속적으로 공명하는 의미 있는 상징을 통해 말로 표현되지 않은 신체 감각을 '알 수 있게' 하여, 현재의 통합적인 성장 가능성에 대해 전체적인 유기체를 개방한다(출판 중, p. 4 원고 초안).

나는 두 내담자의 이야기를 통해 포커싱 접근 방식으로 정신적 외상과 작업하는 것에 대해 살펴보려 한다.

Monica와 뒤틀린 아우라

Monica가 치료를 시작한 것은 그녀의 말로 '인간으로서 온전하지(integrity) 못하고' '내가 원하는 것을 알지 못하는' 것에 많은 고통을 느꼈기 때문이었다. 그녀는 사교 모임에 어느 친구를 초대할 것인지와 같은 간단한 결정을 내릴 수 없었다. Monica는 친구들이 상처받은 감정을 표현했을 때 그녀가 객관적으로 잘못이 없음에도 불구하고 몹시 죄책감을 느꼈고, '일을 바로잡고 싶다'는 강한 욕구를 가졌다.

Monica는 그녀 스스로 현존하는 자기를 유지할 수 있는 강한 능력을 보여주었다. 많은 사전 준비 없이, 치료자는 '온전하지 못한 것'의 '전체적인 몸의 느낌'을 갖도록 그녀를 초대할 수 있었다. 먼저 나타난 것은 공황(panic)이었는데, 그녀는 전류가 그녀의 몸을 통해 흐른다고 묘사했다. 치료자는 Monica가 방 안에서 안전하다고 느끼는지 그리고 공황에 빠진 느낌들과 함께할 수 있도록 주의를 기울였다. 그는 그녀가 자신의 몸에서 '계속해도 안전하다'는 감각을 느껴 보도록 초대함으로써 계속해도 안전하다고 느끼는지 살펴볼 수 있게 했다. 동시에 그는 자신의 내적 감각으로 이것을 확인했다(제10장 참조).

다음으로, Monica는 그녀가 '아우라'라고 부르는 목에 남겨진 느낌을 설명했다. 그 아우라를 느낀 그녀는 마치 그것이 뒤틀리고, 세상에서 멀어지려고 하는 것 같다고 말했다. Monica 자신에게는 아우라가 '뒤틀리고 틀렸다'고 느껴졌다. 치료자는 Monica가 이러한 감정들을 인정하고 그에 함께할 수 있도록 도왔다.

　다음 회기에서 Monica는 내적으로 무엇이 올 필요가 있는지에 대해 주의를 불러일으키면서 다시 '온전하지 못하다'는 문제를 꺼냈는데, 다시 그 느낌이 '뒤틀린 아우라'처럼 목에 남겨져 있었다. 그녀는 그것이 마치 '여기 있기 원하지 않고 이 세계에 있기를 원하지 않는' 것 같다고 말했다. 주의를 기울이고 느끼는 시간이 한동안 흐른 후, 치료자는 Monica를 "이 뒤틀린 느낌을 초대해서 머무르는 시간을 가지세요. 당신이 온전함을 갖기 위해서 다음 단계를 어떻게 하고 싶은가요?"라고 초대했다. 곧바로 눈물이 쏟아졌고, 이어서 몸의 움직임이 나타났다. Monica는 그 아우라가 무언가를 향해서 돌아가고 있는 것처럼 뒤틀리고 있다고 느꼈다. 그녀는 그것이 마치 공격자와 맞설 수 있고, 수치심을 직면할 수 있으며, 그저 수치심을 느낄 수 있는 것과 같다고 말했다. 이러한 단어들은 Monica나 치료자가 '공격자'가 무엇을 지칭하는지 혹은 그 '수치심'이 무엇을 말하고자 하는지 알기 전에 나타났다.

　그러자 더 많은 것이 나타났다. Monica가 공격자와 마주친 느낌을 묘사하면서 어머니에 대해 이야기하기 시작했다. 그녀는 8, 9, 10세 때 잠에서 깨서 어머니에게 얻어맞은 뒤 폭언을 듣곤 했던 많은 기억이 떠올랐다. 그 폭언은 결국 어머니가 "나는 죽어 버릴 거야."라고 말하는 것으로 끝나곤 했는데, Monica에게는 그것이 자신이 나쁜 아이이기 때문에 그렇게 된 것이라고 들렸다. 어머니는 부엌으로 들어가 문을 잠가 버리고, Monica는 잠겨 있는 문 앞에서 알지 못하는 잘못을 용서해 달라고 애원하곤 했다. 그녀의 어머니는 침묵하거나 "이미 늦었어. 끝나 버렸다고. 너는 정말이지 기대에 못 미치는 구나."라고 말했다.

　이것이 새로운 기억은 아니지만, Monica가 현존하는 자기가 되어 '공격자를 마주하고 수치심과 직면하라'는 몸의 느낌과 함께 있을 수 있었던 맥락에서 떠올렸다는 사실은, 그 기억들을 새롭게 연결되게 했고 변화된 삶의 방식으로 기능할 수 있게 만들었다. 이전에 Monica는 어머니와 있었던 충격적인 일들과 현재 친구들과의 경험 사이에 아무런 연관성도 느끼지 못했다. 이제 그녀는 친구의 감정을 상하게 했을 때 느꼈던 끔찍한 죄책감 그리고 '일을 바로잡고 싶다'는 그녀의 거부할 수 없는 충동이 어머니가 자살하려 하고, 그것이 자신의 잘못일지도 모른다는 두려움에 떨면서, 그 잠긴 부엌문 앞에 서 있는 것이 어떤 기분인지를 그녀에게 직접 말하고 있는 것을 느낄 수 있었다. 기억의 맥락에서 그 감정을 인정하고 허용하는 것은 공황과 긴장에서 편안해질 수 있게 해 주었고, 현재 상황을 과거와 구별할 수 있는 새로운 능력을 가져왔다. '뒤틀린 것'에서 '공격자를 마주하기'에 이르기까지 암묵적인 움직임이 스스로 완성되도록 할 수 있게 하여 중단된 과정이 앞으로 흐르게 되었다.

비록 '공격자와 마주하라'는 움직임과 함께 회기에서 많은 안도감이 왔지만, 정신적 외상의 치유는 여러 회기에 걸쳐 일어나는 큰 과정으로서 각각이 변화의 단계를 가져오며, 극적으로 변화하는 하나의 회기는 없다. 오히려 시간이 흐르면서 Monica의 회기에서 주의를 필요로 하는 것이 새로운 방식으로 매번 조금씩 다르게 나타났다.

이후의 회기에서 Monica는 결정의 문제를 꺼냈다. 그녀와의 시간을 원하는 두 명의 친구와 마주한 Monica는 자신이 원하는 것을 말하는 방법을 몰랐다. 이것은 한 명의 친구만이 가능한 일주일간의 휴가에 대한 결정이었고, 그녀와 같이 가자고 초대받기를 원하는 친구가 두 명 있었다. 치료자는 "나는 이 두 문장을 천천히 말할 것이고, 당신은 각각의 문장을 가지고 당신 안에서 무슨 일이 일어나는지 알게 될 거예요. '나는 휴가를 A와 함께 가고 싶다.' '나는 휴가를 B와 함께 가고 싶다.'" 치료자는 두 번째 문장을 말했을 때, Monica의 얼굴이 일그러지는 것을 볼 수 있었지만, 무슨 일이 일어났는지 그녀가 직접 말해 주기를 기다렸다.

내담자: 첫 번째 것이 맞아요.

치료자: 어떻게 알 수 있었나요? 안에서 무슨 일이 있었죠?

내담자: 첫 번째 문장은 기분이 좋았고 옳았어요. A와 나 둘 다 그곳에 가서 즐거운 시간을 보내죠. 두 번째 문장은—내가 알 수 있었던 것처럼—그것은 전혀 그렇지 않았어요. 내가 그녀의 친구라는 걸 증명하는 것 같은 불안한 느낌이 들었어요.

치료자: 아마 당신은 지금 그곳에서 그것이 불안함이라는 것을 느끼고 있군요.

내담자: 그래요. 내가 잃고 싶지 않은 사람을 잃을까 봐 두려워하는 것 같아요. 나는 이것을 전에 느껴 본 적이 있어요. 익숙해요.

치료자: 그렇다면 당신은 그것에게 물어볼 수 있을지도 몰라요. 그것의 핵심은 무엇이고, 가장 불안한 것은 무엇인가요?

내담자: (잠시 멈춤) 가장 큰 두려움은 내가 더 이상 통제할 수 없는 다른 사람의 반응을 유발했다는 죄책감이 든다는 거예요……. 아, 그리고 이제 어머니의 얼굴이 보여요. 내면의 압박감 같은 큰 죄책감이 있어요. 내가 바로 잡아야만 해요.

치료자: 당신 안에 죄책감을 느끼거나 그것이 죄책감인 무언가가 있군요.

내담자: 이건 좀 그렇지 않아요. …… 어…… 더 비슷하게는 죄책감을 느낄 수밖에 없는 것 같아요.

치료자: 아, 죄책감을 느낄 수밖에 없는 느낌이군요! 아마 그것이 옳은지, 그것이 어떻게 딱 들어맞는지, 그것과 함께 살펴볼 수 있을 거예요.

내담자: 네. 기분이 훨씬 나아졌어요. 압박감이 훨씬 덜해요.

다른 명확한 이 표현을 찾아낸 것은 순간적으로 느낄 수 있는 안도감이 느껴졌고, Monica는 이제 죄책감과 현재의 관계에서 흔히 나타나는 '일들을 바로잡는 것'의 필요성을 이해할 수 있었다. 그녀는 현재 삶에서 일어나고 있는 일과 그녀의 정신적 외상기억에서 관심을 필요로 하는 것 사이에 더 많은 차이를 만들 수 있었다. 요즘 Monica는 다른 사람들과의 관계에서 자신의 바람과 선호를 찾는 것이 더 쉬워졌다는 것을 알게 되었다. 그녀 자신의 온전함에 대한 의문들은 여전히 제기되지만, 그녀는 더 자신의 감정을 향해 돌아서고, 그것을 인정하며 앞으로 나아갈 수 있다.

Isabel과 개 같은 벽

Isabel은 심각한 번아웃으로 치료를 받으러 왔다. 그녀는 어느 정도 안도감을 얻기를 바라며 압력을 덜 받는 곳으로 직장으로 옮겼지만 여전히 우울하고 지쳤다. 그녀는 또한 동료들과의 관계 때문에 스트레스를 많이 받았는데, 그것은 항상 갈등을 일으키는 것 같았다.

치료를 시작할 때, Isabel은 현존하는 자기의 경험이 별로 없었기 때문에 그것을 체험할 수 있도록 돕는 것이 핵심 목표가 되었다. Isabel은 첫 회기에 들어와서 자신이 우울하고 지쳤다는 느낌을 받았다. 그녀는 의식에 주의를 기울이지 않고 문제가 있는 감정 상태에 융합되었다. 이 절에서 설명한 긴급 과정은 여러 회기에 걸쳐 이루어졌다.

그들이 함께 작업하게 될 방식과 Isabel이 치료에서 원하는 것을 포함하는 토론을 한 후, 치료자는 그녀가 신체적인 근거를 기반으로 하여 현존하는 자기라는 더 강한 감각을 경험할 수 있도록 돕기 위해 고안된 도입부(제7장 참조)를 통해 Isabel을 데려갔다. Isabel이 이것을 할 수 있게 되자, 치료자는 그녀의 번아웃 상태에 대한 '전체적인 몸의 느낌'을 느끼도록 초대했다.

잠시 멈춘 후 Isabel은 "개 같은 기분이에요."라고 말했다. 치료자는 Isabel이 말하고 있는 수준이 어느 정도인지 확실하지 않아 일단 기다렸다. 그녀가 다음에 한 말로, 그녀가 진지하고 묘사적으로 말하고 있음을 알 수 있었다.

> **내담자:** 마치 내가 이 회색 물질로 가득 찬 것 같아요. 개 같아요. 개 같은 벽이에요.
>
> **치료자:** 아, 그것이 당신이 거기에서 느끼는 것이군요. 회색 물질 같고, 개 같은 벽이요.

치료자의 어조는 거기에 무엇이 있고 그다음에 무엇이 올지에 대한 침착한 수용과 관심을 전달해 주었다.

> **내담자:** 난 절대 나 자신이 될 수 없어요.

치료자의 도움을 받아 Isabel은 이 회색 물질이나 개 같은 벽의 느낌 그리고 '나는 절대 나 자신이 될 수 없다.'는 감각과 함께할 수 있었다.

내담자: (오랫동안 멈춘 후) 그곳에 그것 아래 무언가 있어요. 개 같은 것 아래에요.
치료자: 당신은 그 개 같은 것 밑에 무언가가 있다는 것을 느끼고 있군요.

정신적 외상 상태를 갖고 있는 사람들은 종종 그들 자신 안에 있는 어떤 종류의 장애물인 '벽'과 마주친다. 벽의 기능은 보호적이고, 그것이 보호하는 것 중 일부는 외상과 매우 자주 관련되는 압도된(활성화) 상태에 있다. 그러므로 우리가 어떤 식으로든 벽을 넘어서라는 암시를 하는 것은 좋은 생각이 아닐 것이다. 앞의 대화에서 치료자가 그저 반영하고 있다는 것에 주목하라 ("당신은 그 개 같은 것 밑에 무언가가 있다는 것을 알아차리고 있군요."). 그는 그것이 무엇인지 묻지 않는다. 그런 단순한 질문일지라도 벽을 넘어야 한다는 압박감으로 경험될 가능성이 높고, 그래서 그 과정을 제대로 조절하지 못해 압도되거나 해리되어 버릴 수 있다.

Isabel은 개 같은 벽 뒤에서 뭐가 매우 슬프고, 매우 실망스럽고, 다치거나 부상당한 것을 느꼈다고 이야기했다. 그 후에 그녀는 다시 직장 사람들과의 갈등에 대해 이야기하기 시작했다. 마치 지금은 개 같은 벽 뒤의 '무언가'와 닿은 것만으로 충분하다는 느낌이었다. 치료자는 이것을 존중했다.

그녀의 몸에서 감각을 느끼도록 초대한 이후의 회기에서, Isabel은 마치 자신이 실제보다 작은 것 같은, 몸을 앞으로 구부려 자신을 더 작게 만드는 것 같은 느낌을 묘사하기 시작했다. 그녀는 "나를 이렇게 앉게 만드는 상자 안에 있는 것 같아요."라고 말했다. 치료자는 Isabel의 몸이 실제로 앞으로 구부러지는 것을 볼 수 있었는데, 이는 그녀가 내면의 느낌에 맞는 동작을 취했기 때문이다. 그는 그녀가 이 느낌과 함께 머물러도 괜찮은지 느껴 보도록 초대했다. 이 초대는 Isabel이 현존하는 자기가 되는 것을 도왔다.

그다음 Isabel은 적응하지 못하는 것에 대한 불안을 느낀다고 말했다. "내가 맞지 않는다면 모두가 그것을 볼 수 있어요. 그들은 나를 내쳐 버릴 것이고, 나는 어느 곳에도 결코 맞지 않을 거예요." 그녀는 자신을 더욱 작게 만들었고, 치료자는 현존하는 자기를 지지할 수 있도록 그것과 함께하는 초대를 권했다.

> 치료자: 어쩌면 **당신**은, 당신이 더 클수록 이 작은 곳에 있고 싶어 할 수도 있어요.
>
> 내담자: (잠시 멈춤) 마치 상처가 있는 것 같아요. 나는 이 상처를 지키려고 몸을 굽혀요.
>
> 치료자: 만약 그것이 열려 있는 상처같이 느껴진다면, 무언가가 그것을 보호하려고 하는 것이 당연해요. …… 당신은 아마 그것과 함께하면서 무엇을 필요로 하는지 느낄 수 있을 거예요.
>
> 내담자: 그것은 이게 중요한 것같이 느껴져요. 나는 정말 여기에 머무르는 것이 필요해요.

이 단계에서는 새로운 기억이 아닌 새롭게 관련된 기억들이 나타나기 시작했는데, 지금은 그녀가 현재에 머무르는 능력에서 신체적 경험으로 나타나고 있다. 그녀는 10대 시절 학교에서 성적으로 괴롭힘을 당했다고 설명했는데, 그것은 오랫동안 도움을 받거나 구해 주는 사람 없이 반복되었던 상황이었다. 매일 그녀는 보이지 않기 위해 애썼다. 그것은 그녀가 자살을 생각할 만큼 대단히 나쁘고 절망적이었다. 그녀는 그 이후로 자신이 다시는 세상에 어울리고 사회에 소속되는 느낌을 갖지 못했다고 말했다. 그녀에게 온 말은 "다른 사람들은 정말 나에게 그렇게 할 수 있어. 더 이상 집 같은 편안함을 느낄 수 없어."였다.

학교에서의 기억 외에도 학창 시절부터 심지어 오늘에 이르기까지 그녀는 다른 사람들이 그녀를 '좋은 먹잇감'으로 여긴다고 느낀 경우가 많았다. "그곳에는 괴롭히는 사람들이 있고 그들은 나를 알아볼 수 있어요." 그다음 깨달은 것은 "그래서 나는 나처럼 될 수 없어요. 그렇지 않으면 그들이 나를 알아볼 수도 있어요."라는 것이었다. 그녀는 이 질문이 '내가 나에게 일어난 일에 대한 책임이 있는가?'와 관련되어 있음을 느꼈다. 그리고 이것은 우울한 어머니에 대한 기억으로 이어졌는데, 그녀는 자신의 침실 외에는 어디에서도 울지 못하게 했다. Isabel은 오후 하굣길에 어머니가 아직 침대에서 일어나지 않았는지, 식탁 위에 음식이 없지 않을까 생각하며 돌아오곤 했다. 집 안의 공기는 잿빛으로 슬프고 우울했고, '그것은 너의 잘못이다.'라는 메시지가 내재되어 있었다. 이러한 기억과 그에 수반되는 감정을 인정하고 '듣는' 것만으로도 현저한 안도감을 가져왔다.

치료 회기의 변화 단계는 삶의 상황에서 새로운 삶의 방식으로 이어진다. Isabel은 이후의 치료 회기에 와서 치료자에게 자신의 회사에서 새로운 부지의 준공식에 참석한 것에 대해 말했다. 그 건물은 회색과 검은색의 건축 양식이 일직선으로 가득 차 있었다. Isabel은 그것이 슬픔으로 가득 찬 듯한 '소름 끼치는' 건물이었다고 말했다. 이것은 그녀에게는 익숙한 경험이었는데, 바깥세상에 있는 무언가가 그녀의 압도적인 슬픔과 고통, 무력감을 촉발시켰고, 그것은 마치 그 감정이 그녀 안에서라기보다 저 바깥, 세상에 있는 것처럼 느껴지게 했다.

그러나 치료 과정 덕분에 Isabel은 이제 처음으로 동일시하거나 투사하지 않은 채로 준공식에서의 고통을 확인하고 그와 함께할 수 있었으며, 그것을 회피하고 마비되는 일 없이 그 자리에 있을 수 있었다. 마치 '슬픔의 물결' 같은 느낌이었다. 압도적이지는 않았다. 그녀는 "내 안의 무언가가 매우 슬프다는 것을 느끼고 있어요."라고 말할 수 있었다. 이렇게 현존하는 언어를 사용할 수 있다는 것이 그녀가 가진 열쇠였다. 그녀는 자신의 감정 상태에 대해 강인함을 유지하고 있다는 감각이 점차 자라는 것에 대해 매우 만족감을 느꼈다.

"나는 현재에 '내'가 있다는 것을 더 많이 느낄 수 있어요. 그것은 좋은 느낌이고 더 안정적이에요." 그녀의 치료 작업은 이 강화된 토대를 바탕으로 계속해서 발전하고 있다.

정신적 외상을 작업하는 포커싱 과정의 특징

포커싱과 함께하는 모든 심리치료에 필수적이며, 그 심리치료가 정신적 외상을 수반할 때 더욱 중점적으로 중요한 것은 우리가 '현존하는 자기'(제5장 참조)라고 부르는 자기감 인식의 강화이다. 치료자는 Monica가 자신의 발표와 관련된 문제의 신체 감각을 얻기 위해 그녀를 초대하기 전에 현존하는 자기가 될 수 있다고 판단했다. Isabel의 경우, 치료자는 펠트센스를 얻도록 그녀를 초대하기 전에, 그녀의 현존하는 자기의 경험을 강화시키기 위해 고안된 과정을 거치도록 했다.

두 경우 모두, 펠트센스가 왔을 때 그것에 대한 첫 번째 경험이나 설명('비틀어진 아우라' '개 같은 벽')이 반드시 내담자나 치료자의 이치에 맞는 것은 아니었다. 내담자들은 감각 경험을 이해할 필요가 없이 감각 경험을 통해서 더 깊게 이해하고 인식을 계속해 나갈 수 있었다. 두 과정의 어느 시점에서 관련된 기억이 나타났다. 이것들은 내담자가 이미 그녀에게 그런 일들이 일어났다는 것을 알고 있었다는 점에서 새로운 기억들은 아니었지만, 포커싱 회기 내에서 그것들이 나타난 것은, 그 경험에서 내담자가 놓친 것에 대한 감각과 함께 기억을 처리할 수 있게 해 주는 관련성이 있었다.

정신적 외상을 작업하는 포커싱 과정의 또 다른 특징은 관련된 기억과 함께 층이나 단계에서 깨달음이 나타난다는 것이다. 내담자가 현존하는 자기가 될 수 있고, 치료자가 버텨 주는 것으로 지지받으며, 펠트센스와 의식적으로 접촉할 수 있을 때, 내담자의 과정에서 나타나는 것은 행동화나 해리를 촉발시킬 정도로 압도적이지 않은 경향이 있다. 대신에 내담자(치료자로부터 지지된)는 다음 느낌의 상태가 나타날 준비가 될 때까지 관련 기억과 깨달음을 가지고 각각의 느낌 상태와 시간을 보낼 수 있게 된다. 만약 행동화가 일어난다면, 이것은 속도를 늦추고 다시 안전을 확보하는 데 주의를 기울여야 한다는 신호이다. 그것은 마치 다음 층이 드러나기를 기다리며, 이 층 아래에 있는 것처럼 보일지도 모르지만, 실제로 펠트센스와 함께 시간을 보내는 것은, 전에는 형성되지 않았던 어떤 것을 가능하게 한다.

　누군가에게 정신적 외상이 일어난 것이다. 정신적 외상은 그것을 경험한 시간을 일종의 얼어붙은 상태로 만들기 때문에, 내담자는 자신의 내면에서 여전히 정신적 외상이 일어난 그 나이대에 있는 정신적 외상을 가진 '누군 가'를 발견하게 된다. 그러나 정신적 외상을 작업하는 포커싱 과정의 또 다른 특징은 내담자가 그 내면의 어린 자신과 관계를 맺는 것인데, 이것은 이전에 얼어 버렸던 부분의 긍정적인 특질에 접촉하는 결과를 가져올 수 있다. Grindler Katonah는 11세에 강간당한 한 내담자에 대한 이야기와 포커싱의 지원으로 그녀의 치료가 어떻게 나아가게 되었는지에 대해 들려주었다.

　　Mary는 강간을 당한 그녀 안의 '어린 소녀'와 연민 어린 내적 관계를 발전시킬 수 있었다. 그녀는 '그 후에 죽은' 어린 소녀에 대해 이야기하기 시작했다. 그녀는 '때 묻지 않은 순수함'을 잃었을 뿐만 아니라, 성장하지 못한 채 '시간 속에 갇혀' 있었다.

치료자: 연민과 호기심의 특질을 가지고 당신의 주의를 안으로 가져와 주세요. 이제 그 어린 소녀에 대해 어떻게 느껴지나요? 당신 안에 있는 소녀는 정신적 충격을 받았고 아무도 그녀를 위로해 주지 않았어요. 당신이 그녀를 알아차렸을 때 지금 그것의 안은 어떤가요?

내담자: 그녀가 얼마나 무서웠는지 느낄 수 있어요. …… 마치 내가 그녀에게 말하는 것 같아요. …… 무서워해도 괜찮아. …… 으으음…… 기분이 좋아요. …… 그녀와 이렇게 이야기할 수 있다니. 마치 다시 어려지는 느낌 같아요. …… 거기에는 약간의 에너지가 있어요. 내가 조금씩 살아나는 것 같아요.

치료자: 그러니까 그곳에 다시 어려지는 것같이 느껴지는 새로운 느낌이 있군요. …… 어쩌면 "나는 조금씩 살아나고 있어……."라는 말이 딱 맞을지도 몰라요. 정말 그런지 안을 살펴보세요.

> 내담자: 음…… 난 조금씩 살아나고 있어! (깊은 호흡, 수줍은 미소) (Grindler Katonah, 출판 중, p. 14 원고 초안).

정신적 외상과 함께하는 포커싱 과정의 마지막이자 매우 중요한 특징은 내담자가 신체적으로 느끼는 방식으로 '무슨 일이 일어났어야 했는데'에 대한 유기체의 '깨달음'에 접근할 수 있고, 결과적으로 내적인 힘과 회복력의 새로운 자원을 얻을 수 있다는 것이다. '무슨 일이 일어났어야 했는데'는 그 사람의 신체적인 상호작용 과정이 정신적 외상 사건을 암시하는 것이 아니라, 오히려 예를 들면 안전감, 신체적인 진실성 그리고 전체성을 상당히 암시한다는 의미에서 Gendlin의 암시(implying) 개념(제1장 참조)과 관련된다.

'무슨 일이 일어났어야 했는데'의 등장은 이미 그 정신적 외상이 상당 부분 처리된 후에 이루어지는 경우가 많다.

정신적 외상을 작업하는 포커싱 과정의 특징

- 치료자는 내담자가 정신적 외상의 내용을 안전하게 유지하는 환경으로 현존하는 자기를 확립하고 유지하도록 돕는다.
- 잠시 멈추고 펠트센스를 형성함으로써, 내담자는 현재 몸이 정신적 외상의 내용을 유지하는 방식에 대해 인지적 접촉을 허용할 수 있다.
- 깨달음, 연관된 기억 그리고 새로운 행동의 가능성들이 층이나 단계에서 나타나며, 다음 단계 이전에 통합을 허용하고 안전감을 느낄 수 있다.
- 내담자는 정신적 외상을 겪은 내면의 어린 자아와 지지적인 관계를 형성하여 이전에는 닿을 수 없었던 특질에 접근할 수 있게 된다.
- 치료자는 내담자가 '무슨 일이 일어났어야 했는데'를 신체적인 감각 경험으로 가질 수 있도록 도와서 내면의 힘과 회복력의 새로운 자원으로 만든다.

중독

중독적인 행동과 약물 남용 또는 '오용'의 양상은 참을 수 없는 정서적 고통과 심리적 지지 관계의 부재로부터 회피하고 해리되는 것의 한 형태라고 할 수 있다. Alan Tidmarsh는 중독과 심각한 정신적 외상의 이력 사이의 강한 연관성을 발견한 포커싱 접근 치료자 중 한 명이다.

> 한동안 나는 알코올과 약물 오남용으로 어려움을 겪는 내담자들 자신이나 그런 가족 구성원이 있는 내담자를 치료해 왔다. 치료적 건강함이 누군가와 함께할 수 있음을 의미한다면 이런 내담자들은 다양한 많은 방식으로 '함께 있을' 수 없음(being-without)을 보여 준다. …… 나의 내담자들 중 상당수는 어린 시절에 방치되거나, 학대당하거나, 정신적 외상을 겪은 적이 있다. 항상 이러한 어린 시절의 이야기를 들을 때 나는 관계에 수반되는 고통스러운 양면성에 충격을 받는다. 방치당하는 동안 아이는 잘못된 것을 거부하는 것과 접촉을 원하는 것, 물러서는 것과 나아가는 것, 만지는 것과 철수하는 것 사이에서 갈피를 잡지 못한다(Tidmarsh, 2010).

Tidmarsh는 중독의 과정에 있는 내담자들과 포커싱 접근 치료를 하는 방법으로 '관계의 전경화(前景化, foregrounding the relationship)'를 추천한다. 이것은 그가 내담자와 직접 얼굴을 마주 대고 눈을 바라보면서 상호작용하는 과정 속에서 매우 많이 작업한다는 것을 의미하는데, 자신의 감각 반응을 포함하는 과정에 내담자가 참여하고, 느낀 다음 공유하고, 내담자에게 이 반응이 적합한지 살펴보도록 요청한다.

중독을 함께 작업해 온 나 자신의 경험에서 봤을 때 '행동하기를 원하는 부분'이 그 사람을 위해 무엇을 하려고 노력했는지 말하고 소통할 수 있어야 한다고 본다. 이 대화를 할 수 있는 지점에 도착하려면 상당한 시간이 걸릴지도 모른다. 왜냐하면 '중독자' 부분이 그 동기에 대해 정직하게 말할 만큼 충분히 신뢰할 수 있는 것은, 오직 현존하는 자기로서의 사람이기 때문이다. 현존하는 자기가 되기 위한 진정한 노력이 없다면, 그 사람은 다른 부분, 즉 '통제 불능'의 행동에 소름 끼쳐 하고 두려워하는, 그것을 막기 위해 무엇이든 하기를 원하는 사람과 동일시될 가능성이 훨씬 더 높다. 치료 작업의 일부는 중독된 부분이 자신의 이야기를 하고, 그것이 보호하는 것이 무엇인지 보여 줄 수 있도록 하며, 그 부분을 충분히 인정함으로써 내담자가 현존하는 자기로 가는 길을 찾도록 돕는 것이 될 것이다.

다음 대화는 이러한 유형의 과정의 전형적인 움직임을 축약하여 보여 준다.

> 내담자: 저는 포르노 사이트에 접속하는 걸 그만둬야 해요. 말도 안 되고 유치하기도 하고, 결혼 생활에 해가 될까 봐 두려워요.
> 치료자: 만약 당신이 원한다면 당신 안에 있는 포르노 사이트에 로그인하고 그곳에 접속하는 사람과 대화를 나눌 수 있습니다.
> 내담자: 전 그냥 멈추고 싶어요. 멈춰야만 해요.

내담자는 행동을 끝내야 한다는 자신의 일부분과 동일시한다. 이것이 근본적으로는 건강한 결과와 공명할지 모르지만, 포커서가 다른 부분을 '말도 안 되는' 그리고 '유치한' 것이라고 부르며 그것과 동일시한다면, 우리가 들어야 할 그 부분은 밖으로 나올 만큼 충분히 안전하다고 느끼지 못하기 때문에 포커싱을 하는 것에는 방해가 될 것이다. 다른 무엇보다도 먼저, 치료자는 말한 것이 잘 들렸는지 확인해야 한다.

> 치료자: 물론 저는 당신이 그것을 멈추기를 원한다는 것을 알고 있고, 당신 안에 있는 무언가가 당신의 결혼 생활에 해를 끼칠 것을 두려워하고 있다는 것을 느끼고 있습니다.
> 내담자: 그것 그리고 저는 정말 시간이 없어요. 이건 시간이 필요해요. 저는 그걸 감당할

수 없어요.

치료자: 당신이 그것을 하고 싶지 않은 정말 타당한 이유죠. 하지만 당신의 일부분은 그 것을 해요. 그리고 아마도 그것에 대해 호기심을 가지는 것이 도움이 될 거예요.

내담자: 그건 습관이고, 그게 전부예요. 어리석고 나쁜 습관이죠.

치료자: 음. 하지만 당신 안에는 그런 행동을 하는 무언가가 있어요. 그것을 직접 알아 가 는 것이 좋을지도 몰라요. 적어도 한번 시도해 볼 만한 가치가 있을 거예요.

내담자: 좋습니다. 제가 어떻게 하면 되나요?

치료자: 바로 지금 잠시 멈추어 보죠. …… 당신의 몸이 의자에 닿아 있는 것을 느껴 보세 요. …… 몸, 목, 가슴, 배 속, 배를 느껴 보세요. …… 그런 다음 그곳 안에, 포르 노 사이트에 로그인하고 접속하는 당신의 일부분을 초대해 보세요. 초대하고 기 다리세요.

내담자: (잠시 멈춤) 이건 '꼭-꼭-꼭(gotta-gotta-gotta)'[3] 같은 느낌이에요. 나는 배와 아래쪽을 꽉 움켜쥐는 것을 느껴요.

치료자: 좋아요. 그것을 거기에 내버려 두죠. 그리고 당신은 그것이 당신에게 무엇을 원 하는지 물어볼 수 있을 거예요. 포르노 사이트에 접속하는 것이요.

내담자: 완전한 몰입이요. 그것은 세상에서 길을 잃었어요. 아무도 상대할 사람이 없는 것 같은 느낌이에요.

치료자: 그것이 당신에게 원하는 것이 완전한 몰입 그리고 그 세계에서 길을 잃는 것, 아 무도 상대할 사람이 없는 느낌이라고 알려 주었군요. 그것과 함께 맞는지 살펴보 세요.

내담자: 모두를 밀어내는 것 같아요. 특히 나의 아내 Katie요. 혼자 문을 박차고 나가면 서 문을 쾅 닫아 버리는 것처럼요.

치료자: 당신은 모두를 밀어내는, 당신의 아내 마저도, 모두를 밀어내고 문을 쾅 닫는 것 같다고 느끼고 있군요. 그저 그것과 함께 머무르면서 무엇이 오는지 느껴 보세요.

---

3) 역자 주: gotta는 have got to 내지는 got to의 준말로 통상적으로 '(쫓기는 듯이)~해야 해'라는 의 미로 사용되는 경우가 많다. 'have to'나 'must'와 유사한 뜻을 가진다.

내담자: 외로워요. …… 정말 슬프다고 느껴져요. 여기에 외로운 아이가 있어요.

치료자: 아, 당신은 아마 그 아이와 함께 머무를 수 있을 거예요. 어쩌면 당신과 내가 그와 함께 있을 수 있을지도 몰라요.

'행동하기를 원하는 일부분'의 감정 상태를 공감적으로 듣는 것이 그 행동을 하는 것에 대해 찬성하는 것은 아니라는 것을 내담자에게 분명히 할 필요가 있다.

감정적 섭식 중독 문제와 함께 작업하기

한 내담자는 체중과 건강에 대한 우려를 토로하며, 체중 감량을 원하고, 몸에 안 좋은 음식을 많이 먹고 살이 찌는 것에 대해 자신에게 화가 나 있었다. 이 문제가 논의된 것은 이번이 처음은 아니다. 이 내담자는 종종 감정적 반응에 압도당하고 잠식되는데, 우리의 용어로 감정적인 경험과 '동일시'되었다 (제5장 참조). 다음의 예시에서 내담자가 동일시되고 압도된 지점에서 어떻게 시작하는지 주목하자.

내담자: 제가 왜 이렇게 몸에 안 좋은 음식을 많이 먹는지 모르겠어요. 바로 오늘처럼 저는 이 건강한 점심을 샀지만, 대신 나가서 감자칩 큰 것 한 봉지를 먹었어요. (눈에 띄게 화가 나서) 왜 이런 식으로 제 자신을 방해하는 걸까요? 제가 제 자신을 좋아하지 않거나 그냥 돌보지 않는 걸까요? 그게 뭔지 모르겠어요. 그리고 저는 그것이 저를 조금 살찌게 하는 게 싫어요. ("저는 그것이 싫어요."라고 하는 것이 우리가 동일시된 지점이라고 부르는 것이다.)

치료자: 당신은 당신 안에 원하는 것을 먹고 싶어 하는 무언가가 있다는 것을 알고 있군요. 그리고 당신 안에 또 다른 무언가는 이 부분에 화가 나고 속이 뒤집힙니다. …… 저는 당신이 그것을 이런 식으로 느끼는지 궁금합니다. (치료자는 '당신 안에 있는 무언가'라는 문장을 사용하여 내담자가 내면의 전쟁에서 양쪽 모두에게서 탈동일

시하도록 도운 뒤, 이런 식의 말이 맞는지 확인하도록 내담자를 초대한다.)

내담자: (잠시 멈추고 느낀다.) 네, 그것은 그렇게 느껴지네요. 마치 제가 이렇게 건강한 음식을 얻으면 다른 무언가가 대신해서 제가 원하는 것을 먹기 위해서 가는 거예요. (내담자가 '무언가'가 대신한다는 것을 느꼈을 때, 우리는 이제 내담자가 호기심 어린 관심을 가지고 무언가의 보호하는 측면으로 향하도록 초대할 수 있는 지점에 있다.)

치료자: 당신은 당신 안에서 '대신'해서 무엇이든지 원하는 것을 먹는 것처럼 보이는 무언가를 느끼고 있습니다. 당신이 지금 당신 안에 있는 그것과 접촉하고 있는지 궁금합니다. 아마도 오늘 앞서 말한 그 사건을 생생하게 상상해 보는 것이 도움이 될 것 같네요…….

내담자: (잠시 멈추고 눈을 감는다.) 네, 지금 그것을 느낄 수 있어요. 바로 여기에 있어요. (배 부근을 만진다.) 그곳에는 많은 에너지가 느껴져요. 무언가 불러일으켜지고 있어요. (내담자는 최소한의 지시로, 내면을 느끼고 그곳이 어떻게 느껴지는지 설명하면서 이 핵심 단계를 수행할 수 있었다. 치료자는 이 접촉을 인식하고 그것과 함께 머무르도록 돕는다.)

치료자: 지금 당신은 지금 그 장소—많은 에너지가 불러일으켜지는—와 연결되어 있습니다. 당신은 그곳을 인정할 수 있을지도 몰라요. 그것에게 인사하는 것과 같은 방식으로요…….

내담자: 그것과 함께 머무르기 힘들어요. 과식하는 것에 너무 화가 나기 때문에요……. (이 경우와 같이 특히 장기적이고 감정이 격앙되어 있는 문제로 인해 내담자가 동일시된 위치로 되돌아가는 경우가 종종 있다. 치료자는 현존하는 자기로 다시 초대하기 위해 '무언가'라는 언어를 사용할 것이다.)

치료자: 네. 당신은 또한 이곳을 향해 분노를 경험하고 있는 다른 무언가를 알아차렸군요. 당신은 그것 또한 인정할 수 있습니다. 그것이 지금 당장 시간을 내기를 원하는지, 아니면 당신이 당신 안의 다른 곳에 머무르는 동안 기다릴 수 있는지 살펴보세요.

내담자: 사실 내면을 살펴볼 때 그것이 다른 곳과 함께 있어도 괜찮다고 느껴졌어요. 이

패턴의 가장 아랫부분으로 가고 싶어요…….

치료자: 좋아요. 당신은 이 다른 곳—바로 당신의 배 속 부분—과 함께 있기를 원하는 군요. 어쩌면 그 조심스러운 손길을 거기에 두어서 당신이 그것과 함께하고 있음을 알려 줄 수 있을지도 몰라요. 당신이 그곳에 머무를 때, 그것이 몸에서 어떻게 느껴지는지, 무엇이 오는지 알 수 있어요……. (치료자는 신체 부분—'배 속'—을 재차 확인하고 내담자가 손으로 하는 행동을 말로써 반영하는데, 내담자가 여전히 그 부분을 만지는 것을 볼 수 있다. 치료자는 그곳에서의 경험이 어떻게 느껴지는지, 그곳에서 떠오르는 것이 무엇인지 주목하도록 부드럽게 초대한다.)

내담자: (한숨) 그래요. 손을 거기에 두면 조금 편해져요.

치료자: 좋아요. 바로 그곳에서, 그 안쪽의 장소는 온화하고 수용적이고, 에너지를 환영하고 있으며, 편안해집니다. …… 지금 만약 그것이 옳다고 느낀다면, 당신은 그곳에 머무를 수도 있고, 무엇이 오는지를 느끼거나 혹은 그것이 우리에게 먹고 싶어 하는 것에 대해 기꺼이 말하고 싶은지 물을 수도 있습니다……. (내부 접촉이 충분히 이루어지면, 그것이 그 사람을 미리 형성된 개념으로 데려갈 위험 없이 그 질문을 시도할 수 있다.)

내담자: 다가온 것은 제가 어렸을 때 항상 혼자 있었고, 자신을 위해 고군분투했던 이미지예요. 저는 어린 시절에 너무 많은 책임을 지고 스스로 돌봐야 했어요. …… 그것에 지쳤어요! (눈물이 차오르고 운다.) 제 안에 있는 그 아이는 책임감을 가지고, 식단을 짜고, 체육관에 가는 것을 원하지 않아요. 그녀는 자유롭고, 그저 자신이 원하는 것을 하고, 보살핌받기를 원해요.

치료자: 그곳에서 온 여러 깊은 감정이 있군요. 거기에 있는 그 '아이'가 얼마나 많은 부담을 가지고 자신에 대해 책임을 져야 하는지 느껴져요. 그 아이는 보살핌을 받았어야 했는데. …… 그리고 당신은 압박감과 책임에서 벗어나기 위해 얼마나 많은 에너지가 있는지 느낄 수 있어요. …… 당신은 그녀에게 당신이 이것을 안에서 들었다고 알려 줄 수 있을지도 몰라요…….

내담자: 거기로 다시 돌아갔을 때 가슴에서 무언가가 조여 오는 것을 느낄 수 있었어요. 보살핌받지 못하고, 항상 스스로 결정을 내려야 하고, 옳은 일을 해야 한다는 것

에 대한 분노예요. 그녀는 누구의 말도 듣고 싶지 않아요…….

치료자: 그래요, 우리는 그렇게 오랫동안 혼자 남겨져 있었던 것에 대해 상상할 수 있어요. 내 안에 무언가가 그것에 대해 화가 난 것은 당연해요. 어떤 아이들도 스스로를 양육할 수 없고, 그렇게 해서는 안 돼요. 만약 당신이 이 아이에게 당신이 한 것보다 더 좋은 부모가 될 수 있다면, 당신이 어떻게 될지 느낄 수 있을지도 몰라요.

내담자: 제가 얻은 것은 일종의 규율인데, 다정하지만 확실한 체계가 있어요. 저는 그녀에게 아주 좋은 부모가 아니었던 것 같아요. 그리고 제가 자신에게 자상한 부모라고 느낄 때 그게 옳다고 느껴요. 가슴 쪽이 느슨해지는 것을 느껴요.

이것을 좀 더 탐색해 보았다. 내담자는 이 깨달음이 중요한 단계라고 느꼈고, 그녀의 몸 전체가 더 차분해지고 더 중심이 잡히게 되었다고 느꼈다. 다음 날 치료자는 내담자로부터 이메일을 받았다. "지금 제가 저의 부모라면 어떻게 해야 할까요? 아이의 성공과 행복을 보장하기 위해서 제가 어떻게 해야 하나요?" 그리고 이어서 그녀가 아이와 소통하고 함께 작업할 수 있는 매우 깊고 사려 깊은 방법들이 이메일 내용에 있었다(이 사례는 Glenn Fleisch의 허락하에 일부 각색되었다; Cornell & Fleisch, 2007).

우울

정신적 외상이나 중독과 마찬가지로, 우리는 우울증을 다루는 방법에 대한 완전한 그림을 보여 주지 않고, 단지 우울증 증상을 가진 내담자와 포커싱 접근으로 작업할 수 있는 방법을 보여 주는 몇 가지 예시만을 제시하려고 한다.

첫 번째 사례는 Akira Ikemi가 「치료 사례로 본 포커싱 접근 치료의 탐구(An Explication of Focusing-Oriented Therapy From a Therapy Case)」라는 그의 논문에서 어느 정도 자세하게 서술했다. 이것은 8회기에 걸친 포커싱 접근이고 체험적이며 관계적인 작업 방식을 보여 주는 훌륭한 예시이다.

그 내담자는 전형적인 우울 증상을 보였다. 그는 우울한 기분, 수면장애, 식욕부진이나 과식 경향, 악몽, 낮은 동기부여와 집중력을 가지고 있었다. 또한 그는 집을 떠나는 것에 대한 불안감, 더 구체적으로 말하면 아들을 떠나 출근하는 것에 대한 불안감도 가지고 있었다. 내담자는 그의 상태가 '계속해서 악화되고 있다'고 말했다. 그는 자신에게 항우울제(SSRIs)를 처방해 준 정신과 의사를 찾아갔지만 약을 복용하지는 않았다. 그는 약이 자신의 상태를 해결해 주지 못할 것이라고 느꼈다(Ikemi, 2010, p. 109).

Ikemi는 이력에 대해 들었고, 내담자의 딸이 5세였던 2년 반 전에 오랜 병으로 죽었다는 것을 알게 되었다. 처음에 내담자는 3개월의 휴가를 냈지만, 그 후 다시 일터로 돌아가 그 어느 때보다도 열심히 일했다. 그의 우울증은 서서히 나타나기 시작했다. 첫 회기가 끝날 무렵, Ikemi는 '내면의 날씨'를 느껴 보도록 그를 초대했다. 이것은 동료 Shoji Tsuchie가 개발한 포커싱 초대의 일종이다. 내담자는 질문을 받고 기뻐하는 것 같았다.

내면의 날씨를 느껴 보라는 나의 초대에 내담자는 미소를 지으며 말했다. "와, 정말 좋은 질문이네요! 저는 이런 질문이 너무 좋아요. 다른 데서는 아무도 저에게 그런 걸 묻지 않을 거예요. 병원에서는 증상에 대해서는 물어봐도 이런 건 물어보지 않죠! 맞아요, 안은 흐려요. 엉망진창으로 비가 내려요. 꽤 오래전부터 그랬던 것 같아요."

두 번째 회기에서 내담자는 내면의 날씨에 대한 화제를 꺼냈고, 오늘은 내면이 흐렸다고 말했다. Ikemi는 흐린 느낌에 머무르도록 그를 초대했다. 이를 통해 내담자는 보다 구체적으로 가슴에는 안개가, 목 뒤에는 구름이 껴 있는 것을 느꼈다. 그는 구름에 대해 더 자세히 설명하면서 구름이 자신의 '시야를 낮아지게' 만들었고, 딸이 죽은 이후부터 줄곧 시야가 낮아진 것을 느꼈다고 말했다. 회기가 끝날 무렵 목덜미의 구름이 걷히면서 그는 기분이 좋아졌다.

세 번째 회기에서 내담자는 휴직이 필요하다고 말했다. 그는 "일할 의욕이 없습니다."라면서 "모든 일이 막혀 있습니다."라고 말했다. Ikemi는 그에게 휴가를 얻는 절차에 대해 설명했다. 그러자 내담자는 지금 그의 몸이 어떤 느낌인지를 느꼈다.

> "제 가슴속에 안개가 마치 보료 속 오래된 목화솜 같아요. (그러면 어디 한번 보죠. 오래된 솜이 당신에게 말하고자 하는 것이 무엇인가요?) 와, 그 거 중요한 질문이네요! 다른 곳에서는 아무도 묻지 않을 이런 질문들이 필요해요! …… 그것이 제게 무엇을 말하고자 하는지 모르겠어요. …… 하지만 뭔가 할 말이 있는 것이 느껴져요."

세 번째 회기와 네 번째 회기 사이에 그 내담자는 딸을 치료한 의사를 만나기 위해 미국으로 여행을 갔다. 그는 이 의사에게 끌렸고, 그들은 우정을 쌓았다. 4회기가 시작될 때 그는 한 달간의 휴직을 얻었다고 이야기했지만, 아직도 줄곧 일에 대해 생각하고 있었기 때문에 별로 안도감을 느끼지 못했다.

> "(오늘 내면은 어떻게 느껴지나요?) 오래된 목화솜이 아직 거기에 있어요. 지금은 색이 좀 덜해요. 저는 그게 거기에 없었으면 좋겠어요. (그것에게 친절하게 대해 보세요.) 아…… 그래요. 당신이 그렇게 말하니까, 어쩌면 그 오래된 목화솜이 지금 여기에 오래전부터 있었을지도 모른다는 생각이 들었어요. 저는 그저 알아보지 못했을 뿐이에요. …… 그것이 '내가 무슨 말을 하는지 알아들을 수 있겠니?'라고 말해요. 그리고 저는 듣고 있지만 들을 수가 없어요."

그 회기가 끝날 무렵, Ikemi는 내담자에게 "저는 당신이 변화 과정에 있다고 느껴요."라고 말하는 자신을 발견했다. 이에 내담자는 "아, 네. 당신도 그렇게 느끼는군요! 맞아요. 여기 올 때마다 제가 마치 진화하는 것처럼 느껴져요. 그래서 나아진다는 것은 제가 시작했던 곳으로 되돌아가지 않는 거예요. 돌아갈 지점이 없어요. 그 지점마저 자꾸 바뀌고 있거든요."

다섯 번째 회기—"내면의 날씨가 엉망이에요. 번개와 천둥으로 흐려요. …… 저는 척추의 중심 부분에서 불안함을 느껴요. …… 아마 오래된 목화솜의 모양이 변했을 거예요. …… 우울증에 대해 읽기 위해 도서관에 갔어요. 저는 한 권의 책을 찾았는데, 이제 너 자신을 받아들여야 할 때라고 하더군요. 그건 정말 제게 울림이 있었어요. (어떻게요?) 잘 모르겠어요."
(시간 종료)

여섯 번째 회기에서 내담자는 직장에서의 휴가가 한 달 더 연장되었다고 이야기했고, 집에서 더 느긋하고 편안함을 느끼고 있었다. 치료자의 초대를 받아 그는 내면을 느꼈고, 다시 오래된 목화솜을 발견했다. "제가 방음 처리된 방에 있는 것 같고, 그것은 소리, 열, 습기를 흡수해요. …… 저는 이런 것을 즐길 수가 없어요. …… 아무런 동기부여가 안 돼요. …… 조용하고 편안하지만 위험해요."

약 한 달 뒤 진행된 일곱 번째 회기가 시작되었을 때, 내담자는 휴가가 다시 연장되었다고 말했다. 그의 우울증 증상 중 일부는 다음과 같이 호전되었다. 그의 수면의 질은 더 나아졌고, 식욕도 올랐다. 그러나 '내면의 날씨'는 큰 변화를 보이지 않았다. "내면은 답답하고 더워요. 저는 활동적이었죠. 해외여행을 좋아해요. 이젠 아무것도 계획할 수 없을 것 같아요." 내담자는 다른 문화에서 사는 경험을 하기 위해 가족을 여행에 데려간 과거의 몇몇 사례에 대해 설명했지만, 그것은 지금 그런 것에 흥미가 없다고 말했다. Ikemi는 이 회기를 되돌아보면서 다음과 같이 썼다.

나는 내담자가 교육과 다른 문화 체험에 진심을 다하고, 그리고 의료 서

비스와 그 제공자들에 대한 존경심에 깊은 인상을 받았다. 나도 약간 어리 둥절했는데, 승진가도를 달리기 위해 애쓰는 일본 사람에 대한 나의 이미 지와는 맞지 않았기 때문이다. 내담자의 우울증 증상은 어느 정도 호전되 었지만, 휴직 기간이 있었기 때문에 그런 것 같았다. 그가 내면을 어떻게 느끼는지는 크게 달라지지 않았다. 이 치료의 초기 단계와 비교해서 그의 경험에서의 움직임은 다소 정체된 것처럼 보였다.

그러나 상황은 극적으로 변하려 하고 있었다. Ikemi가 마지막 회기를 맞는 여덟 번째 회기를 위해 내담자에게 문을 열어 주었을 때, 최종 결과로서 그 내담자는 정말 달라 보였다. 밝고 활기차 보이는 그는 우울증 증상이 모두 사 라졌다고 선언했고, 다시 일터로 복귀했다.

"안개 같은 목화솜도 없어져서, 저는 모두 맑게 느껴져요. 이제 돌이켜 보면 그것은 나에게 보내는 메시지였어요. 제 딸은 다섯 살에 죽었고, 이제 그 애는 제게 '아빠, 다른 사람들을 돕기 위해 뭔가를 해, 이렇게 계속하지 마.' 라는 메시지를 보내고 있었어요. 그건 제 마음의 메시지였어요. 저는 당신 의 책 『마음의 메시지를 들어라(Listening to the Heart's Message)』(Akira Ikemi, 일본어)를 읽지 않았어요. 그것을 사서 오디오 위에 두었는데, 어 느 날 밤 책 표지를 보기만 했는데도 이것이 '바로 이거네.' 하고 분명해졌 어요."

"항상 그런 생각을 해 왔지만, 회사 생활을 하는 것은 너무나 다른, 그 반대 방향이었어요. 가족과 함께 있을 시간조차 없었고, 함께 있는 짧은 시간 동안 저는 지쳐서 그들에게 화를 내곤 했어요. 이런 자기모순이 장애 였어요. 이제 제가 말한 것처럼 그것은 훨씬 더 명확해졌어요. 그래서 다 시 복직하더라도 다른 직업을 찾자마자 그만둘 거예요. 저는 다른 사람들, 특히 아이들을 돕는 일을 하길 원해요. 저는 딸을 도와준 간호사들과 의사 들을 존경해요. 저는 그들처럼 살고 싶어요. 이제 용기가 생겼어요. 딸이 저에게 용기를 주었어요. 그녀가 죽었을 때 몸 안의 모든 피가 변해 버린 것 같았어요. 제 모든 가치관이 바뀌었어요. 예전에는 너무 경쟁적으로 앞만 보며 달리곤 했어요. 이제 제 가치관은 완전히 바뀌었어요!"[4]

내담자가 말했을 때, 그의 경험의 새로운 측면이 계속해서 나타났다. Ikemi는 자신이 '연속적인 감각 전환에서처럼 경험의 새로운 면들이 계속 등장하는 경험의 가장 높은 수준(제1장 참조)에 있는 누군가와 함께 있는 것'이라고 느꼈다. 그에게서 우울증의 흔적은 찾아볼 수 없었다. 그는 그의 내담자가 생기와 에너지로 가득 차 있다고 느꼈다. 몇 달 후 그는 그 내담자가 직장에 복귀한 후 아이들과 함께 일하기 위해 회사 일을 그만뒀다는 소식을 들었다. 그는 우울증의 흔적도 없이 계속 활발했고 치료에 감사했다.

이 내담자와 그의 변화를 되돌아보면서, Ikemi는 정신병리가 '내면의 나쁜 내용'이 아닌 삶의 한 방식이라는 Gendlin의 생각(1973)을 지적했다.

사람은 다르게 사는 것으로 변한다. (포커싱 접근 치료법은) 내면의 나쁜 내용을 찾는 것이 아니라 사람이 다르게 살 수 있는 계기를 만들어 준다. …… 이 경우에는 치료의 마지막에 내담자가 다르게 사는 것을 선택했다

---

4) Campell Purton은 Ikemi의 논문이 실린 학습지 이슈를 소개하면서 Ikemi의 내담자에게 일어난 일에 대해 포커싱 접근 관점에서 다음과 같이 논했다.

우리는 여기서 무슨 일이 일어나고 있는지 어떻게 생각해야 할까? 우리는 종교, 심리, 철학 등 다양한 이론적 도식을 그러한 경험들에 연결시켜 '설명'할 수 있다. 그러나 포커싱 접근법은 경험에 머무르고, 내담자 자신의 말―이 경우, "그 애는 제게 이 메시지를 보내고 있었어요."―과도 함께 머무른다. …… 이것은 Gendlin(1991)이 벌거벗은 말(naked saying)이라고 불렀던, 시의 특색을 가진 말, 아이가 과연 '진실로' 그 메시지를 보냈는지 의문을 제기함으로써 그 의미를 놓칠 수 있었던 것을 단적으로 보여 주는 사례이다. 그 의미는 그것에 맞는 외부적인 도식을 필요로 하지 않고, 말한 것 속에 있을 수 있다. 일반적으로 인간 중심 접근법에서 그런 것과 같이, 포커싱 접근법은 우리를 어떤 특정한 도식으로 이끌지 않는다. 그것은 올(또는 형성될) 필요가 있는 것이 나타나는(또는 형성될) 것을 용이하게 하는 환경을 제공함으로써 내담자의 의미가 어떤 방식으로든 형성될 수 있도록 한다(2010, p. 92).

는 것이 밝혀졌다. 그러나 다르게 사는 것은 치료의 끝에만 있는 것이 아니다. 휴직은 치료의 종결까지 그 의미가 명확하지는 않았지만, 내담자가 다르게 살도록 만든 선택이었다. 게다가 다른 생활방식은 바로 첫 번째 상담에서 시작되었다. 내면의 날씨에 대해 물었던 내 질문에 대한 내담자의 흥분…… 그것은 이미 그에게 다른 생활, 즉 자신과 관련된 다른 방식의 생활을 시작하게 했다(Ikemi, 2010, p. 113).

Ikemi는 겸손하게 자신의 방식이 이 내담자의 과정에 어떻게 영향을 미치는지에 대해 많은 것을 말하지 않는다. 행간을 읽어 보면, 우리는 호기심 많고, 따뜻하고, 다정하지만, 방해하지 않고 존재하며, 어떻게 해야 하는지 알고자 하기보다 내담자의 혼란스러움을 자주 공유하면서 내면이 어떻게 느끼는지에 계속 주의를 기울여야 한다는 인상을 받는다. "내면의 날씨는 어떤가요?" 그는 오래된 목화솜의 느낌에 머물면서 무슨 말을 하고 싶은지 물어보라는 과정 중심의 격려 외에는 내담자에게 충고를 하지 않았다. 그러나 그가 쓴 책의 제목(책이 아니라 단순히 제목)은 무엇이 그의 삶을 다시 살아나게 할 것인가의 퍼즐을 풀기 위한 탐색에서 내담자가 가져온 단서 중의 하나임이 밝혀졌다.

내가 보기에 자신의 과정에 대한 내담자의 주의는 내담자와 치료자 간의 관계가 핵심 요소인 치료적 환경 안에서 일어난 것이 분명하다. 포커싱을 지향하는 치료자로서 Ikemi는 내담자 자신의 과정이 무엇을 드러낼지에 대해 여전히 관심을 가지고 개방적인 태도를 유지했다. 그러나 '드러나다(reveal)'라는 단어는 맞지 않다. 이런 종류의 치료상의 움직임은 암묵적이지만, 전에는 살지 못했던 창조적인 출현으로, 오랫동안 숨겨져 있는 것을 발견하는 것이 아니기 때문이다.

이런 사례를 읽거나 우리의 내담자에게서 이런 종류의 과정을 경험하는 것은 우울증을 그 사람이 길을 잘못 들어서 '올바른' 것을 찾는 방법을 모르는 일종의 중단된 과정으로 보는 것에 대해 생각하게 만들 수도 있다. 물론 나는 우울의 복잡성과 심각성을 지나치게 단순화시키고 싶지 않고, 우리에게 많은 요소가 연관되어 있다는 것을 알고 있다. 그러나 나는 지금 이 사례와 같은 사례를 많이 보아 왔는데, 내담자는 주의 깊고 수용적인 치료자의 지원을 받으면 호기심을 가지고, 비판단적으로 신체에 주의를 기울일 수 있게 되고, 이는 우울증에서 벗어나 새로운 가능성을 가진 삶으로 가는 길을 만들어 낼 수 있다.

우울증 상태에서 삶의 에너지를 위해 경청하기

우울증 상태는 종종 다가오는 느낌이 너무 지나쳐서 그 느낌을 허용할 수 없을 것 같아 느끼지 않으려 하는 시도로 연결되는 경우가 많다. 그 사람은 점점 더 무감각하고 무관심하고 감정이 결여된 상태로 빠져드는 것 같다. 심리치료에서는 치료자와의 진정한 접촉, 현재 그 자체의 경험과 내면 접촉 기회의 조합을 통해 감정이 나타나도록 하는 점진적인 과정을 가능하게 한다.

포커싱 접근 치료자 Glenn Fleisch(2009)는 우울증 상태와 함께 작업하는 것의 원칙은 그곳에 있을 수 있는 가장 작은 삶의 에너지일지라도 접촉하는 것이라고 말한다. 우리가 말하는 삶의 에너지는 삶의 방향에서 조금이라도 움직인다는 것이다(제6장 참조). 만약 당신이 사람들에게 그들의 상황을 묘사하라고 한다면, 종종 삶의 에너지는 당신에게 자신을 드러낼 것이다. 우리가 사람들에게 삶의 에너지를 느끼는지 물어보라고 제안하는 것이 아니다. 우울하다는 것의 일부는 그 사람이 거기에 있는 삶의 에너지와 접촉할 수 없다는 것이다. 우리는 느긋하게 듣고, 내담자가 말하는 것과 계속 연결되어 있다면, 종종 눈에 띄는 희미한 생명(life)이 있다. 비록 내담자는 그것을 바로 지나칠 준비가 되어 있을지 모르지만 말이다. 우리는 그 안에 생명이 있다는 것을 간과하지 않도록 잠시 멈춰야 할 필요가 있다.

Fleisch는 몇 년 동안 심각한 우울증을 겪었다고 말한 한 내담자를 묘사하고 있는데, 그의 우울증은 최근 더 악화되었다. "그의 자세에서조차, 그가 무너져 내리고 있는 것을 볼 수 있었습니다. 그래서 나는 그에게 확인했습니다. '당신 안에 있는 무언가가 무거운 짐을 짊어지고 있나요? 마치 그런 것 같은가요?' 내담자는 그렇다고 말했고, 가족이 자신에 대해 높은 기대를 가지고 있다는 그의 감각에 대해 계속해서 논의했다.

공감적 경청을 한 후, Fleisch는 내담자에게 물었다. "어떤 것을 하세요? 어떤 것을 좋아하세요?" 내담자가 답했다. "저는 혼자서 차를 운전하는 것을 좋아해요."

> 치료자: 어쩌면 우리는 그것이 어떤 것인지 느껴 볼 수 있을 거예요.
> 내담자: 제가 제 차 안에 있을 때 누구도 저에게 어떤 것도 기대하지 않아요. 저는 시골에서 경치를 보며 운전하는 것을 좋아해요.
> 치료자: 그 전체적인 것이 어떤 느낌인지 감각할 수 있게 주목해 볼 수 있을지 몰라요……

내담자는 가슴에서 따스함과 편안함을 느낀다고 말했고, 어깨를 앞뒤로 움직이며 더 편안한 자세로 있게 되었다. Fleisch는 그를 그 즐거운 감정과 함께 머무르도록 초대하였고, 그들이 그곳에 온전히 있게 해 주었다. 시간이 흐르면서 이 내담자는 혼자 운전하며 차 안에서 시간을 보내는 것을 시작으로, 점차 자신의 우울증 뒤에 숨겨진 문제들을 탐구할 수 있는 내적 안전감을 만들어 내기 위해 긍정적인 감정을 사용할 수 있게 되었다. 그는 또한 그가 즐거움을 느끼는 일상생활의 활동을 넓혀 나갈 수 있었고, 마침내 다시 일을 시작할 수 있었다.

Fleisch는 더욱 극적인 사례로 이불 속으로 들어가기를 갈망하던 것에서 삶을 향해 나아가는(life-forward) 에너지를 발견한 한 내담자에 대해 이야기했다. 이 여성은 자살 시도 이력이 있었고 알코올 중독이었다. 그녀는 자신이 '세상에 실제로 존재하지 않는다'고 설명했다. 그녀는 내면의 아픈 상처에 대해 이야기했지만 그곳에 가고 싶지 않다고 말했다.

> 내담자: 제가 정말 하고 싶은 일은 잠자리에 들어서 이불을 머리끝까지 끌어당기는 거

예요.

치료자: 물론 전반적으로 그리고 장기적으로 당신이 정말로 일어나서 삶을 살기를 원한다는 것을 알고 있어요. 하지만 그냥 느껴 보죠. …… 아마도 거기에는 이불을 잡아당기는 무언가가 있을 거예요. 그것을 그냥 느껴 보게끔 해도 괜찮을까요?

내담자: 좋아요.

잠자리에 들어 그녀의 머리 위로 이불을 뒤집어쓰고 싶은 욕망을 마음껏 실현하는 모습을 상상하게 했을 때, 그녀는 엄마, 아빠와 함께 방에 있는 어린 소녀라는 이미지를 갖게 되었다. 들어 보니, 그녀는 아주 어렸을 때 방치되어 있었던 것 같았다.

치료자: 어쩌면 그게 어떤 느낌인지 그냥 느껴 볼 수 있을지 몰라요.

내담자: 안전함이 느껴지고 따뜻해요. …… (깊은 흐느낌이 터져나오며) 제가 이불 속으로 들어가도 괜찮다는 말인가요?

치료자: 괜찮을 뿐만 아니라 당신 안에 있는 무언가는 그것이 무엇을 필요로 하는지에 대해 우리가 아는 것보다 더 알고 있는 것 같네요.

내담자는 이불 속으로 들어가고 싶은 욕망과 싸우고 있었다. 이제 그녀는 그 패턴 속에서 삶의 에너지를 감지할 수 있었고, 삶의 에너지는 이미 앞으로 나아가고 있었다.

한 사람이 어떻게 자기인식으로 우울증을 변화시켰는가

이 책을 쓰고 있을 때, 나는 놀라운 자기목격(self-witnessing)을 한 날에 우울증에서 스스로 빠져나온 한 여성의 이야기를 들었다. 나는 그녀가 쓴 글에 너무 감명을 받아서 여기에 그것을 공유해도 될지 허락을 구했다. 여기에 있는 그녀의 이야기는 그녀가 쓴 것 그대로이다.

　　나는 우울증에 시달리곤 했고, 삶에 압도되고, 그것 때문에 쇠약해지고, 침대에 누워 울면서 말 그대로 살갗에서 살금살금 빠져나가는 것 같은 신체적 독성을 가진 감정과 싸우는 나날들을 보내고 있었다. 오랜 시간 동안 그에 대한 나의 반응은 내가 경험한 것을 자기비난과 혐오로 바꾸는 것이었다.

　　어느 날, 무슨 이유에서인지 나는 나 자신과 함께 있을 수 있었고, 무슨 일이 일어나고 있는지를 알 수 있게 되었다. 나는 방을 떠나지 않았지만, 침대로 돌아가지도 않았다. 대신에 무슨 일이 일어나고 있는지 궁금해지기 시작했다. 나는 심지어 거울에 비친 내 얼굴을 보면서 불안과 눈물과 괴로움을 목격하고, '와, 내가 얼마나 대단해 보이는가? 나에게 영향을 미치고 있는 이러한 감정들이 얼마나 몸으로 실재하는가?'라고 생각했던 것을 기억한다. 나는 여전히 하루 종일 고통을 겪었지만 그에 대한 나의 경험은 달랐다. 나는 더욱 열려 있고 깨어 있었다. 다음 날 나는 완전히 치유되고 통합되는 것을 느꼈다.

　　나는 그 이후로 압도되었을 때와 같이 나 자신을 잃어버리는 것을 경험해 본 적이 없다. 내가 친구들에게 말하는 방식은 "나는 내 배의 선장 그 이상이다."라는 것이었다.

　　이 여성은 자신의 기분이 정확히 어떠한지 세심한 주의를 기울여서 스스로 쇠약해지는 우울증에 대한 경험을 바꿀 수 있는 방법을 찾아냈다. 물론 이러한 이야기는 임상적인 우울증의 심각성과 대부분의 경우에 전문적인 지원을 필요로 할 수 있다는 가능성을 부정하기 위한 것은 아니다. 그러나 내가 이 이야기를 하는 이유는 지금-현재에서 경험하고 있는 것이 정확하게 어떠한지에 주의를 기울이는 것이, 가장 심각한 경우에서도 차이를 만들 수 있다는 것을 보여 주기 때문이다. 만약 우리가 내담자에게 그들이 겪고 있는 것에 대해 이런 종류의 관심을 가져 오도록 도울 수 있다면, 그들의 변화에 대한 가능성은 확장될 것이다. 이것이 바로 우리가 원하는 것이다.

　이 장에서는 정신적 외상, 중독, 우울증의 다양한 양상의 내담자와 함께 작업하는 방식에서 포커싱을 통합적으로 사용할 수 있다는 것을 분명히 하였다. 제9장에서 우리는 포커싱이 어떻게 다양한 작업 방식과 조화를 이루고 강화될 수 있으며 당신이 이미 내담자와 하고 있는 것을 보완할 수 있는지에 대해 더 자세하게 살펴볼 것이다.

제9장

포커싱과
다른 치료 양식의 접목

여기에서 포커싱은 이미 내담자들과 작업하고 있는 것과 더불어 조화될 수 있고 지원할 수도 있다는 것이 분명해졌다. 포커싱은 자연스러운 변화의 과정이기 때문에 모든 임상 환경에서 적용이 가능하다. 우리는 이것을 의식함으로써 변화의 과정을 더욱 향상시킬 수 있다. 원한다면 이 장에서 논의하고 있는 방법 중 하나 혹은 다른 유사한 방법들을 이미 사용하고 있는 임상가들은 그것들과 통합하기 위한 방법으로 포커싱을 받아들일 수 있다.

나는 이 장에서 열 가지 방법론을 선택하여 논의함으로써 오늘날 행해지고 있는 심리치료 유형의 대표적인 샘플을 제공하고자 한다. 그렇기는 하지만, 내가 약식으로 묘사한 방법론과 논의하지 않은 다른 중요한 방법론 모두에 많은 것이 포함되지는 못했다. 나는 당신이 어떤 방법을 사용하더라도 여기에 제시되어 있는 간단한 아이디어로 포커싱을 통합시킬 수 있기를 바란다.

나는 포커싱이 어떻게 다른 양식들과 접목될 수 있는지에 대해 논의하면서 다른 접근 방식이 부족하거나 불완전하다고 말하고자 하는 것은 아니다. 나는 이 장에서 논의하고 있는 각각의 방식을 존중한다. 그것들을 사용하는 것만으로도 성공적이며 도움이 될 것이다. 그러나 아직 무엇인가 더 필요한 내담자가 있을 수 있고, 포커싱을 사용하여 인식하는 것이 당신이 치료 목적을 달성하기 위해 이미 가지고 있던 방법에 부차적인 도움이 될 수 있다.

심리치료 통합에 대한 참고 사항

심리치료의 한 가지 방식이 다른 방식을 배제하고, 어떤 방법을 사용하든 철저하게 따를 필요가 있다고 여기던 시절이 있었다. 그러나 적어도 1980년대 이후로 이런 경향성은 많이 없어졌다. 심리치료 통합의 탐구를 위한 협회

(Society for the Exploration of Psychotherapy Integration: SEPI)와 같은 협회가 인기를 얻고 지지받는 것으로 볼 때, 오늘날 절충주의는 일반적이라고 할 수 있다. Marvin Goldfried(2011)는 초기 수련을 시작했을 때부터 치료 방법을 확장해 나갈 필요가 있다는 사실을 발견한 심리치료자들의 흥미로운 체험 수기를 감수했다. 그들은 경력을 쌓는 과정에서 처음 배운 것으로부터 그 방식을 확장해 나가야 한다는 것을 발견했다. 결과적으로 거의 모든 경우 심리치료자들은 하나의 주군에게서 변절해서 다른 주군에게 충성을 맹세하는 것보다는 더 절충적인 접근 방식을 가지게 되었다.

현장의 임상가들이 그들의 이론적 접근법이 부족하다고 느껴지는 사례를 발견하는 것이 전혀 이례적인 것은 아니다. 그다음 그들은 다른 접근의 방식을 차용하기로 결정한다. 그리고 아마도 더 철학적인 순간으로, 그들은 인간 기능의 복잡성과 치료적 변화 과정이 그들의 특정한 학파에 근거해서는 충분히 설명될 수 없을지도 모른다는 가능성을 고려할 수도 있다 (Goldfried, 2001, p. 4).

Rothschild(2000)는 방식을 그저 바꾸는 것보다 내담자에게 맞추는 것이 중요하다고 지적한다. 이 때문에 심리치료자는 여러 치료 모델을 숙지하고 있는 것이 중요하다.

Gendlin과 작업을 시작할 때부터 그는 포커싱이 그 자체로 있는 것이 아니라 다른 방식들과 결합되어야 한다고 강조했다. 그는 내담자가 반응을 필요로 할 때 그 사람에게 반응해야 한다는 강한 믿음을 가졌고, 따라서 임상가는 가능한 한 많은 치료 방식에 익숙한 것이 가장 좋다.

모든 방향과 절차는 심리치료가 엄격하게 유지되는 한 심리치료를 방해한다. 우선순위는 항상 그 사람에게 주어져야만 하며 치료자들은 항시 그 사람과 연결되어 있어야 한다. 절차와 같이, 우리가 한 사람을 이론이 말하는 것대로 생각한다면 그 모든 이론은 파괴적이 된다. 한 사람은 누구이지 무엇이 아니다. …… 사람은 항상 아이디어와 절차 이상으로 항상 생생하게 다시 그곳에 있다(Gendlin, 1996, p. 172).

포커싱은 그 자체가 치료 방식이 아니라 우리가 하는 모든 종류의 작업을 뒷받침하고 연결할 수 있는 작업 방식을 가진 일종의 메타양식이라고 볼 수 있다. 우리가 포커싱을 우리의 작업으로 활용할 때, 우리는 기술이 아니라 우리의 몸이 어떻게 더 온전한 삶의 방향으로 긍정적인 성장을 암시하는지에 대한 인간 삶의 본질로서의 관점을 가지고 온다.

> (포커싱은) 거의 모든 이론이나 접근법과 교차된다[Gendlin의 표현을 빌리자면 일종의 교차-수정 과정(cross-fertilization)이라고 볼 수 있다]. 그러나 포커싱은 다른 기술과 같이 단순히 추가된 것이 아니기 때문에 이러한 통합 과정은 매우 복잡하다. 그것은 치료자가 인간 삶의 본질과 성장 과정을 경험하게 하는 방법을 알려 주는 토대이다. 그것은 다음과 같은 가정이 포함된다.
> • 인간의 모든 경험은 그것 안에 더 나아간 단계로의 움직임이 암시되어 있다.
> • 우리 몸은 자기가 포함된 기계가 아니라 우리가 살아가고 있는 상황에 대한 방대한 지식을 기록하는 열려 있는 수용적 환경이다.
> • 우리는 이 '몸의 깨달음(bodily knowing)'을 활용할 수 있다(Preston, 2005, p. 4).

인지행동치료

오늘날 가장 널리 사용되는 치료법 중 하나인 인지행동치료(Cognitive-

Behavioral Therapy: CBT)는 1950년대에 "정서적 문제를 질병이나 비정상으로 보지 않으려는 움직임의 일부로 시작되었다. 그 대신에 행동주의 치료자들은 정서적 문제를 부적응의 학습으로 보았다."(Fodor, 2001, p. 131) 학습이론 원리는 정신장애의 개념화, 평가, 치료에 도입되었고, 1980년대에 행동적 접근은 그 장애가 잘못된 생각에서 비롯된 문제라 보았던 인지치료 접근법과 함께 이루어졌다. 행동적 접근과 인지적 접근의 결과적인 통합은 '인지 행동 치료'라는 이름이 시사하는 것처럼 통일되지는 않았지만, 임상가들이 그 안에서 보다 행동적이거나 인지적일 수 있게 되었다. 그럼에도 치료 계획을 세우고 이행하는 데 있어서 내담자와 치료자의 협력적인 관계를 강조하고, 내담자에게 자기돌봄과 자기관찰의 기술을 가르치는 것에 중점을 둔다는 점을 공유한다(Craske, 2010).

이 책을 위해서 한 인터뷰에서, 나는 CBT 방식과 포커싱 관점을 통합한 많은 심리치료자를 만났다. 예를 들어, 불안 또는 공포증을 다루어야 하는 내담자는 치료자에게 증상을 치료하거나 해소할 수 있는 방법이 있는지 물어볼 수 있다. 그리고 치료자는 CBT에서와 같이 점진적으로 공포 자극에 노출되는 단계를 제공할 것이다. 그런 다음 내담자는 포커싱을 사용하여 문제에 대해 처리해야 할 사항이 있는지 내부를 확인하고, 나머지 부분을 처리하기 위해 포커싱 과정으로 돌아갈 수 있다. 회기 사이에 불안 증상을 대처하는 데 도움이 필요한 내담자에게는 "조심스럽게 손을 그곳으로 가지고 가세요." 그리고 "그것이 얼마나 무서워하는지를 당신이 듣고 있다고 알려 주세요."와 같은 포커싱에서의 자기돌봄 과정을 제공할 수 있다(제5장 참조).

CBT의 또 다른 전형적인 면은 내담자와의 협력을 통하여 목표를 설정하고 치료 계획을 세운다는 것이다. 포커싱의 감각 방식을 목표 설정과 함께 사용하면 내담자가 목표가 올바른지 또는 목표의 달성 가능성을 높이기 위해 약간 조절해야 하는지를 느낄 수 있다. CBT를 사용하는 치료자는 내담자의 목표를 이끌어 내기 위해 내담자에게 잠시 동안 귀를 기울인 다음, 아마도 "우리 함께 목표를 세워 볼까요?"라고 물어볼 것이다(Beck, 2011). 그리고 나서 치료자는 포커싱 접근법을 접목하여 내담자가 목표에 대한 펠트센스를 얻을 수 있게 초대하고, 현재 언어를 확인하고, 그것이 '잘 맞는지' 느껴 보도록 할 수 있다.

> **치료자**: 그 서류들 중 하나만 마무리하고 제출하는 것은 어떤가요? 그걸 목표로 할까요?
>
> **내담자**: 아, 그러죠. 그게 좋겠어요.
>
> **치료자**: 잠시 시간을 두고 그 아이디어가 당신에게 맞는지의 전체를 얻어 보는 것은 어떤가요? (임상가가 지향하는 것과 '느낌'이나 '몸'이라는 단어가 맞지 않을 때 어떻게 그것을 사용하지 않고도 펠트센스를 초대할 수 있는지에 주목하라.)
>
> **내담자**: 내 생각에 나는…… 그곳에 약간의 불안함이 있어요.
>
> **치료자**: 시간을 가지고 좀 더 올 수 있게 해 보세요.
>
> **내담자**: 그것은…… 나는 학교에서 맞는 프로그램에 있는지조차 확신하지 못하겠어요.
>
> **치료자**: 좋아요. 첫 번째 목표로 자신에게 맞는 프로그램이 무엇인지 명확하게 하는 것이 어떨까요?
>
> **내담자**: (깊은 호흡) 네!

목표 설정과 치료 계획 중에 펠트센스를 얻을 수 있도록 촉진된 내담자는 더 많은 참여와 동기를 부여받아 과제를 수행하고 치료 계획을 계속해 나갈 수 있다. 치료 전략을 평가하고 재검토할 때 이와 같은 방식으로 내면을 확인하도록 할 수 있다.

자기심리학

정신분석학자 Heinz Kohut(1984)이 개발한 자기심리학은 오늘날 정신분석을 하는 많은 실천가와 지부가 번성하고 있는 움직임으로(Lessem, 2005; Stolorow & Atwood, 1992), 치료자와 내담자 간의 관계가 내담자가 양육과정을 지나오며 발달했어야 했던 관계 경험의 결손을 채울 수 있는 잠재력이 있다고 강하게 역설한다. 자기심리학은 정신역동적 심리치료의 한 갈래로, 주요한 심리학적 개념으로서 무의식과 전이에 대한 해석을 다룬다.

자기심리학에서 치료 과정의 첫 번째 방법 중 하나는 Rowe와 MacIsaac은 '확장된 조율'이라고 부르는 일종의 조율(attunement)이다.

> 이것은 환자가 말하는 내용을 듣는 문제일 뿐만 아니라 환자가 말하는 것을 어떻게 경험하는가에 대한 조율이기도 하다. …… 조율을 확장하는 것은 분석가가 환자가 경험하고 있는 것을 가능한 한 가깝게 경험하려고 시도하는 상호 간의 과정이며, 여기에는 동시에 분석가에 대한 환자의 경험도 포함된다(1991, p. 137).

이러한 종류의 조율은 포커싱 과정과 완전히 조화된다. 사실 임상가가 어떤 형태로든 내적 인식을 느껴 보지 않고도 이 조언을 따를 수 있을지는 상상하기 어렵다.

나는 포커싱 접근이 자기심리학의 작업 방식을 어떻게 뒷받침할 수 있는지의 한 예를 들어 볼 것이다. Rowe와 MacIsaac은 매우 불안하고 많은 신체적 증상으로 고통받고 있는 26세의 여성 'Ms. O'와의 사례에 대해 길고 도움이 될 만한 논의를 제공했다. 이 부분은 7개월째의 치료 회기에서 가지고 온 것이다.

> Ms. O는 소파를 향해 천천히 걸어가서 누웠다. 그녀는 잠시 침묵했다. 그녀는 "무슨 말을 해야 할지 모르겠어요. 내 마음이 텅 비어 있는 것 같아요."라고 말했다. 그녀는 분명히 자신의 생각과 고군분투하고 있는 것처럼 몇 분간 침묵을 지켰다. 나는 "오늘은 시작하기가 어렵군요."라고 말했다. 그녀의 경험에 대한 나의 이해를 보여 주는 소통은 그녀의 긴장을 완화시키는 것처럼 보였다(1991, p. 166).

나는 이 반응의 목적을 'Ms. O의 경험에 대한 나의 생각과 느낌'의 표현이라고 지적한다. 이와 같이 물론 이 반응은 완벽하게 치료적 맥락 안에서 해야 할 일을 정확히 했다.

그러나 만약 좀 더 의식적으로 포커싱 접근 방법을 이 환경에 적용하고자 하는 바람이 있었다면, 치료자는 다음과 같은 방식으로 자신의 반응을 표현하는 것을 상상할 수 있었을 것이다. "당신은 '오늘 시작하기가 어렵다'고 느끼고 있군요." 또는 "오늘 시작하는 것이 어렵다는 무언가를 당신의 안에서 느끼고 있군요." 이런 치료자의 반응은 자신의 감정 상태를 느끼고 그것과 함께하도록 내담자를 초대하는 것이다. 만약 어떤 사람이 포커싱 접근법을 자신의 심리학적 틀에 통합하기를 원한다면, 이것은 시작할 수 있는 한 가지 방법이 될 것이다.

내면가족체계치료

심리치료의 내면가족체계치료(Internal Family Systems Therapy: IFS) 모델은 인간의 문제를 이해하는 강력한 방법일 뿐만 아니라, 치료자와 내담자 모두에게 치유가 일어날 수 있는 변화된 관계로 끌어들이는 획기적이고 풍요로운 실천의 철학이다. IFS는 Richard Schwartz가 그의 폭식증 내담자를 통해 마주하게 된 내면의 부분들이 가족체계치료의 훈련을 필요로 했을 때 개발되었다. 많은 방법론이 여러 개의 자아 상태를 다루고 부분과 함께 작업하지만 Schwartz는 '자기 리더십' 개념의 강점과 명확성을 중심으로 한 독특한 접근법을 개발했다. 내담자는 비강압적이고 협력적인 내면의 리더인 자기가 되는 능력이 있다고 가정한다(Schwartz, 1995).

IFS는 여러 가지 이유로 포커싱과 자연스러운 협력 관계를 형성한다. IFS와 포커싱은 내담자의 문제를 병리적이지 않은 방식으로 보는 동시에 내담자의 역량을 강화하는 것에 중점을 두고 있다. 내담자는 그들이 치유하고 변화시키는 데 필요한 자원을 가지고 있다고 가정한다. IFS의 자기 개념과 포커싱의 현존하는 자기 개념 간에는 강한 유사성이 있다.

IFS 치료자는 내담자가 부분과 접촉할 수 있도록 돕기 때문에 때로는 이미지로써 그 부분을 경험한다. Schwartz는 이 과정을 '통찰(insight)'이라 불렀다. "'보는 것(seeing)'이라는 표현이 항상 이런 과정에서 사용하기에 적합한 것은 아니다. 왜냐하면 어떤 내담자들은 테크니컬러 영화(Technicolor movie)[1]를 보는 것 같은 반면, 또 다른 내담자에게는 이런 일들이 일어나고 있다는 어떤 느낌보다는 덜 시각적이기 때문이다."(1995, p. 113)

나는 IFS 치료의 시연을 보고 그 과정에 대한 설명을 읽으면서, 내면에 접촉할 때 펠트센스가 자연스럽게 나타나는 경우가 많다는 것을 확신하게 되었다. IFS 전문가들조차 '펠트센스'라는 용어를 사용하기도 하는데, 무언가 모호한 것에서 시작하여 점진적으로 그것 자신을 드러낸다는 묘사는 확실히 나에게는 펠트센스처럼 들린다.

> 종종 처음에는 부분이 명확하지 않은 경우가 있다. 예를 들면, 그것은 '스스로 접혀 있는' 느낌같이 불분명한 이미지나 펠트센스로 시작한다. 당신은 환자에 대한 당신의 경험과 호기심 어린 방식으로 함께 머무르며 이런 부분을 알 수 있게 된다. 너무 빨리 명확하게 할 것을 강요하지 말라. 당신이 열려 있고 관심을 가진다면, 그 부분은 그것이 환영받는다는 것을 알게 될 것이며, 몇 분 후면 그 본질이 더욱 분명해질 것이다. 예를 들어, '스스로 접혀 있는' 것은 공격으로부터 자신을 보호하기 위해 웅크리고 있던 부분으로서 서서히 드러날 것이다(Earley, 2012, p. 116).

---

1) 역자 주: 테크니컬러(Technicolor)는 화려한 색감으로 유명한 컬러 영화 제작 기법으로, 이 공정을 하는 회사의 명칭이기도 하다. 〈오즈의 마법사(The Wonderful wizard of Oz)〉 등의 뮤지컬 영화에서 많이 쓰였으며, 이 책에서는 화려한 색감의 영화를 말하고자 한 것으로 보인다.

IFS에 포커싱 작업 방식을 가지고 오는 것은 처음에 이런 식으로 경험이 나타나지 않는 경우에도 부분의 펠트센스를 더 의도적으로 초대하는 것을 포함할 수 있다.

내담자: 나는 노파가 보여요. 그녀는 마녀처럼 보이는데 나에게 눈살을 찌푸리고 있어요.

치료자: 당신은 잠시 시간을 가지고 그 노파의 느낌을 가져 볼 수 있을까요? 구체적인 방식으로요.

내담자: 내 어깨를 세게 움켜쥐고 있는 것 같아요.

치료자: 그 세게 움켜쥐는 것에 계속 머무르며 알아차려 볼 수 있을 거예요. 내면에 그 노파와 함께 이야기하는 것이 괜찮을지 물어보세요.

우리가 예상할 수 있는 한 가지는 신체적인 변화는 그 부분들이 그 사람을 보호하거나 보호하려고 노력했던 것을 드러내기 때문에, 그 과정의 변화를 반영한다는 것이다. IFS 전문가들은 이미 몸의 인식을 자주 초대한다. 앞서 말했듯이, 두 가지 방법은 상당히 잘 조화될 수 있고, 함께 의식적으로 자각하여 IFS에 포커싱 또는 포커싱에 IFS를 가지고 올 수 있다. 이러한 조화는 두 가지 모두에게 훨씬 더 도움이 될 수 있다.

속성경험적역동치료

속성경험적 역동치료(Accelerated Experiential-Dynamic Psychotherapy: AEDP)는 Diana Fosha가 개발하였는데, 그녀는 그녀의 작업에 숨겨진 중심 철학을 제시했다.

어려움을 겪고 심지어 비극에 직면하더라도 온전하고 연결된 삶을 살기 위해서는 우리의 감정적인 경험을 느끼고 활용할 수 있는 능력이 필요하다. 개인들로 하여금 치료를 받게 만드는 가족 간의 다툼, 사회생활에서 소외되는 많은 부분이 영향에 대한 공포로 귀결될 수 있다. …… 만약 충격에 휩싸였던 경험들이 치료적 환경에서 덜 두려워질 수 있다면, 즉 내담자가 충분히 안전하다고 느낄 수 있게 도울 수 있다면 내담자는 많은 이득을 얻을 수 있을 것이다. 왜냐하면 핵심 정서 상태 안에는 강력한 적응력과 엄청난 치료 잠재력을 가진 과정이 있기 때문이다(2000, p. 13).

Fosha는 이러한 기본적 전제의 품격 있는 단순함으로부터 깊은 상관관계에 있는 세심하게 다듬어진 이론적 토대를 바탕으로 하여 복잡하고 구체적인 방법론을 구축했다. '온 힘을 다할 수 있으며, 적응할 수 있고, 표현할 수 있고, 상호작용할 수 있는 인간 경험의 측면'으로서의 영향의 중요성은 인간의 유아기 안정 애착 과정과 연관되어 있으며, 트라우마에 직면했을 때 회복력을 이끌어 낸다.

Fosha는 우리의 현존하는 자기와 상당히 유사해 보이는 '핵심 상태(core state)'에 대해 언급했고, 자기 대 자기(self-to-self)와의 관계성을 통한 내적 안정 애착을 키우는 것이 그녀가 하는 작업의 가장 중요한 측면이라고 말한다. 포커싱과 유사하다는 점에서 Fosha는 "AEDP의 그런 큰 부분은 그 사람의 특별히 짜인 경험을 기대하지 않고 세세하게 탐구하는 것이다."라고 말한다(personal communication, 2012).

'핵심 정서(core affect)'에 대한 Fosha의 정의는 펠트센스를 포함할 수 있으며, 포커싱의 인식과 상당히 상통한다.

핵심 정서라는 용어는 단순히 활력 넘치고 자발적인 것을 지칭하기 위해 선택되었다. 그것은 자발성을 억제하려는 노력(즉, 방어 전략)이 활성화되지 않았을 때 드러난다. 핵심 정서 또는 보다 정확하게 말해 핵심적인 정서적 경험은 우리가 그것을 가리거나 차단하거나 왜곡하거나 회피하려 하지 않을 때 또는 엄격히 침묵시키려 하지 않을 때 우리의 감정적 반응을 가리킨다(2000, p. 15).

　포커싱을 AEDP와 어떻게 통합하여 사용할 수 있는지에 대해 보다 구체적
으로 설명하기 위해서, 나는 강력한 애도 과정을 거쳐 새롭게 나타나는 감각
에너지를 경험하는 환자를 지원하는 과정을 보여 주는 Fosha(2000)의 사례를
선택했다. 내가 이 사례를 선택한 이유는 포커싱에서 강조하는 삶이 나아가
는 방향에 대해 듣는 것과 이것이 매우 비슷하기 때문이다(제6장 참조).

> **환자:** 월요일에 잠에서 깨서 이런 생각에 편안해졌어요. …… '나는 이것을 찾아야 하고
> 언젠가는 다시 함께할지도 몰라. 하지만 우선 이런 일이 일어나야 해. …… 그럼 가
> 자(Let's go).'
>
> **치료자:** 으으음.
>
> **환자:** 그리고 월요일에 일어나서 "가자."라고 말했어요. (활짝 웃는다.) 그리고 저는 이 느
> 낌과 질문을 확인해 봤어요. '이것은 방어하는 것인가?' 그렇지 않아. 이건 그냥 '가
> 는 거야.'
>
> **치료자:** 가자. …… 그거 멋지네요.
>
> (동일한 회기)
>
> **치료자:** 저는 이 '가자'라는 말이 대단히 감명 깊었어요. 그건 아주 심오해요.
>
> **환자:** 그건 정말 좋은 느낌이에요. (Fosha, 2000, p. 168)

　Fosha가 내담자와의 한 작업 방식이 그 자체로 완전하지 않았다고 하는
어떤 제의를 하고자 하는 것이 아니라, 내가 이 치료자였다면 무엇을 했을
것인가에 대한 의견을 이야기하는 시간을 가질 것이다. 나는 오랜 애도의 과
정을 거친 내담자의 '가자(Let's go)'에 담긴 삶의 에너지의 느낌을 나도 똑같
이 가지고 갈 수 있기를 바란다. 나는 아마도 Fosha가 그랬듯이 그것을 내
자신의 몸으로 '함께 느낀다(feeling along)'라고 느꼈을 것이다(치료자가 자신
의 감각 과정을 사용하는 것에 대해서는 제10장 참조). 이런 점에서 나는 "그래

요! 정말 이 '가자'를 여기서 가져 봅시다. 아마 당신의 몸이 지금 어떤지 느껴 볼 수 있을 거예요. 지금 그 '가자'를 가져와서 느껴볼 수 있을까요?"라고 말했을 것이다.

내담자는 새로운, 삶이 앞으로 나아가는 느낌과 그것 안의 감각 모두를 '가져(have)' 볼 수 있고, 아직 말로 표현되지 않은 더 많은 것을 담고 있는 방법을 느낄 수 있다.

변증법적 행동치료

변증법적 행동치료(Dialectical Behavioral Therapy: DBT)는 특히 경계선 인격장애 진단을 받은 내담자와의 작업을 위해 Marsha Linehan이 개발한 것이다. DBT는 인지행동 원리와 불교 수행에서 도출된 마음챙김 그리고 치료 동맹에서 무조건적인 수용의 환경을 강조하는 것들의 통합을 통해 만들어졌다(Linehan, 1993).

Linehan이 제시한 것 같이, 현실과 인간 행동의 본질에 대한 변증법적인 견해는 세 가지 주요 특징을 가지고 있다. "상호적 관계 및 전체성"의 원리, "내부의 반대되는 힘으로 구성되어 있다(명제와 반명제)"는 현실에 대한 개념, 그리고 "현실의 본질은 지속적인 변화 과정에서 전체성을 가져온다는 가정"이 그것이다(Linehan, 1993, pp. 31-33). 이 원칙들, 특히 첫 번째와 세 번째 원칙은 포커싱의 기저를 이루는 철학적인 관점과 완전히 일치한다. "내담자는 최선을 대하고 있다." "내담자는 개선되기를 원한다."라는 기본 가정도 마찬가지이다(Linehan, 1993, p. 106).

DBT의 핵심 측면은 "구조화된 기술 훈련"이라고 불리는 것이다(Linehan, 1993, p. 103). 환자들은 일반적으로 개인치료를 하는 것 외에도 소규모 집단으로 작업한다. 훈련된 기술에는 핵심 마음챙김 기술, 고통감내 기술, 감정 조절 기술과 같은 것이 있다. 포커싱이 세 가지 영역에서 모두 자원을 제공해 줄 수 있기 때문에 DBT 집단의 교육과정에 도움이 될 것이다.

DBT와 포커싱은 확실히 조화롭고 통합이 가능하다. 무엇보다 DBT의 마음챙김 훈련에는 이미 몸을 있는 그대로 느끼는 것이 포함되어 있다. 포커싱을 활용하기 위해 잠시 멈추고, 현재 이슈에 대한 '전체적인 느낌'을 인식하도록 초대할 수 있다. 그런 다음 무엇이 등장하는지 설명하도록 할 수 있다.

신체경험

신체경험(Somatic Experiencing: SE)은 Peter Levine(1997, 2010)이 만든 과정심리치료이다. 이것은 정신적 외상에 직면한 유기체가 회복하는 자연적인 과정이 어떻게 방해받고 중단될 수 있는지, 또한 재개되도록 촉진될 수 있는지에 대한 이해를 바탕으로 하였다. Levine의 연구와 작업은 정신적 외상을 치유하는 데 있어 신체가 하는 주요한 역할을 밝혀냈다. 정신적 외상에서 생존하기 위해서 완료되어야 하는 생존 지향적인 신체 운동의 개념은 강력한 것이며, 앞으로 나아가는 것이 암시되어 있는 과정의 중단에 대한 포커싱의 발상과도 매우 상통한다. Levine은 신체경험을 할 수 있도록 하며, 포커싱의 인식을 통합했다. 그가 내담자와 작업하는 방법에는 몸에서 도전적인 것과 자원을 제공하는 경험을 모두 느껴 보도록 요청하는 것이 포함되어 있다. 포커싱과 신체경험은 모두 신체의 자연 치유 과정을 강조하고, 내담자가 신체적으로 느끼는 경험에서 힘과 회복력의 자원을 찾는다.

내담자와의 과정에 대한 Levine의 설명에서 포커싱이 일어날 수 있는 순간들을 보는 것은 어렵지 않다. 예를 들어, Miriam과 함께한 이 부분에서 Levine은 그의 내담자에게 천천히 제스처를 반복해 달라고 요청한 다음 내담자가 동작을 할 때 팔이 어떻게 느껴지는지 주시하도록 한다. Miriam은 처음에는 포커싱 과정의 특징인 망설임과 자기수정의 반응을 보였다.

"무언가를 멀리 밀어내는 느낌이에요. …… 아니, 더 비슷하게는 멀리 무언가를 잡는 듯한…… 공간이 더 필요해요. 정말로 그런 느낌이에요." 내담자는 두 팔을 앞에서부터 양쪽으로 쓸어 주면서 180도의 자유 동작을 만들어 낸다. 내담자는 깊고 자연스러운 숨을 내뱉는다. "나는 숨이 막힐 것 같지 않고, 우리가 시작했을 때처럼 배가 아프지 않아요."(Levine, 2010, p. 161)

포커싱의 관점에서 볼 때, 펠트센스가 하나의 움직임으로 표현된 것은 Miriam과의 회기의 독특한 특징이다. 포커싱 접근 심리치료자 Glenn Fleisch (2008)는 암시적인 시작으로 내담자의 제스처를 가지고 많은 작업을 수행했다. 그의 작업 방식에는 내담자가 움직임을 천천히 반복하고 그 느낌을 어떻게 감각하는지 초대하는 것이 포함된다.

Levine의 설명은 다음과 같이 이어진다.

내담자는 다시 손목을 구부리며 팔을 뻗는다. 이번에는 거의 팔 길이까지 몇 초 동안 팔을 잡아당겼다. "직장에서나 남편과도…… 같은 문제예요." 그녀는 이제 두 손을 허벅지 위에 부드럽게 얹는다. "이건 제게 너무 힘들어요, 왜인지 잘 모르겠지만…… 이렇게 할 권리는 없는 것 같아요. …… 마치 나만의 공간에 대한 권리가 없는 것 같이요."(2010, p. 161)

Levine은 이것이 느낌과 생각 중 어디에 가까운지 내담자에게 물었고, Miriam은 그것이 정말 생각이라고 대답했다. 이것은 Levine의 설명에서 훨씬 더 길게 이어진 아주 매력적인 회기이며 내담자에게 분명히 큰 가치가 있었다. 어떤 식으로든 다른 일이 일어났어야만 했다고 제안하려 들지 않는다면, 우리는 이 회기가 포커싱으로는 어떻게 다르게 진행될 수 있을지 상상해 볼 수 있다.

내담자: 이건 제겐 너무 힘들어요. 왜인지 잘 모르겠지만…… 이렇게 할 권리는 없는 것 같아요. …… 마치 나만의 공간에 대한 권리가 없는 것 같아요.

치료자: 당신은 나만의 공간에 대한 권리가 없는 것 같은 **당신 안의 어떤 느낌**을 느끼고 있군요. 아마도 당신은 어떻게 그리고 어디서 나만의 공간에 대한 권리가 없다고 느끼는 **무언가**를 느끼는지 느껴 볼 수 있을 거예요.

어떤 생각이든 펠트센스가 될 수 있다면 감각과 생각의 구분은 덜 중요해 진다. 그리고 현존하는 자기로서 '무언가'에 주의를 기울인 다음 점차 개방되고 앞으로 나아갈 수 있다.

나는 신체경험과 포커싱을 결합한 다수의 심리치료자를 인터뷰했는데, 그들은 모두 현재 언어("당신은 당신 안에서 느껴지는 무언가를 느끼고 있군요…….")를 의식적으로 사용함으로써 현존하는 자기에 대한 지지를 추가하는 것이 신체경험을 사용하는 작업에 도움이 되었다고 언급했다. 현존하는 자기로 있도록 지지받은 내담자들은 Levine이 다음과 같이 말한 이익을 훨씬 더 많이 받을 수 있게 된다. "내담자는 반영적인 자기인식을 통해 극단적인 느낌을 견딜 수 있는 능력을 배양하고 조절하도록 도우면서, 자기수용을 지지함으로써 불편한 감각과 감정을 조절할 수 있다."(2010, p. 137)

감각운동 심리치료

감각운동 심리치료(Sensorimotor Psychotherapy)는 Pat Ogden이 Ron Kurtz(1997)의 하코미식 신체중심 심리치료(Hakomi method of body-centered psychotherapy)에 영향을 받아 개발되었다. 이 치료는 신체 감각과 움직임으로 작업하지만 촉각은 사용하지 않는 방법론을 통합한 것이다(Ogden et al., 2006). 순수한 감각운동(sensorimotor) 방식의 작업은 아직은 포커싱 접근 과정은 아니다. 왜냐하면 감각운동 심리치료는 "본능적이고 무의식적인" 신체 반응과 연관이 있기 때문이다(Ogden et al., 2006, p. 5). 우리가 본 것처럼, 포커싱은 신체 인식에 대한 새로운 차원을 갖도록 해 주는데, 이는 신체가 느껴진 의미(felt meaning)와 혼합되고 통합되기 때문이다. 펠트센스는 본능적이고 무의식적인 경험이 아니라, 의도적으로 초대되고 삶의 의미와 암시된 나아가는 단계와의 복잡한 연결망을 포함하고 있다.

그러나 감각운동 심리치료와 포커싱은 내가 말한 많은 치료자가 하고 있는 것처럼 생산적으로 통합될 수 있다. 이 둘을 어떻게 통합할 수 있는지 보여 주는 하나의 예로서, Ogden 등이 언급한 내담자의 이야기를 할 것이다.

> 어깨너머로 눈에 보이는 긴장을 표출하고 있는 한 내담자는 이 긴장감을 알아차리고 그것의 의미를 탐색하라는 요청을 받았다. 내담자는 그런 긴장이 분노를 억누르고 있는 것처럼 느껴졌다고 말했다. 인지보다는 자신의 몸에 대한 알아차림에서 비롯된 통찰이다. 이런 통찰은 내담자가 학대하는 아버지에게 화를 낼 권리가 없다는 잘못된 믿음을 깨닫게 했다. 긴장 그 자체를 통해 분노와 함께 작업하며 (긴장이 만들기를 '원하는' 움직임을 천천히 실행하고, 관련된 기억, 믿음과 감정을 처리하며, 긴장을 완화시키는 방법을 배우는 것이) 내담자가 과거의 충격적인 사건과 관련된 감정에 대한 보다 풍부한 자기표현과 해결하는 길로 가도록 도왔다(2006, pp. 12-13).

나는 이 내담자가 '인지보다는…… 그녀의 몸에 대한 알아차림'을 사용하여 긴장이 분노를 억누르고 있음을 느꼈다는 구절에 감명받았다. 특히 잘못된 믿음에 대한 통찰로 이어졌기 때문에, 이곳은 그 내담자가 펠트센스를 얻은 장소일 수 있었다. 감각운동 치료자는 내담자에게 놓친 움직임을 초대하고 긴장을 이완시키는 법을 배우게 함으로써 '긴장 그 자체를 통해' 분노와 작업하게 했다. 치료자가 약간의 포커싱을 이 회기에 적용하고자 했다면, 아마 다음과 같이 진행되었을 것이다.

치료자: 당신은 그것에게 그것이 얼마나 화가 났는지 당신이 듣고 있다고 알려 줄 수 있을지도 몰라요.

내담자: 예. 그것은 화가 났어요. …… 그리고 뭔가 느낌이 있어요. …… 화내는 게 괜찮지 않아요. 나는 아빠에게 화낼 권리가 없어요.

치료자: 아. 당신은 당신 안에 있는 '아버지에게 화내는 게 괜찮지 않다고 느끼는 무언가'를 느끼고 있군요. 그래서 화가 난다는 느낌을 가지고 있어요. …… 그리고 당신은 당신 안에 화내는 건 괜찮지 않다고 말하는 무언가를 가지고 있군요. …… 그리고 둘 다 거기에 있어요. …… 당신은 그 긴장에게 '화나는 것과 화를 내지 말아야 한다는 느낌이 둘 다 같이 있으면 그렇게 긴장된 것은 당연하다'고 말하고 싶을지도 몰라요.

내담자: 맞아요. 그래요. 그것은 약간의 안도감을 가져다줘요. 화내는 게 괜찮지 않아. 그것에게 내가 듣고 있다고 알려 주고 있어요. …… 이제 편안해지고 있어요. 어깨가 편안해요.

감각운동과 포커싱을 모두 사용할 수 있는 치료자는 내담자의 요구와 스타일에 근거해서 움직임을 실행하고 긴장을 완화시키는 순수한 감각운동 방법을 사용할 것인지, 아니면 그러한 긴장들이 하려고 노력해 온 것에 대한 내적 공감적 접촉을 촉진시킬 것인지 선택할 수 있다. 두 과정은 하나의 회기 안에서 하나에서 다른 하나로 이동하여 통합할 수 있다.

EMDR

Francine Shapiro(2002)가 개발한 안구운동 민감소실 및 재처리 요법(Eye Movement Desensitization and Reprocessing: EMDR)은 8단계의 치료법을 포함하는 심리치료 접근법으로 구조화된 프로토콜 안에 많은 효과적인 심리치료 요소가 있다. 치료자는 내담자에게 자신의 시야 영역을 가로질러 눈동자를 움직이게 한다. 내담자에게 '무슨 일이 일어나는지 그냥 인식하라는 요청을 한다'는 점에서 개방적 인식의 마음챙김 요소가 있다.

Armstrong(1998)은 정신적 외상을 치료하는 데 포커싱과 EMDR을 통합한 것에 대해 쓰면서 아동기 정신적 외상, 특히 아동기 성학대의 영향에서 회복된 성인들과 실제 작업했던 것을 기술했다. 포커싱 접근법에서처럼, 침범하지 않고 친밀감을 제공하는 누군가와 정신적 외상에 관한 문제를 함께 다루는 것은 대단히 깊은 치료적 경험이다. Armstrong의 견해에 따르면, EMDR은 정신적 외상으로 굳어진 문제에서 "뛰어오르는(jump start)" 능력을 추가한다(1998, p. 28).

EMDR을 이미 훈련받은 뒤 포커싱을 배우기 시작한 심리치료자인 Mary C. Howard는 나에게 포커싱과 EMDR을 어떻게 통합하는지 말해 주었다.

> 포커싱은 나에게 내담자들이 신경계를 조절하고 자기조절하는 법을 가르치는 것을 도울 수 있는 새로운 방법을 제공했다. 나는 특히 내담자가 현존하는 자기가 될 수 있도록 돕는 내적 관계에 대한 아이디어를 좋아한다. 내담자를 위한 것은 무엇이든 존중받고 인정받을 필요가 있다. 인정은 현존하는 가장 좋은 방법이다. 왜냐하면 당신이 판단적이지 않은 방식으로 입증하기 때문이다. 나는 포커싱을 사랑한다. 포커싱은 매우 조심스럽고, 그들의 몸이 항상 책임을 가지고 있기 때문이다. 나는 EMDR을 통해서 사람들이 그저 되풀이하고, 그들의 머릿속에 갇히고, 힘든 시간이 그들의 몸속에 정착해 있을 때 두드리는 것을 할 수 있을 만큼 충분히 조용해지면 양측 자극(bilateral stimulation)을 사용한다. 그리고 그것이 펠트센스에 머무르도록 한다.

양측 자극은 눈으로 손가락의 움직임을 쫓게 하거나, 감수한 준비된 녹음 자료를 사용하거나, 몸의 양쪽을 두드리는 것을 통해서도 할 수 있다. 이 치료자는 EMDR 기술인 양측 자극이 내담자의 마음을 가라앉히고 몸으로 이동할 수 있게 해 주는 진정 효과를 가지고 있다는 것을 발견했다. 일단 그들이 진정하고 몸속으로 들어가서 머릿속의 산만하게 만드는 소리들로부터 느긋해지면, 그들은 정말로 주의를 필요로 하는 것에 포커싱을 할 수 있게 된다.

EMDR과 포커싱을 결합할 수 있는 또 다른 방법은, EMDR의 효과를 잘 알고 있는 내담자가 심리치료 회기가 특정 지점에 도달했을 때 그것을 직접 요구할 수 있다는 것이다. "이것은 EMDR을 위한 장소 같은 느낌이에요." 치료자와 내담자는 EMDR 과정으로 이동할 수 있으며, 이후 포커싱 방식의 감각하기를 추가로 사용해서 나타난 것을 다루고 통합할 수 있다.

> 일부 내담자에게는 EMDR 회기 블록을 따로 마련해 둘 것이고, 다른 내담자는 단일 회기로 작업을 진행할 수 있다. 여전히 EMDR에 익숙한 다른 내담자들은 펠트센스가 전달될 수 있도록 회기 중에 충분한 안구운동을 하도록 요청받을 것이다(Armstrong, 1998, p. 29).

인간중심 그리고 체험 심리치료

포커싱은 Eugene Gendlin과 Carl Rogers의 연구 협력에서 나왔다. 이는 Gendlin의 철학적인 관점을 기반으로 한다. Rogers의 연구에서 이 흐름은 세계 여러 지역에서 번성하는 심리치료 방법론인 인간중심치료(Rogers, 1961)로 옮겨 갔다(Mearns & Thorne, 2007; Warner, 1998). 체험적 심리치료는 Gendlin(1973)에 의해 확립되어 오늘날 여러 가닥의 실천으로 연결되어 있는데(Purton, 2010), 모두 변화의 핵심이 내담자의 체험 과정에 있다는 관점을 공유한다.

포커싱이 체험 심리치료에 통합되는 것에 대해서는 쓸 필요가 없다. 왜냐하면 포커싱이 바로 이 치료법의 본거지이기 때문이다. 또한 포커싱은 내담자의 참조 틀을 파악하는 데 중점을 둠으로써(Purton, 2004) 인간중심치료에도 원활하게 도입될 수 있으며, 이로써 내담자가 경험하는 것 안에서 형성되는 것에 주의를 기울이도록 추가될 수 있다(Gendlin, 1968).

> 내담자: 저의 감정 불능을 바꾸고 싶어요. 그게 제가 상담을 받으러 온 이유예요. 멀리 돌아왔지만…… 어렸을 때 저는 감정에 대해 아무것도 몰랐어요.
>
> 치료자: 당신의 느낌을 되돌아보면 당신이 얼마나 왔는지 느낄 수 있을 거예요. 상당히 잘했어요.
>
> 내담자: 저는 또한 최고에 가까운 현재의 직장에 취직했고, 냉혹한 사람이라고 알려져 있지도 않아요.
>
> 치료자: 나쁜 사람이 되지 않고 해냈군요.
>
> 내담자: (소리 내며 운다.) 빌어먹을, 제가 왜 울고 있는지 모르겠어요. 바보 같은 짓이야.
>
> 치료자: 당신 안에 '나는 나쁜 사람이 아니야!'라고 말하는 무언가가 솟구치는군요.
>
> 내담자: 그게 뭔가요? (Gendlin, 1996, p. 22)

Dave Mearns와 Brian Thorne(2007)은 인간중심 상담에 대한 탁월한 안내서에서 포커싱 인식이 이미 인간중심 작업 방식의 핵심 요소인 감정이입적 공감에 어떻게 통합되어 그것의 역점을 강화시킬 수 있는지를 보여 준다. "단순히 알려진 표면적 느낌에만 집중하는 것은 오래된 땅을 그냥 지나가게 하는 반면, '가장자리'에 집중하는 것은 미지의 세계로 가는 문이 될 수 있다." (p. 48)

정서중심치료

이 책은 커플이 아닌 개인 치료를 하는 것에 관한 것이다. 하지만 다른 방법들과 포커싱을 통합하는 것에 대한 장은 Sue Johnson의 정서중심치료에 대해 논의하지 않고서는 완성되지 않을 것이다. 왜냐하면 그것이 포커싱과 탁월하게 통합할 수 있는 커플과 함께 작업하는 방법이기 때문이다. Sue의 책 『나를 꼭 안아 주세요: 평생의 사랑을 위한 일곱 가지 대화(Hold Me Tight: Seven Conversations for a Lifetime of Love)』를 읽었을 때, 나는 그녀가 자신의 내담자들의 펠트센스를 듣고 촉진시키는 능력에 놀랐다.

> James가 잠시 눈을 감는 순간, 감정의 하강 엘리베이터가 덜컹거리는 소리가 들렸다. "Vincent는 산만해 보이는 것 같아요. 그는 나에게 전혀 집중하지 않아요."라고 James는 울면서 말했다. 우리가 고요하게 감정에 머무른다면, 그것은 흐릿한 이미지가 점점 더 선명해지는 것처럼 진행될 것이다. James는 계속해서 말한다. "그래서 내 목에 이 덩어리가 생겼어요……"(Johnson, 2008, p. 116).

나는 너무 흥미로워서 Sue에게 내담자와 포커싱을 의도적으로 통합하고 있는지에 대해 이야기를 해 달라고 부탁했다. 그녀는 아니라고 했다. 비록 그런 것은 아니지만, 한때 그녀가 받았던 놀랄 만한 포커싱 회기는 그녀의 삶을 변화시키는 데 중요한 도움을 주었다. 치료에 대한 그녀의 접근법은 체험적인 것으로, 포커싱은 그 범주에 속한다. "당신이 어떤 것을 천천히 하도록 하고, 공감하고, 이미지를 사용하는 일종의 포괄적인 과정이 있습니다. 그리고 그것은 사람들을 그들의 감정에 빠지게 합니다." 나는 그녀에게 '감정'에 대한 정의에 분노와 슬픔과 같은 사전적인 의미뿐만 아니라 몸의 인식과 의미 있는 연결성이 포함되어 있는지 물었고, 그녀는 다음과 같이 대답했다.

> 내가 생각하는 감정은 몸과 생각 등의 모든 요소를 가지고 있습니다. 우리는 여전히 그것을 감정이라고 부르는데, 그것이 행동 경향을 가지고 있기 때문입니다. 만약 내담자가 "지금 나는 산산조각이 났어요."라고 말한다면, 나는 그것을 두려움이나 절망과 같은 어떤 범주화된 감정으로 바꾸려고 하지 않습니다. 나는 "그게 어떤 느낌인가요?" 또는 "몸속에서 그렇

게 산산조각 나는 느낌이 어떤가요?"라고 말합니다.

이런 종류의 촉진은 포커싱을 촉진할 때 내가 하는 것과 다르지 않다. 그래서 나는 포커싱과 통합할 수 있을 뿐만 아니라 이미 포커싱을 통합하고 있는 방법들의 목록에 정서중심치료를 포함시킬 것이다.

포커싱과 다른 무언가를 결합하는 방법

내가 이 장에서 언급한 것보다 포커싱과 결합하는 더 많은 방법이 있다. 몇 가지 더 간단히 언급해 보면, Bala Jaison(2004)의 해결중심치료(Solution-Oriented Therapy)와 포커싱 통합을 주제로 한 훌륭한 책이 있다. 또한 포커싱 접근 예술치료의 움직임도 있다(Rappaport, 2009 참조). 이전에 과정 체험적 심리치료로 알려졌던 정서중심치료(Emotion-Focused Therapy)는 포커싱과 통합된 방법 중 하나이다(Elliott et al., 2004). Friedman(2007)은 하코미 치료와 포커싱을 통합하는 방법을 설명했다. Ecker, Ticic과 Hulley(2012)는 '기억 재구성(memory reconsolidation)'을 위한 방법을 설명했고, 포커싱을 통해 이를 촉진할 수 있다는 점에 주목했다.

포커싱을 다른 것과 통합하는 방법은 우리가 다른 어떤 작업을 하든 항상 내담자의 경험으로 연결하는 것이다. 우리가 무엇을 제안하든지, 우리가 내담자가 무엇을 말하거나 행동하도록 초대하든지, 우리가 해석으로 무엇을 제공하든지, 우리가 그 후에 내담자에게 확인한다면—가장 중요한 것은 내담자가 그 느낌이 어떠한지, 그것이 어떤 영향을 미쳤는지, 어떤 경험이 지금 여기 있는지 확인하도록 초대하는 것이다—그다음에 모든 방법론은 내담자 자신의 체험 과정에서 삶의 나아가는 과정으로 성장시킬 수 있다.

치료 환경에 포커싱을 적용하는 데 있어서 핵심적인 요소가 하나 더 있다.

그중 가장 중요한 요소는 내면에 존재하는 펠트센스를 인식하는 치료자의 능력이다. 제10장에서는 치료 과정에서 임상가 자신의 포커싱이 가진 힘에 대해 살펴볼 것이다.

제10장

치료자를 위한 포커싱

내담자는 긴 하루의 끝에 내 사무실에 도착했다. 저녁의 마지막 회기였다. 그녀가 방 안에 들어오는 방식, 문을 닫을 때 어깨를 어떻게 움직이는지, 나를 슬쩍 곁눈질하는 모습 같은 모든 것은 내가 그녀와 이 자리에 함께 있는 순간의 펠트센스를 느끼기로 선택했을 때 이미 나에게 영향을 주었다. 나는 그 선택을 하지 않을지도 모른다. 나는 내가 이끌어 나가고자 하는 기술에 따라서 나 자신과 약간 떨어져 '기계적(on rote)'으로 전체 세션을 이끌어 갈 수도 있다.

　바로 지금 느껴지는 나의 펠트센스에는 나 자신의 피로감, 이전 회기의 다른 내담자들의 울림, 아침에 있었던 직원들과의 미팅, 점심시간에 했던 연인과의 대화 등이 포함되어 있을 것이다. 지금 여기에서 이 내담자와 함께 앉아 있는 동안에도 살아 내고 있는 것이다. 내가 살아온 나만의 느낌을 밀어내려 하고 비워 버리려 하는 것이 실제로는 지금 내 앞에 있는 사람에게 도움이 덜 되게 한다는 것을 배웠다. 그래서 나는 그렇게 하지 않는다. 하지만 나는 또한 나는 다른 시간들로부터 온 것에 몰두하거나 집착하지도 않을 것이다.

　나는 나에게 지금의 여기 있는 것을 마음속으로 인정하는 것이 많은 도움이 된다는 것을 배웠다. 내가 느끼는 것을 인정하였을 때, 그것이 나를 통제하는 것이 줄어들었다. 그것은 예전처럼 뒤로 물러서서 나의 어떤 면도 밀어내지 않고 지금 관심을 필요로 하는 것에 집중할 수 있게 했다. "피곤해. …… 특히 내 어깨가. …… Joe 박사님이 말한 것이 약간 불안한데…… 글이 어떻게 되어 가고 있는지 초조하네." 그 모든 것은 여기에 있다. 그리고 나는 앉아서 내담자와 눈을 마주치고 있는 동안에도 내면으로 그것을 느끼고 그것에게 인사를 했다. 피로감이 조금 줄어든다. 다른 느낌은 배경으로 물러나 희미해진다. 나는 여기에 있다.

　나는 지금 내 안에서 이 내담자와 함께하는 현존의 질(quality)을 느낀다.

이것은 내담자가 나와 내담자 자신과 함께하는 방식, 그리고 우리 둘이 가지고 있는 이전 회기들의 역사의 영향을 받고 그로부터 나타난다. 이 모든 것에 대해 자세히 설명하려면 몇 시간은 걸리겠지만, 그렇게 하더라도 여전히 모든 것을 파악하기는 어렵다. 하지만 이 모든 것은 지금 우리가 둘 다 암시적으로 가지고 있는 감각 경험에 있다. 항상 현존하는 경험의 수준과 그것을 인식하는 것 사이에는 차이가 있다. 내담자들은 아직—또는 계속—그것을 직접 느끼지 못할 수도 있지만 나는 분명히 그렇게 하는 것을 필요로 한다.

회기 동안에 '나'와 '우리'에 대한 나의 감각 알아차림은 나와 내담자를 위한 자원이 된다. 그것은 내담자가 내가 진정으로 내담자와 함께 있다고 느낄 수 있는 가능성을 높여 준다. 이것은 내가 실제로 도움이 될 만한 무언가를 권하는 직관적인 순간을 위한 자원이 될 것이다. 그리고 나 자신의 반응을 명확히 해야 할 일이 생겼을 때 가서 점검해 볼 수 있는 장소가 될 것이다.

내가 나 자신의 감각 경험과 접촉하고 있고, 안정적으로 내담자를 위해 그리고 나 자신을 위해 존재할 수 있다는 사실은 내담자에게 모델이 되어 줄 수 있다. 현존하는 자기가 될 수 있는 이 능력은 감각 경험을 알아차리고 접촉할 수 있도록 하지만, 더 큰 관점에서는 내담자가 내면에 집중하면 내담자를 더 잘 도울 수 있게 한다. 아마도 나는 이 일을 하면서 내담자를 돕기 위해 즉시성을 가지고 촉진적인 조언을 할 것이다. 하지만 나 자신이 그곳에서 오지 않는다면 그 어느 것도 큰 영향을 줄 수는 없다. 그리고 심지어 어떤 명시적인 촉진이 없더라도 나의 현존하는 자기가 내담자와 소통할 때 나 자신과의 감각 접촉이 일어난다. 그것은 둘 다 내담자의 과정을 존중하고 안전하게 지켜 주며, 내담자가 그것에 대한 분명한 이야기 없이도 어떻게 안전하게 자신을 유지하는지 보여 준다.

만약 우리의 대인관계 과정이 평탄치 않거나, 내가 내담자가 이해해 주기를 바라는 것처럼 이해하는 데 실패하거나, 어떤 다른 어떤 종류의 불화가 있다면, 격앙되거나 분노가 치밀거나 혹은 우리 간의 신뢰 부족으로 인해 단절되어 버렸을 때 나 자신의 감각 경험은 길을 찾기 위한 자원이 되어 준다. 그것은 잠시 동안 우리 사이에 망가져 버린 것을 해결하고 바로잡고 성장하도록 하기 위해 말할 필요가 있는 어떤 것을 향해서 내가 나아가고 있다고 느끼게 한다.

회기가 끝나고 내담자가 떠난 이후, 나는 여전히 내가 필요한 그리고 그것이 내게 필요로 하는 우리의 상호작용에 대한 펠트센스를 가지고 있다. 만약 우리가 함께 작업을 하면서 문제가 있거나 나를 당혹스럽게 만드는 무언가가 있다면, 상담을 받거나 스스로 해결해야 한다. 나라면 우리가 어떻게 있었는지, 무엇이 정말 옳지 않은지, 무엇이 필요한지를 암시적으로 알고 있는 이 내담자에 대한 나 자신의 펠트센스와 함께하는 것으로 시작할 것이다.

이 모든 방법에서 임상가가 자신의 감각 경험과 접촉하는 것은 내담자와 자신을 위한 치료의 삶의 과정을 지원하고, 영향을 주고, 이끌어 나가게 한다. 이 장의 나머지 부분에서는 치료자의 포커싱 과정이 심리치료를 용이하게 하는 다양한 방법에 대해 좀 더 자세히 살펴볼 것이다.

치료자가 포커싱을 알고 있을 때

임상가들은 그들의 내담자들에게 제공하기 위해 새로운 방법과 절차들을 배우려는 경향이 있다. '어떻게 내담자가 포커싱을 하도록 촉진할 수 있는가?'는 자연스러운 첫 번째 질문이다. 하지만 의외로 치료 시간 동안 내담자가 포커싱을 하는 것보다 당신이 포커싱을 하는 것이 치료 결과에 더 중요할 수도 있다. Hendricks(2001)의 연구 보고에서는 포커싱을 아는 치료자와 긍정적인 치료 결과를 가진 내담자 사이에 높은 상관관계가 있었다.

Lynn Preston은 "포커싱 접근 치료를 하기 위해서는 내담자가 아닌 치료자가 포커싱을 아는 것이 필수적이다."라고 썼다(2005, p. 4).

포커싱을 위한 능력은 상호 주관적 맥락에서 발달한다. 다른 사람에게 주의 집중의 질(quality of attention)을 요청할 때의 첫 번째 요건은 우리 자신이 주의 집중의 질을 가지고 있는 것이다. 예를 들어, 당신이 침착하지 않다면 우리는 다른 사람이 침착해지는 것을 효과적으로 도울 수 없다. 우리가 느끼고 생각하는 것을 아는 능력, 그리고 다른 감정이 가능하고 다른 사람들이 가질 수 있다는 것을 아는 능력은 관계적 맥락에서만 발달하는것 같다(Fonagy et al., 2002). 잠시 멈추고 수용함으로써 알아차림과 펠트센스가 형성되게 하는 포커싱이라고 불리는 과정에서도 마찬가지이다. 포커싱 능력은 본질적으로 관계성이 있다.

연민을 가지고 현존하는 자기에 바탕을 두고 치료 중에 그들의 펠트센스와 접촉하는 치료자는 다음과 같다.

- 회기를 준비하거나 회기 후—다른 내담자를 상담하거나 또는 집에 가더라도—복기(debriefing)를 할 때 도움을 받는다.
- 드러내서 자기개방을 하지 않더라도 내담자가 진정한 사람을 더 느낄 수 있다.
- 내담자가 무엇을 필요로 하는지 감각으로 알고 구체적이고 상황적인 접근성을 높일 수 있다.
- 가르칠 필요 없이 포커싱 과정을 모델링하고 시연할 수 있다.
- 불화를 바로잡기 위해 필요할 때 진실한 펠트센스에 접촉할 수 있다.
- '어려운' 내담자들에게 반응을 통해 작업하는 것이 가능하다.

어떻게 내담자를 대하면서 동시에 나 자신을 느낄 수 있는지를 궁금해할지도 모른다. 만약 당신이 내가 처음 시작했을 때의 나와 같다면, 자신을 느끼고 다른 사람에게 주의를 기울이는 것은 거의 정반대되는 활동처럼 보일 수 있다.

다른 사람에게 주의를 기울이면서 동시에 내가 느끼는 감각과 접촉하는 법을 배우는 것은 내가 발전시키기에 쉬운 기술이 아니었다. 나의 원가족에게 '옳은' 일이란 항상 다른 사람에게 주의를 기울이는 것이었으며, 절대 자기 자신에게 주의를 기울이는 것은 아니었다. 그렇게 20대에 접어들었고, 나는 내 감정을 어떻게 말해야 하는지 전혀 알 수 없게 되었다. 포커싱을 배웠을 때, 나는 천천히 나 자신의 내면의 감각을 찾아낼 수 있었다. 하지만 다른 사람이 말하거나 혹은 일상적인 대화가 마구 오갈 때, 나 자신에 대한 감각은 사라져 버렸다. 내가 30대에 심리치료를 배우고 있을 때 나의 슈퍼바이저가 나에게 내담자와 함께 있을 때 나 자신의 감정 상태가 나의 인식의 한 부분이 되어야 한다고 조언했는데, 그때 나는 마치 내 배를 문지르고 머리를 쓰다듬고 동시에 휘파람까지 불어야 하는 요구를 받은 것 같은 느낌이었다. 나는 다른 사람을 도와야 하는 동안 나 자신을 어떻게 느끼기 시작해야 하는지조차 몰랐다.

하지만 그것은 일어났다. 연습, 목표, 많은 연습 그리고 많은 목표가 이어졌다. 지금 나의 감각 경험은 내가 내담자를 대할 때나, 친구와 있을 때나, 집단에서 이야기할 때나, 회의에 참석할 때나, 여기 앉아서 글을 쓰는 지금 언제라도 가능하다. 보통 그것은 많은 것을 말하지 않는다. 그것은 그저 고요한 울림과 같다. 하지만 무언가 그곳에 주의를 필요로 하는 게 있다면 나는 그것을 알 것이다.

포커싱 접근 치료자들은 치료 중에 그들 자신이 경험하는 것을 느끼는 것이 그들이 하는 일의 일부임을 알고 있다.

내가 내담자의 맞은편에 앉아 있는 동안 나의 목표는 그들이 그들의 삶을 탐험할 때 그들과 함께 있는 것이다. 그러기 위해서 나는 나의 주의를 내 몸속 아래로 떨어뜨린다. 그곳에서 나는 신체적으로 펠트센스를 느끼는데, 거기에는 다른 사람의 현존감, 우리가 어떻게 함께 있는지, 나의 현재 기분, 내가 치료법에 대해 이해하고 있는 것이 포함된다. …… 사실 그 상황의 많은 면이 특별히 어떤 것에 대해 파악하지도 못한 상태에서 한꺼번에 이루어진다. 이런 비융합(nonattached)적인 상태에서는 내가 그들을 판단하거나 고치려고 하지 않고 그들과 함께 있을 수 있다. 이것은 무언가를 '하는 것'이 아니라 '존재하는 것'이며, 이것이 내가 인식한 실존주의 현상학적 치료의 필수적인 측면이다(Madison, 2001, p. 3).

Akiko Doi와 Akira Ikemi는 자신과 타인에 대한 이러한 '지속적인 주의집중(continuous attending)'이 어떻게 포커싱 접근 또는 인간중심 심리치료의 구조로 엮이는가에 대해 설명했다.

> 치료자들은 그들 자신의 느낌에 주의를 기울이지 않고 내담자들이 느낌에 접촉하거나 그 느낌으로부터 이야기하는 것을 기대할 수 없다. 치료자의 자기개방, 진실한 반응과 치료자의 일부분을 공유하는 것은 빙산의 일각이다. 이런 분명한 반응의 아래에는 내담자의 감정과 치료자 자신의 감정에 지속적으로 주의를 기울이는 것이 있다. 그 아래에는 내담자와 치료자의 경험에서 나타나는 어떤 내용들에 대한 존중이 담겨 있다. 이러한 과정을 통해 사람은 새롭게 나타나고 내담자와 치료자가 모두 '일치적인(congruent)' 또는 진정한 사람이 된다(2003, p. 99).

내가 항상 나의 내담자들과 나 자신을 동등하게 인식할까? 아니다. 그것은 그렇게 느껴지지 않는다. 나의 내면의 고요한 울림은 대개 내 주의를 크게 필요로 하지 않는다. 인식은 나와 나의 내담자 사이에 항상 균등하게 나뉘어 있지 않으며, 항상 내담자가 80%, 내가 20%와 같은 식이 아니다. 그것은 필요에 따라 우리 사이에 흐른다. 만약 나 자신에게 주의를 기울여야 할 일이 일어난다면 나는 그렇게 할 것이다. 나 자신의 감각 경험과 접촉하지 않는 것은 없거나 혹은 드문 일이지만, 일반적으로는 그것이 필요로 하기 전까지 나의 주의를 그리 많이 차지하지는 않는다.

언젠가 한 멘토가 나에게 "당신은 다른 사람을 당신이 가지 않은 장소로 데려갈 수는 없어요."라고 말한 적이 있다. 구체적인 예를 들자면, 만약 내가 나의 내담자가 느긋하고 편안하기를 원한다면, 나 자신이 느긋하고 편안한지가 중요하다. 만약 나의 내담자가 내면의 악마와 같은 느낌에 직면할 수 있는 용기를 갖기를 바란다면, 내가 나 자신의 무언가에 직면할 필요가 있다. 그리고 자기관찰과 자기돌봄을 계속하여야 한다. 둘은 한 가지 과정이 아니며, 끝날 지라도 계속 진행되어야 한다.

> 당신 자신의 감정적인 작업을 하겠다는 당신의 약속은 내담자의 기억이 얼마나 끔찍한지, 그녀의 공포 혹은 분노가 얼마나 강렬한지, 그녀가 우울로 얼마나 지쳐 있는지에 상관없이 당신이 그 모든 것을 위해 거기에 있다는 것을 의미한다. 만약 당신이 압도당하는 느낌이 시작된다면 당신은 그녀를 버리거나 사라지지 않기 위해 스스로를 먼저 보살펴야 한다(DeYoung, 2003, p. 56).

치료실에서 어떻게 있는가는 단순히 당신이 알고 있거나 생각하는 것만의 문제가 아니다. 당신의 가치관, 태도, 신념, 개념은 확실히 차이를 만든다. 수업과 경험을 통해 당신이 배운 모든 것은 당신과 당신 내담자와 함께 치료적 관계에 있다. 하지만 그것이 단지 '머리(head)'로서의 지식은 아니다. 당신이 알고 있는 것과 당신이 겪은 일은 당신이 내담자와 함께 이곳에서 살아온 경험의 일부분이다. 당신이 어떻게 느끼는지, 무엇을 믿는지, 무엇을 가치 있게 여기는지 역시 여기에 있다. 심지어 당신의 내담자가 그것을 느낀다는 것을 알아차리지 못하더라도 당신의 현존과 당신이 어떻게 있는지를 느낄 수 있다. 심리치료자 Joan Lavender은 내게 "사람은 다른 사람의 주의를 기울이는 태도를 느낄 수 있다."라고 말했다.

우리의 내담자가 우리를 느낄 수 있고, 우리가 그들과 함께 있는 것을 느낄 수 있는 것은 좋은 일이다. "간섭과는 거리가 먼 우리의 진정성 있는 개인적 관여, 정서적 민감성, 필연적인 주관성은 모든 성공적인 심리치료의 핵심적 특징이다."(Wallin, 2007, p. 171) 하지만 내가 상담실에서 그리고 상담관계에 무엇이, 어떤 영향을 주는지를 얼마나 알고 있는가는 대단히 중요하다.

Lynn Preston은 분노에 대한 자신의 불안이 내담자의 진행에 영향을 준다

는 것을 깨닫지 못한 한 학생의 이야기를 썼다. 치료자의 '깊게 자리한 무의
식적인 관계에 대한 두려움과 기대'가 어떻게 치료에 영향을 미칠 수 있는가
에 대한 수업의 실습은 이 학생에게 깨달음을 가져다주었다. Preston은 다음
과 같이 설명했다.

> Mary…… 그녀는 수업에서 자신이 작업할 때 분노가 나타나는 것에 불
> 안감을 느낀다고 털어놓았다. 그녀는 갑자기 자살한 형제를 가진 내담자
> 를 떠올렸다. 상실감과 슬픔에 중점을 둔 애도 감정을 다루는 동안 이 내담
> 자와의 치료는 잘 진행되었다. 하지만 환자가 그의 형제에게 분노를 느끼
> 기 시작하자 Mary는 불안해졌다. 바로 그날 아침 그는 치료를 그만둘 생각
> 이라고 말하면서 치료를 끝냈다. 그는 치료가 더 이상 자신에게 도움이 되
> 지 않는다고 느꼈다. Mary는 무엇이 잘못되고 있는 것인지 불안하고 당혹
> 함을 느끼며 수업에 왔다. 그리고 수업에서 논의를 한 무언가가 그녀에게
> 딱 들어맞는 것 같았다. 그녀는 자신과 내담자 사이에 무언가 진행되고 있
> 다는 새로운 측면을 살짝 보았을 때 생동감을 느꼈다. 그녀는 어쩌면 그가
> 자신에게 분노 감정을 느끼는 것을 미묘하게 만류하고 있었을지도 모른다
> 는 것을 깨달았다. 다른 학생이 물었다. "이것이 어떻게 그녀를 도울 수 있
> 죠?" "그녀는 여전히 그녀의 분노를 다루는 데 문제를 겪을 겁니다."
> 　Mary는 "그것은 벌써 내게 도움이 되었어요."라고 말했다. "나는 혼란스
> 러움과 무력감이 줄어들었어요. 그것을 보는 더 큰 방식이 내 마음속의 무
> 언가를 전환시켰어요. 나는 내담자에게 그의 분노 감정을 좌절시키는 것
> 으로 나를 경험하고 있는지 물어볼 수 있다고 상상하고 있어요. 그리고 이
> 제는 다른 종류의 대화를 할 수 있게 된 것 같아요."(Preston, 2005, p. 20)

'우리가 어떻게' 하는지가 여러 가지 면에서 내담자에게 영향을 미친다는
것은 의심할 여지가 없으며, 우리가 중단된 과정을 앞으로 나아가게 하면서
더 발전시켜 나갈수록 내담자에게 더 많은 것을 제공할 수 있다.

포커싱 접근 치료자 Carol Sutherland Nickerson은 다음과 같이 썼다.

> 나 자신의 포커싱 연습을 한 효과 덕분에, 나의 내담자들은 좀 더 통합
> 적인 뇌를 가진 치료자—감정적 · 정신적 · 생리적 조절 시스템이 항상 더
> 잘 작동하고 있는 사람—와 함께 앉아 있다. 전문가로서 나는 더 잘 경청
> 하고, 내담자가 필요로 하는 것을 더 빠르게 개념화하고, 더 빠르게 인식
> 하고, 더 용이하며, 전이와 역전이 이슈들을 더 빠르게 알아보고 대처한다
> (2009, p. 9).

내담자를 복기하기, 다음 내담자를 위한 준비

종종 임상가들은 근무일 내내 많은 내담자를 차례로 본다. 우리가 가장 원
하는 것은 각각의 내담자와 현존하는 것이다. 우리는 이전의 내담자들에 대
한 우리의 생각과 감정을 가지고 있는 방식으로 지금 우리 앞에 있는 사람과
현존하는 것을 방해하고 싶지 않다. 물론 우리는 이런 생각과 감정을 가지고
있다. 우리는 내담자에게 영향을 받지 않을 수 없다. 그리고 우리가 내담자를
상담 회기와 다음 회기 사이에, 어떤 식으로든 마음에 담고 있다는 사실은 심
리치료라는 관계적인 과정의 핵심적인 부분이다(DeYoung, 2003). 하지만 내
가 한 내담자와 함께할 때, 나는 이전 내담자에 대한 나의 반응을 우리 사이
가 아닌 가장자리에서 인정하고 담고 있기를 바란다.

포커싱은 한 회기가 끝난 후 그리고 다음 회기를 준비하는 동안 직전의 내
담자에 대한 반응에서 내 안에 들어와서 여전히 남아 있는 모든 반응을 느끼
고 인정하는 방법으로 사용할 수 있다. 나는 이것을 기록하면서도 할 수 있는
데, 기록 과정은 단지 지적인 활동만이 아니라 회기 동안 내담자에게—그리
고 나에게—일어났던 일에 대한 나의 감각 경험을 느끼는 시간을 가지는 것
이다. 나는 나 자신에게 "내가 그 회기에서 가장 의식하게 되고, 흥미를 느꼈

던 부분은 어디인가? 회기 동안 내담자의 과정이 가장 생생하게 느껴진 곳은 어디였는가?"와 같은 질문을 던질지도 모른다. 나는 또한 "내가 아직도 마음에 담고 있는 것은 무엇인가? 어떤 것을 걱정하는 것 같은가? 내 안에 어떤 것이 촉발시켰는가?"라고 물을 수도 있다. 다음 내담자를 상담하기 전에 이 문제에 대해 충분히 다룰 시간이 없다고 느끼겠지만, 그것을 느끼고 인정하는 것만으로도 내려놓을 수 있다. 나는 이후에 이를 다시 다룰 수 있기 때문에 그것을 다음 내담자까지 가지고 갈 필요가 없다.

만약 다른 내담자가 오고 있는 중이라면, 나는 내가 느끼는 것을 인정하고 현존하는 자기로서의 나의 느낌을 강화하는 것을 통해 그 내담자가 오는 것을 미리 준비할 수 있다. Glenn Fleisch(2009)는 내담자가 들어오기 전 몇 분 안에 할 수 있는 그라운딩(grounding) 연습에 대해 다음과 같이 설명했다. "내 발이 땅에 닿아 있는 것을 느낀다. 나는 내 공간 안에서 내 몸이 단단해지는 것을 상상한다. 나는 중립적이고 유연하게 존재해서 내담자가 가는 어느 길이든 갈 수 있다고 상상한다. 나는 이 회기에서 개인적이거나 전문적인 어떤 의제를 가지고 있다면 그것을 알 수 있다. 만약 내가 그렇게 할 수 있다면 나는 그 의제들을 인정할 수 있다."

진정한 사람으로서 내담자에게 더 도움이 되기

1990년, Gene Gendlin은 심리치료자 집단에게 심리치료자의 입장에서 심리치료가 일어나는 과정을 위해 무엇이 핵심인지에 대한 감동적인 말을 했다. 그의 관점에서 그것은 '살아 있는 존재로서 현존하기(present)'였다. 그는 눈을 반짝거리며 계속해서 말했다. "그리고 그것은 행운입니다. 우리가 똑똑하거나, 탁월하거나, 성숙하거나, 현명해야 한다면 아마도 문제에 빠질 것이기 때문입니다." 그는 물론 단순히 장소를 차지한다는 의미에서의 현존을 말하려고 한 것은 아니었다. 누군가 스마트폰으로 이메일을 확인하는 것은 '현재에 있는 것(present)'이지만 그다지 유용하지는 않다. Gendlin은 우리가 상대방과 우리 자신에게 모두 도움이 되는 느낌 속에서 현존하는 것이 필요하다는 것을 말하고자 했다. 그리고 우리가 우리 자신에게 도움이 되기 때문에 다른 사람에게는 더 도움이 될 수 있다.

> 그래서 나는 그저 여기에 있는 것이다. 내 눈과 함께, 여기에 있는 다른 존재와 함께. 만약 그들이 내 눈을 들여다본다면, 그들은 내가 단지 불안정한 존재라는 것을 알게 될 것이다. 나는 그것을 수용해야 한다. 그들은 보지 않을 수도 있다. 하지만 만약 그렇게 한다면 그들은 다소 수줍어하고 약간 뒤로 물러나며 자신 없는 존재인 나를 보게 될 것이다. 나는 그런 것이 괜찮다는 것을 배웠다. 나는 감정적으로 안정되고 확고하게 현존할 필요는 없다. 그저 현존하는 것만이 필요하다(Gendlin, 1990, p. 205).

'도움이 되는 것(being available)'이 반드시 자기개방을 의미하는 것은 아니다. 많은 사례에서 그것은 단지 내가 존재하고, 내담자가 나를 존재한다고 느끼는 것을 의미한다. 그리고 만약 그가 나의 눈을 바라본다면, 그는 그 너머에 진짜 누군가가 있다는 것을 느낄 수 있다. 물론 나는 나의 내담자가 실제 느끼는 것을 통제할 수 없다. 반면, 내가 단순히 말하는 것이 아니라 내가 어떻게 있는가가 영향을 미친다는 것은 분명하다. 만약 내가 나 자신과 접촉하고, 나 자신의 감각 경험에 현존하고 동시에 내담자에게 주의를 기울이는 것과 그녀가 말하고 느끼는 것을 받아들일 준비가 되어 있다면, 이는 내담자에게 영향을 미칠 것이다.

진정성을 가지고 현존하는 치료자를 느낄 수 있는 내담자는 치료자와 치료 환경을 더 신뢰할 수 있다. 그는 안전한 내면의 버텨 주는 환경(현존하는 자기)에서 자신의 감정적 상태에 더 접촉할 가능성이 높으며, 치료 작업은 더 앞으로 나아갈 수 있을 것이다. 자신과 접촉하는 치료자는 내담자 스스로의 방향성이 발생하는 것 안에서 내담자가 변화할 수 있는 '체험적 환경

(experiential environment)'(나는 Joan Lavender가 처음으로 이 문구를 사용했다고 들었다)을 만들 수 있다.

내담자와의 회기 중에 나 자신과 접촉한다는 것은 나 자신의 느낌 상태의 복잡한 그물망을 자각하고 있다는 의미이기도 하다. 이것은 보통 배경을 알아차리는 것인데, 나의 주의가 내담자를 전경에 두기 때문이다. 하지만 때로 나 자신의 느낌 상태가 전경으로 나오기도 하는데, 이것이 내담자를 지원하는 과정에서 핵심적인 부분이라는 것을 배웠다. 나는 내가 내 느낌을 가지고 있을 때보다 나 자신의 느낌을 지워 내려고 할 때, 내가 덜 현존한다는 것을 배웠다.

내담자와 함께 작업하기 시작한 처음 몇 년간, 나는 나 자신의 감정적인 반응에 당황했고, 그것이 회기 중에 나타났을 때 나 자신이 전문가답지 못하다고 생각했다. 그러나 지금 나는 그것들을 여기에 있게 한다. 내담자가 17년 동안 함께한 고양이를 잃은 이야기를 했을 때, 나는 그렇게 오랫동안 한 사람의 삶에 녹아 있던 친구를 잃어버리는 것이 어떤 것인지 나의 몸으로 느낄 수 있었다. 내 눈에는 눈물이 고였고, 내 목소리에는 자연스럽게 나 자신의 감정이 담겼다. 내담자의 눈이 내 눈과 마주쳤고, 우리는 그곳에서 각자 자신의 감정을 가지면서도 각자의 감각에 의해 서로 얽히며 만났다. 또 다른 사례에서 나는 내담자가 계속해서 이야기를 이어 가고 있었지만, 내담자가 방금 전 했던 말이 아직도 나의 감각 인식 속에 남아 울리고 있는 것을 느낄 수 있었다. 내담자가 나에게 어떤 조언을 구하려고 나를 쳐다보고 말하기를 멈추었을 때, 나는 말했다. "나는 당신이 앞서 말했던 '정직함'이라는 단어에 여전히 머물러 있어요. 왜 그런지 잘 모르겠지만…… 그게 중요하게 들렸어요." 내담자의 눈에 눈물이 가득 고였다. "그건 그 무엇보다 중요한 거예요." 내담자는 부드럽게 말했다.

치료자가 어느 정도로 훌륭하거나, 현명하거나, 강하거나, 건강하다는 것은 거의 중요하지 않은 것 같다. 중요한 것은 치료자가 반응하는 또 다른 인간으로서의 개인이라는 것이며, 모든 치료자는 자신이 항상 그렇게 될 수 있다고 확신한다. 그러나 이를 위해서 치료자는 실제의 반응을 볼 수 있는 사람이어야 한다. 그들에 의해 내담자의 경험은 앞으로 나아갈 수 있으며 그럼으로써 내담자가 그것에 반응할 수 있다. 오직 반응적이고 실재하는 인간만이 그것을 줄 수 있다. 이것은 단순한 언어적 지식으로는 할 수 없는 일이다(Gendlin, 1968, p. 217).

자기개방도 어떤 식으로든 내담자의 과정을 향상시키기 위한 목적이라면, 그리고 내담자와 접촉하기 위해 즉시 돌아올 것을 확실히 한다면 배제할 필요는 없다. Neil Friedman은 포커싱 접근 치료에 관한 그의 책에서 다음과 같이 설명했다.

나는 매우 인간적인 치료자이다. 나는 나의 내담자가 막혀 있고(어떤 곳으로도 갈 수 없게), 외현화되고, 주지적이고, 잡담하려 하고, 나와 치료에 대해 호의적이지 않을 때, 나의 느낌을 표현한다. 나는 또한 내담자가 그들의 느낌과 함께하고 내가 그들과 연결된 느낌을 가지고 있을 때도 그렇게 하는데, 이렇게 표현하는 것이 아마도 우리를 앞으로 나아가게 할 것이다. 때로는 그것이 그렇지 않을 때도 있다. 하지만 내 느낌을 표현한 후에 내담자에게 빠르게 확인한다면 해가 되지 않을 것이다. 확인하는 것(checking-in)은 아주 중요하다. 이것은 자기개방을 덧붙인 후에 경청으로 되돌아가는 것을 의미한다. 내가 만약 길을 벗어났다면 우리가 다시 원래대로 돌아오는 것이다. 그리고 만약 나의 내담자가 나에게서 그것을 듣거나 그가 나에게 말하는 것을 원치 않는다면 나는 그의 선택을 존중한다(2007, p. 117).

직관적인 순간에 접촉하기

그들 자신에 대해 포커싱하는 법을 알고 있는 치료자들 그리고 치료 회기 동안 그들 자신의 펠트센스와 접촉하는 치료자들은 관계의 장에서 '신체화된 상황적 지식(embodied situational knowing)'에 접근하는데, 이것은 치료자 혹은 내담자 그리고 그들 사이에 무슨 일이 일어나고 있는지의 매 순간을 포함한다.

> 나 자신의 안을 들여다보았을 때, 나는 순수한 원래 그대로의 '나(me)'를 찾을 수 없었고, '당신과 함께하는 나(me-with-you)'를 찾았다. 나 자신에 대한 경험은 '당신과 함께하는 나'에 의해 촉진되고, 형성되고, 경계가 결정되었다. 그곳에는 항상 우리가 있었다. '우리'가 없는 '나'는 있을 수 없었다(Preston, 2005, p. 7).

포커싱 접근 치료자 Glenn Fleisch(2009)는 '감각 상상(felt imagination)' 같은 것에 대하여 설명한다. 예를 들어, 내담자가 "내 아내는 내가 어떻게 느끼는지 물어봐요. 그녀는 제가 느낌을 공유하지 않는 것에 불만을 가지고 있어요. 저는 그녀의 문제를 이해하지 못하겠어요. 저는 제 생각을 그녀에게 말하는 것이 좋아요!"라고 말했다. Fleisch는 침묵했다. 그는 자신의 몸을 느끼고 내담자에게 말했다. "당신 안에 있는 어떤 장소가 짜증 나거나 거슬리나요?"

Neil Friedman(2007)은 또한 그가 '공감적 상상(empathetic imagining)'이라고 부르는 반응의 종류에 대하여 다음과 같이 설명했다.

> 나는 내담자들의 세계로 들어가 바로 이 순간 내담자가 어디에 있는지를 느낀다. 나는 그곳에 있으리라고 상상한 것을 말하거나 표현한다…….
> 내담자가 외로움에 대해 읊조리듯 말했다. 그러고 난 뒤 그는 몇 분 동

안 조용히 앉아 있다. 나도 그가 여기에서 외롭지 않았으면 좋겠다.

> **치료자**: (부드럽게) 당신이 상당히 슬프다고 느끼는 것이 그려져요. …… 아마도 따돌려
> 진…… (반응이 없다.) 아마도 고립된…….
>
> **내담자**: 네. (울기 시작하더니 계속해서 처음에는 외로움, 그다음에는 슬픔, 그 후에는 화
> 가 났던 생생한 경험을 꺼낸다. 다시 조용해지지만 그것은 다른 종류의 침묵처럼
> 느껴진다. 5분 혹은 그 정도의 시간이 지나간다.)
>
> **치료자**: 그것의 느낌이 그려져요. …… 그 모든 것을 누군가와 나눈 것이 **좋은** 것 같아요.
>
> **내담자**: 마침내요.
>
> **치료자**: 마침내요.
>
> **내담자**: 네, 맞아요. 나는 오랜 시간 동안 그것을 억제해 왔어요. 난 이제 더 나아졌어요.
>
> (Friedman, 2007, pp. 122-123)

Bundschuh-Müller는 치료자들의 신체 경험을 포함한 일종의 '현존'에 대해 설명했다.

> 치료자들은 내담자의 경험에 대한 향상된 민감성/수용성을 통해 그들
> 자신을 이해하고 내담자에게 반응하는 도구로 사용할 수 있다. 같은 식으
> 로 그들은 자신의 반응이 내담자에게 어떠한 영향을 주는지 느껴 볼 수 있
> 다. 그들이 치료적으로 현존할 때, 치료자들의 신체 경험은 내담자가 표현
> 하고 느끼는 경험의 합과 치료자 자신의 경험과 전문적 지식이 더해진 내
> 면의 총체적인 반응이다. 치료적인 현존에 있어서 치료자의 몸은 수용체
> 이며 그 과정을 이끌어 나가는 요소이다. …… 몸은 수단이다. 이것은 '조
> 율되고' 그것으로 소통하는 존재의 어떤 것에든 공명─화음이나 불협화음
> ─하게 만든다(2004).

우리가 항상 확신을 갖고 인도하는 것은 아니다. 우리는 때로─흔하게─

불확실하게 인도하기도 한다. 내담자의 감정이 그녀가 사용하는 말과 맞지 않는다는 느낌은 우리를 혼란스럽게 한다. 무슨 일이 일어나고 있는지 확신을 가질 수 없거나 혹은 어떻게 촉진시켜야 하는지 모를 수도 있다. 우리는 이 '알지 못함'을 어떻게 해야 할지 확신하지 못하고, 우리가 계속해서 내담자에게 주의를 기울이는 동안 이 '알지 못함'은 계속될 수도 있다. 우리가 결국 내담자에게 하는 말은 이러한 상당한 불확실함에서 나올 수 있는데, 이는 어떤 종류의 명확성보다 중요하다. 이것은 또한 내담자의 과정을 나아가게 할 수 있다.

포커싱 접근 치료자 Akiko Doi가 이 같은 사례의 이야기를 들려준 것을 그의 언어 그대로 옮긴다.

내담자는 20대 중반의 남자로, 주요 기업의 연구시설에서 막 일하기 시작했다. 그의 문제는 엔지니어로서의 현재 직업이 자신에게 맞지 않는다고 느낀다는 것이었다. 치료자가 그를 처음 만났을 때, 그는 수면장애와, 우울증, 불안 때문에 휴직했고, 그에게 정말로 맞는 다른 직업으로 바꾸기를 열망하고 있었다.

처음 5회기 동안, 내담자는 자신이 엔지니어링 R&D 직종에서 요구되는 능력을 가지고 있지 않기 때문에 현재 직업이 자신에게 맞지 않는다는 것을 반복해서 주장했다. 내담자는 매우 말을 많이 했지만, 내면과 접촉하고 있는 것 같지는 않았다. 치료자는 내담자에게 내면에서 상황에 대한 자신의 펠트센스를 느껴 보라고 요청했고, 내담자가 표현한 느낌을 반영해 주었다. 하지만 내담자는 '능력이 없다'는 말만 계속 반복했다. 그는 빙글빙글 맴돌고 있었다. 치료자가 그에게 그 모든 것에 대해 어떻게 느끼는지 물을 때마다 그는 항상 "그건 설명하기 어려워요."라고 대답했고, 더 이상 나아가지 않았다. 치료가 막혀 버린 것 같았다.

이 내담자와의 관계에서 치료자는 다섯 번의 회기가 지났음에도 불구하고 내담자를 정말 짜증 나게 하는 것이 무엇인지 이해할 수 없었다. 치료

자는 무엇이 그를 속상하게 해서 직장을 그만두는 것을 고려하게 하는지
를 알아내기 위해 애썼다. 다시 말해, 치료자는 부적절함을 느꼈고, 그것
이 치료자를 불안하게 만들었다.

　여섯 번째 회기에서 내담자는 좋지 않은 기분과 분위기를 기억하기 때
문에 같은 사무실로 돌아가고 싶지 않다고 말했다.

치료자: 분위기의 어떤 점이 당신의 기분을 좋지 않게 하나요? (긴 침묵)

내담자: 그건 설명하기 어려워요. …… 아마도 내가 적절한 능력을 가지고 있지 않거나
　　　　직업이 내게 맞지 않는 것 같아요. (이 대답은 여러 번 반복된 대답이다. 치료자
　　　　는 여전히 이해하지 못했다.)

치료자: 당신은 안 좋은 분위기를 기억한다고 했죠. 그것이 어떤 종류의 분위기죠?

내담자: 안 좋은 분위기요. …… 아마도 다른 사람들은 그렇게 나쁘다고 생각하지 않을지
　　　　도 몰라요.

치료자: (끈질기게) 하지만 그것은 당신에게는 안 좋았군요. 그렇지 않나요? 어떤 분위기
　　　　가 당신을 기분 나쁘게 하는지 내게 이해시켜 줄 수 있겠어요? (침묵이 반복된
　　　　다.) 너무 조용했나요?

내담자: 아뇨, 그런 것과는 달라요.

치료자: 다른 사람들이 그들의 일에 너무 몰두해 있나요?

내담자: 일에 몰두해 있다라…… 글쎄요, 제가 바보 같은 질문을 하는 건 쉽지 않았어요.

　여기에 문제에 대한 완전히 새로운 관점이 있었다! 그것은 그가 '능력'이 없
다는 것이 아니었다. 그는 질문을 하는 것이 바보 같다고 느꼈으며, '어리석
은' 질문으로 다른 사람들을 괴롭히고 싶지 않았던 것이다. 하지만 그럼에도
불구하고 그 회사는 그에게 어려운 연구 목표를 주었고, 그는 너무 과한 짐을
지고 고립되어 있다고 느꼈다. 치료자는 마침내 그에게 그 직업의 어떤 것이
힘든지 이해하게 되었다.

　6회기 이후에 치료 과정은 달라졌다. 첫 다섯 회기 동안 내담자가 내면에

접촉하지 않는 막혀 있었던 과정 대신에 내담자는 점차 그의 감정을 표현했고, 주제는 '능력이 없다'는 반복되던 주제에서 '다른 사람과 의사소통'을 어떻게 할 것인가로 바뀌었다. 거기에서부터 내담자는 점차 그 상황의 느낌을 말하기 시작했다. 그가 '능력이 없다'고 한 그의 지적인 평가는 줄어들었다. 그는 서서히 질문을 하는 것이 얼마나 긴장되는지, 그리고 상사의 비난으로부터 오는 그의 느낌의 '틈에 들어가(trenched in)' 작업하기 시작했다. 그는 자신의 느낌으로 "들어가 머무르며 접촉하고" 그것에 주의를 기울이면서 그곳에서부터 해석했다(Doi & Ikemi, 2003, pp. 96-98).

포커싱에 대해 가르치지 않고 시연하고 모델링하기

내담자에게 기술을 가르치려 하거나, 섬세하게 다른 존재의 방식을 촉진하는 것은 아무리 존중하며 진행하더라도 항상 잠재적인 문제가 있다. 잠시 멈추어서 내면을 느끼고, 존중하고, 지금 느끼는 것을 수용하는 포커싱의 움직임은 치료자가 내담자와 함께 있는 방식으로 모델링할 수도 있다. 이 모델링은 치료적 관계 안에서 체화된 방식 안의 포커싱 기술과 태도를 전달하는 역할을 할 수 있으며, 심리치료 내에서 기술을 드러내 놓고 가르치면서 발생할 수 있는 문제를 포함하지 않는다.

치료자가 내담자에게 진정성을 가지고 "저는 당신이 말하고 있는 것을 이해할 수 있는 시간이 잠시 필요해요."라고 말할 때(제4장 참조), 이것은 여러 단계로 내담자에게 전달된다. 치료자는 내담자에게 이해할 시간을 달라고 하는 것에 대해 충분한 주의를 기울인다. 무언가를 받아들일 시간이 필요하다는 개념과 그 시간을 요청하는 행동은 이제 그 관계 안에서 허용되고 검증되었다. 내담자도 그 자신의 과정에서 이렇게 시간을 달라고 요청할 수 있다.

이상적으로는 우리가 말했던 것처럼 치료자는 회기 동안에 자신의 감각 경험과 접촉한다. 이것은 치료자가 말하고 행동하는 많은 것의 자원일 뿐만 아니라 내담자에게 진정성을 가지고 현존하는 것으로 경험될 수 있다. 보통 치료자는 내담자에게 말할 때 그 자신의 펠트센스를 드러내서 언급하지는 않는다. 그러나 때로 그렇게 할 만한 이유가 있다면, 이것 또한 포커싱적 존재 방식을 모델링하고 시연하는 것이 될 수 있다.

> **치료자:** 당신이 딸에 대해서 말할 때. 나는 내 마음이 조금 아픈 것을 느끼기 시작했어요. (가슴을 가리키며) 이것은 마치…… 무언가를 잃은 느낌 같아요. …… 나는 무시당하고 있는 작은 소녀의 이미지가 떠올라요. 이게 당신에게 다 맞을지는 모르겠지만 그냥 그런 느낌이 왔어요.
>
> **내담자:** (눈물을 글썽이며) 내가 왜 우는지 모르겠어요. …… 나는 내 딸에게 너무 얽매여 있어요. …… 나는 종종 이것이 나 자신을 무시하는 방식이라고 생각해요. 나는 그럴 필요가 있었어요.

현존하는 자기를 유지하고 당신을 반영하기

나는 나의 내담자들의 돌봄, 연민, 호기심 어린 관심의 내면 관계를 도울 수 있기를 바란다. 이러한 내적 환경 안에서 펠트센스가 형성될 수 있으며, 받아들이고 주의를 기울인다면 삶이 앞으로 나아가는 단계가 그것으로부터 나타날 수 있도록 해 준다(이 내적 관계에 대한 자세한 설명과 이를 촉진하는 몇 가지 방법은 제5장 참조).

내담자의 내면 관계의 질을 기를 수 있게 하면서 있을 수 있는 관계는 두 가지 있다. 내담자와의 관계 그리고 나 자신과의 관계이다. 내담자와의 관계에서 나는 수용과 호기심 어린 관심, 아직 분명히 표현되지 않은 것에 대한 개방성, 나타나는 것들에 대한 존중과 연민의 질을 체화(embody)한다. 나는 이러한 관계의 질을 대부분 제공할 수 있는데, 그것이 나 자신과의 내적 관계에서 이미 체화되었고, 내 안에서 일어나는 새로운 감정을 향해 호기심과 수용으로 돌아갈 수 있었기 때문이다. 그렇게 함으로써 나는 더 분명해지고, 더 많은 주의를 기울일 수 있었으며, 나 자신의 관점과 다른 존재의 방식을 이해하는 데 있어서 더 유연해졌다. 내가 나 자신에게 준 것은 내가 자신에게 주었던 것과 같은 방식으로 당신에게도 줄 수도 있다.

내면가족체계치료(IFS)는 상처받은 부분이나 측면을 위해 버텨 주고 치유하는 존재로부터의 강한 자기를 통해 내담자의 동일시를 확인하는 것을 돕는다는 관점에서 포커싱과 매우 유사한 접근 방식을 가지고 있다. Schwartz는 그의 책에 있는 강렬하고 감동적인 챕터에서 치료자가 내담자와 함께 있는 방법이 어떻게 내담자가 자신과 함께 있을 수 있는 방법을 도울 수 있는지에 관한 '평행 과정(parallel process)'에 대해 썼다.

> 많은 심리치료자는 굴욕을 느끼거나 거부당한 경험을 가진 내담자가 그런 것들 대신에 치료자의 수용과 사랑을 경험할 때 깊은 치유가 일어난다는 것을 알고 있다. …… 내담자들은 가장 수치스러운 부분을 밝히거나 드러내 보인 후 "그것은 단지 당신의 한 부분일 뿐이지 그것이 곧 당신은 아니에요. 그리고 그 부분조차도 겉으로 보이는 그런 것이 아니에요." 같은 연민 어린 말에 크게 안도한다. 이것이 평행 과정이다. 치료자가 자기로부터 내담자의 극단적인 일부에 반응할 때, 내담자 역시 그렇게 한다. 연민과 수용은 전염성이 있고 내적 시스템의 모든 단계의 틈으로 스며들 수 있다(2013, p. 5).

Schwartz가 지적한 것처럼, 내담자가 도움이 될 수 있는 강한 자기를 가지고 있다는 치료자의 신뢰는 내담자가 '자기'가 될 수 있는 자신의 능력에 대한 신뢰를 갖게 한다. 무엇보다도 상담자 자신이 현존하는 자기가 되고, 잠시 그것을 잃었을 때 그것으로 돌아오는 우리 자신의 능력이, 그 자신을 위해 현존하는 자기가 될 수 있는 내담자의 성장 능력을 길러 주고 지지하는 환경을 만들어 준다.

포커싱 접근 치료는 관계적 치료이다

심리치료에서 변화의 과정은 내담자와 치료자 두 사람 모두가 참여하는 관계에서 일어난다. 치료에서 이 진실을 인지하는 것은 '관계적'이라고 할 수 있으며, 확실히 포커싱은 관계적 치료에 잘 들어맞는다. 우리가 제1장에서 본 것과 같이, 포커싱의 기초가 되는 이론은 살아 있는 유기체의 삶을 그 환경과 분리될 수 없는 것으로 본다. "우리는 우리의 삶을 사건으로 느낀다. 왜냐하면 우리의 몸은 우리가 살고 있는 전체적 상황의 연속적인 경험이기 때문이다. …… 몸 전체는 복잡한 방식으로 환경과 상호작용한다."(Madison & Gendlin, 2012, p. 82) 그리고 물론 우리의 환경은 다른 모든 사람보다 우선한다.

관계적 맥락 밖에서 펠트센스를 형성하는 것이 가능하지 않다. 펠트센스를 얻는 그 시간에 다른 사람이 방에 같이 있지 않아도, 당신은 그것 없이는 살아 있을 수도 없을 관계의 내재된 그물망 속에 살고 있다. 심리치료 안에서 치료자–내담자 관계의 형태는 펠트센스가 변화를 가져올 수 있는 엄청난 잠재력을 가질 수 있는 공간이다.

Lynn Preston은 내담자와 치료자가 어떻게 자신의 관계적 과정 자체의 펠트센스를 얻을 수 있는지, 그리고 그것이 어떻게 변화의 과정을 강화하고 확대할 수 있는지에 대해 썼다.

> 우리가 '우리 상태(us-ness)'라는 불확실한 대양의 가장자리에 서서 '상호 주관적인 장'을 감각하는 것에서 나타나는 것은 새로 확립된 관계적 진실이다. 그것이 비록 문제가 있는 진실일지라도 그것은 '개방' '기여' '자유' '근거'를 가져온다. '우리'에 대한 감각이 더 짙어지고, 더 복잡해지고, 더 의미 있고, 더 정확해짐에 따라서 개인은 더 특별하고 유일한 자기 자신이 된다(2005, p. 16).

대인관계 공간에서의 격변

치료자와 내담자 사이의 관계가 순조롭게 진행되지 않는다면, 우리는 우리 자신의 느낌과의 진정한 접촉을 위한 자원으로서 우리 자신의 감각 경험과 문제를 해결하기 위해 필요한 내담자의 느낌에 대한 공감이 필요하다. Joan Lavender(2010)가 자신의 노화와 관련된 그녀 자신의 포커싱 과정에 대해서 연구한 섬세하고 사려 깊은 논문에서는 신뢰를 져버린 치료자에게 분노해서 치료를 중단하기 전 마지막으로 회기에 참여하기 위해 온 내담자에 대해 묘사했다. Lavender는 자신이 지금 현재에서 경험하고 있는 것을 느끼고 말할 수 있었고, 그 결과 내담자는 치료를 계속하기로 마음을 바꾸었다.

> 앞선 회기에서 내가 Terry에게 도움이 되지 못하는 일이 있었지만, 나는 이 회기에서 포커싱을 나와 Terry(우리의)의 경험을 앞으로 나아가게 하는 방법으로 사용할 수 있을 만큼 충분히 나의 느낌을 다룰 수 있었다 (2010, p. 32).

관계적으로 일어나는 무언가가 내담자의 신뢰에 대한 문제를 야기할 때, 내담자의 과정에 대한 공감과 우리 자신이 느끼는 것에 대한 인식의 접촉을 결합하여 무엇이 일어났는지, 어떻게 느꼈는지, 그리고 그것으로부터 나타날 수 있는 것에 대해서 상대방의 순간에 머무르는 것을 지원하는 것을 요구받을 수 있다. 관계적 상호작용에서의 실패와 결렬은 거의 모든(전부는 아닐지라도) 병리학의 핵심이고, 따라서 치료자-내담자 관계는 앞으로 삶에서의 어떤 종류의 것이라도 일어날 수 있는 흥미진진한 잠재력을 가진 장소이고 지점이다. 지금까지는 단지 암시되어 있었겠지만 말이다.

> 내담자가 일상적인 행동과 상호작용 패턴에서 패배하고 있는 것이 무

엇이든 여기 치료자와의 상호작용에서는 패배해서는 안 된다. 대신에 그 것은 보통의 자기패배적 패턴을 넘어서 더 앞으로, 그 너머로 옮겨져야 한 다. 그것은 다른 곳에서는 항상 실패했던 반면에, 이곳에서는 반드시 성공 해야 한다(Gendlin, 1968, p. 220).

내담자가 치료적 관계에서 새로운 방식으로 살 수 있다는 사실은 어느 한 차원이다. 치료자와 공유된 느낌의 이해를 통해 새로운 방식으로 살아가는 것에 대한 내담자의 신체적인 감각 경험은 전체의 경험을 다른 차원으로 가 지고 간다.

내담자에 대한 반응을 통해 작업하기

내담자에 대한 당신의 반응이 '역전이'로 이해되는 전통적인 관점으로 작 업하든, 당신이 내담자에 대한 당신의 감정을 '관계적 사건'(DeYoung, 2003) 으로 보든, 어떤 다른 방식으로 이해하든, 내담자에 대한 당신의 감정적 반응 이 심리치료적인 과정의 한 부분으로서 주의가 필요하다는 것에는 의심의 여 지가 없다. 그리고 그러한 반응을 인식 없이 가지는 것과 그것을 인식하는 것 사이에 차이가 있다는 것에도 의심의 여지가 없다.

만약 원하는 대로 현존하는 식의 당신의 능력을 차단하는 것이 문제라면 포커싱은 내담자에 대한 반응을 통해 작업하고 알아차림을 이끌어 낼 수 있 는 강력하고 효과적인 방법이 될 수 있다. Lauren Mari-Navarro가 나에게 다 음과 같이 말했다.

내가 찾은 것은 스스로 그것을 하는 것입니다. 나 자신의 삶의 문제와 오버랩되는 내담자의 이야기로 인해 경험이 활성화되었을 때, 나는 그 느 낌이나 방금 촉발된 부분에 대해 인정하고, 인사를 건네기 위해 포커싱 활동을 사용했습니다. 포커싱을 배우면서 나는 재조정을 매우 빨리 할 수 있게 되었습니다. 그래서 나는 내담자에게 완전히 주의를 기울이고, 심지어 격렬하게 활성화되는 요소라고 할지라도 스스로를 되찾을 수 있게 되었습니다. 단 몇 초 만에, 나는 나 자신에게 미니 포커싱 회기를 줄 수 있었고 나에게 조용히 말했습니다. "오, 그런 느낌을 떠올리고 있는 곳아, 안녕. 나는 그것이 내 안에 있다는 걸 인정하고 있어. 나는 그것이 나중에 나의 회기에서 아니면 심지어 내가 이 시간을 마친 후에 바로 혼자 포커싱을 할 거라는 걸 알아줬으면 좋겠어." 난 그 경험이 얼마나 활성화되었는가와 상관없이 내담자를 위해 온전히 존재하도록 돌아올 수 있다는 느낌을 정말 좋아합니다. 나의 내담자들은 내가 지금 이 순간에 있어야 할 누군가이며, 그리고 나중에 나는 더 많은 관심을 필요로 하는 내 안의 장소를 경청하여 돌볼 수 있습니다. 나는 또한 내담자와의 치료 작업의 질에 영향을 미치지 않으면서, 나 자신의 삶의 감정적인 것들에서 무엇이 아직 끝나지 않았는지 알아차릴 수 있는 기회가 생기는 것을 감사하게 생각합니다.

포커싱 접근 치료자 Carol Sutherland Nickerson(2009)은 그녀가 '경계선적' 특징이 있는 내담자에게 거슬림을 느끼고, 그 내담자에게 다른 치료자를 찾아보라고 말하는 것을 고려했던 때에 대해 묘사한다. 동료에 의해 촉진된 포커싱 회기에서 Nickerson은 현존하는 자기의 장소로부터 스스로 느꼈던 감정을 인정했고, 그녀의 내담자에 대한 반응과 관련된 펠트센스를 초대했다. 그 과정은 Nickerson과 그녀의 자매에 대한 어린 시절 관계에 대한 기억을 불러왔다. 그녀는 초기 관계에서 무엇이 빠져 있는지에 대해 신체적인 깨달음을 느꼈고, 이것이 안도감을 가지고 왔다. 그리고 그녀는 그 내담자를 돌볼 수 있는 느낌으로 되돌아왔다.

나는 계획대로 이 내담자와의 작업을 재개했다. 그리고 내담자와 함께 하는 내 스스로의 존재에 대한 주요한 변화(전환)를 알게 되었다. 나는 내가 내담자의 이야기를 들으며 침착함을 유지하는 것에 대하여 지나치게 신경 쓸 필요가 없다고 느꼈다. 나는 내면이 개방되는 것을 느꼈다. 마치 내가 새롭고 신선한 귀로 듣고 최적의 임상적 치료를 제공하겠다는 새로운 의지를 다지는 것 같았다. 이 변화는 계속되었고, 여러 달에 걸친 더 많은 치료의 과정 속에서 내담자 스스로가 경험을 조절하고 관찰할 수 있는 능력은 명확해졌다(Nickerson, 2009).

포커싱을 통해 내담자에 대한 당신의 반응이 '당신만의'—Nickerson의 예에서 볼 수 있듯이—것인지, 아니면 내담자의 치료 과정의 일부로 나타나는 것이기 때문에 그에 대해 언급해야 할 필요가 있는지를 알아낼 수 있다. Gendlin은 치료자가 내담자와의 관계에서 불편한 반응을 인지하고 나서, 그들이 새로운 방식으로 치료적 관계에서 있을 수 있도록 하는 것이 얼마나 중요한지에 대해 이야기했다.

치료자는 불편한 자신의 반응에 대해 특별히 주의를 기울인다('그 자리에서' 당황하거나, 성급해하거나, 그렇지 않으면 곤란하게 느낀다). 대개 치료자들은 이러한 반응을 자신이 이미 은폐하고, 대응하고, 억압하거나 그것으로부터 벗어나기 위해 노력하려고 행동했을 때 스스로 발견하게 된다. 우리가 이런 반응을 '통제'하고 싶어 하는 경향이 있는 것은 당연하며, 대부분 그러한 반응은 아주 쉽게 조절이 가능할 정도로 경미하다. 그럼에도 불구하고 그것들은 상호작용에서 바로 그때 일어나고 있는 일에 대한 중요한 정보를 포함하고 있다.

치료자는 자신이 이런 반응들을 할 때 그 자신을 다소 무능하다거나 부적응적이라고 느낄 수 있는데, 이는 자연스러운 것이다. 확실히 이런 반응들은 무능 혹은 부적응적인 것이 무엇이든지 때로 그런 것을 포함할 수 있지만, 이런 측면을 가지지 않고 사는 사람은 없을 것이다. 하지만 단지 이것만 본다면 심리치료의 핵심적인 측면들을 놓치게 된다. 만약 내담자가 문제가 있는 사람이라면 그는 그와 밀접한 관계를 맺고 있는 다른 사람에게 문제를 일으키지 않을 수가 없다. 그는 치료자와 밀접하게 교류하는 동안 그 스스로 그의 모든 문제를 다룰 수는 없을 것이다. 필연적으로, 치료자는 그 상호작용이 가지고 있을 수밖에 없는 어려움, 뒤틀림 그리고 끊김에 대해 자신만의 버전으로 경험하게 될 것이다. 그리고 이런 일이 일어나야만 그들이 상호작용을 넘어서서 내담자에게 치료적이 될 수 있다. ……어째서인지, 치료자와 함께하면 환자는 반복만 하는 것이 아니라 반복을 넘어서게 된다. 만약 그가 체험적으로 문제를 해결한다면, 그는 더 나아간 삶을 살 수 있다. 그래서 어려움, 갇힘, 당황스러움, 특정하게 조종하려는 것, 분개함 등의 감정들은 치료적인 관계가 되기 위한 핵심적인 기회이다. 하지만 치료자가 자신의 감정을 통제하는 방법(즉, 강제로 가라앉히는 방법)만 알고 있다면 이런 일은 일어날 수 없다. 물론 그는 그들을 통제할 수 있다. 왜냐하면 보통 그들은 강하지 않기 때문이다. 반대로, 치료자는 자신 안에서 그것들을 느끼기 위해 추가로 노력해야 한다. 물론 그는 그러한 감정들을 통제하고(보통은 쉽게 할 수 있다), 그것들에 의해 마무리 짓지 않거나, 과하게 화를 내서는 안 된다. 그러나 그는 또한 그것들을 현재 일어나고 있는 어려움에 대한 그의 소중한 실재 감각, 상호작용의 분명한 중단과 내담자의 경험 과정에 대한 정보를 제공하는 것으로 보아야 한다(Gendlin, 1968, p. 218).

포커싱―현존하는 자기가 되어 호기심 어린 관점에서 자신이 느끼고 있는 것을 느끼고 그것을 더 잘 알게 되는 것―은 불편한 반응을 인정하고, 느끼고, 연민 어린 인식을 가지고 치료할 수 있도록 성장시키기 때문에, 이전에 내담자가 중단되고, 고착된 방식으로 상호작용하던 방식과는 다르게 (즉, 회피하지 않고 완성된다) 살 수 있도록 만든다. 치료자가 내담자 앞에서 자신의 반응적 느낌을 느끼고, 그것을 밀어내려 하지 않고('통제'), 그것에 말려들어 인식 없이 반응하지 않는 능력은 이러한 치료상의 치유를 가지고 오는 관계 과정의 중요한 요소이다.

자기돌봄

내담자와 함께 작업하는 것은 보상이 주어진다 해도 우리에게 힘든 일이 될 수 있다. 우리가 가진 것보다 더 많은 에너지를 줘 버리고 채워지는 것보다 빠져나가는 것이 많은 하루하루를 보내고, 우리 자신을 제대로 보충하지 않고 다음 날을 시작한다면, 다른 돌봄 제공자들처럼 우리도 소진될 수 있다. 우리의 내담자들은 엄청난 주의집중, 에너지, 경계선에 대한 주의를 요구한다. 추가로 우리 내담자들의 이야기는 끔찍할 수 있고, 그것이 우리에게 '대리외상(vicarious trauma)'으로 알려진 영향으로 이어질 수도 있다(Rothschild, 2002).

우리가 포커싱과 같은 과정을 갖는 것은 내담자와 일하면서 신체적이고 감정적인 소진—그리고 잠재적인 정신적 외상—에서 자체적으로 생명력을 회복하는 데 필요한 자기돌봄을 함으로써 우리에게 큰 도움을 줄 수 있다.

한 임상가가 내게 "나는 낮은 에너지와 우울증을 가지고 있어요. 그리고 그것은 에너지가 낮고 우울증을 가진 사람들과 작업하는 것을 어렵게 만들 수 있죠. 나는 나 자신의 생명력(aliveness)이 고갈되었음을 느껴요. 누군가가 세상이 무거운 짐처럼 밀려든다는 이야기를 하는 것을 들었는데, 내가 아는 것은 나도 그런 느낌이 든다는 것입니다."라고 말했다. 그녀는 내담자와의 회기에서 그녀 자신의 몸 그리고 내담자에 대한 반응에 대해 우선 지각함으로써 포커싱을 적용한다. 그녀는 어떤 식으로든 반응을 보일 것이다. 그러나 포커싱을 통해, 그녀는 자신의 반응에 대해 현존하는 자기가 되어, 내담자에 대한 주의를 방해하지 않도록 할 수 있다. 그녀는 자신의 내담자보다 자신이 더 성장해 있어야 한다고 느끼는 부분을 인정한다. 포커싱을 통해 그녀는 그렇게 소진되지 않고, 자기관찰을 키우는 자질과 함께 그녀의 강한 자아에 접촉할 수 있다.

또 다른 임상가는 내게 심각한 섭식장애를 겪는 내담자와 함께 작업을 한 이야기를 해 준 적이 있다. 그녀는 특히 잠재적으로 생명을 위협할 수 있는 이 문제의 심각성을 잘 알고 있었고, 이런 유형의 내담자와 함께 작업하면서 포커싱을 할 수 있는 것에 감사하고 있었다. "나는 거식증과 같은 것에서 현재에 머무르는 것이 나에게 얼마나 중요한지 느낀다. 왜냐하면 그것은 무서운 병이기 때문이다. 그래서 나는 내가 정보를 얻고 있을 때도 내가 어떻게 있는지 포커싱을 사용해서 접촉한다. 나는 현재에 있다는 것을 확신하고 싶기 때문에 나 자신과 접촉해 있기를 대단히 원한다."

포커싱을 통한 자기돌봄은 회기 진행 중에 포커싱을 사용하는 것을 의미할 수 있는데, 이는 그곳에서 우리를 위해 나타나는 것을 인정하고, 내적으로 주의를 기울이는 것이다. 내담자에 대한 반응을 통해 작업하는 것과 마찬가지로, 우리는 또한 진이 빠지고, 압도되고, 대리외상과 같은 느낌을 포커싱 슈퍼비전(Madison, 2004) 혹은 동료 슈퍼비전에서 다루게 된다. 이곳은 우리가 관심이 필요한 무언가와 시간을 보내는 동안 다른 사람이 온전히 주의를 기울여 줄 수 있는 곳이다. 그 결과, 우리는 생기를 되찾고 내담자와의 회기로 돌아갈 수 있고, 내담자들은 우리와 함께하며 지지받으면서 작업에 다시 온전히 참여할 수 있다.

임상가로서, 치료 환경에서 매 순간 그리고 내담자를 보기 전과 후의 경험에 내적으로 접촉하는 우리의 과정은 우리가 내담자에게 얼마나 포커싱을 촉진시킬 수 있는가에 대한 결정적이고 중대한 요소이다. 우리의 포커싱 과정은 우리가 진정하게 현존하며 내담자와 상호작용하고, 그들 스스로가 '앞으로 나아가는' 것을 돕는 우리의 능력의 원천이다. 체험적인 차원에서 우리 자신과 접촉하는 것은 내담자와 관계 맺기 어려운 시간을 통과하는 데 필요한 정서적인 현존을 제공할 수 있다. 우리는 포커싱을 사용해서 한 내담자와 함께 지금 온전함을 느끼고 다음 내담자를 맞이할 준비를 할 수 있으며, 지속적으로 어려운 반응을 불러일으키는 내담자의 회기를 가지고 와서 동료 또는 수퍼바이저와 함께 포커싱하여 변화에 필요한 단계를 수행할 수 있고, 내담자와 함께 온전히 현존할 수 있는 방법을 명료하게 할 수 있다.

　포커싱 과정은 우리의 내담자를 돕는 방법을 제공하는 동시에 우리 자신을 도와줄 수 있다. 우리와 내담자는 모두 경험의 새로운 가장자리 안에서 접촉할 수 있으며, 이것이 바로 변화의 핵심인 순간에서의 과정의 등장이다.

부록

내담자가 '현존감 언어'
사용하는 데 도움이 되는 가이드

혹시 압도되지는 않으셨나요? 때로 우리는 그 당시에 느끼는 감정과 동일시하는 경향이 있습니다. 우리의 마음과 몸은 스트레스, 불편한 사건들, 고군분투하며 결정해야 하는 것 등을 담고 있습니다. 그러다 보니 생각을 명확히 하기 힘들고, 울음을 터트리기 일보직전이고, 안절부절못하며, 흥분하게 됩니다. 우리는 내면의 '우리의 부분들'과 동일시하게 되면 차분하고, 명료하고, 최상의 상태로 기능할 수 있는 현존감을 갖는 상태를 확보하기가 힘듭니다. 다음은 Cornell 박사와 McGavin이 개발한 마음─몸 관계 과정인, '내적관계 포커싱'에서 따온 겁니다.

현존감 언어(Presence Language)
다음의 문장들이 서로 다르다는 것을 알아차리기 바랍니다.

1. 그녀가 한 일에 대해 나는 너무 실망스러워.
2. 그녀가 한 일에 대해 내 안에 있는 무언가는 너무 실망스러워.
3. 그녀가 한 일에 대해 내 안에 있는 무언가가 너무 실망스러워한다는 것을 나는 감지하고 있어.

차이를 아시겠나요?

1. 나는 _____하게 느껴.
2. 내 안에 있는 무언가는 _____하게 느껴.
3. 내 안에 있는 무언가는 _____하게 느낀다고 감지하고 있어.

이렇게 언어표현을 전환시키면서 어떤 차이가 나타나는지를 알아차려 보기 바랍니다.

셀프 포커싱 큐 카드

시작할 때
• 나는 우선 몸 바깥 부분, 그다음 목 안, 가슴 등, 내 몸을 감지하도록 할 거야.
• (그 이슈에 대한)지금 나의 관심을 요하는 부분은 어디일까?

접촉하기
• 나는 그 무엇을 감지하고 있어.
• 나는 이러한 그 무엇을 인정하고 있어.
• 나는 그것이 나와 함께 어떻게 있고 싶은지를 감지하고 있어.
• 나는 그것을 가장 잘 **묘사할** 방식을 찾고 있어.

- 나는 그 묘사를 내 몸에서 체크하고 있어.

접촉을 깊게 하기
- 나는 이것과 함께 있어도 괜찮다는 것을 느끼고 있어.
- 나는 흥미 있는 호기심을 가지고 그것과 함께 앉아 있어.
- 나는 그것의 관점에서 그것이 어떤 느낌인지 감지하고 있어.
- 나는 그것이 자신의 **감정**이나 기분이 있는지 감지하고 있어.
- 나는 그것에게 내가 듣고 있다는 것을 알리고 있어.
- 나는 그것이 나에게 알려 주고 싶어 하는 것에 더 열려 있어.

마무리하기
- 나는 그것에게 곧 멈출 시간임을 알려 주고 있어.
- 나는 그것에게 다시 돌아올 의향이 있음을 알려 주자.
- 나는 나의 몸과 몸의 과정에 감사를 전하자.

- 가족 구성원과 열띤 토론을 벌였다면, 나중에 자신이 어떻게 느끼는지 알아차리도록 하자.
- 프로젝트를 수행하는 동안 자신에게 좌절감을 느낀다면, 잠시 멈춰 기분이 어떤지 감지하자.
- 밤에 돈 걱정으로 잠을 이루지 못하고 있다면, 어떤 감정을 느끼는지 알아차리자.

  그런 다음, "나는 내 안에 그 어떤 느낌이 있는지 감지한다."라고 말한다. 그리고 나서 어떤 변화가 일어나는지 알아차린다.

출처: Focusing Resources Inc. http://www.focusingresources.com 포커싱 트레이닝 프로그램.

참고
문헌

Ainsworth, M. (1969). Object relations, dependency and attachment: A theoretical review of the infant–mother relationship. *Child Development, 40*.

Amodeo, J. (2007). A focusing-oriented approach to couples therapy. *Person-Centered and Experiential Psychotherapies, 6*(3), 169-182.

Armstrong, M. K. (1998). Treating trauma with focusing and EMDR. *The Folio: A Journal for Focusing and Experiential Therapy, 17*(1), 25-30.

Armstrong, M. K. (2010). *Confessions of a trauma therapist.* Toronto: BPS Books.

Bärlocher, D. (1999). Motivating latent coping resources: Focusing as part of treatment for chronic headaches. *The Folio: A Journal for Focusing and Experiential Therapy, 18*(1), 127-128.

Beck, J. S. (2011). *Cognitive therapy for challenging problems: What to do when the basics don't work.* New York: Guilford.

Bion, W. (1967). Notes on memory and desire. *Psychoanalytic Forum, 2*(3), 271-280.

Boukydis, Z. (2012). *Collaborative consultation with parents and infants in the perinatal period.* Baltimore, MD: Brookes.

Bowlby, J. (1988). *A secure base: Parent-child attachment and healthy human development.* New York: Basic Books.

Brenner, H. (2012, January-February). Bringing the heart of focusing-oriented therapy into your practice. Phone seminar offered through Focusing Resources Inc.

Bundschuh-Müller, K. (2004). "It is what it is, says love…": Mindfulness and acceptance in person-centred and experiential psychotherapy (Elisabeth Zinschitz, Trans.). In T. Heidenreich & J. Michalak (Eds.), *Achtsamkeit und Akzeptanz in der Psychotherapie* (pp. 405-456). Tübingen: DGVT-Verlag. English translation: http://www.focusing.org/fot/fot_articles.html

Burns, D. D. (1980). *Feeling good: The new mood therapy.* New York: Morrow.

Cornell, A. W. (1993). Teaching focusing with five steps and four skills. In David Brazier (Ed.), *Beyond Carl Rogers.* London: Constable.

Cornell, A. W. (1996). *The power of focusing.* Oakland, CA: New Harbinger.

Cornell, A. W. (2004). How I met Focusing. *Focusing Connection Newsletter.*

Cornell, A. W. (2005a). *The radical acceptance of everything: Living a focusing life.* Berkeley, CA: Calluna Press.

Cornell, A. W. (2005b, November-December). An invitation to presence. *Psychotherapy Networker,* 56-61.

Cornell, A. W. (2008). *The focusing teacher's manual.* Focusing Resources, http://www.focusingresources.com

Cornell, A. W. (2009). Presence meets ego. *Focusing Connection Newsletter.*

Cornell, A. W. (2012). Get bigger than what's bugging you. E-course, Focusing Resources, http://www.focusingresources.com/getbigger.htm

Cornell, A. W., & Fleisch, G. (2007, August 15). Inner relationship focusing in therapy. Presented at American Psychological Association, Division 32.

Cornell, A. W., & McGavin, B. (2002). *The focusing student's and companion's manual, part one.* Berkeley, CA: Calluna Press.

Cornell, A. W., & McGavin, B. (2008). Inner relationship focusing. *The Folio: A Journal for Focusing and Experiential Therapy, 21*(1), 21–33.

Cozolino, L. (2002). *The neuroscience of psychotherapy: Building and rebuilding the human brain.* New York: W. W. Norton.

Craske, M. (2010). *Cognitive-behavioral therapy.* Washington, DC: American Psychological Association.

Damasio, A. (1994). *Descartes' error.* New York: Penguin.

Damasio, A. (1999). *The feeling of what happens: Body and emotion in the making of consciousness.* San Diego: Harcourt.

Depestele, F. (2004). Space differentiation in experiential psychotherapy. *Person-Centered and Experiential Psychotherapies, 3*(2), 129–139.

DeYoung, P. A. (2003). *Relational psychotherapy.* New York: Routledge.

Doi, A., & Ikemi, A. (2003). How getting in touch with feelings happens: The process of referencing. *Journal of Humanistic Psychology, 43*(4), 87–101.

Earley, J. (2012). *Self-therapy: A step-by-step guide to creating wholeness and healing your inner child using IFS.* Larkspur, CA: Pattern System Books.

Ecker, B., Ticic, R., & Hulley, L. (2012). *Unlocking the emotional brain: Eliminating symptoms at their roots using memory reconsolidation.* New York: Routledge.

Elliott, R., Davis, K. L., & Slatick, E. (1998). Process-experiential therapy for posttraumatic stress disorders. In L. S. Greenberg, J. C. Watson, & G. Lietaer (Eds.), *Handbook of Experiential Psychotherapy.* New York: Guilford.

Elliott, R., & Greenberg, L. (1997). Multiple voices in process-experiential therapy: Dialogues between aspects of the self. *Journal of Psychotherapy Integration, 7,* 225-239.

Elliott, R., Watson, J. C., Goldman, R. N., & Greenberg, L. S. (2004). *Learning emotion-focused therapy: The process-experiential approach to change.* Washington, DC: American Psychological Association.

Fisher, A. (2002). *Radical ecopsychology: Psychology in the service of life.* Albany: State University of New York Press.

Fleisch, G. (2008). Right in their hands: How gestures imply the body's next steps in focusing-oriented therapy. *Person-Centered and Experiential Psychotherapies, 8*(3), 173-188.

Fleisch, G. (2009). Personal communication. Training program in Focusing-oriented therapy, lectures and course handouts.

Fodor, I. (2001). Making meaning of therapy: A personal narrative of change over four decades. In M. R. Goldfried (Ed.), *How therapists change: Personal and professional reflections.* Washington, DC: American Psychological Association.

Fonagy, P., Gergely, G., Jurist, E., & Target, M. (2002). *Affect regulation, mentalization, and the development of the self.* New York: Other Press.

Fosha, D. (2000). *The transforming power of affect*. New York: Basic Books.

Fosha, D. (2008). Transformance, recognition of self by self, and effective action. In K. J. Schneider (Ed.), *Existential-integrative psychotherapy: Guideposts to the core of practice* (pp. 290-320). New York: Routledge.

Fosha, D., Siegel, D. J., & Solomon, M. (Eds.). (2009). *The healing power of emotion: Affective neuroscience, development, and clinical practice*. New York: W. W. Norton.

Frezza, E. (2008). Focusing and chronic pain. *The Folio: A Journal for Focusing and Experiential Therapy, 21*(1), 328-337.

Friedman, N. (1982). *Experiential therapy and focusing*. New York: Half Court Press.

Friedman, N. (1987). *Therapeutic essays*. New York: Half Court Press.

Friedman, N. (2007). *Focusing-oriented therapy (FOT)*. Lincoln, NE: iUniverse.

Geiser, C. (2010). Moments of movement: Carrying forward structure-bound processes in work with clients suffering from chronic pain. *Person-Centered and Experiential Psychotherapies, 9*(2).

Gendlin, E. (1961). Experiencing: A variable in the process of therapeutic change. *American Journal of Psychotherapy, 15*(2), 233-245.

Gendlin, E. (1964). A theory of personality change. In P. Worchel & D. Byrne (Eds.), *Personality change* (pp. 100-148). New York: John Wiley and Sons.

Gendlin, E. (1968). The experiential response. In E. F. Hammer (Ed.), *Use of interpretation in treatment* (pp. 208-227). New York: Grune and Stratton.

Gendlin, E. (1973). Experiential psychotherapy. In R. J. Corsini (Ed.), *Current psychotherapies* (pp. 317-352). Itasca, IL: Peacock.

Gendlin, E. (1978). The body's releasing steps in experiential process. In J. L. Fosshage & P. Olsen (Eds.), *Healing: Implications for psychotherapy* (pp. 323-349). New York: Human Sciences Press.

Gendlin, E. (1981). *Focusing*. New York: Bantam.

Gendlin, E. (1984). The Client's client. In R. L. Levant & J. M. Shlien (Eds.), *Client-centered therapy and the person-centered approach*. New York: Praeger.

Gendlin, E. (1990). The small steps of the therapy process: How they come and how to help them come. In G. Lietaer, J. Rombauts, & R. Van Balen (Eds.), *Client-centered and experiential psychotherapy in the nineties* (pp. 205-224). Leuven: Leuven University Press.

Gendlin, E. (1991). On emotion in therapy. In Jeremy D. Safran & Leslie S. Greenberg (Eds.), *Emotion, psychotherapy and change* (pp. 255-279). New York: Guilford.

Gendlin, E. (1993). Three assertions about the body. *The Folio: A Journal for Focusing and Experiential Therapy, 12*(1), 21-33.

Gendlin, E. (1996). *Focusing-oriented psychotherapy*. New York: Guilford.

Gendlin, E. (1999). Implicit entry and focusing. *Humanistic Psychologist, 27*(1), 80-88.

Gendlin, E. (2004a). The new phenomenology of carrying forward. *Continental Philosophy Review, 37*(1), 127-151.

Gendlin, E. (2004b). Five philosophical talking points to communicate with colleagues who don't yet know focusing. *Staying in Focus, 4*(1), 5-8.

Gendlin, E. (2007). Focusing: The body speaks from the inside. Presented at the 18th Annual International Trauma Conference, Boston, MA. Transcript available from the Focusing Institute.

Gendlin, E. (2011). Focusing, psychotherapy, and the implicit. Recorded phone seminar, available from http://www.focusingresources.com

Gendlin, E., Beebe, J., Cassens, J. Klein, M. H., & Oberlander, M. (1968). Focusing ability in psychotherapy, personality and creativity. In J. M. Shlien (Ed.), *Research in psychotherapy* (vol. III, pp. 217-241). Washington, DC: American Psychological Association. http://www.focusing.org/gendlin/docs/gol_2049.html

Gendlin, E., & Lietaer, G. (1983). On client-centered and experiential psychotherapy: An interview with Eugene Gendlin. In W-R. Minsel & W. Herff (Eds.), *Research on psychoterapeutic approaches: Proceedings of the 1st European conference on psychotherapy research, Trier, 1981* (vol. 2, pp. 77-104). Frankfurt am Main: Peter Lang. http://www.focusing.org/gendlin/docs/gol_2102.html

Gendlin, E., & Zimring, F. (1955). The qualities or dimensions of experiencing and their change. *Counseling Center Discussion Paper, 1*(3). Chicago: University of Chicago Library.

Germer, C. K., Siegel, R. D., & Fulton, P. R. (2005). *Mindfulness and psychotherapy*. New York: Guilford.

Goldfried, M. R. (Ed.). (2001). *How therapists change: Personal and professional reflections*. Washington, DC: American Psychological Association.

Grindler Katonah, D. (In press). Focusing-oriented psychotherapy: A contemplative approach to healing trauma. In V. Follette, D. Rozelle, J. Hopper, D. Rome, & J. Briere (Eds.), *Contemplative methods in trauma treatment: Integrating mindfulness and other approaches.* New York: Guilford.

Harris, R. (2009). *ACT made simple.* Oakland, CA: New Harbinger.

Hendricks, M. N. (1986). Experiencing level as a therapeutic variable. *Person-Centered Review, 1*(2), 141-162.

Hendricks, M. N. (2001). Focusing-oriented/experiential psychotherapy. In D. Cain & J. Seeman (Eds.), *Humanistic psychotherapies: Handbook of research and practice.* Washington, DC: American Psychological Association.

Hendricks-Gendlin, M. (2003). Focusing as a force for peace: The revolutionary pause. Keynote address to the Fifteenth Focusing International Conference 2003 in Germany, available at http://www.focusing.org/social_issues/hendricks_peace.html

Hinterkopf, E. (2004). The experiential focusing approach. In L. Sperry & E. P. Shafranske (Eds.), *Spiritually oriented psychotherapy.* Washington, DC: American Psychological Association.

Ikemi, A. (2007). Focusing/listening training program in business corporations: A personal account of its development in Japan. http://www.focusing.org/business/japan.htm

Ikemi, A. (2010). An explication of focusing-oriented therapy from a therapy case. *Person-Centered and Experiential Psychotherapies, 9*(2).

Jaison, B. (2004). *Integrating experiential and brief therapy: How to do deep therapy—brifly and how to do brief therapy—deeply*. Toronto: Focusing for Creative Living.

Johnson, S. (2008). *Hold me tight: Seven conversations for a lifetime of love*. New York: Little, Brown.

Kabat-Zinn, J. (2005). *Coming to our sense*. New York: Hyperion.

Kalgsbrun, J. (1999). Focusing, illness, and health care. *The Folio: A Journal for Focusing and Experiential Therapy, 18*(1), 162-170.

Klagsbrun, J. (2001). Integrating focusing with health care. *Staying in Focus, 1*(1).

Klein, M. H., Mathieu, P. L., Gendlin, E. T., & Kiesler, D. J. (1969). *The experiencing scale: A research and training manual* (vol. 1). Madison: Wisconsin Psychiatric Institute.

Kohut, H. (1984). *How does analysis cure?* Chicago: University of Chicago Press.

Korbei, L. (2007). Eugene Gendlin. (Elisabeth Zinchitz, Trans.). Unpublished manuscript. (Original work published 1994). From http://www.focusing.org/gendlin/docs/gol_2181.html

Kurtz, R. (1997). *Body-centered psychotherapy: The Hakomi method*. Mendocino, CA: LifeRhythm.

Lavender, J. (2010). Some thoughts about focusing and aging: Losses and gains. In *The Folio: A Journal for Focusing and Experiential Therapy, 22*(1), 26-35.

Leijssen, M. (2007). Coping with fear in short-term experiential psychotherapy. *The Folio: A Journal for Focusing and Experiential Therapy, 20*(1), 25-35.

Lessem, P. A. (2005). *Self psychology: An introduction*. Lanham, MD: Jason Aronson.

Levine, P. (1997). *Waking the tiger*. Berkeley, CA: North Atlantic Books.

Levine, P. (2010). In an unspoken voice: How the body releases trauma and restores goodness. Berkeley, CA: North Atlantic Books.

Linehan, M. M. (1993). *Cognitive behavioral treatment of borderline personality disorder*. New York: Guilford.

Madison, G. (2001). Focusing, intersubjectivity, and therapeutic intersubjectivity. *Review of Existential Psychology and Psychiatry, 26*(1), 3-16.

Madison, G. (2004). Focusing-oriented supervision. In K. Tudor & M. Worrall (Eds.), *Freedom to practice*. London: PCCS Books.

Madison, G. (2011). Let your body be your coach. In E. van Deurzen & M. Hanaway (Eds.), *Existential coaching* (pp. 117-127). London: Palgrave.

Madison, G., & Gendlin, E. (2012). Palpable existentialism: An interview with Eugene Gendlin. In L. Barnett & G. Madison (Eds.), *Existential therapy: Legacy, vibrancy and dialogue* (pp. 81-96). New York: Routledge.

Main, M. (1999). Epilogue. Attachment theory: Eighteen points with suggestions for future studies. In J. Cassidy & P. R. Shaver (Eds.), *Handbook of attachment: Theory, research, and clinical applications*. New York: Guilford.

McGavin, B. (1994, September). The victim, the critic, and the inner relationship: Focusing with the part that wants to die. *Focusing Connection*.

McGavin, B., & Cornell, A. W. (2002). *The focusing student's and companion's manual, part two*. Berkeley, CA: Calluna Press.

McGavin, B., & Cornell, A. W. (2008). Treasure maps to the soul. *The Folio: A Journal for Focusing and Experiential Therapy, 21*(1), 41-60.

Mearns, D., & Thorne, B. (2007). *Person-centred counselling in action*. Thousand Oaks, CA: Sage.

Millan, C. (2007). *Be the pack leader*. New York: Harmony Books.

Müller, D., & Feuerstein, H-J. (1999). Chronic physical pain: Your body knows the answer. *The Folio: A Journal for Focusing and Experiential Therapy, 18*(1), 96-107.

Nickerson, C. J. S. (2009). Inner relationship focusing: Strengthening attachment and interpersonal neurobiological integration. Focusing Resources, http://www.focusingresources.com/articles/strengthening_attachment/htm

Nickerson, C. J. S. (2012). Attachment and neuroscience: The benefits of being a focusing oriented professional. *The Folio: A Journal for Focusing and Experiential Therapy, 23*(1), 47-57.

Ogden, P., Minton, K., & Pain, C. (2006). *Trauma and the body: A sensorimotor approach to psychotherapy*. New York: W. W. Norton.

Omidian, P., & Lawrence, N. J. (2007). A community based approach to focusing: the Islam and focusing project of Afghanistan. *The Folio: A Journal for Focusing and Experiential Therapy, 20*(1), 152-160.

Parker, R. (2007). Making peace from the inside. *The Folio: A Journal for Focusing and Experiential Therapy, 20*(1), 36-47.

Perls, F., Heffeline, R. F., & Goodman, P. (1951). *Gestalt therapy*. New York: Julian Press.

Preston, L. (2005). Two interwoven miracles: The relational dimension of focusing-oriented therapy. Focusing Institute, www.focusing.org/fot/fot_articles.html

Preston, L. (2008). The edge of awareness. *International Journal of Psychoanalytic Self Psychology, 3*(4).

Purton, C. (2004). *Person-centred therapy: The focusing-oriented approach.* London: Palgrave-Macmilllan.

Purton, C. (2007). *The focusing-oriented counselling primer.* Rosson-Wye, UK: PCCS Books.

Purton, C. (2010). Introduction to the special issue on focusing-oriented therapy. *Person-Centered and Experiential Psychotherapies, 9*(2).

Rappaport, L. (2009). *Focusing-oriented art therapy: Accessing the body's wisdom and creative intelligence.* London: Jessica Kingsley.

Rogers, C. (1958). A process conception of psychotherapy. *American Psychologist, 13*(4), 142-149.

Rogers, C. (1961). *On becoming a person.* Boston: Houghton-Mifflin.

Rogers, C. (1986a). Reflection of feelings. *Person-Centered Review, 1*(4). (Reprinted in The Carl Rogers Reader. Boston: Houghton Mifflin, 1989).

Rogers, C. (1986b). Client-centered approach to therapy. In I. L. Kutash & A. Wolf (Eds.), *Psychotherapist's casebook: Theory and technique in practice* (pp. 197-208). San Francisco: Jossey Bass.

Rogers, C. (1994). *Freedom to learn* (3rd ed.). New York: Prentice Hall.

Rothschild, B. (2000). *The body remembers: The psychophysiology of trauma and trauma treatment.* New York: W. W. Norton.

Rothschild, B. (2002, July-August). Understanding dangers of empathy. *Psychotherapy Networker.*

Rowe, C. E. Jr., & MacIsaac, D. S. (1991). *Empathic attunement*. Oxford: Rowman and Littlefield.

Scaer, R. C. (2001). *The body bears the burden: Trauma, dissociation, and disease*. Binghamton, NY: Haworth.

Schegloff, E. A. (1968). Sequencing in conversational opening. *American Anthropologist, 70*, 1075-1095.

Schore, A. N. (2003). *Affect regulation and the repair of the self*. New York: W. W. Norton.

Schwartz, R. C. (1995). *Internal family systems therapy*. New York: Guilford.

Schwartz, R. C. (2013). The therapist–client relationship in internal family systems therapy. In M. Sweezy & E. Ziskind (Eds.), *Internal family systems therapy: New dimensions*. New York: Routledge.

Shapiro, F. (2002). *EMDR as an integrative psychotherapy approach: Experts of diverse orientations explore the paradigm prism*. Washington, DC: American Psychological Association Books.

Siegel, D. J. (2007). *The mindful brain: Reflection and attunement in the cultivation of well-being*. New York: W. W. Norton.

Siegel, D. J. (2010). *The mindful therapist*. New York: W. W. Norton.

Stapert, M., & Verliefde, E. (2008). *Focusing with children*. Ross-on-Wye, UK: PCCS Books.

Stern, D. N. (2004). *The present moment in psychotherapy and everyday life*. New York: W. W. Norton.

Stolorow, R., & Atwood, G. (1992). *Contexts of being: The intersubjective foundations of psychological life.* Hillsdale, NJ: Analytic Press.

Stone, H., & Stone, S. (1993). *Embracing your inner critic.* San Francisco: HarperSanFrancisco.

Suetake, Y. (2010). The clinical significance of Gendlin's process model. *Person-Centered and Experiential Psychotherapies, 9*(2).

Summerville, M. E. (1999). Listening from the heart to people living with cancer. *The Folio: A Journal for Focusing and Experiential Therapy, 18*(1), 42-46.

Tidmarsh, A. (2010, May 5-9). Being-with the being-without: Relational focusing with substance misusers. Presented at the 22nd International Focusing Conference, Hohenwart Forum, Germany.

Vanaerschot, G. (2004). It takes two to tango: On empathy with fragile processes. *Psychotherapy: Theory, Research, Practice, Training, 41*(2), 112-124.

Van der Kolk, B. A., van der Hart, O., & Marmar, C. R. (1996). Dissociation and information processing in posttraumatic stress disorder. In Bessel A. Van der Kolk, A. C. McFarlane, & L. Weisaeth (Eds.), *Traumatic stress.* New York: Guilford.

Wachtel, P. L. (2008). *Relational theory and the practice of psychotherapy.* New York: Guilford.

Wallin, D. J. (2007). *Attachment in psychotherapy.* New York: Guilford.

Warner, M. S. (1998). A client-centered approach to therapeutic work with dissociated and fragile process. In L. S. Greenberg, J. C. Watson, & G. Lietaer (Eds.), *Handbook of experiential psychotherapy.* New York: Guilford.

Warner, M. S. (2000). Person-centred therapy at the difficult edge: A developmentally based model of fragile and dissociated process. In D. Mearns & B. Thorne (Eds.), *Person-centred therapy today: New frontiers in theory and practice.* Thousand Oaks, CA: Sage.

Yalom, I. (2002). *The gift of therapy.* New York: HarperCollins.

Yalom, V., & Yalom, M-H. (2010). Peter Levine on somatic experiencing. Psychotherapy.net, http://www.psychotherapy.net/interview/interview-peter-levine

찾아보기

내용

저자 소개

Ann Weiser Cornell 박사는 『포커싱 치료의 임상적 적용: 변화의 핵심(Focusing in Clinical Practice: The Essence of Change)』 『포커싱의 파워(The Power of Focusing)』 『모든 것을 수용하기(The Radical Acceptance of Everything)』와 같은 베스트셀러의 저자이다. 그녀는 내적 관계 포커싱(Inner Relationship Focusing)의 Barbara McGavin과 함께 일했고, 특히 촉진적 언어에 대해 관심이 있다. 포커싱(Focusing)의 선도적인 혁신가이자 이론가 중 한 명으로 국제적으로 인정받고 있다. 그녀는 인본주의 심리학협회의 전 회장을 역임하였고, 현재는 임상가로 일하고 있으며, 전 세계적으로 포커싱을 가르치고 있다.

역자 소개

주은선(Eunsun Joo) 교수는 어려운 환경에서 적응하는 이슈에 관심을 갖고 미국 시카고 대학교 심리학과에서 임상 및 상담 심리학을 통합한 정신 건강 프로그램(Mental Health Program)에서 박사학위를 받았다. 박사학위를 취득한 후 귀국해서 지금까지 덕성여자대학교 심리학과 교수로 재직하며 강의 및 연구를 지속적으로 하고 있다. 또한 인간중심상담을 중점으로 포커싱 체험심리치료를 접목시키는 상담을 실시하고 있다. 그리고 인간중심체험상담학회 학회장을 역임하였다. 관련 주요 저역서로는 『포커싱 체험심리치료: 내 마음의 지혜와 선물』(2011, 학지사), 『포커싱 체험심리치료 워크북』(2017, 학지사) 등의 저서와 『진정한 사람되기: 칼 로저스 상담의 원리와 실제』(2009, 학지사), 『상담의 기술: 탐색-통찰-실행의 과정』(2012, 학지사), 『인간중심상담의 임상적 적용』(2012, 학지사), 『칼 로저스의 심리치료: 사례와 해설』(2017, 학지사) 등의 역서가 있다. 그리고 「Using Helping Skills with Korean Clients」(2019) 등의 논문을 국제학술지(SSCI)에 게재하였다.

포커싱 치료의 임상적 적용:
변화의 핵심
Focusing in Clinical Practice: The Essence of Change

2023년 9월 15일 1판 1쇄 인쇄
2023년 9월 20일 1판 1쇄 발행

지은이 • Ann Weiser Cornell
옮긴이 • 주은선
펴낸이 • 김진환
펴낸곳 • ㈜ **학지사**

04031 서울특별시 마포구 양화로 15길 20 마인드월드빌딩
대표전화 • 02-330-5114   팩스 • 02-324-2345
등록번호 • 제313-2006-000265호

홈페이지 • http://www.hakjisa.co.kr
인스타그램 • https://www.instagram.com/hakjisabook

ISBN 978-89-997-2280-6 93180

정가 23,000원

출판미디어기업 **학지사**

간호보건의학출판 **학지사메디컬** www.hakjisamd.co.kr
심리검사연구소 **인싸이트** www.inpsyt.co.kr
학술논문서비스 **뉴논문** www.newnonmun.com
교육연수원 **카운피아** www.counpia.com